Maximilian Rupp

DIE REVOLUTION IM VERKAUF
IN DER FINANZDIENSTLEISTUNGSBRANCHE

Maximilian Rupp

DIE REVOLUTION IM
VERKAUF
IN DER FINANZDIENSTLEISTUNGSBRANCHE

Macht und Magie der High-Touch-Methode

Die Deutsche Bibliothek – CIP-Einheitsaufnahme

Rupp, Maximilian:
Die Revolution im Verkauf in der Finanzdienstleistungsbranche :
Macht und Magie der High-Touch-Methode / Maximilian Rupp. -
Idstein : Fachverl. für Finanzen und Immobilien, 1999
 ISBN 3-932474-14-7

Satz und Layout: Satz- & Layout-Studio Knab, Hünstetten

WICHTIGER HINWEIS
Die Angaben in diesem Buch beruhen auf sorgfältigen Recherchen des Autors. Es gilt jedoch zu beachten, daß diese Angaben Änderungen unterliegen. Verlag und Autor können daher keine Haftung für Vollständigkeit und Richtigkeit der Angaben in diesem Buch übernehmen. Bei steuerlichen Fragen ist ein Steuerberater hinzuzuziehen. Für Verbesserungsvorschläge und Hinweise auf Fehler sind Verlag und Autor dankbar.

Fachverlag für Finanzen und Immobilien
Black & Decker-Str. 18
65510 Idstein
Tel.: 0 61 26 / 99 03 85
Fax: 0 61 26 / 99 03 88

ISBN 3-932474-14-7

Inhaltsverzeichnis

VORWORT

In diesem Buch möchte ich mich als erstes bei meiner Familie bedanken. Für die Geduld und das Verständnis meiner Frau Gabriela und meiner drei Töchter, die es mir ermöglichen, einen Beruf zu leben, der nicht nur mehr als acht Stunden täglich, sondern auch viel Energie und Gedanken in Anspruch nimmt.

Ich glaube, wir alle brauchen Menschen, die hinter uns stehen, wenn es um das Erreichen von Zielen geht, die uns aber auch zwischendurch mit sanfter Hand darauf hinweisen, daß es auch noch etwas anderes gibt, als immer nur vorwärts zu gehen.

Meine Julia (12), die mich mit ihrer Persönlichkeit jeden Tag daran erinnert, wie schnell aus kleinen Mädchen kleine Erwachsene werden.

Alica (9), die mir vor kurzem ihren Traumberuf mitgeteilt hat:
Sie wird Weltverbesserin!
Eines Morgens beim Frühstück schaut sie mich mit ihren großen Augen an und sagt: „Stimmt's Papa, wenn man etwas wirklich ganz fest will, schafft man es auch!"
Ich: „Ja"
Alica: „Papa, ich will ein Pferd" ...

Und Anna-Lucia (5 Jahre).
Immer, wenn sie mich in ihre kleinen Arme nimmt, drückt sie so kräftig, daß sie zu vibrieren beginnt. Dies begleitet von einem genüßlichen „Mmmmhh".
Sie versteht es vortrefflich, mich mit ihren weltbewegenden Sorgen aus meinen geschäftlichen Alltagsgedanken herauszuholen. Was kann es schwerwiegenderes geben, als daß der Schubkarren sein einziges Rad verloren hat oder daß sich die blöde Schnur vom Jo-Jo andauernd verdreht.

Weiter möchte ich mich bei den Kolleginnen und Kollegen bedanken, die mich seit fast 14 Jahren begleiten. Die sich auszeichnen durch Loyalität, Geradlinigkeit und durch die Bereitschaft, Verantwortung zu übernehmen. Menschen, die bereit sind, Dinge zu sehen und zu tun, die dem gesamten Unternehmen helfen. Die verstehen, daß jeder Mensch auch einmal Zeit für sich allein braucht und daß kein Mensch immer nur stark sein kann.

Vielen Dank!

Mein Lieblingsspruch im Management lautet:
„Wer zu groß ist für kleine Dinge, der ist zu klein für große Dinge."

An dieser Stelle meinen allerherzlichsten Dank all denjenigen, die durch ihr **TUN** beweisen, daß es noch immer Unternehmer mit Herz gibt.

Ihr
Maximilian Rupp

Was hilft aller Sonnenaufgang,
wenn wir nicht aufstehen?

GEORG CHRISTOPH LICHTENBERG
Dt. Schriftsteller u. Physiker, 1742–1799

DIE REVOLUTION IM VERKAUF IN DER FINANZDIENSTLEISTUNGSBRANCHE

Liebe Leserin, lieber Leser, das vorliegende Buch soll auf der einen Seite den Kollegen in der Finanzdienstleistungsbranche eine Hilfe sein. Vielmehr jedoch soll es dem Branchenfremden helfen, sich im immer dichter werdenden Finanzdschungel zurecht zu finden. Mein Ziel war es, ein für jedermann verständliches Buch zu schreiben, das Ihnen wichtige Einblicke hinter die Kulissen der Finanzwirtschaft ermöglicht. Ich wünsche mir, daß Sie in einigen Jahren rückblickend feststellen werden, daß der Kauf dieses Buches eine Ihrer besten Investitionen war.

Für Sie, liebe Kollegin, lieber Kollege, will ich in diesem Buch keine neue Verkaufstechnik vorstellen – etwa nach dem Motto: „Das ist die Verkaufsmethode Nr. 101, die garantiert funktioniert." Im Gegenteil will ich beweisen, daß es heute möglich ist, ohne jede Verkaufstechnik oder Taktik phänomenale Resultate im Verkauf zu erzielen. Insofern handelt es sich durchaus um eine kleine Revolution im Verkauf in der Finanzdienstleistungsbranche – und ich hoffe, daß Sie mir am Ende dieses Buches zustimmen werden, daß der Titel des Buches nicht zu hoch gegriffen ist.

Bevor wir in die Details gehen, erlauben Sie mir soviel vorwegzunehmen: In diesem Buch wird Ihnen eine Vorgehensweise vorgestellt, die mehrjährig erprobt ist. Aus der Praxis für die Praxis. Also kein leeres, theoretisches Geschwätz. Das heißt, bereits über 10.000 Kunden werden heute im Firmenverbund der *IVP Rupp GmbH* genau so und nicht anders betreut.

HIGH TOUCH

Alle Mitarbeiter wenden die gleiche Vorgehensweise an, die man sicher nicht mehr als Verkauf im klassischen Sinne bezeichnen kann, sondern für die man vielleicht Vokabeln wie „High Touch" erfinden mag – meines Erachtens eine gelungene Parallel-Wortbildung zu dem Ausdruck High Tech. High Touch (Berührung) bedeutet soviel wie Nähe zum Kunden, abgeleitet von den beiden englischen Vokabeln „high", was soviel wie hoch oder groß heißt, und „touch", was wörtlich mit Berührung oder Nähe übersetzt werden kann. Kunden sind Menschen und keine Provisionsobjekte! Kontakte zu unseren Mitmenschen werden zunehmend ersetzt durch Bildschirme, Maschinen und Cash-Ports.

Der Händedruck weicht dem Tastendruck.

Gleichzeitig wächst in uns das Bedürfnis nach Menschlichkeit. Die Fähigkeit zuzuhören und die Bereitschaft zu helfen zählen zu den seltenen Perlen in der Kette menschlicher Eigenschaften.

Welches Wort man aber auch immer wählt, um diese, unsere Verkaufsphilosophie am besten zu beschreiben, fest steht, daß wir im Rahmen unserer Unternehmensgruppe im Bereich des Verkaufens eine gänzlich andere Dienstleistung entwickelt haben und täglich praktizieren. Diese gänzlich andere und neue Vorgehensweise besitzt im wesentlichen sechs grundsätzliche Vorteile:

1. Verkaufserfolge

Zum einen erzielen wir im Rahmen dieser Verkaufsmethode hervorragende Ergebnisse! Obwohl wir gänzlich anders „verkaufen", obwohl wir ganz anders an den Kunden herangehen, obwohl wir viele sogenannte klassische Verkaufsmethoden nicht im geringsten benutzen, ja sogar meiden, können wir die größten Erfolge vorweisen und belegen!

2. Zufriedene Kunden

Gleichzeitig verfügen wir über einen immer größer werdenden Stamm zufriedener Kunden. Das heißt, unsere Stornoquoten sind gleich null. (Wenn Sie jetzt zweifelnd die Stirn runzeln, darf ich Ihnen versichern, daß Sie im Verlauf des Lesens dieses Buches verstehen werden, warum das so ist.) Das heißt, wenn sich unsere Kunden entschieden haben, mit uns zusammen zu arbeiten, bleiben sie auch bei uns. Ich will und kann damit nicht zum Ausdruck bringen, daß wir ausschließlich nur zufriedene Kunden haben. Ich denke, dies gibt es in keinem Unternehmen.

Meiner Überzeugung nach entstehen unzufriedene Kunden nur durch drei Dinge:

1. Der Verkäufer verspricht beim Abschluß zuviel (weil er zu schwach ist) und wird danach mit seinen hausgemachten Problemen konfrontiert und/oder
2. die Betreuung bzw. der Service nach dem Abschluß läßt zu wünschen übrig bzw.
3. das Produkt hält in Bezug auf die Qualität nicht das, was es verspricht.

Im Bewußtsein dessen ist es unser Bestreben, im Beratungsgespräch Wahrheit und Klarheit walten zu lassen und den Kunden über Chancen und auch Risiken aufzuklären und eine bestmögliche, computerunterstützte Kundenbetreuung zu gewährleisten.

Jeder Finanzdienstleister, der dieser Aussage mit Skepsis begegnet, ist herzlich eingeladen, zu uns zu kommen und dies persönlich zu überprüfen. Zuerst sollte er sich jedoch fragen, woher seine Skepsis kommt. Er wird sagen, daß jeder von sich behauptet, es „richtig" zu machen, aber wie sieht es in der Praxis aus?

Lesen Sie dieses Buch und Sie werden es wissen.

3. Empfehlungen

Ferner passiert bei der „High-Touch-Methode" folgendes:

Der Finanzdienstleister verfügt nach kürzester Zeit über eine große Anzahl von qualifizierten Empfehlungen! Der Professional weiß, daß Empfehlungen das A und das O im Verkauf generell sind. Er weiß, daß das wirkliche Problem im Verkauf heute in der Gewinnung von Neukunden besteht. Mit dieser Verkaufsmethode sind Sie von diesem Problem als Finanzdienstleister für alle Zeiten befreit. Aus diesem Grund wurde diesem Thema ein ganzes Kapitel gewidmet. Sie werden sehen: Sie verfügen bereits nach wenigen Wochen „on the job" über massenweise Empfehlungen.

Übrigens:

Machen Sie sich einmal über folgende Aussage Gedanken:

Viel wichtiger, als seine Mitarbeiter zu motivieren ist es, sie vor Demotivation zu bewahren. Vielleicht sehen Sie das Thema Empfehlungen einmal in diesem Zusammenhang.

4. Streßfreies Verkaufen

Bemerkenswert ist, daß normalerweise der Verkauf mit enormen, emotionalen

Belastungen verbunden ist. Oft bedeutet der Job für den Finanzdienstleister Streß ohne Ende. Also wurde und wird in der Branche eine Menge getan, um eben diesen Streß abzubauen. So gab und gibt es zahlreiche Schulungen für Verkäufer, Verkaufstrainings und Powerseminare. Eine ganze Zunft konnte sich etablieren, deren Ziel nur darin besteht, Verkäufer aufzubauen, aufzurichten und immer wieder an die Front zu schicken. In riesigen Sälen hämmern heute Vortragsredner mit Motivationstechniken der „Spitzenklasse" auf die Zuhörer ein, um geknickte Verkäufer wieder auf die Beine zu stellen und zum Gehen zu bewegen. All dies ist mit unserer Verkaufsmethode unnötig geworden.

5. Menschlichkeit

Keinen geringeren Fortschritt bedeutet es schließlich, daß das Verständnis innerhalb unseres Unternehmens, das Verhältnis von Mensch zu Mensch, zwischen Kunde und Verkäufer und zwischen Mitarbeiter und Mitarbeiter ein gänzlich anderes ist als in vielen anderen Firmen. Wir legen besonderen Wert auf Kooperation und Teamgeist. Das heißt, Menschlichkeit besitzt bei uns einen hohen Stellenwert.

6. Mitarbeitergewinnung

In vielen Unternehmen haben neue Mitarbeiter in der Anfangsphase oft größere Erfolge in der Kunden- und Mitarbeitergewinnung. Woher kommt das? Ganz sicher nicht von der Routine oder der Erfahrung! Vielmehr kommen diese Erfolge von einer motivierten und zuversichtlichen Ausstrahlung. Doch mit den Mißerfolgen kommen auch die Zweifel und die Demotivation. Manche alte Hasen nennen es gar „Abgeklärtheit". Wenn dann ein Neuling wie ein Wirbelwind durch die Gänge rast, denken oder sagen die Kollegen: „Der kommt auch noch auf den Trichter."

Dieses Beispiel soll folgendes verdeutlichen: Ein Mitarbeiter der richtig Erfolg hat, der finanziell auf sicheren Beinen steht und dessen Geschäft einfach brummt, hat eine völlig andere Ausstrahlung gegenüber neuen Mitarbeitern. Wenn dieser nun seinerseits einen Außenstehenden auf das Geschäft anspricht, braucht er nicht viel zu erzählen. Der Gesprächspartner spürt, daß das Geschäft paßt. Dies bringt letztlich auch den Erfolg im Bereich Mitarbeitergewinnung.

All das sind beträchtliche Vorteile, wie mir jeder Finanzdienstleister zweifelsohne bestätigen wird, speziell wenn er die Branche bereits seit einigen Jahren kennt.

KUNDENFLUKTUATION

Reden wir in diesem Zusammenhang doch einmal Klartext. Es verhält sich doch heute so, daß gerade im Versicherungsbereich die Finanzdienstleister mit immer größeren Schwierigkeiten zu kämpfen haben. Es ist längst schon keine Selbstverständlichkeit mehr, wenigstens die bestehenden Kunden zu halten. Viele Kunden wandern ab, sprich orientieren sich neu oder lassen sich von anderen Unternehmen abwerben. Die oft sinkenden Zahlen der Versicherungsgesellschaften, sowohl was den Bestand an Kunden als auch den Bestand an Mitarbeitern angeht, sprechen Bände.

MASSENENTLASSUNGEN

Zur Zeit werden im Finanzbereich massenhaft Leute entlassen. Dies betrifft nicht nur Versicherungsgesellschaften, sondern auch Banken und Bausparkassen. Selbstverständlich steht dies auch in Zusammenhang mit dem Rückgang von Kundenstämmen, was zweifelsohne auch eine Folge der Produktqualität sein dürfte. Und wirklich muß man heute einige Produkte im Finanzdienstleistungssektor mit äußerstem Argwohn beobachten. Hinsichtlich einiger Angebote kann ich in diesem Sinn mit einigen Überraschungen im Rahmen dieses Buches aufwarten.

Zu diesem Thema jedoch soviel schon vorab: Der Kunde von heute ist aufgeklärter. Die Menschen nehmen in zunehmendem Maße ihre Zukunft selbst in die Hand, werden in fachlicher Richtung (endlich) immer mündiger. Die Leute wissen, was das Wort Rendite letztlich bedeutet. Der seriöse Verkäufer wiederum weiß, daß es nicht im Sinne einer guten Beratung sein kann, dem Kunden die hundertste Lebensversicherung aufs Auge zu drücken. Storni sind deshalb in vielen Unternehmen an der Tagesordnung. Und unzufriedene Kunden. Wußten Sie, daß sich eine negative Meinung achtmal so schnell verbreitet wie eine positive? Oder anders ausgedrückt: Ein zufriedener Kunde redet vielleicht mit einem oder zwei Menschen über sein positives Erlebnis. Ein unzufriedener oder enttäuschter Kunde redet mit achtmal so vielen Personen über seine Unzufriedenheit.

Und es nützt ihnen als Berater absolut nichts, wenn Sie sich vor sich selbst rechtfertigen können oder den Kunden als ungerecht empfinden. Sie sollten doch der Profi sein und wissen: „Eine gewonnene Diskussion ist ein verlorener Kunde!"

Unsere vollständig andere Produktphilosophie ist ganz zweifellos ebenfalls ein Teil unseres Geheimnisses und Erfolges.

Im übrigen werden wir im Rahmen des Buches auf die gesamte Palette des Verkaufs dezidiert eingehen: Gleichgültig, ob es sich um bisherige Verkaufstechniken handelt, die unter die Lupe genommen werden. Gleichgültig, ob es sich um Fragen erfolgreicher Mitarbeiterführung handelt. Oder um andere brennende Fragen.

Mit diesen einleitenden Anmerkungen steht Ihnen das Inhaltsverzeichnis dieses Buches zur Verfügung, wie Sie sicher schon realisiert haben. Nun könnte man an dieser Stelle eine stattliche Anzahl von Einwänden gegen meine Behauptungen vorbringen. Tatsächlich wären einhundert Kritiken möglich. Ich könnte diese sogar selbst – theoretisch – anbringen.

Doch gestatten Sie mir nun, daß ich den Beweis für die vorgenannten Ausführungen antrete. Lassen wir die Praxis zu Wort kommen.

Salve lucru! – Es lebe der Gewinn!

INSCHRIFT AUF DEM PORTAL DER HANDELSKAMMER
VON POMPEJI AUS DEM JAHRE 30 V. CHR.

1. VERKAUFSMETHODEN VON GESTERN UND VORGESTERN
oder
DAS BUNKERN VON BANKERN

Um die Besonderheit und Zukunftssicherheit unserer neuen Methode herausstellen zu können ist es notwendig, daß ich auf althergebrachte Verkaufstechniken in dieser, der heißesten aller Branchen, der Finanzdienstleistungsbranche, zu sprechen komme. Einige Umstände hier sind mehr als brisant. Ich
verspreche Ihnen, daß Sie bereits in diesem ersten Kapitel einiges in Erfahrung
bringen werden, was Sie bislang noch nicht wußten.

Nehmen wir in diesem Sinne zunächst die Banken aufs Korn. Wie ist es hier
um den Verkauf und um den sprichwörtlichen Service am Kunden bestellt?

Nun, meines Erachtens kann man in den meisten Fällen nicht ernsthaft von Verkauf sprechen, was die geschätzten Kreditinstitute angeht. Eher im Gegenteil! Ich
sehe hier vielmehr das *Ausnutzen von Abhängigkeit*. Und was das persönliche
Gespräch anbelangt möchte ich Ihnen folgendes vor Augen halten: Die Konto-
auszugdrucker befinden sich im Vorraum der Bank. Durch das Homebanking, BTX
und die EDV ist das Ganze auf eine eher mechanische und sterile Ebene abge-
glitten. Und das angeblich persönliche, menschliche Gespräch mit dem Kunden
existiert meiner Meinung nach allenfalls in der Theorie oder am Schalter, wenn
wir Überweisungen tätigen wollen oder Schecks einlösen.

Die Menschen haben Respekt, ja oft sogar Angst, wenn sie eine Bank betreten.
Das Kreditinstitut erscheint ihnen wie ein Tempel. Sie opfern ihre Zeit, um in das
Gebäude zu gelangen, stellen sich brav wie Schafe an, warten eine geraume Zeit
– und sind schließlich auch noch dankbar, wenn ihnen einige magere Zinsen für
ihr hart erarbeitetes Geld gezahlt werden.

Damit spielt sich nach außen hin alles höchst seriös ab: das Interieur ist gediegen. Die Krawatte des Bankangestellten sitzt richtig. Und die Fenster werden regelmäßig geputzt. Aber: Die meisten Leute vergessen, daß die Idee der Zinsen und Zinseszinsen, wovon die Banken leben und die dem Bankenwesen eigentlich zugrundeliegt, nicht immer zu ihrem Besten eingesetzt wird. Bemühen wir ein konkretes Beispiel. Sie werden feststellen, daß es sehr leicht zu verstehen ist; man muß es nur wissen. Wenn Sie es anwenden, werden Sie sofort Nutzen daraus ziehen.

DIE KONTENKOMPENSATION

Die meisten Banken ködern ihre Kunden mit dem Argument, angeblich mehr aus ihrem Geld zu machen. Aber bei der sogenannten Kontenkompensation könnte der Kunde beispielsweise wirkliche Vorteile realisieren.

Worum handelt es sich hierbei konkret?

Nun, nehmen wir an, der Kunde unterhält bei seiner Bank mehrere Girokonten: ein privates Girokonto, ein Geschäftsgirokonto und so weiter. Jetzt könnte er diese Konten miteinander „kompensieren". Das bedeutet, daß der Kunde nur für die Gesamtsumme der Stände aller kompensierten Konten Zinsen erhält oder bezahlt. Wenn also sich ein Konto im Plus befindet, wäre es möglich, es gegen ein anderes Konto im Minus „aufzuwiegen", was die Zinsen angeht.

Nun ein konkretes Beispiel: Wenn der Kunde auf dem einen Konto ein Guthaben hat, erhält er zum Beispiel 0,25 % Zinsen. Für ein anderes Konto im Soll muß er indes einen sehr viel höheren Zins bezahlen. Je nach Verwendungszweck und Besicherung ungefähr zwischen 8 und 12 %. Wenn er es nun noch über ein vereinbartes Limit hinaus überzogen hat, werden noch bis zu 4 % zusätzlich verlangt.

(Eine Bemerkung am Rande: Gehen Sie einmal in eine Bank und sagen, Sie hätten eine Kapitalanlage angeboten bekommen, bei der Sie über 10 % Rendite bekämen. Was glauben Sie, wird ihnen der Banker sagen? Wahrscheinlich wird er Sie davor warnen und es als vermutlich unseriös abstempeln. Rechnen Sie sich doch einmal die Differenz des oben Beschriebenen aus ...)

Aber bleiben wir im Kontext: Wenn unser Kunde die Kontenkompensation nutzen würde, die es bei jeder Bank grundsätzlich gibt, so würde er – angenommen ein Konto ist mit 10.000 DM im Plus und eines mit 10.000 DM im Minus – keinen Zins bekommen, müßte aber auch keinen Zins bezahlen. So aber erhält er zum Beispiel 0,25 % Guthabenzinsen für seine 10.000 DM im Plus (25 Mark pro Jahr) und zahlt 14 % für seine 10.000 DM im Minus (1.400 Mark pro Jahr) Die Differenz zwischen Soll- und Habenzins wäre in diesem Beispiel 1.375 Mark im Jahr.

Also 1.375 Mark Ersparnis pro Jahr bei einer Summe von gerade mal 10.000 Mark durch diese Kontenkompensation. Kaum eine Bank bietet dem Kunden jedoch diese Kontenkompensation von sich aus an.

Warum? Nun, diese Frage dürfen Sie sich selbst beantworten.

HOHE RENDITEN?

Betrachten wir jetzt, wie üblicherweise das sauer verdiente Geld des Kunden bei der Bank angelegt wird. Ein Beispiel, das ich persönlich aus eigener Erfahrung kenne: Es handelt sich um die Bank X in dem Ort Y, eine Gemeinde mit dreitausend Einwohnern (man erlaube mir, hier Namen nicht zu nennen). Satte 45 Millionen DM Spareinlagen der Kunden sind bei dieser Bank X wie folgt angelegt: 22 Millionen DM sind in Festgeldern angelegt und sage und schreibe 23 Millionen DM auf Sparbüchern. Im Klartext bedeutet das ca. 2 bis 4 % Zinsen werden an die Kunden weitergegeben. Doch was macht die Bank mit dem Geld der Kunden? Der größte Teil wird verwendet, um Kredite für z. B. Konsumwünsche oder Baufinanzierungen auszugeben. Der Rest wird in Sachwerte angelegt wie z. B. Grundstücke, Immobilien und Aktien. Die Bank weiß sehr wohl, daß der Kunde auch direkt in Sachwerte gehen könnte, nur wäre dann der Zwischenverdiener Bank ausgeschaltet.

Ich behaupte in diesem Zusammenhang folgendes:

Die Kundengelder werden immer in Sachwert angelegt; es fragt sich nur von wem! Im Bereich der Sachwerte werden langfristig Renditen zwischen 8 und 10 % durchaus erzielt. Die Herren Bankiers wissen ganz genau, daß die 45 Millionen DM ihrer Kunden sehr viel intelligenter angelegt werden könnten. Sogar im eigenen Haus sind wesentlich bessere Möglichkeiten vorhanden.

Trotzdem bieten sie dem Kunden keine oder nur in Ausnahmefällen (wenn der Kunde danach fragt) Sachwerte an. Würde nur die Hälfte dieser 45 Millionen DM, die auf dem Sparbuch verkümmern, in gute Fonds gehen, so würden aus 23 Millionen DM in einem Jahr schlußendlich nicht 23 Millionen + 2 % = 460.000 DM, sondern 23 Millionen + z. B. 8 % = 1.840.000 DM. Die Differenz beträgt fast 1,4 Millionen. Klar ist das ein Extrembeispiel. Aber eines müßte der Leser sich angesichts dessen fragen:

Warum erklärt die Bank dem Kunden diesen Sachverhalt nicht oder berät den Kunden nicht sachwertorientierter?

Der Kunde hätte somit die Möglichkeit, zumindest einen Teil der Gelder in andere Anlagen zu streuen. Ich behaupte heute: Die Banken machen ihr Geschäft hauptsächlich mit Unwissenheit. Nur: wessen Unwissenheit und wodurch entsteht diese?

GÜNSTIGE DARLEHEN?

Kommen wir zum nächsten Thema:

Wenn Sie bei der Bank ein Darlehen aufnehmen, sollten Sie im Vorfeld einige Dinge kennen, um bei Darlehensabschluß manche wichtigen Rahmenbedingungen regeln zu können.

Unternehmen wir dazu zunächst einen kleinen Ausflug in die Welt der Begriffe. Das heißt, lassen Sie mich kurz den Unterschied zwischen einer Grundschuld und einer Hypothek erklären:

Beide Absicherungsformen stellen eine Verpfändung eines Grundstückes bzw. einer Immobilie an den Darlehensgeber dar. Im Gegensatz zu der Grundschuld reduziert sich die Hypothek mit dem Stand des Darlehens, da der Bestand der Hypothek an die Darlehensforderung geknüpft ist.

Eine Grundschuld bleibt dagegen in unveränderter Höhe bestehen, auch wenn der Kredit ganz oder teilweise zurückgeführt worden ist. Wegen der somit vereinfachten Handhabung hat sich die Grundschuld durchgesetzt.

Die Bank besäße in diesem Fall nun die Möglichkeit, die Grundschuld als Sicherheit für ein anderes Darlehen dieses Kunden zu benutzen. Sprich ein weiteres bzw. neues Darlehen könnte für den Kunden zu Baufinanzierungskonditionen ausgegeben werden.

Ein Beispiel: Wenn der Kunde 200.000 DM Grundschuld für eine Bank eingetragen hat, und im Laufe der Zeit das Darlehen auf einen Restsaldo von 50.000 DM getilgt hat, so könnte er jetzt zu günstigeren Konditionen einen weiteren Kredit erhalten – in der Höhe von bis zu 150.000 DM. Über diesen Betrag hat die Bank sogenannte „freie Grundschulden". Der Kunde könnte also beispielsweise ein Auto, Möbel oder sonstige Dinge zu Immobilienkonditionen finanzieren. Da diese Darlehen werthaltiger besichert sind, erhält der Darlehensnehmer wesentlich günstigere Konditionen. In der Regel handelt es sich hierbei um 3 – 4 % bessere Zinssätze. Also müßte doch die Bank in allen Fällen ihre Kunden auf freie Grundschuldbeträge hinweisen. Aber was glauben Sie, läuft leider sehr häufig in der Praxis ab? Nun: Die Banken machen dies in der Regel nicht! Die Bank bietet dem Kunden im Gegenteil ein Konsumentendarlehen an, worauf er vielleicht 9 oder 10 % Zinsen entrichten muß – während er bei einem Grundschulddarlehen nur 6 % zum Beispiel hätte berappen müssen.

Dies müßte doch in allen Fällen den Kunden gesagt werden. Doch in wievielen Fällen wird dies nicht getan? Beantworten Sie sich diese Frage bitte selbst.

Bedenken Sie aber: Wenn ein Kunde für ein Konsumentendarlehen in Höhe von beispielsweise 100.000 DM aus Unwissenheit 4 % zuviel bezahlt, dann sind das Jahr für Jahr 4.000 DM oder monatlich 333,33 DM. Dieses Geld ist für immer weg.

Oder anders ausgedrückt: Geld ist nie weg; es gehört nur jemand anderem!

DAS SONDERTILGUNGSRECHT

Nun zum nächsten wichtigen Verhandlungspunkt. Sie sollten bei jeder Finanzierung mit der Bank ein sogenanntes Sondertilgungsrecht vereinbaren. Dies könnte zum Beispiel so aussehen, daß Sie sich **bei Vertragsabschluß** das Recht einräumen lassen, 10 % des Darlehens pro Jahr Sondertilgung tätigen zu können. Können heißt nicht müssen. Wenn Sie also über freie Mittel verfügen, haben Sie die Möglichkeit, Ihr Darlehen durch Sondertilgungen schneller zurückzuzahlen. Wenn Sie dieses Recht nicht einräumen, haben Sie auch keine Möglichkeit dazu.

Denn immer dann, wenn Sie ein Darlehen außerplanmäßig ganz oder teilweise zurückführen möchten, würde der Bank hierfür die Zinseinnahme entgehen.

Das bedeutet, daß die Bank einen Zinsausfall hat, wenn Sie das Darlehen **vor** der ursprünglichen **Fälligkeit** tilgen wollen. Dafür verlangt die Bank von Ihnen eine **Entschädigung**, die sogenannte **Vorfälligkeitsentschädigung**. Wenn Sie jedoch bei Vertragsabschluß ein Sondertilgungsrecht eingeräumt haben, ist die Bank nicht berechtigt, Vorfälligkeitsentschädigung zu verlangen, sofern Sie Sondertilgungen im Rahmen der vereinbarten Größenordnung tätigen. Nur, Sie müssen nach dieser Sondertilgungsmöglichkeit fragen. Die Bank wird Sie von sich aus wahrscheinlich nicht darauf ansprechen.

DIE DAUER DER FESTSCHREIBUNG

Nun zu einem weiteren wichtigen Punkt.

Bei einem Grundschulddarlehen wird in der Regel der Zinssatz für eine bestimmte Laufzeit festgeschrieben. In einem Zinshoch sind die längerfristigen Konditionen besser als die kürzerfristigen. Die Bank will Sie in diesen hohen Konditionen länger festhalten. In einem Zinstief sind die kürzerfristigen Zinsen besser, damit Sie sich nicht so lange diese günstigen Zinsen sichern. Sie erkennen nun selbst, wie Sie agieren sollten. In einem Zinshoch (8 % und mehr) kurze Festschreibungszeiten, zum Beispiel ein oder zwei Jahre. In einem Zinstief lange Festschreibungszeiten wählen wie zum Beispiel 10 Jahre oder länger. Wenn nun diese Festschreibung ausläuft, wäre es sinnvoll, herauszufinden: Wer bietet mir ein besseres Angebot?

Und dafür müssen Sie jetzt einen weiteren wesentlichen Faktor kennen.

DIE EIGENTÜMER-BRIEFGRUNDSCHULD

Es gibt zwei verschiedene Arten von Grundschulden. Zum einen die „normale", bei der die finanzierende Bank im Grundbuch steht. Oder aber die zweite Möglichkeit, die ich in jedem Fall für sinnvoller erachte: die sogenannte Eigentümer-Briefgrundschuld.

Dies kennt jede Bank und auch jeder Notar. Im zweiten Fall werden Sie selbst ins Grundbuch eingetragen und *Sie* erhalten dann vom Notar eine Eigentümer-Briefgrundschuld, also eine Urkunde, ausgestellt auf Ihren Namen. Wenn Sie nun zum Beispiel einen Betrag von 400.000 DM eintragen wollen, besteht auch die Möglichkeit, vier mal 100.000 DM einzutragen. Dies ist zwar am Anfang teuer, der Vorteil kommt jedoch in der Zukunft. Die Grundschulden können Sie dann bei der finanzierenden Bank genauso als Sicherheit hinterlegen. Wenn Sie dann nach der Festschreibungszeit vergleichen wollen und zu einer anderen Bank wechseln wollen, tauschen die beiden Banken treuhänderisch das neue Darlehen gegen die erforderlichen Briefgrundschulden (je nach restlichem Darlehensstand). Die nicht mehr benötigten Grundschulden können Sie jederzeit verlangen. Sie könnten also mit einer dieser Teilgrundschulden jederzeit bei einer völlig neuen Bank ein Auto zu Baufinanzierungskonditionen finanzieren. Sie merken, dadurch gewinnen Sie viel mehr Freiheit und eine wesentlich bessere Verhandlungsposition gegenüber jeder Bank. Wenn dementgegen die Bank selbst im Grundbuch steht, so wie das üblicherweise gehandhabt wird, müssen Sie bei einem Bankenwechsel zuerst die alte Grundschuld löschen und eine neue für die andere Bank eintragen lassen.

Oder die bisherige Bank tritt die Grundschuld an die neue Bank ab. Dies ist in der Regel immer mit Eintragungskosten verbunden, die letztlich immer Sie bezahlen müssen.

DIE ZURÜCKHALTUNG DER BANKEN

Manchmal habe ich den folgenden Eindruck. Den Kunden werden für sie nützliche Informationen vorenthalten. Daraus entsteht für den Kunden ein klarer finanzieller Nachteil. Dies alles kann den Kunden in ein Abhängigkeitsverhältnis führen. Wenn dies erst mal geschehen ist, hat der Kunde gar nicht mehr die Position, selbst wenn er die beschriebenen Punkte kennt, diese auch von der Bank zu fordern.

Ich glaube, daß schon mancher Leser in diesem Zusammenhang eine gewisse Ohnmacht verspürt hat.

Was also von Banken verschwiegen wird, ist abenteuerlich. Warum? Nun, Verkauf bedeutet für viele Banken eben nicht Service! Verkauf bedeutet, den eigenen Vorteil zu wahren. Verkauf bedeutet, eine glatte äußere Fassade zu zeigen und den Kunden wichtige nützliche Informationen vorzuenthalten.

ZURÜCKHALTUNG IST EINE TUGEND.

(Solange es nicht um Informationen geht.)

DAS COMPUTERSPAREN

Betrachten wir ein weiteres Beispiel:

Fast jede Bank bietet das sogenannte Computersparen, auch Abschöpfungssparen oder Abräumsparen genannt, an. Das bedeutet, daß der Kunde die Bank auffordern kann, alle Beträge auf seinem Girokonto, die beispielsweise am 28. eines jeden Monats über 200 DM noch vorhanden sind, „abzuräumen", sprich auf ein anderes, besser verzinstes Konto zu überweisen. Per Computer. Der Kunde braucht sich also nicht darum zu kümmern. In der Folge erhält er ein Konto, wo er jetzt 3 %, 3,5 % oder 4 % Zinsen erhält, festgeldähnlich. Dies geschieht automatisch.

Auf dem bisherigen Girokonto erhielte der Kunde nur 0,25 %.

Der springende Punkt jedoch ist, daß dieser Service kaum angeboten wird. Die wenigsten Kunden wissen darum. Auch diese Dienstleistung wird ihnen verschwiegen! Ob man angesichts dieser Punkte von „Beratung" sprechen kann, überlasse ich Ihrem Ermessen.

Meiner Meinung handelt es sich hierbei in vielen Fällen nicht um Beratung. Im Gegenteil: Es findet eine „Verheimlichung" statt. Es handelt sich vielmehr um aktiv zurückgehaltene Informationen.

Wenn der Kunde wenigstens diese Informationen *hätte*, könnte er selbst entscheiden. Ist dies nicht ein Trauerspiel??

VERMÖGENSWIRKSAME LEISTUNGEN

Ein weiteres interessantes Beispiel, das in den Bereich der vermögenswirksamen Leistungen gehört.

Aufgrund des 936-Mark-Gesetzes kann man heute 78 Mark im Monat staatlich gefördert anlegen, sofern eine bestimmte Einkommensgrenze nicht überschritten wird. Grundsätzlich gibt es mehrere Anlagemöglichkeiten hierfür. Im Bereich des Versicherungssparens erhält der Kunde keine Arbeitnehmersparzulage. Bei der Bank selbst gibt es noch den sogenannten Bonussparvertrag oder Prämiensparvertrag, der mittlerweile jedoch auch nicht mehr staatlich gefördert wird. Der Bausparvertrag hingegen wird mit 10 % Arbeitnehmersparzulage gefördert. Weiter gibt es heute das sogenannte Wertpapiersparen, seit 01.01.1999 vom Staat mit 20 % (aus max. 800 DM = 160 DM) Arbeitnehmersparzulage unterstützt wird.

Soweit so gut! Das bisher Genannte dürften die meisten Leser bereits wissen. ABER: Es gibt darüber hinaus eine weitere geförderte Sparform im Bereich der vermögenswirksamen Leistungen. Man könnte es das Entschuldungssparen nennen.

DAS ENTSCHULDUNGSSPAREN

Ein Beispiel: Schließt ein Kunde bei seiner Bank zum Beispiel einen Bonus-sparvertrag ab, so erhält er in der Folge 3 % oder 3,5 % Zinsen, eine Arbeitneh-mersparzulage gibt es nicht mehr. Würde der Kunde aber nun ein anderes Formu-lar bei „seiner" Bank unterschreiben, welches beinhaltet, daß er mit 78 Mark ein Darlehen (für unmittelbar wohnwirtschaftliche Zwecke) zum Beispiel abbezahlt, so würde dies vom Staat gefördert werden – und zwar mit **10 %** Arbeitnehmer-sparzulage!

Damit könnte der Kunde unter dem Strich eine effektive Rendite in Höhe des Sollzinses erreichen, den er sonst bezahlen müßte. Denn für zurückbezahlte Beträge bezahlt der Kunde *keinen* Zins mehr. Zusätzlich bekäme er noch die staatliche För-derung. Die meisten Banken (oder sollte ich besser sagen „Banker"?) wissen über-haupt nicht, daß man die vermögenswirksamen Leistungen auch zur Entschuldung einsetzen kann. Warum „wissen" die das nicht?

Wenn ein Kunde dagegen einen Bausparvertrag oder einen sonstigen Vertrag bei der Bank abschließt, verdient die Bank daran. Dies kennen die Banker bestens. Wenn er jedoch ein Darlehen schneller tilgt, verdient die Bank an diesem Kunden sogar weniger.

Sie hat einen Nachteil, wenn ein Darlehen schneller abgezahlt wird. Also wird diese Variante nicht oder kaum angeboten. Verstehen Sie?

DIE GELDKARTE

Vielmehr bringen Banken absolut neue und hochinteressante Produktinnova-tionen auf den Markt. Man merkt schnell, daß sich jemand dabei was gedacht hat. Wie zum Beispiel die Geldkarte. Diese Karte bringt Vorteile in Millionenhöhe, es fragt sich nur für wen. Die Geldkarte ist an sich nichts anderes als ein bargeldloses Zahlungsmittel. Der Clou an dieser Karte ist jedoch, daß Sie diese Karte mit Geld „laden" können. Stellen Sie sich einmal vor, Sie lassen die Karte bei der Bank mit 400 DM laden. Ich frage Sie nun: „Wo sind diese 400 Mark?"

Sie werden sagen: „Ja, auf der Karte!"

Können Sie das Geld sehen? Nein! Aber Sie können mit der Karte bezahlen. Insgesamt bis zu 400 Mark. Dann müssen Sie die Karte neu aufladen lassen.

Sie werden feststellen, daß ihnen die 400 DM, die sie auf die Karte geladen haben, von ihrem Konto sofort abgebucht werden, aber wohin????

Auf ein Sonderkonto der Bank!

Nun stellen Sie sich einmal vor, welche Gesamtbeträge alle Bundesbürger auf ihren Karten „schlummern" haben. Manche wissen vielleicht gar nicht mehr, daß ihre Karte geladen ist. für all diese geladenen Beträge müssen die Banken keine Zinsen mehr bezahlen. Das sind doch echt innovative Produkte, finden Sie nicht?

Bei jeder anderen Karte wie zum Beispiel die Euroscheckkarte, bei der Sie mit ihrer Geheimnummer ebenso bezahlen können wie mit jeder anderen Kreditkarte, wird ihr Konto erst dann belastet, wenn das Geld wirklich ausgegeben wurde oder zum Teil erst Wochen später. Sie sollten selbst entscheiden, ob der dadurch entstehende Zinsvorteil den Jahresbetrag der Kreditkarte aufwiegt. Im Falle der Euroscheckkarte müßte die Rechnung auf jeden Fall aufgehen. Vielleicht werden Sie denken, daß es sich hierbei doch um minimale Beträge handelt. Das kann durchaus sein. Mir geht es hierbei jedoch vielmehr um die Summe, die die Banken im Großen damit verdienen. Warum bringen die Banken solche Produkte auf den Markt? Es handelt sich meiner Meinung nach auch hierbei um einen typischen Fall von „des Kaisers neue Kleider".

DIE ABHÄNGIGKEIT

Meiner Meinung nach ist nicht die individuelle Beratung des Kunden in den Banken an der Tagesordnung, sondern vielmehr das Abwickeln von Bankgeschäften wie Kontoführung, Überweisungen usw. Verkauf in der Bank ist für mich vielmehr das Ausnutzen eines Abhängigkeitsverhältnisses. Kunden besitzen oft keine andere Chance mehr, als etwa auf ein „Verkaufsangebot" – zur Absicherung eines Kredites etwa – zustimmend zu reagieren.

Das ist jedoch kein „Verkauf" mehr in dem Sinne, daß der Kunde sich aus freien Stücken für oder gegen ein Angebot entscheiden kann, sondern er muß einfach unterschreiben, damit der Banker ihm „gewogen" bleibt. Der Kunde ist im Gegenteil heilfroh, wenn er seine 200 Mark in Zukunft am Monatsende noch abheben darf. Also unterschreibt er.

Hinzu kommt: Welcher Kunde liest die Bankbedingungen genau durch? Bei einem Kreditvertrag? Den Anhang? Dieser Tortur unterzieht sich kaum ein Kunde! In der Regel setzt er sich mit dem Banker in ein stilles Kämmerchen und unterschreibt treu und brav alles, was ihm hingelegt wird. Er schaut nur, wo er unterschreiben muß. Er schaut nicht, was er unterschreibt. Die Details kennt er selten. Wenn's von der Bank kommt, wird's schon stimmen.

Was diese „Details" angeht, so muß man realisieren, daß Banken hier über einen jahrelangen Vorsprung an juristischem Know-how verfügen.

Aber der springende Punkt ist, daß dem Kunden oft keine andere Wahl gelassen wird. Er kann und will dem Banker nicht zeigen, daß er ihm nicht vertraut. Wenn also ein Banker munter kommentiert:

„Ich habe festgestellt, daß Sie schon seit Monaten Ihr Konto überzogen haben! Hier besteht Handlungsbedarf. Mit dem Abschluß einer Lebensversicherung wären ihre Schulden bei einem Todesfall abgesichert", so bleibt dem Kunden im Grunde genommen nichts anderes übrig, als zu unterschreiben. Er weiß, daß er damit rechnen muß, daß wenn er sich weigert, er nicht mehr weiter überziehen kann, sondern die Überziehung vielmehr schnellstmöglich zurückführen müßte. Das aber ist kein Verkauf. Ich würde dies eher unter der Rubrik „Nötigung" einordnen.

Tatsächlich passiert das tagtäglich in den heiligen Bankhallen.

Ich sage es hier einmal im Klartext: Würden die Banken die Kunden über sämtliche ihnen zur Verfügung stehenden Vorteile informieren, zum Beispiel bei Darlehen sowie bei Kapitalanlagen, würden viel weniger Kunden in dieses Abhängigkeitsverhältnis kommen. Manchmal drängt sich mir die Vermutung auf, daß genau das das eigentliche Ziel ist.

AUSNAHMEN

Ich möchte nicht, daß hier der Eindruck entsteht, ich würde alle Banken und Banker in einen Topf werfen. Das wäre sicherlich genauso falsch. Aber ich habe in vielen Jahren die Erfahrung gemacht, daß oftmals ein Bankinstitut für den Kunden genauso gut oder so schlecht ist, wie der *Banker*, der für den Kunden zuständig ist.

Selbstverständlich gibt es auch hier gute und vernünftige Leute mit denen man wirklich reden kann. Nur eines weiß ich ganz genau: Viele Banker haben aufgrund ihrer Position gar nicht die Möglichkeit, Ihnen das zu sagen, was sie gerne sagen würden. Eine Prämisse in Banken lautet beispielsweise: *„Das Geld muß im Haus bleiben"* oder an einem anderen Tage heißt es: *„Unsere Bauspar-Umsätze sind zu niedrig"* oder *„Wir haben unsere Sollzahlen bei den Lebensversicherungen noch nicht erreicht."*

Dem Banker bleibt dann nichts anderes übrig, als den Anweisungen von oben Folge zu leisten. Wie heißt es doch so schön: Wes Brot ich eß, des Lied ich sing!

Verhandeln Sie mal mit einem Banker über ein Darlehen oder eine Anlagemöglichkeit. Handeln Sie einmal über Sonderkonditionen. Sie werden schnell erkennen, welche Kompetenz Ihr Gesprächspartner in dieser Bank hat. Drum, wenn's irgendwie geht: Verhandeln Sie nie mit Herrn Schmidtchen, sondern immer mit Herrn Schmidt. Oftmals werden den angestellten Bankern auch bewußt für Kunden wichtige Informationen vorenthalten. Was die nicht wissen, können die dann auch nicht erzählen. Was glauben Sie, wie oft wir schon den Bankern unserer Kunden das Formular zur „Anlage der vermögenswirksamen Leistungen zur Entschuldung" überreichen mußten. Dieses Formular war in der ganzen Bank nicht zu finden und der Banker hatte auch fachlich nichts von dieser Möglichkeit gewußt.

FAKTEN, FAKTEN, FAKTEN

Wer die Fakten der letzten 45 Jahre addiert, kommt zu einem niederschmetternden Bild in Sachen Beratungsqualität seitens der deutschen Kreditinstitute. Der Kunde war meist Opfer, nicht Partner, so monierten viele renommierte Autoren. Der springende Punkt ist nun, daß dies den meisten Anlegern nicht bewußt ist. So gibt es etwa Umfragen über die Seriosität oder Nichtseriosität verschiedener Berufe. Am unseriösesten empfinden Menschen hierzulande die Politiker. Seltsamerweise kommen die Banker jedoch gut weg. Dieser gute Ruf ist jedoch nicht begründet. Man muß es sich noch einmal vor Augen halten: Selbst Lehrlinge werden in den heiligen Bankhallen manchmal als „Kundenberater" bezeichnet oder sogar als „Anlageberater". Sie nennen sich „Baufinanzierungsberater", „Kreditberater", „Firmenkundenberater" und so weiter, obwohl sie höchst selten objektiv und neutral beraten.

Tatsächlich gibt es knallharte, konkrete Tests, was die Qualität der Beratung bei Banken anbelangt. So testete einmal der *Stern* 20 Hamburger Geldinstitute. Nur mit zwei von zwanzig Beratern waren die Tester voll zufrieden. Zu ähnlich niederschmetternden Ergebnissen kamen das Wirtschaftsmagazin *Capital* und die *Stiftung Warentest*. Auch die Zeitschrift *Cash* testete einmal die Kompetenz der Banken – indem sie nach den besten steuersparenden geschlossenen Immobilienfonds fragte. Die dümmsten Antworten waren an der Tagesordnung.

Banken, so muß man wissen, florieren aufgrund eines Images, das sie zum großen Teil zu Unrecht genießen. Es ist sozusagen ein Phänomen der Public Relations – der Werbung, für die die Banken Unsummen investieren.

Wenn Sie nun glauben, daß Sie nun „schlau" geworden sind, was den Verkauf in der Finanzdienstleistungsbranche angeht, so irren Sie sich. Tatsächlich werden sogar Banken noch einmal getoppt, was die Vokabel Verkauf angeht, und zwar von den vielgepriesenen Versicherungsgesellschaften.

Es ist fast unmöglich,
die Fackel der Wahrheit durch ein Gedränge zu tragen,
ohne jemandem den Bart zu verbrennen.

GEORG CHRISTOPH LICHTENBERG
Dt. Physiker, 1742–1799

2. EINE VERSICHERUNGSGESELLSCHAFT SORGT VOR ... VOR ALLEM FÜR SICH SELBST
oder
WER VERSICHERT UNS VOR DEN VERSICHERUNGSGESELLSCHAFTEN?

Kommen wir nun zu den Versicherungsgesellschaften, deren Produkten, deren Außendienst sowie deren Verkaufsmethoden.

Weitverbreitet ist hierbei der Ein-Firmen-Verkauf, der bei den meisten Versicherungsleuten an der Tagesordnung ist. Das heißt, die Gesellschaft hat haupt- oder nebenberufliche Mitarbeiter im Außendienst, die nur Produkte dieser Gesellschaft dem Kunden anbieten dürfen. Hinzu kommt, das hierbei oftmals nur ein einziges Produkt angeboten wird, gleichgültig, ob es zu dem Kunden paßt oder nicht.

Was bedeutet dies letztlich für den Kunden?

Nun, als abhängig Beschäftigter vertritt der Einfirmen-Vertreter „seine" Firma. Dies ist zum Beispiel die Versicherungsgesellschaft Phantasia. Ihre „Berater" sind tatsächlich Verkäufer nur einer einzigen Produktpalette oder gar nur eines einzigen Produktes. Das heißt, sie werden von ihrem Brötchengeber ausschließlich auf ein einziges Produkt geschult und auf Verkauf getrimmt.

(Inzwischen sind manche dieser Unternehmen eng vernetzt mit anderen Konzernen. So gibt es etwa Hochzeiten zwischen Versicherungsgesellschaften und Bausparkassen. Hier wird der klassische „Überkreuz-Verkauf" betrieben. Das heißt, Vertreter der Versicherungsgesellschaft X bieten auch den Bausparvertrag Y mit an, der Bausparvertreter Y bietet umgekehrt die Versicherung X mit an und so weiter. Streng im Rahmen des Verbundes! Es gibt also sogar zwei Produkte, ironisch gesagt. Der vertrauensselige Kunde glaubt, damit gut zu fahren.)

Wie auch immer: Letztlich wird in den meisten Fällen nur eine einzige Versicherung vertreten, obwohl es für den Kunden vielleicht 150 günstigere Gesellschaften gäbe. Ganz davon abgesehen gibt es hierbei noch einen anderen Haken.

Was nun die Produktpalette anbelangt, komme ich nun zu meinem Lieblingsthema:

SACHWERTE SCHLAGEN GELDWERTE

Grundsätzlich muß der Leser zunächst einmal über den Unterschied zwischen *Geldwert* und *Sachwert* aufgeklärt werden. Um die Wichtigkeit dieses Themas zu unterstreichen, habe ich den näheren Erläuterungen ein ganzes Kapitel gewidmet. Doch dazu genaueres später.

Verkürzt gesprochen verlieren *Geldwertanlagen*, wozu Lebensversicherungen, Festgelder und Sparbücher etwa gehören, ihre Kaufkraft durch die Inflation. Dies zeigt sich an folgendem Beispiel: Gemessen an der Kaufkraft ist eine Mark von 1948 heute (Ende 1998) noch rund 26 Pfennig wert. Oder anders ausgedrückt: Was damals 100 DM gekostet hat, kostet heute 376 DM. Inflation bedeutet einerseits, daß das Geld immer weniger wert wird, andererseits aber auch, daß „Sachen" (Waren, Dienstleistungen usw.) immer teurer werden.

Und genau diese Erkenntnis ist in Bezug auf Anlage in eine Lebensversicherung von größter Bedeutung.

Ich halte zum Beispiel die kapitalbildende Lebensversicherung für nicht empfehlenswert, wenn es um einen langfristigen Kapitalaufbau geht.

Warum?

Nun, sehr einfach: Die Vergangenheit hat immer und immer wieder bewiesen, daß Sachwerte über einen längeren Zeitraum betrachtet an Wert zulegen, während Geldwerte durch die Inflation an Wert verlieren.

Hier schon einmal ein Grafik, die diesen Sachverhalt untermauern soll.

(Eine Bitte am Rande:

Lassen Sie sich für diese und alle weiteren Grafiken in diesem Buch Zeit. Schauen Sie die Zahlen genau an und verinnerlichen Sie sich die Aussagen, denn oftmals bilden die Grafiken die Grundlage für die weiteren Ausführungen.)

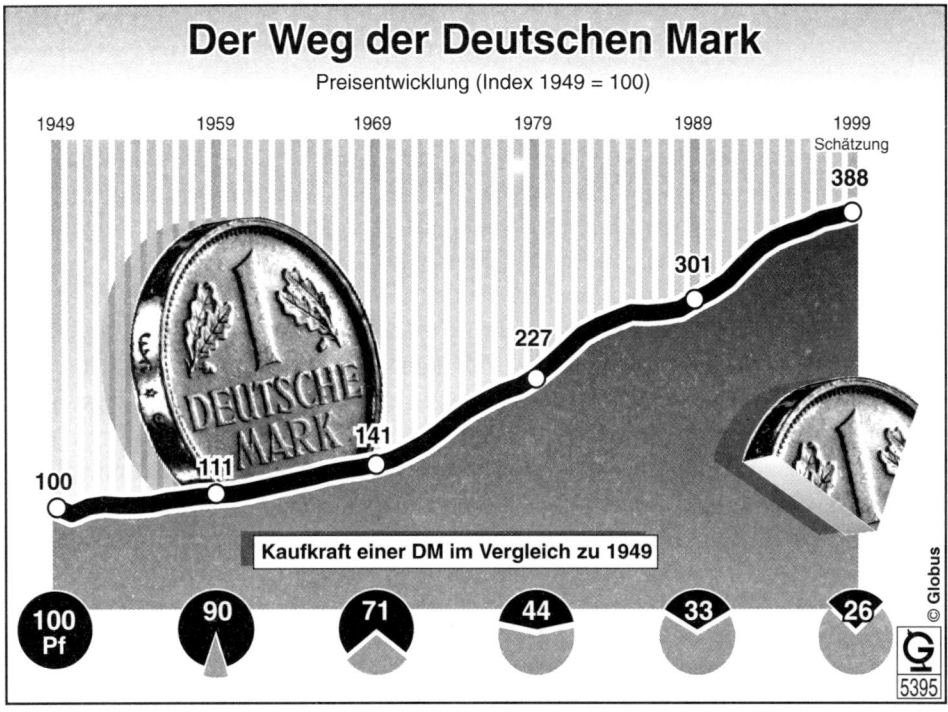

Der Weg der Deutschen Mark
Preisentwicklung (Index 1949 = 100)

Dem Zeitgenossen, der vorsorgen will, ist also anzuraten, sich auf Sachwerte zu konzentrieren.

Es gibt zahlreiche Schwachstellen, was die klassische Kapitallebensversicherung anbelangt. Tatsächlich muß man sich einmal folgendes vor Augen halten: Zunächst findet eine Prognose statt, was die Verzinsung der Kapitallebensversicherung angeht. Diese Prognose wird aber selten eingehalten. Offiziell spricht man von ca. 6,5 %, de facto verzinsen sich die meisten Versicherungen aber nur mit 5 %.

Aber diese 5 % darf man nicht einmal auf den Versicherungsanteil des Beitrages berechnen, sondern lediglich auf den Sparanteil. Je höher das Alter des Versicherten, desto weniger bleibt von seinem Beitrag für die Kapitalbildung übrig. Bezogen auf den Gesamtbeitrag kann die effektive Rendite (nach Abzug der Inflationsrate) im Extremfall auf unter 4 % sinken.

Doch dies ist noch gar nicht das größte Problem.

WO LEGEN DIE VERSICHERUNGSGESELLSCHAFTEN DAS GELD AN?

Lebensversicherungen geben die Gelder ihrer Kunden vorwiegend in Form von Darlehen an verschiedene Schuldner wieder aus. Zum Teil sind dies Baufinanzierungsdarlehen, zum Teil auch anderweitige Darlehen. Wissen Sie aber auch, was der größte „Anlage"-Posten bei der Versicherungswirtschaft ist? Jetzt bitte aufgepaßt: Es sind Darlehen an den Staat in Form von Schuldscheindarlehen.

Können Sie sich vorstellen, welche immense Summen sich der Staat insgesamt von den Versicherungsgesellschaften ausgeliehen hat? Wenn Sie sich einmal dieses Ausmaß vor Augen halten, werden Sie auch die Ausführungen auf den nächsten Seiten verstehen können. Mir ist es jetzt sehr wichtig, daß Sie sich in dieses Thema hineindenken.

Hier nun eine Grafik, in welche Bereiche die deutschen Versicherungsgesellschaften die Gelder der Kunden investieren.

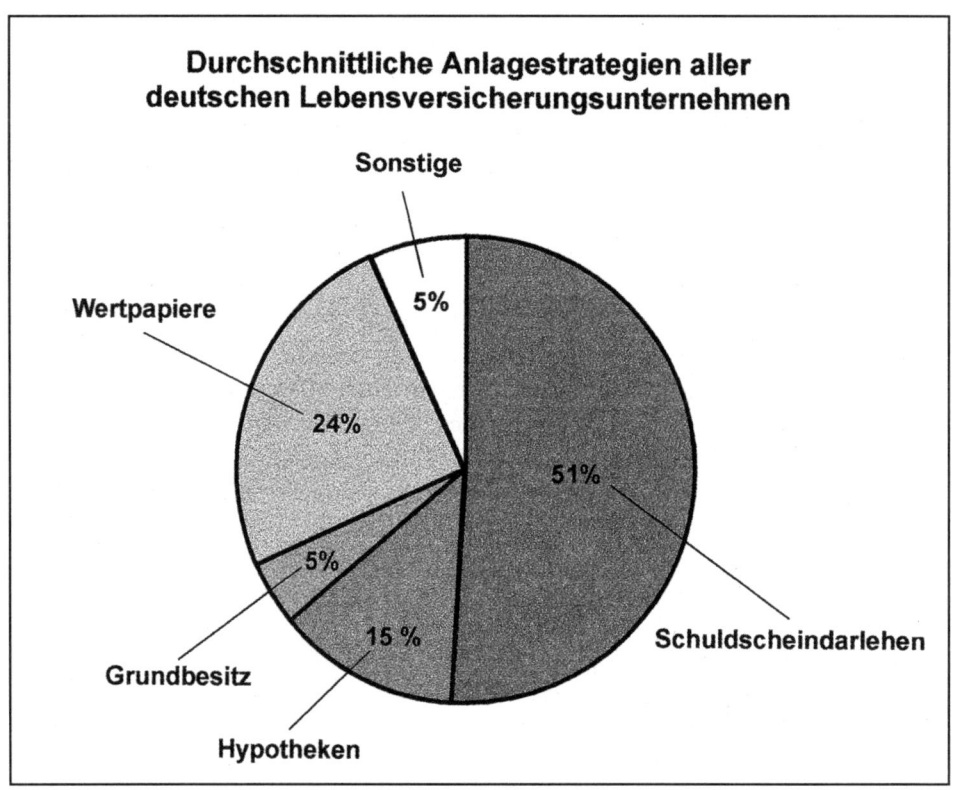

ÜBER STILLE RESERVEN REDET MAN NICHT – MAN HAT SIE

Ich bitte Sie nun, die folgenden Ausführungen sorgfältig durchzulesen und sie auf sich wirken zu lassen. Ich werde Sie mit dem meiner Meinung nach best-gehüteten Geheimnis der Großfinanzwirtschaft vertraut machen. Jetzt wird es wirk-lich spannend!

Wie Sie sehen, werden die Kundengelder zu rund einem Drittel auch in Sach-werte, wie z. B. Immobilien und Aktien angelegt. Diese Sachwerte kommen in das Betriebsvermögen der Gesellschaft. Nehmen wir als Beispiel einen Immobilien-komplex zum Neupreis von 100 Millionen DM. Dieser Komplex steht also mit einem Anfangsbuchwert von 100 Millionen in der Bilanz. Durch ein Steuergesetz schmälert sich nun dieser Wert in jedem Jahr. Es handelt sich hierbei um die soge-nannte AfA, d. h. „Absetzung für Abnutzung".

Mit anderen Worten: Steuerrechtlich gesehen verliert dieser Immobilienkom-plex jährlich beispielsweise 4 % an Wert. Das sind in jedem Jahr 4 Millionen „Ver-lust". Diese 4 Millionen schmälern den bilanziellen Gewinn der Gesellschaft. Also den Gewinn, an dem letztendlich die Lebensversicherungskunden beteiligt werden. Hier spricht man von Überschußbeteiligung. Wenn aber der alljährliche Überschuß durch die Abschreibungssätze geschmälert wird, reduziert sich aufgrund dessen auch die Überschußbeteiligung der Kunden. Nach 25 Jahren steht diese Immobi-lie noch mit einem Erinnerungswert von 1 DM zu Buche.

KAUFEN SIE DOCH EIN SOLCHES OBJEKT

Lieber Leser, stellen Sie sich bitte einmal folgendes vor:

Sie setzen sich ins Auto, fahren in die Hauptzentrale einer Versicherungsge-sellschaft und fragen nach dem Buchwert einer bestimmten Immobilie. Beispiels-weise ein Bürohochhaus mit einem Neuwert von 100 Millionen, gebaut 1970.

Die Antwort wäre „eine Mark". Nun ziehen Sie ganz lässig Ihren Geldbeutel raus, legen eine Mark auf den Tisch und sagen: „O.k., ist gebongt, kauf' ich!". Was glauben Sie, wird Ihr Gesprächspartner tun oder sagen? Wahrscheinlich wird er Sie für verrückt erklären. Warum? Er wird genau wissen, daß die Immobilie heute sogar weitaus mehr wert ist als den ursprünglichen Betrag von 100 Mio. Doch die Lebensversicherungskunden werden und wurden daran nicht beteiligt. Ganz im Gegenteil.

Ich sage in aller Klarheit: Die Versicherungsgesellschaften benutzen Steuergesetze, um Sachwertentwicklungen vor ihren Kunden in Sicherheit zu bringen und beteiligen diese Geldgeber an einem theoretischen, nichtssagenden Buchwert.

Meiner Meinung nach ist dies die größte Schweinerei, die momentan und seit Jahrzehnten im Finanzbereich abläuft.

Fragen Sie sich selbst: Haben Sie das gewußt???

Kein Mensch kann allen Ernstes glauben, daß ein Immobilienkomplex, der einen Neupreis von 100 Millionen hatte, nach 25 Jahren nur noch eine Mark wert ist. Selbst wenn die Immobilienpreise nicht wie in der Vergangenheit steigen, sondern stagnieren, hätten wir immer noch einen Wert von 100 Millionen.

Bei den Lebensversicherungen wird der Kunde am jährlichen Überschuß beteiligt, oftmals bis zu 98 %. Doch was überhaupt an Überschuß anfällt, entscheidet die Gesellschaft. Durch die Ausnutzung von Steuergesetzen werden diese Überschüsse geschmälert. Hierzu nun eine wichtige fachliche Aussage:

Die Differenz zwischen dem tatsächlichen Wert und dem theoretischen Buchwert nennt man „stille Reserven".

DIE ENTSTEHUNG VON STILLEN RESERVEN

Und genau an diesen stillen Reserven wird der Lebensversicherungskunde nicht beteiligt. Daß wir uns hier bei allen Gesellschaften in Deutschland nicht nur über 100 Millionen unterhalten, müßte jedem klar sein. Im Folgenden sehen Sie grafisch dargestellt die Entwicklung des tatsächlichen Wertes nach oben und die Reduzierung des Buchwertes durch die Absetzung für Abnutzung. Hieraus entstehen nun die stillen Reserven:

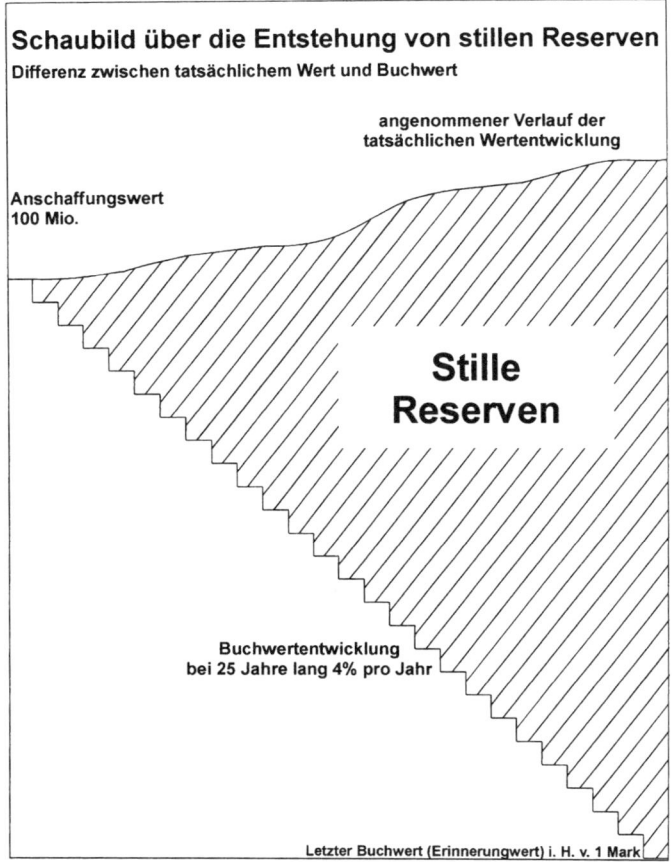

DIE WERTPAPIERE DER GESELLSCHAFTEN

Schauen wir uns einen weiteren Bereich der Sachwerte an, die die Versicherungsgesellschaften besitzen: Die Aktienpakete.

Nehmen wir einmal an, der Gesamtkurswert aller Aktien, die eine Gesellschaft mit Kundengeldern gekauft hat, beliefe sich auf insgesamt 100 Millionen DM. Wenn nun ein Börsencrash kommt und die Aktien fallen beispielsweise um 20 %, hätte die Gesellschaft einen Verlust erzielt von 20 Millionen; aber nur theoretisch. Nämlich dann, wenn alle Aktien verkauft werden würden. Aber genau das tut die Gesellschaft natürlich nicht.

DAS NIEDERSTWERT-PRINZIP

Steuerrechtlich jedoch gibt es hier die Möglichkeit der Wertberichtigung des Aktienpaketes nach dem sog. „Niederstwertprinzip". Also ein buchhalterischer Verlust i. H. v. 20 Millionen, der wiederum den Überschuß im betreffenden Jahr schmälert. Wenn nun im nächsten Jahr die Kurse wieder steigen, z. B. auf 110 Millionen Gesamtwert, sind hieraus wieder 30 Millionen stille Reserven entstanden.

Wenn die Versicherungsgesellschaft Aktien oder Immobilien verkaufen würde und einen höheren Betrag als den Buchwert erzielen würde, käme hierbei ein „Veräußerungsgewinn" zustande, an dem der Kunde beteiligt werden müßte.

Nur: Die Versicherungsgesellschaften sind nicht gezwungen, zu verkaufen und werden es aus diesem Grunde auch nicht tun.

Um es einmal klar zu sagen: Viele Menschen in Deutschland haben Angst, in Aktien zu investieren, denn Sie haben Angst vor einem Börsencrash. Doch wenn aus diesem Grund statt dessen in Lebensversicherungen investiert wird, werden die Kunden in diesem Bereich **nur** am Crash beteiligt und **nicht** an den steigenden Kursen.

Die Vergangenheit zeigt, daß nach einem Crash die Kurse schnell wieder höher stehen als davor, denn viele warten nur darauf, günstiger einsteigen zu können. Durch diese erhöhte Nachfrage steigen die Kurse wieder.

Im Kapitel „Geldwert-Sachwert" werde ich Ihnen beweisen, wie hoch, statistisch gesehen die Gefahr eines Börsencrashs und die Chance eines Aktienbooms sind.

Der bekannte „Börsenguru" André Kostolany sagte einmal auf einem Seminar:
„Kaufen Sie sich zwei Dinge: erstens Aktien und zweitens Schlaftabletten. Nachdem Sie die Aktien gekauft haben, nehmen Sie die Schlaftabletten und schlafen Sie einfach 10 Jahre lang. Wenn Sie aufwachen, werden Sie feststellen, daß Sie ein Geschäft gemacht haben. Denn durch dieses Schlafen haben Sie nicht die Möglichkeit, bei Schwankungen ihre Aktien zum falschen Zeitpunkt zu verkaufen und dadurch Verluste zu realisieren. "

Aktien sind Sachwerte, denn sie verbriefen mir das Eigentum an einem Unternehmen ... **inklusive dessen stillen Reserven!**

Und genau das ist der kleine, aber bedeutende Unterschied.
Ich werde zu einem späteren Zeitpunkt auf konkrete Vorschläge eingehen.

Doch vorher möchte ich den Leser noch auf eine für mich haarsträubende Geschichte in diesem Zusammenhang aufmerksam machen:

DIE SONDERABSCHREIBUNG

Im Zuge der Wiedervereinigung Deutschlands wurde in den neunziger Jahren durch den Gesetzgeber für jedermann die Möglichkeit geschaffen, durch Immobilieninvestitionen in den neuen Bundesländern Steuern zu sparen. Dies geschieht dadurch, daß im Jahr des Erwerbs eine theoretische Wertminderung i. H. v. 50 % des Kaufpreises als steuerlicher Verlust vom „normalen" zu versteuernden Einkommen herunter gerechnet werden konnte.

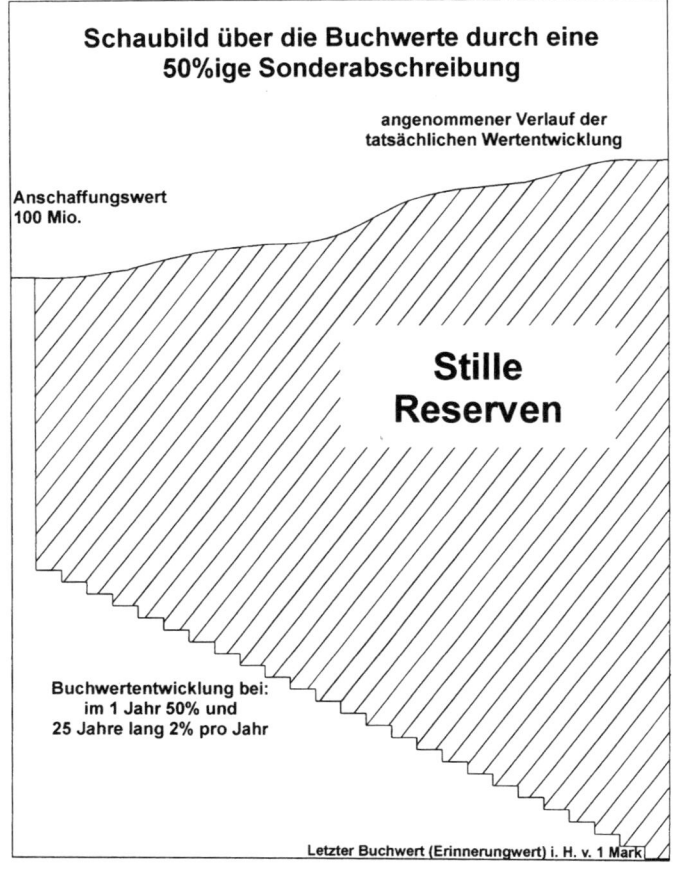

Diese Gesetzgebung hat zum einen für einen Aufschwung in der Baubranche im Osten geführt. Zum anderen hatte dies aber für die Lebensversicherungskunden verheerende Folgen. Diese Sonderabschreibung haben nicht nur Privatinvestoren genutzt, sondern in viel höherem Ausmaß die Institutionellen, wie z. B. Banken und Versicherungen. Nehmen wir noch einmal unser Beispiel der Immobilie i. H. v. 100 Millionen Kaufpreis. Durch diese Steuergesetzgebung war buchhalterisch die Immobilie nach einem Jahr nur noch die Hälfte wert. Daß diese Sonderabschreibung die Überschußbeteiligung der Versicherten erheblich geschmälert hat, liegt auf der Hand. Denn die Summe der stillen Reserven ist in unserem Beispiel nach nur einem Jahr um 50 Millionen angewachsen, und daran werden bekanntlich die Kunden nicht beteiligt. Um es zu verdeutlichen ein Beispiel:

Stellen Sie sich einmal vor, Sie würden mir am 31.12. eines Jahres eine Million geben und ich würde mit Notartermin am selben Tag im Osten eine neue Immobilie erwerben. Einen Tag später würden Sie mich fragen, wieviel diese Immobilie wert ist. Ich würde Ihnen sagen: nur noch die Hälfte und würde Sie am 01.01., also einen Tag später, mit 500.000 DM auszahlen. Was würden Sie sagen? Was würden Sie tun? Und nun stellen Sie sich einmal vor, Sie würden vor Gericht gehen und müßten erfahren, daß dies schon rechtens ist. Spüren Sie dieses Gefühl der Ohnmacht?

DIE PROGNOSTIZIERTE ABLAUFLEISTUNG

Ich möchte Ihnen das nun mit einem konkreten Beispiel eines Kunden verdeutlichen: Dieser Kunde ließ sich im August 1992 die voraussichtliche Ablaufleistung für seine Kapitallebensversicherung zum 01.08.2025 berechnen. Die Antwort der Gesellschaft war eine Berechnung mir einer Ablaufleistung von 454.000 DM. Nun zahlte der Kunde in der Folge fröhlich weiter ein. Im September 1997 ließ er sich die Ablaufleistung für den selben Vertrag ein weiteres Mal berechnen. Man kann es kaum glauben, was das Ergebnis war. Die in Aussicht gestellte Summe war geringer als im Jahre 1992 – und das, obwohl der Kunde wie gesagt die ganze Zeit weiter eingezahlt hatte!

Meiner Überzeugung nach liegt dies daran, daß die 50 %ige Sonder-AFA, die bei Immobilien im Osten möglich war, negativ für den Kunden zu Buche schlug. Aber dem Kunden war dies nicht bewußt. Plötzlich sah er sich einer miserablen Rendite gegenüber. Ein steuerliches Gesetz, das jeder hätte nutzen können, wurde hier von der Versicherungsgesellschaft genutzt – zum Vorteil für die Gesellschaft, aber nicht zum Vorteil der Kunden. Hier nun die konkreten Zahlen: 1992 wurden

454.000 DM prognostiziert, fünf Jahre später 405.800 DM. Das heißt, die prognostizierte Summe *sank*, obwohl die ganze Zeit über von dem Kunden brav und treu eingezahlt wurde.

Um dies für den Leser einmal auf den Punkt zu bringen:

In nur fünf Jahren hat sich die versprochene Summe um fast 50.000 DM reduziert. Wenn wir nun noch die in dieser Zeit bezahlten Beiträge in Höhe von DM 200 x 12 x 5 Jahre = DM 12.000 hinzurechnen, kommen wir auf einen Gesamtbetrag von über 60.000 DM „Verlust" in 60 Monaten.

Der Kunde hat also monatlich durch Unwissen 1.000 DM verloren.

Daß dies kein Einzelfall ist, sondern sich durch alle Gesellschaften in ähnlicher Weise zieht, muß jedem klar sein.

Ich bin sicher, liebe Leserin, lieber Leser, daß wenn auch Sie eine Kapitallebensversicherung haben, es Ihnen in den vergangenen Jahren auch so ergangen ist. Nur, Sie haben es nicht gemerkt, weil Sie die prognostizierte Ablaufleistung ihrer Versicherung nicht am Anfang und am Ende der neunziger Jahre angefragt haben. Dann nämlich hätten Sie vergleichen können, und ich sage Ihnen, Sie wären geschockt gewesen.

WEM GEHÖREN DIE STILLEN RESERVEN?

Wenn nun die Versicherungskunden nur an den Buchwerten beteiligt sind, wem gehören dann die stillen Reserven? Sie werden jetzt mit Sicherheit antworten: „Der Gesellschaft". Dies ist auf den ersten Blick auch richtig. Doch die Gesellschaft selbst ist eine juristische Person. Bei näherem Hinsehen müssen wir uns darüber klar werden, das es letztendlich die *Menschen* sind, denen die Gesellschaft gehört. Und wem gehört nun eine Aktiengesellschaft? Natürlich den Aktionären und den sonstigen als Mitunternehmer an der Gesellschaft Beteiligten. Aus diesem Grund gehören Aktien und Gesellschaftsbeteiligungen in den Bereich der Sachwerte. Denn, wie bereits gesagt, gehören den Aktionären und den Gesellschaftern zu ihrem jeweiligen Anteil das gesamte Unternehmen *mit* den stillen Reserven.

Sie werden jetzt denken: „Ja, dann kaufe ich doch nur noch Aktien von Versicherungsgesellschaften, dann profitiere ich von den stillen Reserven. Dann kann die Gesellschaft durch Steuergesetze die stillen Reserven aus den Händen der Versicherungskunden in die Hände der Aktionäre, also in meine, schaufeln".

DER BEWEIS

Ob dies richtig ist oder nicht, dürfen Sie sich nach dem folgenden Beispiel selbst beantworten:

Der Bund der Versicherten hat im Februar 1998 ein Beispiel veröffentlicht:

Ein 35-jähriger schließt mit Beginn 01.01.1973 eine kapitalbildende Lebensversicherung mit monatlich 200 DM Beitrag bei einer der größten deutschen Versicherungsgesellschaften ab mit einer Laufzeit von 25 Jahren. Am 01.01.1998 bekommt dieser Kunde eine Ablaufleistung von 137.326 DM.

Und jetzt aufgepaßt!

Hätte dieser Kunde bei der selben Gesellschaft für monatlich 200 DM *deren* Aktien gekauft, wie hoch, glauben Sie, wäre dann der Wert seines Depots am 01.01.1998 gewesen?

Ich denke, Sie ahnen bereits, daß es mehr als 137.326 DM sein müßten. Ich werde es Ihnen verraten: Es wäre ein Wert von sage und schreibe **752.220 DM** entstanden. Wohlgemerkt mit der gleichen Laufzeit, dem gleichen Beitrag und, was am wichtigsten ist, bei der gleichen Gesellschaft.

Hätte der Kunde in der gleichen Zeit für den gleichen Betrag Werte nach dem Deutschen Aktienindex DAX gekauft, wäre ein Betrag von 326.293 Mark entstanden, also immerhin das zweieinhalbfache der Lebensversicherung.

Um genau zu sein: Es wären 188.967 Mark **mehr** raus gekommen!

Um das Ausmaß dieser Geschichte zu verdeutlichen, bitte ich Sie, daß Sie sich folgende Zahlen vor Augen halten. Die **Differenz** aus dem Ergebnis der Lebensversicherung und dem Ergebnis der Aktien **derselben** Gesellschaft beträgt rund 615.000 DM. Dies in 25 Jahren. Das sind umgerechnet 300 Monate. Wenn wir nun die 615.000 DM teilen durch die 300 Monate, kommen wir auf folgendes Ergebnis: Hätte sich der Kunde 1973 für den Kauf der Aktien dieser Gesellschaft entschieden, hätte er monatlich 2.050 DM **mehr** bekommen. Ich höre jetzt schon wieder die Kritiker mit zwei Gegenargumenten:

1. Bei Aktien weiß man nie, wie sie sich entwickeln werden, Aktien sind unsicher.
   Im Nachhinein kann man leicht kritisieren.

2. Bei Aktien hat der Kunde keinen Versicherungsschutz im Todesfall.

Dem möchte ich folgende Punkte entgegenhalten:
Zu 1.: Denken Sie bitte noch einmal daran, daß auch die Versicherungsgesell-

schaften über immense Bestände von Aktien verfügen. Warum haben sie die? Weil sie so unsicher sind? Denken Sie an das bereits beschriebene Niederstwertprinzip. Wenn die Aktien nach unten gehen, werden bei den Versicherungen die Buchwerte nach unten gesetzt. Wenn danach die Börse wieder boomt, werden aus den Wertsteigerungen stille Reserven, an denen der Versicherungskunde nicht beteiligt wird, wohl aber die Aktionäre dieser Gesellschaft. Meistens sind es die Versicherungsvertreter, die mir sagen, wie unsicher Aktien sind. Wenn diese Leute mir so etwas erzählen und selbst nicht einmal wissen, daß sie ihre eigenen Kunden bei Aktien, die ihre Gesellschaft besitzt, nur am Crash beteiligen und nicht an steigenden Kursen, was soll ich dann noch sagen? Was würden Sie sagen?

Zu 2.: Seien Sie mir bitte nicht böse, aber diesen Einwand möchte ich lakonisch mit einem Satz vom Tisch wischen: „Sie werden doch zugeben, daß dieser oben beschriebene Kunde mit 615.000 DM **Mehrleistung** in 25 Jahren sich in Millionenhöhe absichern hätte können. Schließen Sie doch einmal eine Risikolebensversicherung auf die Dauer von 25 Jahren mit einem Monatsbeitrag von 2.050 DM ab. In Wirklichkeit war dieser Versicherungskunde jedoch nur über ca. 63.000 DM abgesichert.

Ich sage Ihnen, was sich wirklich hier abspielt:
Bei einer Lebensversicherung kann die Gesellschaft stille Reserven auf Teufel-komm-raus aufbauen und der Vertreter erhält eine satte Provision.
Wie soll es denn sonst zu erklären sein, und das ist meine Erfahrung und absolute Überzeugung, daß die allerwenigsten Leser dieses Buches diesen Sachverhalt bisher kannten. Es ist meiner Meinung nach eine himmelschreiende Ungerechtigkeit, was in den vielen vergangenen Jahrzehnten durch den Verkauf von Lebensversicherungen mit den Kunden gemacht wurde. Und dies ohne deren Wissen und, was noch schlimmer ist, auch die Vertreter der Gesellschaften wissen dies in der Regel nicht.
Wenn Sie im Versicherungsbereich tätig sind, dann lesen Sie diese Zeilen und machen Sie sich ernsthaft Gedanken darüber, ob Sie nicht endlich etwas ändern sollten. Oder machen Sie so weiter und ich verspreche Ihnen, daß dies nicht mehr allzulange in Deutschland so gehen wird. In spätestens 5 bis 10 Jahren werden Sie erkennen, daß auch Sie sich nicht mehr davor verschließen können!

DER STAAT SCHAUT ZU! WARUM NUR?

An dieser Stelle möchte ich zusammenfassend ein klares Wort bezüglich unserer Gesetzgeber sagen, und dabei spielen für mich die Buchstaben bzw. Farbbezeichnungen von Parteien keine Rolle.

Kennen Sie auch den Satz: „Geld regiert die Welt"?

Es wäre meiner Meinung nach ohne weiteres möglich gewesen, die Sonderabschreibungen im Osten nur im Rahmen der Einkommensteuererklärung (einfach ausgedrückt: also für natürliche Personen) geltend machen zu können. Somit wäre den Privatleuten geholfen worden.

Dadurch, daß diese Abschreibung aber auch im Rahmen der Körperschaftssteuer (einfach ausgedrückt: für juristische Personen wie z. B. GmbHs und Aktiengesellschaften) geltend gemacht werden kann, wurde den Gesellschaften nun Tür und Tor geöffnet, ihre Kunden durch Sonderabschreibungen zu „enteignen".

Genau diese Regierung, die weiß, daß die gesetzliche Rentenversicherung mit immensen Problemen zu kämpfen hat, erläßt ein Gesetz, das den Institutionellen ermöglicht, durch Sonderabschreibungen ihren Kunden die erhoffte Alterszusatzversorgung kaputt zu machen. Der Gesetzgeber weiß, daß die Versicherungsgesellschaften ihre Kunden nicht an den stillen Reserven beteiligen müssen.

Er schaut zu, wie sich die Gesellschaften mit Kundengeldern Immobilien kaufen, sofort mit 50 % abschreiben, selbst damit Steuern sparen, diese 50 % Verluste voll auf den Kunden verlagert werden und sich dadurch auch noch bereichern.

Ich kann es mir nur so erklären, daß die Politiker nicht wissen, daß leider die meisten Deutschen sich für eine Kapitallebensversicherung zur Ergänzung ihrer Altersvorsorge entschieden haben. Es wäre ja nicht auszudenken, was passieren würde, wenn hier ein Riegel vorgeschoben werden würde. Die Gesellschaften könnten nicht mehr in diesem Maße stille Reserven aufbauen wie bisher. Sie würden aus diesem Grund nicht mehr so viel Geld zur Verfügung haben und anlegen können ...

Was die stillen Reserven anbelangt, hat die Währungsunion im Vorfeld schon einen kleinen Vorteil für Sie, lieber Leser, gebracht. Aber nur dann, wenn Sie auch die Augen offen halten. Die Versicherungsgesellschaften wurden und werden nämlich nun gezwungen, ihre sogenannten stillen Reserven aufzudecken, das heißt, öffentlich bekanntzugeben. Nur achten Sie bitte auf den kleinen, aber alles entscheidenden Unterschied: **Aufdecken** heißt noch lange nicht **auflösen**.

Also an ihr Geld kommen die Kunden immer noch nicht ran. Und der Gesetzgeber schaut zu.

Natürlich kann man sich jetzt darüber streiten, ob es wirklich ein Vorteil ist, nun offen zu sehen, welche immensen Summen die Gesellschaften an stillen Reserven aufgebaut haben. Vielleicht denkt der eine oder andere jetzt: „Was ich nicht weiß, macht mich nicht heiß". Wenn das Ihre Einstellung ist, dann gebe ich Ihnen jetzt einen ehrlichen und gut gemeinten Rat: Legen Sie dieses Buch aus der Hand und vergessen Sie es. Sie sollten sich entscheiden, es nie in Ihrem Leben zu lesen. Schenken Sie es dafür einer Person, die bereit ist, sich mit der Wahrheit auseinanderzusetzen, auch wenn's weh tut.

Sollten Sie sich jedoch entschieden haben, weiter zu lesen, dann an dieser Stelle meinen herzlichen Glückwunsch.

TESTEN SIE SELBST

Ein kleiner Tip: Fragen Sie doch einmal Ihren Versicherungsvertreter, Ihren Banker oder Ihren Bausparvertreter was stille Reserven sind und wie diese zustande kommen. Machen Sie sich diesen Spaß wirklich einmal. Sie werden dann sehr schnell merken, daß ich recht habe. Sie werden in den allermeisten Fällen nur ein leeres Gestammel hören. Wissen Sie warum?

Die Leute wissen es nicht! Wie sollen die Leute das dann ihren Kunden erzählen können? Mit ihrer Unwissenheit können die gar nicht anders als auch ihre Kunden im Unklaren zu lassen. Hier geht es doch Jahr für Jahr um Milliardenbeträge. Sind Sie nicht auch der Meinung, daß die Menschen erfahren müßten, was hier läuft?

Selbst wenn dann der eine oder andere sagt: „Ich will dennoch eine Lebensversicherung", dann ist es für mich o.k. Ich sage immer wieder: „Zu Geld kommt Geld, aber wessen Geld?". Lebensversicherungen? Verkauf? Service?

Auch zu diesem Thema möchte ich nur sagen: Urteilen Sie selbst!

Übrigens: Ich kenne unzählige Versicherungsvertreter, Banker und Bausparverkäufer. Aber ich habe bis heute nicht einen getroffen, der sich hierüber genau im Klaren war. Die Leute kennen diesen Sachverhalt schlichtweg nicht. Wie sollen die es dann ihren Kunden erzählen?

Sollten Sie selbst, lieber Leser, in einer dieser Branchen tätig sein, dann würde ich Sie gerne bei Ihrem nächsten Beratungsgespräch mit einem Kunden beobachten. Was werden Sie diesem Kunden sagen? Mit welchem Gefühl werden Sie Ihre Produkte weiterhin verkaufen?

Wenn wir schon bei den Verkäufern von Versicherungen sind, nun zu einem weiteren Thema, das in Verkaufsgesprächen oft angesprochen wird.

DIE DYNAMISIERUNG

Dynamisierung lautet das nächste Stichwort. Die Dynamisierung bei einer Lebensversicherung ist meiner Ansicht nach so ziemlich das unintelligenteste, was es aus der Perspektive des Kunden überhaupt gibt.

Warum? Nun, weil jede Dynamisierung gleichzeitig den Abschluß einer neuen, kleinen Lebensversicherung bedeutet!

Der Rückkaufswert einer neuen Lebensversicherung ist aber in den ersten zwei bis drei Jahren im Minusbereich. Der Vermittler erhält also bei der Dynamisierung auf diese Weise ständig eine neue weitere Provision.

Ein Beispiel: Eine junge Person schließt eine Lebensversicherung ab, beispielsweise mit 6 % Dynamisierung. Sie erhält jetzt – immer bezogen auf den letztjährigen Beitrag – aufgrund eben dieser Dynamisierung regelmäßig eine höhere, zusätzliche Versicherungssumme. Wenn die Versicherung über 25 Jahre läuft, so ist das aber besonders am Schluß recht unvorteilhaft, weil zum einen die Restlaufzeit dieser „kleinen" Lebensversicherung nur noch sehr gering ist und zum anderen der Kunde ein immer höheres Alter erreicht. Somit wird von dem Betrag, den der Kunde durch die Dynamisierung mehr bezahlt, immer mehr für das höher gewordene Risiko in Abzug gebracht. Das bedeutet, daß der Kunde sich diesen neuen kleinen Versicherungsschutz sehr teuer erkaufen muß.

Außerdem: Bei einer 6 %igen Dynamisierung verdoppelt sich der anfängliche Betrag nach 12 Jahren oder vervierfacht sich im 25. Jahr oder verachtfacht sich nach dem 36. Jahr. Das heißt aber wiederum, daß der Kunde, wenn er 100 DM am Anfang bei einer 36jährigen Laufzeit zahlt, zum Schluß 800 DM berappen muß. Also „erkennt" er während dieser Laufzeit, daß er es nicht schafft. Die Konsequenz: Er wird die Dynamisierung abbrechen. In diesem Falle bringt ihm das Thema „Dynamisierung" nicht mehr das, was er ursprünglich erhoffte. Aber in seiner Police ist ihm ein toller Auszahlungsbetrag in Aussicht gestellt worden. Wenn er die Dynamisierung durchhält, so wurde ihm versprochen, erhält er eines Tages die Summe X.

Mit anderen Worten: Gleichgültig ob man das Spiel der Dynamisierung mitmacht oder nicht – in beiden Fällen verliert der Kunde oder ist zumindest enttäuscht.

Also gleich bei Abschluß auf die Dynamisierung verzichten.

Als Vorteil der Dynamisierung ist fairerweise nur ein Punkt zu nennen. Durch die Dynamisierung erhöht sich die bestehende Lebensversicherung ohne erneute Gesundheitsprüfung und paßt sich dem allgemeinen Lebensstandard an. Dies sind in der Regel aber nicht 6 %. Aus diesem Grund meine Empfehlung: Wenn mit

Dynamisierung, dann die Erhöhung nur jedes zweite Mal mitmachen. Daraus ergeben sich durchschnittlich 3 % oder anders ausgedrückt: Der ursprüngliche Beitrag
verdoppelt sich nach 24 Jahren.

DIE SÜNDEN DER VERTRETER

Das größte Übel in der Lebensversicherungsbranche sind die falschen Rendi-
teversprechen. So wird von vielen Vermittlern mit Renditen und Ablaufleistungen
geworben, die in der Folge nicht erzielt werden.

Man muß wissen: Bei der kapitalbildenden Lebensversicherung wird nur der
jeweilige Sparanteil des Beitrages angelegt und verzinst, wobei die gesetzlich vorgeschriebene Garantieverzinsung (dieses Sparanteils) inzwischen 4 % beträgt. Der
Absicherungsteil aber bleibt unverzinst. Auf diesen Unterschied wird der Kunde
selten aufmerksam gemacht.

Im Gegenteil: Man suggeriert dem Kunden Durchschnittsrenditen zwischen 6 %
und 7 %. Diese Zahlen verwenden einige Vertreter gerne als Renditeangabe, was
jedoch völlig unzutreffend ist. Wenn der Sparanteil eines KLV-Beitrages beispielsweise 80 % beträgt, dann bedeuten beispielsweise 6 % Kapitalmarktrendite hierauf
nur effektive 4,8 % und eben nicht die hochgepriesenen 7 %! Solange Vermittler
von Lebensversicherungen mit solchen Falschangaben Kunden ködern, wird es weiterhin unzählige Enttäuschungen geben, wenn im wohlverdienten Ruhestand die
Endabrechnungen auf den Tisch flattern.

Ein weiteres Übel sind Verträge auf das Endalter 85. Einige mir bekannte
Extremfälle liegen sogar bei Endalter 100. Hierbei werden die unwissenden Kunden mit folgendem Argument geködert: Um von Anfang an in den Genuß eines
hohen Versicherungsschutzes zu kommen, wird der Vertrag auf eine lange Laufzeit gestreckt, denn Beitrag mal Laufzeit ergibt in etwa die Vertragssumme. So
sind für Kunden, die nur die Höhe der monatlichen Beiträge im Visier haben, relativ hohe Versicherungssummen mit relativ niedrigen Beiträgen möglich.

Zwei Umstände werden dabei den Betroffenen aber gerne verschwiegen:

Die Abkürzung der Beitragszahlungsdauer wird durch die Verwendung von
Überschußanteilen erreicht. Dies schmälert die effektive Rendite. Was aber noch
viel schlimmer ist, ist folgendes:

Je länger die Laufzeit bei gleichem Beitrag, desto höher die Versicherungssumme, also auch der Risikoteil, der von dem Beitrag des Kunden abgezogen wird.
Außerdem geht die Gesellschaft davon aus, daß der Kunde die ursprünglich vereinbarte Laufzeit einhalten wird. Somit wird der Kunde bei der Kalkulation mit

einem sehr hohen Endalter und damit mit einem sehr hohen Risiko bewertet. Doch warum verkaufen die Versicherungsvertreter dann so einen Schwachsinn? Ich glaube, Sie haben's schon erraten. Die Provision der Verkäufer richtet sich nach der Versicherungssumme. Gott sei Dank haben die meisten Gesellschaften bei solchen Verträgen die Provisionshöhe inzwischen maximiert.

Soviel zum Thema „Seriöse Beratung".

DIE SÜNDEN DER GESELLSCHAFTEN

Unternehmen, die solche Verträge von ihren Vermittlern annehmen und voll verprovisionieren, dürfen sich nicht wundern, wenn sie in der Folge von Verbraucherschützern angegriffen werden. Nun sind derartige Vertragskonstruktionen nicht mehr so oft wie früher anzutreffen. Dennoch muß es den Versicherungen angelastet werden, daß sie mit solchen Vermittlern zusammenarbeiten.

Als großes Versäumnis der Gesellschaften sehe ich es, wenn die Verkaufsleitung von einer solchen unrechtmäßigen Handlung ihres Vermittlers Kenntnis besitzt und nicht reagiert. Ich meine, daß das Hauptübel in der Umsatzgier einiger Führungskräfte liegt. Oft zählen nur Abschlüsse! Nur der Vermittler, der genügend Neugeschäft bringt, ist König.

Daß dies als Negativimage auf die gesamte Branche zurückschlagen kann, wird unter den Teppich gekehrt. Das ist für mich erstens unseriös und zweitens absolut kurzfristiges Denken. Denn diese Einstellung schadet der gesamten Branche und, nebenbei bemerkt, solche Verträge werden in der Regel von den Kunden bald wieder storniert.

Nächstes Beispiel:

DIE UNFALLVERSICHERUNG

Bislang habe ich nur von der Kapitallebensversicherung und ihren mageren Renditen aufgrund der stillen Reserven gesprochen. Aber man könnte auch viele andere Versicherungsarten unter die Lupe nehmen.

Zitieren wir ein weiteres prominentes Beispiel: die Unfallversicherung.

Ich halte die Unfallversicherung für eine der wichtigsten Absicherungen überhaupt. Für mich ist sie die „Vollkaskoversicherung des Körpers". Ein kaputtes Auto können Sie sich wieder kaufen. Gleicher Typ, gleiche Farbe usw. Die Menschen geben Unsummen für Kaskoversicherungen aus, um eine „Blechkiste" zu versichern. Aber wenn es um die Absicherung der eigenen Arbeitskraft geht, die nicht wieder gekauft werden kann, wenn sie einmal weg ist, dann wird plötzlich gespart. Dann kommen Aussagen wie: „Mir passiert schon nichts". Ich frage dann immer: „Warum haben Sie dann ihr Auto vollkaskoversichert?"

Wenn ein Kunde eine Unfall-Invaliditätsversicherung abgeschlossen hat, entsprechen die Summen meistens nur einem bis ca. vier Jahreseinkommen. Was macht der Kunde, wenn dieses Geld aufgebraucht ist? Ich empfehle hier entweder eine so hohe Absicherungssumme, daß der Kunde vom Zins dieser Summe leben kann oder eine ausreichende monatliche Invaliditätsrente.

Sie werden sich nun fragen, was das kostet, stimmt's?

Wollen Sie wissen, was wir unseren Kunden anbieten? Nun gut!

Eine Invaliditätsabsicherung von fast einer dreiviertel Million Mark,

(für die Profis unter ihnen: dies bei einer Grundsumme von **über 300.000 DM**)

100 DM pro Tag bei stationärem Krankenhausaufenthalt und 100 DM Genesungsgeld, also insgesamt 200 DM pro Tag im Krankenhaus (durch Unfall wohlgemerkt) und noch ein paar weitere Absicherungsbausteine (man will ja nicht alles verraten) kostet dies den Kunden nicht einmal 30 DM im Monat.

Doch nun wieder weg von der Eigenwerbung, zurück zu einem für Sie sehr „interessanten" Thema.

DIE UNFALLVERSICHERUNG MIT PRÄMIENRÜCKGEWÄHR

Stellen Sie sich einmal vor, ihr Versicherungsvertreter würde wie folgt argumentieren: *„Diese Unfallversicherung kostet 30 DM pro Monat. Wenn nichts passiert, ist dieses Geld allerdings weg. Was würden Sie denn davon halten, wenn Sie die gleichen Leistungen nicht für 30 DM, sondern für 100 DM erhalten könnten und, egal ob etwas passiert oder nicht, Sie bekommen auf jeden Fall ihr ganzes Geld wieder zurück."* Was würden Sie tun?

Ich bin sicher, daß sich die meisten Leser nun für die 100 DM entscheiden würden.

Genauso wird im Versicherungsmarkt gearbeitet.

Wenn der Kunde aber auf dem Antrag bei dem Kleingedruckten genau nachlesen würde, könnte er ersehen, daß er für seinen Sparanteil, dies sind diese 70 DM, gerade einmal magere 3,26 % Zinsen erhält. Das heißt, die Gesellschaft selbst legt sein Geld natürlich mit sehr viel höherem Zinsgewinn an. Sie legt also diese 70 Mark 20 Jahre lang hochrentierlich an. Der Kunde selbst erhält nach diesem Zeitraum gerade einmal das wieder ausbezahlt, was er ehemals einbezahlt hat. Oder anderes ausgedrückt: Die zuviel bezahlten 70 DM müssen die 30 DM wieder erwirtschaften. Wenn nun der Kunde nur diese 30 DM für die Absicherung bezahlen würde und die restlichen 70 DM in irgendeiner **anderen** Sparform mit mehr als 3,26 % einzahlen würde, hätte er doch ein wesentlich besseres Geschäft gemacht, oder nicht?

Vielleicht haben Sie schon einmal im Werbefernsehen den Slogan gehört: „Die Versicherung, die auch bezahlt, wenn nichts passiert" ... mit Speck fängt man Mäuse.

Diese vielgepriesene und vielbeworbene angeblich so tolle Unfallversicherung ist also bei Licht betrachtet ein reines Geldverdienprodukt für die Versicherungsgesellschaft! Keiner aus der Branche wird mir hier widersprechen.

Wissen Sie, wie die oben beschriebene Versicherung genau heißt:

„Unfallversicherung mit Prämienrückgewähr", kurz „UPR" genannt. Hört sich doch gut an, oder?

Service? Beratung? Verkauf?

Werbung suggeriert hingegen, daß es sich hierbei um das Nonplusultra handelt! Werbung, muß man sagen, kann irreführend sein. Wenn man heute den Fernseher einschaltet und prüft, wer wirbt, so sind Banken und Versicherungen die ganz großen Stars. Viele Versicherungsgesellschaften tätigen hier ihre nichtssagenden, unverbindlichen Softie-Aussagen, die konkreten Konditionen werden nicht erwähnt.

DIE FIXTERMTARIF-POLICE

Vor dem im folgenden beschriebenen Produkt möchte ich Sie geradezu warnen:

Die Fix-Term-Tarif-Police. Hört sich kompliziert an, nicht? Ist es aber nicht. Es handelt sich hierbei um eine Art von Lebensversicherung mit der zu **einem ganz bestimmten Zeitpunkt** (Fixterm oder „fester Termin") eine Summe zur Verfügung stehen muß. Diese Art von Tarifen kennen Sie vielleicht besser unter dem Namen „Ausbildungsversicherung" oder „Aussteuerversicherung".

Das Charakteristische an diesen Varianten ist, daß zur Berufsausbildung oder bei Heirat Geld ausbezahlt wird.

Versicherungsnehmer (Vertragspartner der Gesellschaft) und versicherte Person ist hierbei in der Regel ein Elternteil. Wenn nun während der Laufzeit diese Person stirbt, wird eine Summe von 3.000 DM ausbezahlt. Mehr nicht. Dann läuft der

Vertrag beitragsfrei weiter. Zum ursprünglich vereinbarten Ablauf (Fixterm) wird dann die Summe ausbezahlt, die auch fällig gewesen wäre, wenn der Todesfall nicht eingetreten wäre, abzüglich der bereits ausbezahlten 3.000 Mark.

Ich kann mir jetzt vorstellen, daß Sie sagen: „Ist doch eine tolle Sache, was gibt es daran auszusetzen?" Sehen Sie, genau so wird auch der Kunde denken, der eine solche Versicherung für sich oder seine Kinder angeboten bekommt. Doch schauen Sie mit mir doch einmal hinter die Kulissen.

Zur Verdeutlichung folgendes Beispiel:

Die Laufzeit soll 25 Jahre betragen. Versicherungsnehmer und versicherte Person ist der Vater. Die Versicherungssumme beträgt beispielsweise 40.000 DM und der monatliche Beitrag rund 100 DM. Die Ablaufleistung wird mit rund 70.000 DM beziffert. Wenn also nun der Vater zum Beispiel nach 10 Jahren stirbt, werden 3.000 DM ausbezahlt und der Vertrag läuft ohne weiter zu entrichtende Beiträge weiter. Nach insgesamt 25 Jahren wird dann eine Summe von ca. 70.000 DM abzüglich 3.000 DM, also 67.000 DM ausbezahlt.

Jeder normale Lebensversicherungstarif wäre hier vorteilhafter. Wie wäre der Verlauf bei einem normalen Tarif?

Nach 10 Jahren müßte die Gesellschaft die volle Summe zuzüglich der bis zu diesem Zeitpunkt angefallenen Überschußbeteiligung ausbezahlen. Dies wäre die volle Versicherungssumme in Höhe von 40.000 DM zuzüglich ungefähr 10.000 DM, also insgesamt 50.000 DM. Würden sich die Hinterbliebenen davon 3.000 DM wegnehmen (um es vergleichbar zu machen) und den Rest von 47.000 DM bei der selben Versicherungsgesellschaft als sog. Depotgeldanlage (Einmalanlage) anlegen, wären auch keine weiteren Beiträge mehr fällig. In diesem Fall würde sich jedoch die angelegte Summe in den restlichen 15 Jahren mehr als verdoppeln. Also würde aus den 47.000 DM nach 15 Jahren eine stattliche Summe entstehen von ungefähr 120.000 DM.

Dies wäre in diesem Beispiel eine Mehrleistung von 45.000 DM oder 60 % mehr als im ersten Beispiel.

Es hört sich schon gut an, wenn der Vertreter sagt, daß der Vertrag nach dem Todesfall beitragsfrei weiterläuft. Bei einem anderen Tarif aber müßte die Gesellschaft auf einmal die volle Summe ausbezahlen. Die Hinterbliebenen könnten dann selbst entscheiden, ob sie die volle oder einen Teil der Summe wieder anlegen wollen. Vor allem aber könnten sie auch entscheiden, bei wem und wie weiterhin angelegt werden soll.

Vielleicht empfinden Sie dies alles als ein wenig verwirrend aber ich denke, daß es wichtig ist, bestimmte grundlegende Informationen zu haben.

DIE LAUFZEIT

Abschließend zu diesem Kapitel möchte ich ihnen noch einen Rat bezüglich der Laufzeit von Versicherungen geben. Es geht mir hierbei mehr um den sog. Sachversicherungsbereich. Wenn Sie in ihren Unterlagen nachschauen, werden Sie höchstwahrscheinlich Haftpflicht-, Hausrat-, Rechtsschutz-, Glas- und andere Versicherungsarten mit einer Laufzeit von 5 bis 10 Jahren finden.

Der Versicherungsvertreter verdient an jedem ihrer Verträge jedes Jahr wieder eine sogenannte Folgeprovision. Aus diesem Grund werden den Kunden auch längere Laufzeiten angeraten.

Nun mein konkreter Rat: Vereinbaren Sie nur eine Laufzeit von einem Jahr, auch wenn der Vertreter Sie mit Rabatten bei längeren Laufzeiten ködern will. Das, was Sie durch die lange Laufzeit an Beträgen (durch Rabatte) einsparen, zahlen Sie im Regelfall mehrfach drauf, denn die Gesellschaft läßt Sie nicht aus dem Vertrag, wenn Sie von einer anderen Gesellschaft ein günstigeres Angebot vorliegen haben. Sie werden also gezwungen, die schlechteren Konditionen weiterhin beizubehalten.

Lassen Sie sich also nichts erzählen und vereinbaren Sie eine Laufzeit von einem Jahr. Somit sind Sie viel flexibler.

Wenn es darum geht, sich für den Ernstfall abzusichern, sind Versicherungsverträge unersetzbar. Unzählige Versicherungsleistungen haben in der Vergangenheit Menschen vor dem finanziellen Ruin bewahrt. Wichtig ist jedoch, die Hintergründe der einzelnen Versicherungssparten zu kennen, um dann selbst feststellen zu können, welche Absicherung der einzelne wirklich braucht.

Ich will Ihnen mit diesem Buch helfen, selbst feststellen zu können, welche Absicherung in Ihrer individuellen Situation die richtige ist und welche Fragen Sie Ihrem Versicherungsvertreter stellen sollten. Denn ich glaube, daß auch Sie dadurch ein besseres Gefühl in Bezug auf Ihre Versicherungen bekommen werden.

Wer zu spät kauft, den bestraft das Leben.
Genauso wie denjenigen, der zu früh kauft.

VERFASSER UNBEKANNT

3. EIN BLICK HINTER DIE KULISSEN: DAS BAUSPAREN
oder
WAS WIR UNS MIT DEM BAUSPAREN VERBAUEN

Vielleicht haben Sie momentan ein flaues Gefühl und fragen sich: „Wenn das, was ich bis jetzt gelesen habe stimmt, wo soll man dann noch hingehen? Ich möchte hier auf gar keinen Fall den Eindruck erwecken, daß Sie nur noch bei uns gut aufgehoben sind, also pure plumpe Eigenwerbung. Das ist nicht Sinn dieses Buches. Vielmehr möchte ich erreichen, daß ich Sie nicht nur auf die Schwachstellen der Finanzwelt hinweise, sondern Ihnen auch konkrete Tips gebe, mit denen Sie sich selbst helfen können. Mein Wunsch ist, daß Sie sich durch das Wissen von wenigen aber wesentlichen Fakten kompetenter in Verhandlungsgesprächen fühlen und verhalten werden.

Kommen wir nun zum nächsten Thema. Betrachten wir in diesem Sinne eine Methode des Verkaufs, die von Bausparkassenvertretern durchgeführt wird.

Zunächst möchte ich Ihnen einmal eine Gemeinsamkeit der gesetzlichen Rentenversicherung und des Bausparens aufzeigen.

Sie könnten beide als legalisiertes Schneeballsystem bezeichnen.

Denn wie glauben Sie, würde die Zukunft dieser beiden „Sparformen" aussehen, wenn keine weiteren Einzahler mehr kommen würden???

Um das zu verstehen, gilt es zunächst zu klären, wie ein Bausparvertrag eigentlich funktioniert.

Bei dem Bausparvertrag erkauft sich der Kunde – vereinfacht gesagt – das künftige zinsgünstige Darlehen durch den Zinsnachteil in der Ansparphase. In der Regel liegt der Sollzins nach der Darlehensauszahlung um 2 % höher als der Guthabenzins während der Ansparphase. Sprich 3 % erhält der Kunde zum Beispiel in der Guthabenphase, 5 % muß er in der Darlehensphase berappen. Wenn jetzt aber ein Kunde zum Beispiel acht Jahre lang einbezahlt, um eine bestimmte Bausparsumme zu erhalten, dann muß er bei einem 50.000er Bausparvertrag je nach Tarif entweder 20.000 DM oder 25.000 DM in dieser Zeit einbezahlt haben. Anschließend erhält der Kunde ein Darlehen von weiteren 25.000 DM oder 30.000 DM – nach der sogenannten Punktezeit oder Wartezeit. Wie lang diese Punkte- und Wartezeit ist, weiß der Kunde nicht genau. Nichts wird also garantiert. Wenn nur wenige neue Bausparer hinzukommen, dauert es eben einfach länger.

Jetzt passiert zu oft folgendes: Wenn ein Kunde beispielsweise 25.000 DM in einem 50.000er Bausparvertrag einbezahlt hat, nimmt er an, daß damit sein Soll erfüllt ist. Und das ist korrekt! Es wäre sogar falsch, weiterhin einzuzahlen. Dennoch steht oft an dieser Stelle der Bausparvertreter auf der Platte und rät ihm, weiter einzuzahlen. Dabei ist es logisch, daß mit jeder Mark, die der Kunde über seine 25.000 DM einbezahlt, er eine Mark mehr schlechtverzinslich angelegt hat. Was aber noch schlimmer ist, er reduziert mit jeder Mark sein zinsgünstiges Darlehen um eine Mark. Also wäre es doch intelligenter, er würde diese Mark an einer anderen Stelle anlegen.

DIE RENDITE

Hier darf ich Ihnen einmal ein Beispiel vorrechnen:

Wenn ein Kunde seine vermögenswirksamen Leistungen in einen Bausparvertrag einzahlt, läuft in der Regel folgendes ab:

78 DM monatlich ergeben in 7 Jahren eine Gesamteinzahlungssumme in Höhe von 6.552 DM. Vom Staat bekommt der Kunde (nach momentaner Gesetzeslage) jährlich 93,60 DM Arbeitnehmersparzulage, also insgesamt 655,20 DM.

Mit Guthabenzins gehen wir mal davon aus, er hätte ein Gesamtguthaben von 7.500 DM. Nun bekäme der Kunde ein Baudarlehen von insgesamt 15.000 DM ausbezahlt, wovon die Hälfte ja sein eigenes Geld ist.

Nachteilig ist weiter die schnelle Tilgung. Beim Bausparvertrag ist der Kunde in der Tilgungsphase einer relativ hohen Belastung ausgesetzt. Und zwar in Höhe von 6 Promille pro Monat. Das bedeutet, also 6 DM pro Tausend DM Bausparsumme im Monat. Wenn der Kunde also über einen 15.000er Bausparvertrag verfügt, mit 7.500 DM Eigenkapital, so zahlt er 90 Mark jeden Monat oder 1.080 DM im Jahr. Dabei handelt es sich also um eine recht hohe Belastung.

Nun müßte also der Kunde jeden Monat 90 DM Zins und Tilgung bezahlen.

Dies wären also in ca. 10 Jahren 10.800 DM.

Wieviel hat der Kunde nun bekommen, und wieviel hat er bezahlt?

Einbezahlt hat er während der Ansparphase insgesamt 6.552 DM. Während der Darlehensphase bezahlt er mit Zins und Tilgung noch einmal 10.800 DM. Also sind insgesamt 17.352 DM bezahlt worden, und 15.000 DM hat der Kunde für baudienliche Zwecke erhalten.

Nun auch hier mein Tip: Sie haben die Möglichkeit, Ihre vermögenswirksamen Leistungen auch in Sachwerte anzulegen wie zum Beispiel in einen Investmentfonds. Die Kunden unserer favorisierten Gesellschaft haben in den letzten Jahren nach der gleichen Ansparzeit von 7 Jahren eine Ablaufleistung erhalten von zwischen 14.000 DM und 19.000 DM. Seit 1999 fördert auch der Staat diese Anlageform mit 160 DM jährlich. Dies sind in 7 Jahren 1.120 DM.

Sehen Sie, wenn Sie nun nach 7 Jahren eine Summe ausbezahlt bekommen von beispielsweise 16.000 DM, mit diesem Geld machen können was Sie wollen, nicht für irgendwelche Bauzwecke verwenden müssen und gar kein Darlehen aufnehmen müssen ist das eine top Geschichte. Der wichtigste Punkt aber ist, daß Sie somit auch keine weiteren Beträge bezahlen müssen für Zins und Tilgung.

Nun werden Sie auch verstehen, wenn ich behaupte, daß dieses Produkt einfach besser ist.

Natürlich unterliegen die Ablaufleistungen von Investmentfonds Schwankungen und bisherige Ergebnisse sagen nichts über die Zukunft aus. Aber weit mehr als drei Prozent erreichen Investmentfonds durchschnittlich! Und der Staat „sponsert" diese Anlageform darüber hinaus mit der höchsten Förderung aller Möglichkeiten der vermögenswirksamen Leistungen. Ich werde zu einem späteren Zeitpunkt nochmals eine genaue Gegenüberstellung in Zahlen durchführen. Doch müssen vorab einige fachliche Dinge besprochen werden, um die Berechnungen leichter nachvollziehen zu können. Hierzu später also mehr.

Vielleicht beschleicht Sie momentan schon der Gedanke: „Wenn sich dies im Bereich der vermögenswirksamen Leistungen mit 78 DM monatlich so rechnet, dann funktioniert das doch auch mit anderen, höheren Beträgen." Ich bin der festen Überzeugung, daß Sie den Zinsvorteil in der Darlehensphase sehr teuer erkaufen müssen. Und selbst dieser Zinsvorteil ist momentan auch nicht so groß, da das allgemeine Zinsniveau sehr niedrig ist.

Der neuralgische Punkt liegt in folgendem:

Je besser die Rendite in der Ansparphase zur Schaffung von Eigenkapital ist (wenn Sie ein Eigenheim erwerben wollen), desto höher ist letztendlich das Eigenkapital. Somit ist das benötigte Fremdkapital kleiner und in Folge davon auch die Zinsbelastung.

Sehen Sie es nicht auch so? Ich habe lieber kein Darlehen als eines mit einem geringen Zinssatz. Eigentlich logisch, oder?

Sie werden sich nun fragen, warum dann so viele Bausparverträge verkauft werden, vor allem im Bereich der vermögenswirksamen Leistungen.

Ich möchte Ihnen meine Vermutung sagen:

Bei einem Bausparvertrag erhält der Vertreter die Abschlußgebühr sofort als Provision ausbezahlt. Bei einem Investmentfonds erhält der Vermittler monatlich einen Anteil an dem zu entrichtenden Ausgabeaufschlag.

Dieser bewegt sich für das vorgenannte Beispiel (bei 78 DM mtl.) je nach Investmentfonds zwischen 3,60 und 5 DM. Einen Teil davon erhält der Vermittler.

VARIANTEN

Viele Bausparvertreter empfehlen, sogenannte Staffelverträge abzuschließen. Sie raten also dem Kunden:

„Schließ jedes Jahr einen 10.000er oder 20.000er Bausparvertrag ab, dann werden diese nacheinander zuteilungsreif. Damit kann man renovieren oder was auch immer ...“

Das hört sich im ersten Moment fabelhaft an. Aber wenn der Kunde tatsächlich renoviert, ist danach jedes Jahr eine höhere Belastung gegeben. Die effektive monatliche Belastung erhöht sich sogar so stark, daß er es irgendwann oft nicht mehr verkraften kann.

Bei einem meiner persönlichen Kunden hat sich folgendes zugetragen: Die Familie hatte gebaut mit insgesamt 8 verschiedenen Bausparverträgen. Ich kam zu dieser Familie nachdem sie einen meiner Kunden um Rat gefragt hatten. Sie waren nicht mehr in der Lage, die Belastung für Ihr Einfamilienhaus zu tragen. Als ich feststellte, was hier gelaufen war, wurde ich regelrecht zornig auf die Hausbank dieser Familie. Stellen Sie sich vor: Die gesamten Bauspardarlehen konnten nur noch dadurch bezahlt werden, indem auf einem Nebengirokonto bei der Bank monatlich 600 DM belastet wurden und auf das normale Girokonto der Kunden einbezahlt wurden. Somit konnten die Raten bezahlt werden und das Hauptgirokonto blieb ausgeglichen. Besprochen zwischen der Bank und den Kunden war, daß man den Minusstand auf dem Nebengirokonto ja wieder tilgen kann, wenn die Bauspardarlehen abbezahlt sind.

Ich führte ein Gespräch mit der Hausbank und riet, alle Bausparverträge auf einmal mit *einem* neuen Bankdarlehen zu tilgen. Der Banker erwiderte: „Aber wenn wir alles lassen wie es ist, sind die Kunden doch wesentlich früher fertig." Ich schaute ihn eine Weile an und sagte dann: „Stimmt, wie recht Sie doch haben ...".

Lieber Leser, was nützt dem Kunden ein Darlehen, das er früher getilgt hat, wenn er es gar nicht verkraften kann? Oder einmal in Zahlen ausgedrückt: Klar ist es im Regelfall falsch, einen bereits zugeteilten Bausparvertrag vorzeitig zu tilgen. Aber wenn der Kunde sich die 4,5 % dadurch erkaufen muß, daß er auf einem anderen Konto für seinen Sollstand über 14 % Zinsen bezahlt, kann es keine andere Lösung mehr geben.

Sie dürfen mir eines glauben: Wenn ich zu einem Kunden komme und erlebe, daß eine Familie mit vier Kindern und einem eigenen Haus nur dadurch über die Runden kommt, indem die Eltern noch irgendwelchen Nebentätigkeiten nachgehen müssen, und dann noch sehe, daß steuerliche Dinge nicht berücksichtigt sind, zu viele und zu teure Versicherungen vorhanden sind, 600 DM monatlich auf einem Konto auflaufen mit über 14 % Zins, dann kriege ich eine Stinkwut. Stellen Sie sich doch einmal den psychischen Druck der Eltern vor.

Wenn dann alles über die Bühne gegangen ist, wie ich mir das für die Kunden vorgestellt habe und ich setze mich wieder ins Auto und sehe eine winkende Familie im Rückspiegel, dann weiß ich, daß ich den richtigen Beruf gewählt habe. Vielleicht ist das für Sie zu sentimental, aber genau das ist es, was ich an meinem Job am meisten liebe: Die Möglichkeit, sofort und effektiv zu helfen. Ich bin sicher, daß Sie mich am Ende dieses Buches verstehen werden. Viele Dinge können Sie ja momentan noch gar nicht wissen.

Kommen wir nun wieder zum Thema „Bausparen".

Was nun die Verkaufstechniken beim Bausparvertrag anbelangt, so sind diese durchaus mit den Techniken bei den Versicherungskaufleuten vergleichbar. Im übrigen operieren Bausparvertreter gewöhnlich unter der Schirmherrschaft einer Bank. Der Vertreter tritt also im Namen und im Auftrag der Bank auf. Da am Bausparvertrag gutes Geld verdient wird, werden deshalb auch über Banken sehr viele Bausparverträge verkauft, obwohl die Bank selbst die Finanzierung manchmal im eigenen Hause im gesamten günstiger gestalten könnte.

Auch das gehört in die Rubrik „Verkauf".

FÖRDERUNGSHIT?

Zum Teil gestaltet sich der Verkauf von Bausparverträgen regelrecht unseriös.

Ein Beispiel: Wenn ein Kunde seine vermögenswirksamen Leistungen im Rahmen eines Bausparvertrages in Anspruch nimmt, so erhält er 10 % Arbeitnehmersparzulage vom Staat. Weiter erhält er zusätzlich eine Wohnungsbauförderung. Oder?

Tatsächlich wird genau das oft suggeriert – zum Teil sogar in Form von Plakaten!

Zum Beispiel mit dem Begriff „Doppelförderung". Der Laie, der dies liest, könnte verstehen: Ich bekomme also 10 % Arbeitnehmersparzulage und zusätzlich 10 % Wohnungsbauprämie, also insgesamt 20 %. Vielleicht geht mancher sogar soweit und meint gar, dies wären 20 % laufende Rendite.

Dabei ist dies keinesfalls der Fall. Tatsache ist, daß der Kunde, wenn er einen Bausparvertrag über 150 DM monatlich abschließt, 78 DM vom Arbeitgeber im Rahmen der vermögenswirksamen Leistungen einzahlen lassen kann. 72 DM muß er dann noch aus der eigenen Tasche berappen. Voraussetzung ist, daß er überhaupt förderungsberechtigt ist, das heißt, daß er innerhalb der im Schaubild auf Seite 24 genannten Einkommensgrenzen liegt. Auf die 78 DM vom Arbeitgeber erhält der Kunde nun 10 % Arbeitnehmersparzulage. Auf seine 72 Mark, die er aus eigener Tasche zahlt, erhält er 10 % Wohnungsbauprämie. Er erhält also nicht für beide Beträge jeweils 20 %!

Um eine jährliche Rendite kann es sich dabei insofern nicht handeln, weil die Zulagen und Prämien nur jeweils einmalig für den Betrag bezahlt werden, der im vergangenen Kalenderjahr einbezahlt wurde.

Sollte Ihnen also jemals ein Bausparvertreter gesagt haben:

„3 % Zinsen erhalten Sie von der Bausparkasse, 10 % Sparzulage vom Staat und noch 10 % Wohnungsbauprämie obendrein. Macht also zusammen 23 % Rendite!", dann hat er entweder keine Ahnung oder ist ein Betrüger.

Sie haben sicherlich diesem Kapitel entnommen, daß ich nicht unbedingt als Fan von Bausparverträgen bezeichnet werden kann. Ich möchte jedoch zum Schluß dieses Themas auch für das Thema Bausparen eine Lanze brechen.

Der für mich einzige Vorteil, wenn jemand mit Bausparverträgen baut, ist der, daß er für die gesamte Darlehenszeit genau weiß, wieviel er zu bezahlen hat, denn Bausparverträge sind nicht an die marktüblichen Zinsschwankungen gebunden. Auch, wenn noch gar kein Bausparvertrag angespart wurde, gibt es die Möglichkeit, ein sogenanntes Vorausdarlehen zu festen Konditionen zu bekommen. In diesem Falle laufen zwei Verträge parallel. Mit dem ersten Vertrag wird angespart, und der zweite Vertrag ist ein Darlehen zu zinsmarktüblichen Konditionen, bei dem nur Zins bezahlt wird bis zur Zuteilung des ersten Vertrages. Bis zur Zuteilung sind die Zinsen des zweiten Vertrages fest. Wenn der erste Vertrag zugeteilt wird, erfolgt die Auszahlung des Bauspardarlehens auf den zweiten Vertrag und somit ist dieser auf einen Schlag getilgt. Ab diesem Moment beginnt die Zinszahlung zu schon bei Vertragsabschluß festgelegten Zinskonditionen sowie die Tilgung.

Der Kunde weiß also bei Vertragsabschluß beider Verträge ganz genau, wann er wieviel Belastung für die gesamte Laufzeit zu bezahlen hat und ist somit vor einem Zinshoch geschützt. Insofern sollte der Kunde immer vergleichen und die Für und Wider gegeneinander abwägen.

Abschließend von mir noch ein Denkanstoß: Was halten Sie denn davon, wenn Sie nun unbedingt mit Bausparkassen bauen wollen, daß Sie einen Eigenkapitalaufbau in Sachwerten mit einer wesentlich besseren Rendite betreiben und die Ablaufleistung in einen Bausparvertrag als Sofortauffüller einzahlen. Die einbezahlte Summe entspräche dann 50 % der gesamten Bausparsumme. Nach ca. 2,5 bis 3 Jahren wird der Bausparvertrag dann zuteilungsreif sein und Sie haben Ihr Bauspardarlehen. Diese Variante kann sich dann rentieren, wenn wir auf dem Markt schon seit Jahren ein relativ hohes Zinsniveau (z. B. mehr als 10 %) haben. Denn dann genießen Sie während der Ansparzeit eine hohe Rendite im Gegensatz zum Bausparvertrag und während der Darlehenszeit einen niedrigen Bausparzins im Gegensatz zu einem Bankdarlehen.

Soviel zum Thema Bausparen.

Jeder Bundesbürger bezahlt in seinem Leben ein Haus ab,
nur nicht jeder sein eigenes.

VERFASSER UNBEKANNT

4. IMMOBILIENVERKÄUFER MACHEN MOBIL
oder
WORAUF SIE BEIM KAUF EINER IMMOBILIE ACHTEN SOLLTEN

Wir kommen nun zu einem der brisantesten Themen der Finanzbranche. Es liegt in der Natur der Sache, daß es hierbei um größere Beträge geht. Zum einen, was die Investition des Kunden angeht, zum anderen aber auch was die Provision der Vermittler betrifft.

Aus diesem Grund wurde durch die Immobilienverkäufer an dem Produkt „Immobilie" solange herumgeschustert, bis es ein „Allroundprodukt" für scheinbar jedermann wurde.

Doch dadurch wurden die abenteuerlichsten Produkte kreiert, vor denen ich Sie hiermit eingehendst warnen muß.

In der Regel geht es dabei um Immobilienkäufe als sogenannte Kapitalanlage. Also nicht zum selbst Bewohnen, sondern zum Vermieten. Steuerlich erzielen Sie dadurch Einkünfte aus Vermietung und Verpachtung. Diese Mieteinkünfte müssen Sie versteuern. Wenn Sie jedoch diese Immobilie fremdfinanziert (wie der Fachmann sagt), also durch ein Darlehen von einer Bank beispielsweise finanziert haben, können Sie die dafür zu entrichtenden Zinsen als Aufwendungen den Mieteinkünften gegenrechnen. In der Anfangsphase werden in der Regel die Zinsaufwendungen höher sein als die Mieteinnahmen. Dadurch entsteht eine sogenannte „Unterdeckung aus Vermietung und Verpachtung", die Sie steuerlich von Ihren sonstigen Einkünften abziehen können. Somit müssen Sie nicht mehr ein so hohes Einkommen versteuern wie vor dem Kauf. So weit, so gut.

Diese Erkenntnis versetzt jedoch so manchen Zeitgenossen in reinste Hysterie.

Eine Immobilie muß her, egal wo, egal von wem und egal zu welchem Preis. Als angenehmer Nebeneffekt erklärt man danach in Gesprächen mit Verwandten beiläufig, daß man sich eine Eigentumswohnung gekauft hat und ergötzt sich an deren neidischen Blicken. Dies dürfen nie und nimmer die Beweggründe für einen Kauf sein.

Doch diese Steuersparwut, die sich vor allem immer zum Jahresende hin wie eine Epidemie ausbreitet, nutzen die meisten Immobilienverkäufer.

Ich sage Ihnen, Steuern sparen ist gut und sinnvoll, aber nicht zu jedem Preis und nicht für jeden Schrott.

Ein weiterer Faktor, der dem Anleger zu Steuervorteilen verhilft, ist die sogenannte „Absetzung für Abnutzung" (AfA genannt). Diesen Sachverhalt habe ich bereits bei den Immobilien der Versicherungsgesellschaften beschrieben. Nur mit dem gravierenden Unterschied, daß die theoretische Wertminderung der Immobilie nur der Versicherungsgesellschaft Steuervorteile bringt und dem Versicherungskunden eine Verschlechterung seiner Überschußbeteiligung.

Wenn der Kunde jedoch selbst Eigentümer dieser Immobilie ist, dann kann er diese theoretische Wertminderung als Steuervorteil für sich selbst verbuchen und genießt darüber hinaus die wirkliche Wertentwicklung der Immobilie.

Handelt es sich um eine gebrauchte Immobilie, die vermietet wird, gelten hierbei lineare Abschreibungssätze (jedes Jahr die gleiche %-Zahl). Bei einer neuen Immobilie kann der Steuerpflichtige die degressive Abschreibungsform nutzen. Bei der degressiven Abschreibung gelten in den Anfangsjahren höhere %-Zahlen und gegen Ende dafür geringere Abschreibungsraten. Bildlich sieht das wie folgt aus:

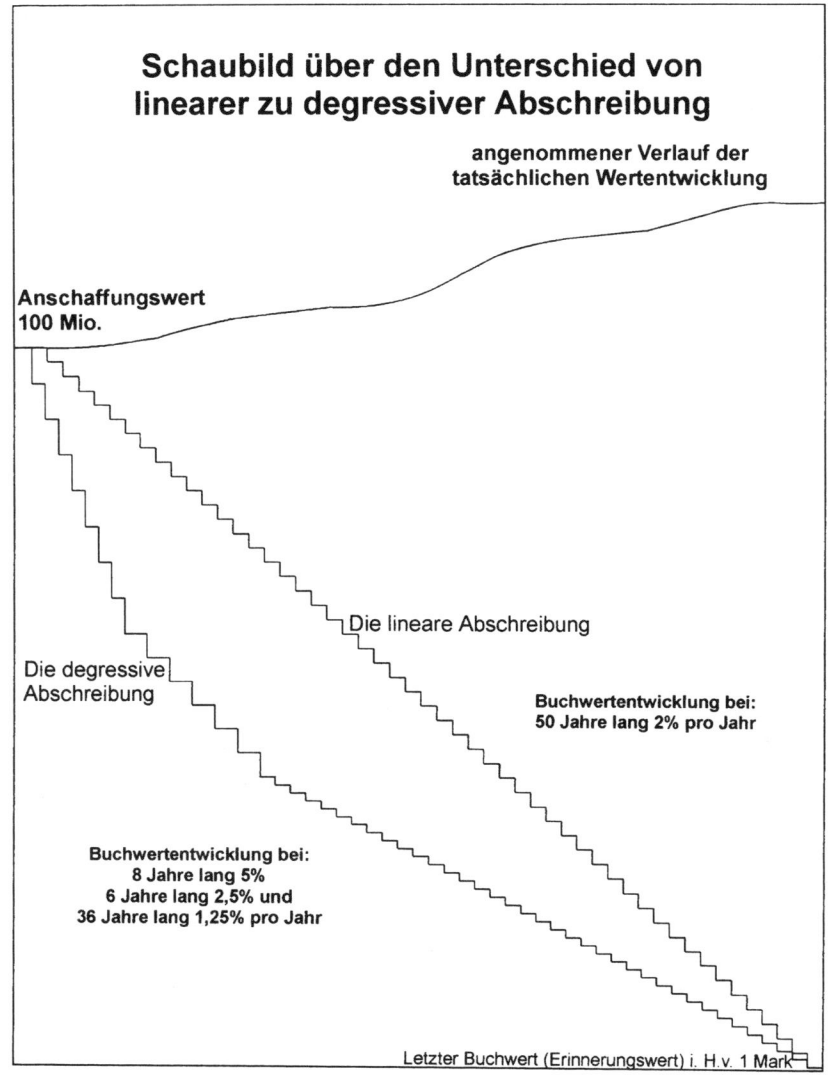

**Schaubild über den Unterschied von
linearer zu degressiver Abschreibung**

angenommener Verlauf der
tatsächlichen Wertentwicklung

Anschaffungswert
100 Mio.

Die lineare Abschreibung

Die degressive
Abschreibung

Buchwertentwicklung bei:
50 Jahre lang 2% pro Jahr

Buchwertentwicklung bei:
8 Jahre lang 5%
6 Jahre lang 2,5% und
36 Jahre lang 1,25% pro Jahr

Letzter Buchwert (Erinnerungswert) i. H.v. 1 Mark

Nach der gesamten Abschreibungszeit steht der Wert dieser Immobilie als soge-
nannter Erinnerungswert in Höhe von 1 DM zu Buche.

Die Vergangenheit zeigt jedoch, daß Immobilienpreise, langfristig gesehen,
steigen.

Und das ist aus folgenden Gründen auch sehr leicht nachvollziehbar:

1. Ca. 60 % der gesamten Gestehungskosten einer Immobilie sind Lohnkosten, der Rest besteht aus Materialkosten. In den Materialkosten sind logischerweise auch Löhne enthalten. Die Stundensätze von Handwerkern haben sich in den vergangenen 15 Jahren rund verdoppelt. Solange die Lohnkosten nach oben gehen, müssen auch die Baupreise für Immobilien steigen. Damit zusammenhängend wird auch der Wert von Immobilien steigen.

2. Bauland ist nicht unbegrenzt erweiterbar. Baugrundstücke werden weniger, die Genehmigungsverfahren für Bauland werden restriktiver, was ich allerdings befürworte.

3. Durch ständig steigende Mieten wird es für den Kunden immer rentabler, die Seite vom Mieter hin zum Vermieter zu wechseln.

Weiter ist hinsichtlich Immobilien die soziologische und demografische Entwicklung von Bedeutung. Was Deutschland anbetrifft, so steigt der Wohnungsbedarf in Zukunft wieder. Die Nachfrage regelt noch immer den Preis. Da also meiner Meinung nach mit einer steigenden Nachfrage zu rechnen ist und auch die Lohnkosten ständig nach oben gehen, so steigt langfristig auch der Preis für Neubau-Immobilien. Wenn jedoch nur der Preis von neuen Immobilien nach oben ginge, würde naturgemäß sehr bald die Nachfrage nach bestehenden, und somit günstigeren Objekten steigen. Also wird diese Nachfrage auch die Preise für bestehende Immobilien nach oben ziehen. Aus diesem Grund verläuft die Wertentwicklung von bestehenden Objekten in der Vergangenheit parallel zu den Preisen für Neubauten. Aufgrund der allgemeinen Wirtschaftslage der Bundesrepublik in der zweiten Hälfte der neunziger Jahre haben die Immobilienpreise allerdings stagniert. Hierin sehe ich jedoch auch für den Käufer die **Chance**, momentan günstig eine Immobilie erwerben zu können. Natürlich darf aber auch diese Tatsache nicht zu voreiligem Handeln verleiten. Die Überlegung sei jedoch an dieser Stelle erlaubt, wann es am interessantesten ist, in Sachwerte einzusteigen: wenn die Preise oben sind oder seit 3–4 Jahren stagniert haben.

Der Immobilienmarkt durchläuft ständig Wellenbewegungen. Dies bestätigen die Medien mit ihren Schlagzeilen der Vergangenheit. Mal lauten die Überschriften *„Die Mieten sind überzogen"* oder: *„Die Immobilienpreise sind im Keller."* Dann wiederum: *„Die Immobilien sind unterbewertet!"* und: *„Ein Immobilienboom steht bevor."* Tatsächlich verläuft der Immobilienmarkt genauso in Kurven wie die generelle Konjunktur der Wirtschaft. Grundsätzlich kann man jedoch mit Immobilien, die einen Sachwert darstellen, im Gegensatz zu reinen Geldwerten auf

Dauer nur gewinnen. Denn hierbei handelt es sich um einen wirklichen Wert, nicht um einen Wert, dessen Kaufkraft übermorgen schon weniger wert sein kann, wie wir es durch die vergangenen Inflationen kennen.

Wer aufgrund der Höhe und Nachhaltigkeit seines Einkommens in der Lage ist, Immobilien zu erwerben sollte es meiner Meinung nach auch tun.

Doch werde ich Ihnen nun vor diesem Hintergrund einige Informationen liefern, wie in der Immobilienbranche diese Vorteile derart hochgespielt werden, daß sich der Kunde nicht mehr mit den Risiken und den wichtigen Dingen befaßt.

Dann nämlich kann aus einer Immobilie schnell ein Faß ohne Boden werden. Dies kann für den Anleger verheerende Folgen haben.

Der für mich wichtigste Punkt ist die Vermietbarkeit. Oftmals werden dem Anleger die Mieteinnahmen garantiert. Hierzu sollten Sie bitte dringend vor dem Kauf folgende Punkte abklären:

In welcher Stadt bzw. in welchem Stadtgebiet liegt die Immobilie?

Wie sieht es mit der Infrastruktur in der Umgebung dieser Immobilie aus, d. h., Schulen, Kindergärten, Einkaufsmöglichkeiten, Apotheken, Ärzte, Freizeitmöglichkeiten usw.?

Wie sind die Verkehrsanbindungen? Wie ist der Grundriß des Hauses bzw. dieser Wohnung?

Welche Ausstattung besitzt die Immobilie?

Stimmt der Quadratmeterpreis im Verhältnis zum umliegenden Markt bei Berücksichtigung der Ausstattung und der Qualität? Sie wissen ja, man kann so oder so bauen. Schauen Sie sich die Baubeschreibung genau an.

Bekommen Sie eine garantierte Miete?

Wenn ja, dann müssen Sie auf folgende Punkte genau achten:

Wie hoch ist diese Garantiemiete pro Quadratmeter?

Wie lange erhalten Sie diese Miete garantiert?

Ist die Höhe dieser Garantiemiete überhaupt marktgerecht und auch nach der Mietgarantiedauer erzielbar? WICHTIG!

Was bei all diesen Fragen letztendlich die entscheidendste Frage ist:

Wer sind Ihre Vertragspartner?

Wer ist der Bauträger, wer ist der Mietgarant?

Im Klartext: Eine Mietgarantie einer „50.000 DM-GmbH", die seit einem Jahr existiert, nützt Ihnen als Käufer nichts, wenn diese GmbH pleite geht.

Weiter nützt Ihnen die beste Lage nichts, wenn der Vertragspartner, sprich der Bauträger, nichts taugt. Das heißt wiederum im Klartext für den Anleger:

Achten Sie auf folgende Punkte:

Lage, Festpreisgarantie, Fertigstellungsgarantie und Garantie des Fertigstellungsdatums. Desweiteren eine möglichst lange, der Höhe nach **marktübliche Mietgarantie** und das Wichtigste: Man sollte nur mit Immobilienunternehmen erster Adresse zusammenarbeiten, die sich am Markt seit vielen Jahren etabliert haben und über entsprechende Erfahrung und Bonität verfügen.

Sind all diese Punkte gegeben, sind Sie schon auf der relativ sicheren Seite.

Schließlich ist es für Sie von Bedeutung, daß die Immobilienberechnung für Sie ganz persönlich stimmt.

Stimmt das für die Berechnung zugrundegelegte zu versteuernde Einkommen?

(Hierbei sollten Sie die Berechnung von Ihrem Steuerberater prüfen lassen, denn dieser ist für die steuerlichen Aspekte zuständig.)

Ist dieses Einkommen auch nachhaltig erzielbar?

Stimmen die Finanzierungsberechnungen?

Sind die Berechnungen langfristig angelegt oder nur auf die nächsten 5 Jahre?

Stehen Änderungen bevor wie z. B. Arbeitgeberwechsel, Wegfall eines Einkommens bei Ehepartner z. B. durch die Geburt eines Kindes usw. ...

Wenn ein Kunde auf die vorgenannten Punkte nicht achtet, könnten bei einem unseriösen Angebot schnell die folgenden Probleme auftauchen:

1. Das Objekt wird nicht gebaut oder fertiggestellt.

2. Eine überhöhte Mietgarantie sieht auf der ersten Blick zwar gut aus, es rechnet sich auch gut, doch liegt es auf der Hand, daß der Mietgarantiegeber jeden Monat draufzahlt. Wenn die Wohnung entweder leer steht, weil die geforderten Mieten nicht bezahlt werden oder wenn das Objekt nur zu einem geringeren Mietzins zu vermieten ist, zahlt der Mietgarantiegeber Monat für Monat drauf. Ist dies der Fall, kann es sehr leicht und schnell zur Insolvenz dieses Unternehmens kommen. Wenn die Firma Konkurs anmeldet und somit nichts mehr zu holen ist, was nützen Ihnen dann die schönsten Berechnungen? Wenn die Zinszahlungen gegenüber der finanzierenden Bank weiterlaufen, Sie aber keine Mieteinnahmen mehr haben, dann kann Ihnen dieser Kauf im nachhinein die größten Probleme bereiten. Wenn Sie dann unter Zeitdruck und bereits nach wenigen Jahren verkaufen müssen, kann von einer Wertsteigerung nicht die Rede sein. Außerdem haben Sie in der Erwerbsphase neben dem Kauf der Immobilie auch Kosten, wie zum Beispiel Notarrechnungen, Grundbuchkosten, Provisionen und die Grunderwerbssteuer.

Vor was ich Ihnen dringend abrate, sind sogenannte Immobilienmodelle, mit denen Sie vermeintlich ein Rundumservicepaket einkaufen.

Abgeschlossen werden hierbei i. d. R. sogenannte Werksbesorgungsverträge. D. h.: der Kunde erhält einen Mietgarantievertrag (wie bereits beschrieben), einen Nebenkostengarantievertrag, einen Zinsgarantievertrag und so weiter. Diese Verträge kosten Sie zusätzlich Geld. Gebühren werden zum Beispiel auch verlangt für die Finanzierungsvermittlung. Diese ganzen Kosten im Paket erhöhen den Gesamtaufwand für die Immobilie und müssen durch die Wertsteigerung der Immobilie zuerst wieder erwirtschaftet werden, bevor von einer effektiven Wertsteigerung die Rede sein kann.

In Bezug auf die Mietgarantie gebe ich Ihnen nun folgende Hinweise:
Die Miete sollte auf mindestens fünf bis zehn, eher 15 Jahre garantiert sein.
Wissen Sie, wer der beste Mietgarant ist, den es geben kann?
Eine marktgerechte Miethöhe!!
Denn dann kann es Ihnen im Extremfall egal sein, wenn ein Mietgarant pleite gehen sollte. Stellen Sie sich einmal vor, Sie haben momentan eine garantierte Miete von 10 DM pro Quadratmeter. Wenn nun der Mietgarant ausfiele und die Wohnung leer stünde, würden Sie diese Wohnung für beispielsweise 8 DM pro Quadratmeter anbieten. Wenn es sich nun um eine 75 m^2-Wohnung handelte, würden Ihnen danach monatlich 150 Mark fehlen. Dieses muß für Sie verkraftbar sein, denn sonst würde ich Ihnen ohnehin vom Kauf einer Wohnung abraten.

Zusammenfassend folgende Tips:
Wenn Ihnen jemand eine Wohnung anbietet, sollten Sie vor allem darauf achten, ob der Notartermin unter Zeitdruck gemacht werden soll. Wenn dem so ist, sollten Sie auf jeden Fall die Finger davon lassen. Überprüfen Sie die Berechnung und lassen Sie die Berechnung auch von Ihrem Steuerberater prüfen.

Kaufen Sie am besten eine Wohnung in zukunftsorientierten Lagen in Städten Ihrer Nähe. Ich halte nichts von Immobilienkäufen, die mehrere hundert Kilometer von Ihrem Wohnort entfernt sind. (Im Übrigen bin ich kein Fan von Immobilien in den neuen Bundesländern.) Erkundigen Sie sich bei der zuständigen Stadtverwaltung oder bei den ortsansässigen Banken nach marktüblichen Preisen für Wohnungen und deren Miethöhen. Beachten Sie dabei jedoch auch die Ausstattung. Sehr nützlich ist hier auf jeden Fall ein offizielles Wertgutachten zum Beispiel von der zuständigen Industrie- und Handelskammer.

EIN GEHEIMTIP

Daß die AfA, also die Absetzung für Abnutzung, eine theoretische Wertminderung der Wohnung darstellt, haben wir bereits besprochen. Der Anfangswert (Ausgangswert von 100 %) kann jedoch nicht der gesamte Kaufpreis der Immobilie sein, denn in diesem Kaufpreis inbegriffen sind auch die Provisionen und vor allem der Wert des Grundstücks. Denn der Gesetzgeber sagt: „Daß eine Wohnung steuerrechtlich an Wert verlieren könnte, ist nachvollziehbar. Aber selbst wenn in hundert Jahren die Immobilie in sich zusammenfällt, kann man auf dieses Grundstück wieder ein neues Haus bauen. Wir müssen also beim steuerlich relevanten Anfangsbuchwert den Wert des Grundstücks abziehen. Also bekommen Sie vom Verkäufer eine **Zahl** genannt, **aus wieviel Prozent des Gesamtkaufpreises** (Bezugsgröße der AfA) die Abschreibung geltend gemacht werden kann. Wenn diese Zahl unter die 90 %-Grenze geht, hat das nur drei Erklärungen:

1. Wenn der Grundstücksanteil im Verhältnis zu dieser Wohnung sehr hoch ist (Wenn zum Beispiel ein Immobilienobjekt nur 5 Wohnungen anstatt 20 Wohnungen auf gleicher Grundfläche hat. Dies hängt natürlich von der Anzahl der Geschosse ab.) oder

2. wenn die allgemeinen Grundstückspreise in dieser Lage sehr hoch sind (zum Beispiel in sehr exklusiven Lagen oder in den Innenlagen von Großstädten wie zum Beispiel in München) und/oder

3. wenn neben dem Grundstück im Kaufpreis der Immobilie sehr hohe „Nebenkosten" eingearbeitet wurden.

Ich rate wirklich jedem, der aus steuerlicher Hinsicht aufgrund eines hohen Einkommens in der Lage ist dazu, eine Eigentumswohnung zu erwerben. Daß es sich bei einer Eigentumswohnung um Sachwert handelt, dürfte Ihnen klar sein. Schauen Sie sich die Immobilienpreise vor 30 Jahren an und vergleichen Sie mit denen von heute. Rechnen Sie dann die Differenz aus und legen Sie diese auf die Gesamtzahl der dazwischen liegenden Monate um. Sie werden feststellen, daß der Eigentümer in dieser Zeit nicht in der Lage gewesen wäre, diesen monatlichen Betrag auf die Seite zu legen.

Ein Beispiel dazu:
In den vergangenen 30 Jahren haben sich die Immobilienpreise rund vervier-

facht. Nehmen wir also an, jemand hätte 1970 eine Wohnung für 100.000 DM gekauft. Dann wäre der Wert der Wohnung in 30 Jahren um rund 300.000 DM auf insgesamt 400.000 DM angewachsen. Wir hätten also 300.000 DM Wertzuwachs in 360 Monaten. Dies ergäbe einen durchschnittlichen Betrag von 833,33 DM im Monat.

Ich bin ein Fan von Immobilien, aber nur dann, wenn die Rahmenbedingungen stimmen. Auf diese Rahmenbedingungen werde ich im Kapitel „Geldwert-Sachwert" noch genauer eingehen. Doch hier sollen die vorstehenden Ausführungen erstmal genügen.

An dieser Stelle auch einmal ein paar Takte an die Herren Politiker. Ich sehe es als Augenwischerei an, wenn man Gesetze erläßt, die es dem kleinen Mann ermöglichen, sinnvoll und effektiv Steuern zu sparen, anschließend diese Möglichkeiten als Steuerschlupflöcher zu bezeichnen und den Sparer somit fast zu kriminalisieren. Er muß schon fast ein schlechtes Gewissen haben, wenn er diese Vorteile für sich in Anspruch nimmt.

Für mich ist die Abschaffung von Steuersparmöglichkeiten eher dafür geeignet, ein schlechtes Gewissen zu bekommen. Wenn die Politiker schon kein schlechtes Gewissen haben, wenn sie die direkten und indirekten Steuern sowie die Lohnnebenkosten erhöhen, warum soll dann der Steuerzahler ein schlechtes Gewissen haben, wenn er die letzten dieser Möglichkeiten für sich in Anspruch nimmt? Ich möchte nicht wissen, wie unsere Abgabenlandschaft aussehen würde, wenn man diese kleinen Leute nicht alle vier Jahre wieder als gewogene Wähler brauchen würde ...

Soviel insgesamt zum Thema „Immobilien", wobei ich wie gesagt in einem weiteren Kapitel noch einmal auf die fachlichen Eckdaten eingehen werde.

Somit haben wir die vier bisherigen Hauptsäulen der Finanzwirtschaft, nämlich Banken, Versicherungen, Bausparkassen und Immobilienunternehmen, besprochen. Darauf aufbauend entstand in der Bundesrepublik seit Ende der 60er Jahre eine Marketingidee, die sich ausschließlich mit dem Verkauf dieser Produkte beschäftigt.

Es handelt sich hierbei in der Regel um Unternehmen, die mit einer oder mehreren Gesellschaften aus den oben genannten Bereichen sogenannte Vertriebsverträge eingegangen sind. Für vermittelte Verträge erhalten die Vertriebsgesellschaften Provisionen. Meistens sind diese Vertriebsfirmen nicht an eine Gesellschaft ausschließlich gebunden, sondern bieten verschiedene Tarife unterschiedlicher Gesellschaften ihren Kunden an. So sollte es zumindest sein. Schauen Sie sich die Angebote dieser Unternehmen an. Oftmals wird von Gesellschaftsunabhängigkeit geredet. Wenn dann ein Finanzkonzept unterbreitet wird, sehen Sie in den meisten Produktsparten immer die gleiche Gesellschaft. Dann wissen Sie, daß hier zwar von Unabhängigkeit geredet wird, sie mag vertraglich sogar stimmen, aber gelebt wird sie nicht. Was nützt Ihnen dann die ganze Unabhängigkeit?

Da diese Unternehmen meistens verschiedene Provisionsstufen haben, in die die Mitarbeiter eingestuft werden und in verschiedenen Gruppen (Strukturen) eingeteilt sind, spricht man hierbei von sogenannten Strukturvertrieben oder strukturierten Vertrieben. Auf neudeutsch auch „Multilevel-Marketing" genannt. All diese Begriffe sagen an und für sich noch nichts über die Qualität des einzelnen Unternehmens aus. Und doch gibt es leider bei sehr vielen dieser Unternehmen Gepflogenheiten, die ich im folgenden herauskristallisieren werde.

Geld ist nichts,
aber viel Geld, das ist etwas anderes.

GEORGE BERNARD SHAW
Engl.-irisch. Dramatiker, 1856–1950

5. AUF DIE DAUER HILFT NUR POWER
oder
DAS SPIEL DER STRUKTURVERTRIEBE

Das Aufteilen von Tätigkeitsfeldern und Provisionen in verschiedene Ebenen und Strukturen ist an sich nichts Verwerfliches und hört sich auch ganz vernünftig an. Doch wenn wir bei diesem Thema einmal genau hinter die Kulissen der, wie ich meine, meisten Strukturvertriebe schauen, bietet sich uns ein verheerendes Bild. Theoretisch gesprochen könnte man die meisten Strukturvertriebe mit ein paar Schlagworten abhandeln, die da lauten, ironisch gesprochen: Lassomethode, Massenveranstaltungen, Showtime, Halligalli, schnelle Mark, wenig Fachwissen, Abklappern des Bekannten- und Verwandtenkreises, eine Mark verdient, zwei Mark ausgegeben, eine Mark zurückzahlen (Storno), aufhören oder rausgeschmissen werden, Frust und Verlust von Freundschaften!

Tatsächlich glauben manche Verkäufer in Strukturvertrieben, sie seien besser als alle anderen Menschen auf Gottes Erdboden! Ich habe schon sehr viele Veranstaltungen von Versicherungsgesellschaften erlebt, bei denen hausinterne, aber auch andere Vermittler wie z. B. Strukturvertriebe eingeladen waren. Ich sage Ihnen, daß ich die klassischen Strukkis inzwischen regelrecht schon von weitem riechen kann. In dunkle Nadelstreifenanzüge gekleidet, top gestylt, modernstes Outfit und mit Fachbegriffen um sich werfend, die sie wahrscheinlich mal irgendwo gehört haben, ihr Leben lang aber nie wirklich verstehen werden. In der Tiefgarage ein Leasingfahrzeug, das einen beträchtlichen Teil der monatlichen Einnahmen verschlingt, aber es muß so sein, denn das gehört eben dazu.

„Dieses Auto bin ich meinem Ruf schuldig, das Geld dafür der Bank oder Lea-

69

singgesellschaft". Doch wenn dies dem einen oder anderen zu polemisch erscheint, möchte ich Ihnen doch in aller Klarheit ein paar Fragen zum Bedenken geben:

Wieviele Mitarbeiter in einem Strukturvertrieb sind schon seit vielen Jahren in der Branche oder in dem betreffenden Unternehmen tätig?

Wie fundiert ist die Ausbildung und somit das Fachwissen der Mitarbeiter?

Werden die Mitarbeiter von Ihren Kunden weiterempfohlen?

Kennen die Mitarbeiter den Unterschied zwischen Geldwerten und Sachwerten?

Kennen die Mitarbeiter das Thema „Stille Reserven der Lebensversicherungen"?

Jetzt aber noch brennendere Fragen!

Wie hoch ist die Prozentzahl der Mitarbeiter, die wirklich finanziell abgesichert sind?

Wieviele der Mitarbeiter besitzen die Produkte, die sie ihren Kunden offerieren, selbst?

Welche Ziele haben diese Leute?

Das Ziel, anderen Menschen Nutzen zu bringen, zu helfen?

Das Ziel, wirklich jemandem zuzuhören und auf seine Bedürfnisse einzugehen?

Das Ziel, auch im Wandel der Zeit weiterhin ein kompetenter Gesprächspartner zu sein?

Oder aber haben die Leute nicht vielmehr ganz andere Ziele?

Das Ziel, so viel wie möglich Geld für so viel wie möglich Aufwand zu verdienen?

Das Ziel, bei der nächsten Veranstaltung genannt zu werden oder eine Nadel mit Edelsteinen angesteckt zu bekommen?

Das Ziel, bei den Bekannten und Verwandten mit der Rolex und dem verbreiterten, tiefergelegten, getuneten und geleasten Schlitten Eindruck zu schinden?

Sollten Sie Mitarbeiter oder Führungskraft eines Strukturvertriebes sein, dann beantworten Sie sich diese Fragen bitte selbst. Ich möchte nicht sagen, daß bei den letzten Punkten an sich schon etwas Verwerfliches ist. Letztendlich ist dies alles durchaus menschlich. Doch genau diese Dinge werden ganz bewußt als Motivationshilfen durch die Führungskräfte eingesetzt.

Nun, liebe Führungskräfte, schauen Sie doch bitte einmal in die Ferne und beantworten Sie sich folgende Frage:

Welcher Mitarbeiter ist Ihnen denn lieber, der eine, der dauernd irgendwelchen Äußerlichkeiten hinterher rennt und Ihnen bei der ersten Demotivation wieder am

Rockzipfel hängt und nach Vorschuß bittet, oder der Geschäftspartner, der fachlich kompetent unentwegt darauf aus ist, seinen Kunden wirklich zu helfen und der sein hohes Einkommen als logische Konsequenz des *Nutzenbringens* sieht. Der auf eigenen Beinen steht und selbst das lebt und besitzt, was er seinen Kunden predigt.

Ich sage Ihnen in aller Klarheit: Es ist ein Ding der Unmöglichkeit, daß Menschen, die keinen Pfennig auf der hohen Kante haben, anderen etwas über den Bereich Kapitalanlage oder Versicherung überzeugend erzählen *können*.

Einer meiner wichtigsten Erkenntnisse aus den vergangenen Jahren ist diese: „Verkaufen erfolgt nicht über den Verstand, sondern über das Herz!"

Und: „Verkäufe werden nicht erredet, sondern erschwiegen!"

Doch dazu später mehr. Denken Sie im Interesse Ihrer Kunden und Ihrer eigenen Zukunft bitte einmal darüber nach!

Meistens werden Mitarbeiter in Strukturvertrieben auf ein Produkt oder eine Produktkombination einer Gesellschaft eingeschworen, das zu allem Überfluß auch noch aus dem Geldwertbereich von Banken, Bausparkassen oder Versicherungsgesellschaften stammt. Sie werden darauf getrimmt, zu erzählen, daß ihr Produkt das Produkt schlechthin sei. Und leider besteht letztlich oftmals der tiefere Sinn darin, daß ein Mitarbeiter so schnell wie möglich wieder weitere Mitarbeiter bringt. Man will durch immer neue Mitarbeiter an weitere neue Mitarbeiter und deren Kunden herankommen.

Was ich im Interesse der Kunden jedoch am schlimmsten finde ist, daß die neuen Mitarbeiter schon nach ganz kurzer Einarbeitungszeit, manchmal nur ein oder zwei Tage Seminarteilnahme, bereits Verkaufsgespräche führen dürfen (müssen). Von fachlicher Kompetenz kann hierbei nicht die Rede sein. Der Verdienst ist in der Anfangszeit relativ gering. Die Provisionshierarchien sind oft so gestaltet, daß der Newcomer üblicherweise Jahre braucht, bis er die oberen Provisionsstufen erklimmen kann und endlich ordentlich verdient. Letztlich verdienen auf diese Weise wenige an vielen.

Weiter sind die Akquise-Methoden in aller Regel haarsträubend. Auch die Ausbildung in fachlicher Hinsicht läßt oft zu wünschen übrig. Dafür aber wird in „persönlicher" Hinsicht trainiert: Erfolgreiches Verhandeln, Abschlußtechniken, Suggestivtechniken und Fragetechniken sind die Themen des Tages.

Mitarbeiter werden auf diese Weise, ohne daß sie sich dessen bewußt sind, psychologisch so getrimmt, daß sie andere manipulieren können.

Es werden Themen geschult wie:

Begrüßung, Gesprächseröffnung, Klimaphase, Produktpräsentation. Oftmals haarsträubend wird es jedoch, wenn in die folgenden Themen eingestiegen wird:

Verkaufsphase, Abschlußtechniken, Einwandbehandlung und Fragetechniken. Favorisiert wird beim letzten Punkt in der Regel die sog. „Suggestivfrage" oder auch richtungsweisende Frage genannt wie z. B. „Sie sind doch sicherlich auch der Meinung daß ...". Hierbei wird in der Frage bereits die Antwort mitgeliefert und der Kunde braucht nur „JA" sagen. Denn dann hat man den Kunden auf der sogenannten „JA-Schiene". Wenn er in einem Gespräch bereits 100 mal „JA" gesagt hat, kann er zum Schluß nicht „NEIN" sagen.

Diese Fragetechniken lassen jedoch die wirkliche Meinung oder das Gefühl des Kunden völlig außer acht. Sie besitzen darüber hinaus einen sehr manipulativen Charakter.

MOTIVATION UND MANIPULATION

Lassen Sie mich zu Beginn dieses Themas eines klar zum Ausdruck bringen: Ich bin davon überzeugt, daß jeder auf dieser Welt, der etwas sagt oder etwas tut, es letztlich (auch) zu seinem eigenen Vorteil macht. Das ist auch bei mir und in meinem Unternehmen nicht anders. Dies ist auch ein Grund für die Entstehung dieses Buches. Hier etwas anderes zu behaupten wäre Augenwischerei. Doch sollten wir an dieser Stelle einmal den Unterschied zwischen Motivation und Manipulation herausstellen: Der Motivierende hilft seinem Gegenüber dessen Ziele und Bedürfnisse zu erreichen, um dadurch die eigenen Ziele zu erreichen. Der Manipulierende hingegen benutzt sein Gegenüber, um lediglich seine eigenen Ziele zu erreichen.

Der Motivierende muß sich also unentwegt in die Situation des Gegenübers versetzen und sich dessen Ziele und Wünsche zu seinen eigenen machen.

Der Manipulierende sieht in seinem Gegenüber nichts anderes als das Mittel zum Zweck. Diesem „Verkäufer" sind die Ziele und die Einkommenssituation des Kunden völlig gleichgültig. Auf dieses Thema werde ich beim Thema „Mitarbeiterführung" noch genauer eingehen.

Gerade bei Struturvertrieben ist das Thema *Motivation* ganz groß geschrieben. Genau betrachtet könnte man dabei jedoch eher von Manipulation sprechen. Führungskräfte „motivieren" ihre Mitarbeiter, die dann ihrerseits mögliche neue Kunden und/oder neue Mitarbeiter „motivieren". So gab es in der Vergangenheit schon manchen Chef eines Strukturvertriebes, der bei einer Großveranstaltung vor den Augen seiner Mannschaft auf dem Rücken eines Elefanten in die Halle geritten kam. Alles klatscht, alle toben und fliegen nach der Veranstaltung auf Wolken aus dem Saal.

Liebe Führungskräfte, liebe Verkäufer, wissen Sie, welches Titelschild bei meinen Verkaufsseminaren draußen an der Tür hängt? Ich werde es Ihnen sagen: „Hört endlich auf zu verkaufen!"

Wahrscheinlich werden Sie sich nun fragen, wie das funktionieren soll. Genau darum geht es hauptsächlich in diesem Buch. Diesem Thema wird nicht nur ein ganzes Kapitel gewidmet, sondern es begleitet Sie durch alle Seiten.

ERFOLG

Vor allem in dem vorliegenden Thema „Strukturvertriebe" liegt mir noch etwas auf dem Herzen. Es wird im Vertriebsbereich sehr viel von Erfolg gesprochen. Doch sei an dieser Stelle einmal die Frage erlaubt: „Was eigentlich ist Erfolg?"

Ich habe diese Frage für mich beantwortet und möchte Sie bitten, sich auch einmal Gedanken über die Antwort zu machen.

Für mich gibt es zwei grundsätzliche Arten von Erfolg: Zum einen den sichtbaren, äußerlichen Erfolg und zum anderen den unsichtbaren, innerlichen Erfolg.

Zum sichtbaren, also äußerlichen Erfolg zähle ich Dinge wie ein großes Auto, ein schönes Haus, Schmuck, teure Uhren, Anstecknadeln, Statussymbole aller Art, Positionen in Hierarchien, Kompetenzen, ja sogar das Aussehen der Begleiterin/des Begleiters gehört dazu.

Zum anderen, also innerlichen Erfolg zählen für mich jedoch ganz andere Dinge, wie zum Beispiel: allem voran die Gesundheit, dann Zufriedenheit, jemandem Nutzen gebracht zu haben, jemandem zuhören zu können, sich für jemanden Zeit zu nehmen und jemanden zu lieben. Hierzu gehört für mich auch die Fähigkeit, einmal einen Spaziergang durch die Natur zu machen und all die Dinge bewußt sehen, hören, riechen und spüren zu können, die um uns herum sind.

(Ist Ihnen eigentlich aufgefallen, daß die zuletzt beschriebenen Punkte vielmehr mit *Geben* als mit *Nehmen* zu tun haben?)

Ich bin der festen Überzeugung: Je mehr und je schneller wir dem äußerlichen Erfolg nachrennen, um so mehr wird sich der wirkliche Erfolg von uns abwenden.

Die Erklärung ist doch ganz einfach: Wer sich über eine Tafel Schokolade nicht mehr freuen kann, wird niemals auf die Idee kommen, jemand anderem eine zu schenken.

Es gibt so viele Menschen auf dieser Welt, für die eine Schale Reis der Himmel auf Erden bedeuten würde.

Wenn Sie, meine lieben Führungskräfte, Ihre Mitarbeiter wirklich zum Erfolg „führen" wollen, dann darf ich Ihnen das hierfür ausgearbeitete Thema in diesem Buch wärmstens ans Herz legen.

Nur so viel sei an dieser Stelle einmal gesagt:

1. Fachwissen kann sehr motivieren, denn es macht sicher.

Und jetzt halten Sie sich fest:

2. Wir können andere Menschen nicht motivieren!

Denn Menschen tun etwas aus ihren eigenen Gründen und nicht aus Gründen anderer. Das heißt also: Alle Menschen sind motiviert, es fragt sich nur wozu.

Dies vorab als kleiner Denkanstoß, später werde ich auf dieses Thema sehr umfangreich eingehen.

Eines aber werden Sie sehr schnell feststellen: Hier redet kein Theoretiker. Wie oft haben Sie schon Seminarleiter erlebt, die in der Theorie alles wußten. Wenn Sie aber genau hingeschaut haben, werden Sie festgestellt haben, daß diese Leute entweder schon lange nicht mehr oder noch nie bei einem Kunden waren. Das in diesem Buch Beschriebene ist erlebte Praxis in der Finanzdienstleistung.

Im nächsten Kapitel möchte ich auf einige Problemsituationen zu sprechen kommen, die nicht finanzbranchenspezifisch sind. Probleme also, mit denen Banker, Versicherungsleute, Bausparvertreter, Immobilienverkäufer und Vertriebler gleichermaßen zu kämpfen haben. Mir ist jedoch nicht daran gelegen, nur Probleme aufzulisten. Nein, vielmehr ist die Grundvoraussetzung für langfristigen unternehmerischen Erfolg, in Lösungen zu denken. Aus diesem Grund werde ich Ihnen in den folgenden Kapiteln einige von uns in der Praxis ausgearbeitete und erprobte Lösungen vorstellen.

Verantwortlich ist man nicht nur für das,
was man tut, sondern auch für das, was man nicht tut.

LAOTSE
Chines. Philosoph, ca. 480–390 v. Chr.

6. BRANCHENÜBERGREIFENDE PROBLEMSITUATIONEN DER FINANZDIENSTLEISTUNG

Tatsache ist, daß heute kaum ein Anleger mehr Vertrauen besitzt, wenn es um die richtige Geldanlage geht.

Wenn wir heute eine Annonce in die Zeitung setzen würden mit dem Wortlaut: „Wir kümmern uns um Ihre Finanzen!", was glauben Sie, wieviele darauf antworten würden? Von beispielsweise einer Million Menschen, die dies lesen würden, kämen wahrscheinlich maximal 10 Personen auf uns zu. Selbst wenn wir eine Top-Finanzberatung umsonst anbieten würden!

Was glauben Sie, ist der Grund für diese geringe Resonanz? Nun, es gibt mit Sicherheit viele verschiedene Gründe dafür. Unsicherheit, Trägheit, Skepsis, Angst oder schlichtweg mangelndes Interesse. Ist es aber nicht so, daß eigentlich jeder daran Interesse haben sollte und auch hat, seine Finanzlage optimieren zu können? Oder Versicherungsbeiträge zu sparen, Steuern zu sparen, staatliche Vergünstigungen zu nutzen und somit einfach mehr aus seinem Geld zu machen? Liebe Finanzdienstleister, wenn dem so ist, daß eigentlich jeder Interesse haben müßte und sich dennoch keiner mehr meldet, dann müssen wir doch einmal der Wahrheit ins Auge sehen und uns überlegen, was die gesamte Finanzbranche in den letzten Jahrzehnten falsch gemacht hat. Auf den Ruf, den sich die Finanzler erarbeitet haben, können wir alle nicht gerade stolz sein. Tatsächlich besitzt die Finanzbranche einen der schlechtesten Rufe überhaupt.

Nun nützt es jedoch nichts, den Kopf in den Sand zu stecken. Ich sage deshalb, daß man zunächst einmal Farbe bekennen muß. Man muß in den Spiegel schauen und sich fragen, woran das liegt. Der Grund liegt meines Erachtens in mehreren Punkten. Mangelnde Produktqualität, schlechter Service, mangelnde Fachkompetenz der Vermittler und, und, und.

INDIVIDUALITÄT

In den meisten aller Verkaufsgespräche geht es darum, ein bestimmtes Produkt an den Mann oder an die Frau zu bringen. Die individuellen Bedürfnisse des Kunden spielen eine untergeordnete Rolle. Der Verkäufer braucht den Abschluß, also muß er dem Kunden sein Produkt verkaufen. Die persönliche Situation des Kunden spielt wie gesagt fast keine Rolle. Auch die Zielsetzung des Kunden wird nicht erfragt. Hinzu kommt, daß der Kunde oft sich selbst nicht darüber im Klaren ist, wo seine finanziellen Ziele liegen. Viele Kunden wissen oft nicht einmal genau, wieviel sie exakt verdienen und wieviel exakt übrig bleiben könnte am Ende des Monats. Das heißt, der Durchschnittskunde wurschtelt sich durchs Leben ohne eine klare Zielsetzung und ohne eine klare Kontrolle seiner Finanzen.

Genau dieser Umstand wird von vielen Verkäufern ausgenutzt.

Dies kommt deutlich in den Verkaufsseminaren zum Ausdruck.

Man spricht hier von der (1.) Gesprächseröffnung, von (2.) der Kennenlernphase oder Klimaphase, (3.) der Produktpräsentation und endlich von (4.) der Vorteils-Herauskristallisierung für den Kunden. Die (5.) Abschlußargumentation, die Abschlußtechniken und der (6.) Abschluß, also die Unterschrift, bilden den Höhepunkt.

Einer der Sätze, die im Rahmen von Verkaufsseminaren gelehrt werden, lautet: „Ein Verkaufsgespräch ohne Abschluß ist wie Einseifen ohne Rasieren."

Trainer und Verkäufer entlarven sich durch solche Lehrsätze natürlich selbst. Es wird mit Maximen operiert, die zwar auf den ersten Blick zum Lachen reizen, aber letztlich nur darauf ausgerichtet sind, dem Kunden nicht zu nutzen, sondern zu schaden.

Hier ein paar Beispiele:

„Ein guter Verkäufer verkauft einem Eskimo einen Kühlschrank."

Oder: „Ein guter Verkäufer verkauft einem Bauern eine Melkmaschine und nimmt dafür die letzte Kuh in Zahlung."

Oder: „Ein guter Verkäufer verkauft nicht nur die Kuckucksuhr, sondern auch das Vogelfutter dazu."

Ein Mensch, der so etwas gut findet oder gar selbst tut, ist für mich kein guter Verkäufer, sondern jemand, dem man das Verkaufen verbieten sollte, denn er schadet der gesamten Branche.

Ich sage: Solche Leute haben im Verkauf nichts verloren, speziell nicht in der Finanzdienstleistungsbranche.

Leider gibt es zu viele Verkäufer, die Kraft ihrer Persönlichkeit in der Lage dazu sind, den Kunden über den Tisch zu ziehen. Diese Leute sehen sich sogar noch als gute Verkäufer an. Genau diese Situation bringt den Kunden jedoch dazu, daß er sich am Ende immer mehr zurückzieht und sich auf sogenannte althergebrachte Produkte verläßt. Sprich, er vertraut wieder den Banken oder vertraut seiner alten Versicherungsgesellschaft.

ABSCHLUSSDRUCK

Einem Umstand aber messe ich besondere Bedeutung bei, wenn es zu analysieren gilt, warum Kunden sich immer mehr zurückgezogen haben: dem Verkaufsdruck.

Ich habe schon mehrmals verschiedene Verkaufstechniken angeprangert.

Das Ziel ist immer der unmittelbare Abschluß. Und das ist das einzige Ziel des gesamten Gespräches. Ob das Produkt zu dem Kunden paßt oder nicht, ist zweitrangig.

Bei einer solchen Konstellation bedeutet Verkaufserfolg gleich Persönlichkeitsstärke. Ist der Verkäufer stärker als der Kunde, „verkauft" er dem Kunden, daß er das Produkt braucht. Ist der Kunde stärker als der Verkäufer, verkauft er ihm umgekehrt, daß er das Produkt nicht braucht. Einer von beiden „gewinnt" immer.

Wiederholen wir: Es geht nicht um das Produkt, weil es um das Produkt nicht gehen kann. Es geht nicht um den Kunden, sondern es geht um den Abschluß.

Und das ist das große Problem! Der einzige Sinn und Zweck der Verkaufsübung ist nur der Abschluß. Wenn der Versicherungsvertreter nach dem „großen Kampf" zum Schluß gewonnen hat, bleibt der Kunde gewöhnlich mit einem schlechten Gefühl zurück.

Wie soll dieser „Verkäufer" also jetzt noch auf das Thema „Empfehlungen" zu sprechen kommen? Kein Verkäufer wagt es nun, noch nachzufragen. Im Gegenteil: Er ist froh, daß er es „geschafft" hat. Sprich, der Verkäufer klemmt die Beine unter die Arme und sucht das Weite.

In der Folge wundert sich der Verkäufer, daß der Vertrag vielleicht gekündigt oder widerrufen wird. Und genau das ist ein weiteres Problem vieler Versicherungsgesellschaften heute: der über Jahre aufgebaute Bestand ist inzwischen kaum mehr zu halten. Man sieht sich an allen Ecken und Enden mit Storni konfrontiert – oft aus Umsätzen vieler Jahre, während der neue Umsatz nur aus einem Jahr stammen kann.

Also werden die immer spärlicher werdenden Kunden immer stärker geschröpft.

Und genau hier schließt sich der Kreis. Da aufgrund des Druckverkaufs keine Empfehlungen ausgesprochen werden, ist man wieder auf unseriöse Methoden angewiesen. Und wenn das nicht mehr klappt, wenn man diesen Druck nicht mehr aushält, dann besucht man sogenannte „Powerseminare", um sich als Verkäufer aufzubauen.

Warum sind tausende Verkaufsseminare und Millionen von Verkaufsbüchern gespickt mit irgendwelchen Techniken und Methoden, wie man den Kunden zum Abschluß bringt? Diese Frage hat mich beschäftigt. Also nicht die Frage, wie man den Kunden zum Abschluß bringen kann, sondern warum so viele Verkäufer genau über dieses Thema so viel Wissen ausgearbeitet und sich angeeignet haben.

Sie alle sind wohl zu der Erkenntnis gekommen, daß nur der Abschluß Geld bringt, alles andere kostet Geld. Ich glaube einen Grund zu kennen, warum für viele Verkäufer der Abschluß so wichtig ist: Es gibt keinen einzigen anderen Dienstleistungsbereich in der Bundesrepublik Deutschland, in dem die Schuster so schlechte Schuhe haben, wie in der Finanzbranche.

Viele sogenannte Finanzdienstleister müßten, nebenbei bemerkt, erst einmal sich selbst in finanzieller Hinsicht beraten – so schlecht sehen ihre eigenen Konten aus – bevor sie an Kunden herangelassen werden dürften.

Viele Führungskräfte interessiert am Monatsende nur die Anzahl der getätigten Abschlüsse. Wenn im Banken- oder Versicherungsbereich in einer bestimmten Produktsparte der Umsatz hinkt, werden die Verkäufer auf dieses Produkt fokussiert, damit die Zahlen wieder stimmen. Dies kann doch mit den Bedürfnissen des einzelnen Kunden nichts zu tun haben.

FACHLICHE INKOMPETENZ

Wie bereits gesagt werden in vielen Strukturvertrieben Leute innerhalb von zwei Tagen zu sogenannten „Finanzexperten" gekürt. Der gesunde Menschenverstand allein sagt einem jedoch, daß das nicht möglich sein kann. Also werden die Mitarbeiter auf ein vorgefertigtes Verkaufsgespräch von einem bestimmten, einzelnen Produkt getrimmt. Dieses „Gedicht" spulen sie dann bei ihren Kunden herunter und bekommen auch die ersten Abschlüsse. Doch wenn der Kunde Fachfragen zu weiteren Themen stellt, ist schnell das Ende der Fahnenstange erreicht. Dies spürt der Kunde sofort.

Viele Verkaufstrainer werden jetzt entgegenhalten, daß sich der Kunde vielmehr nach dem Gefühl als nach dem Fachwissen entscheidet. Das ist richtig und zugleich ein Trugschluß. Denn wenn der Kunde spürt, daß der Verkäufer fachlich nichts drauf hat, welches Gefühl hat er dann?

Aus diesem Grund sollten Sie, lieber Verkäufer, sich stets fragen: „Würde ich dieses Produkt von mir abkaufen?"

Sie werden jetzt ganz entrüstet und spontan antworten: „Na klar, natürlich!" Dann möchte ich Sie nun fragen, ob Sie sich Ihr Produkt schon verkauft haben. Besitzen Sie selbst das, was Sie Ihrem Kunden anraten?

Wenn nein, dann sollten Sie dieses Produkt *nicht* jetzt kaufen, nur weil Sie dieses Buch lesen, sondern hören Sie auf zu verkaufen! Sie schaden der Branche.

DER SERVICE, DIE BETREUUNG

Was die Kundenbetreuung anbelangt, liegt nicht nur in der Finanzbranche einiges im Argen, sondern das zieht sich durch so ziemlich alle Sparten durch. Meiner Meinung nach ist Deutschland eine absolute Service-Wüstenlandschaft. Im Finanzbereich herrscht sehr oft die traurige Erkenntnis: „Einmal abgeschlossen, nie mehr gesehen." Spätestens jetzt kommt die Wahrheit ans Tageslicht. Haben Sie dem Kunden im Verkaufsgespräch das Blaue vom Himmel versprochen, nur damit er unterschreibt? Dann dürfen Sie sich bei diesem Kunden tunlichst nicht mehr blicken lassen. Oder aber Sie sind wirklich bestrebt, den Kunden auf dem Weg zum Erreichen seiner Ziele zu begleiten, dann brauchen Sie sich nicht besonders anzustrengen, um auf einen optimalen Service zu achten; Sie tun es automatisch. Überprüfen Sie doch einmal Ihre Kundenbetreuung, egal in welcher Branche Sie nun tätig sind.

Die wirkliche Absicht des Verkaufsgespräches erkennt man an der Qualität der nachfolgenden Betreuung!

Was ist das Ergebnis unzureichender Betreuung? Es liegt auf der Hand: Der Kunde fühlt sich verkohlt oder gar hintergangen, ist unzufrieden und spricht bei anderen schlecht über den Verkäufer, dessen Firma und dessen Produkte.

Bitte seien Sie sich stets dessen bewußt: Sie allein repräsentieren Ihr gesamtes Unternehmen. Für den Kunden ist das Unternehmen so wie Sie sind.

An dieser Stelle möchte ich mit Ihnen kurz einen kleinen Test durchführen. Wenn Sie das nicht wollen, dann lesen Sie einfach beim nächsten Thema weiter.

Wenn Sie aber mitmachen wollen bitte ich Sie, ehrlich zu sich selbst zu sein.
Stellen Sie sich einmal folgende Situation vor:
Sie waren abends bei einem Kunden und haben einen großen Abschluß getätigt.
Am nächsten Morgen, gerade als Sie Ihr Büro betreten, sagt Ihnen die Sekretärin,
daß der „Kunde von gestern abend" um Rückruf bittet.
WELCHES IST IHR ERSTER GEDANKE???

Wer von Ihnen hat sich vorgestellt, daß dem Kunden bestimmt noch einige weitere Personen eingefallen sind, denen er Ihre Dienstleistung auch empfehlen möchte?

DIE PRODUKTQUALITÄT

Es gibt in der Finanzbranche drei Produkte, die ihren Siegeszug in den vergangenen Jahrzehnten erlebt haben. Dies führe ich jedoch nicht auf die Qualität dieser „Renner" zurück, ganz im Gegenteil, sondern einzig und allein darauf, daß sie eben am meisten angeboten wurden. Um welche drei Zugpferde handelt es sich?
Richtig! Die Kapitallebensversicherung, der Bausparvertrag und das Sparbuch. Für was soll sich denn der Kunde auch entscheiden, wenn er nichts anderes angeboten bekommt?
Warum wurden diese Produkte derart favorisiert? Ich glaube, Sie ahnen es bereits. Weil die beiden Erstgenannten dem Vermittler sofortige und auch höhere Provisionen einbringen und das Sparbuch der Bank höhere Zinszahlungen an den Kunden erspart. Dadurch haben sich diese Produkte etabliert und jeder glaubt, das Richtige abgeschlossen zu haben. Und jetzt kommt der Knüller. Seit ein paar Jahren herrscht nun im gesamten Finanzmarkt weniger ein Verkaufswettbewerb, sondern vielmehr ein Verdrängungswettbewerb.
Nicht einmal mehr 40 % aller abgeschlossenen Lebensversicherungsverträge erreichen den ursprünglich abgeschlossenen Endzeitpunkt, Tendenz weiter fallend.
Jetzt hat eigentlich jeder eine Lebensversicherung und einen Bausparvertrag. Also muß man sich etwas Neues, etwas Besseres einfallen lassen. Das Ergebnis bekommen die Kunden momentan tagtäglich angeboten.
Wollen Sie wissen, was es ist? Es ist eine bessere Lebensversicherung und ein besserer Bausparvertrag, als der, den der Kunde bereits hat, so einfach ist das. Das heißt, daß die Verkäufer jetzt dabei sind, einen Apfel gegen einen Apfel auszutauschen. Jedesmal verdient der Verkäufer wieder Provision und jedesmal macht der Kunde dabei Geld kaputt.
Es ist doch für einen Fachmann überhaupt kein Problem, selbst den besten Tarif

vor dem Kunden fachlich zu zerfetzen. Sie wären sogar in der Lage, Ihr eigenes Angebot negativ zu zerpflücken. Und jedesmal entsteht im Kunden der Eindruck, von dem vorherigen Verkäufer über den Tisch gezogen worden zu sein. Wenn nun nach ein paar Jahren oder Monaten ein dritter Berater zu diesem Kunden kommt und ihm fachlich mit guten und logischen Argumenten erklärt, daß beide vorher Dagewesenen ihn übers Ohr gehauen haben, was soll der Kunde dann denken. So wird nicht nur Geschäft und eine ganze Branche versaut, sondern vor allem die Menschlichkeit und das Vertrauen.

Ich sage: Wer es notwendig hat, das Licht eines Kollegen auszublasen, nur damit das eigene leuchten kann, wird nie ein Licht werden. Wir schaden unserer gesamten Branche damit.

Bei diesem Treiben sollen die Kunden im Laufe der Zeit immer positiver und aufgeschlossener werden, nicht?

Viele glauben, Kunden seien nicht in der Lage, ein Produkt zu verstehen. Ich bin heute fest davon überzeugt, daß ein Kunde ein Angebot nur aus zwei Gründen nicht versteht.

Erstens: Weil der Berater zu schnell war oder weil er zu viele Fachbegriffe verwendet hat oder zweitens: Der Kunde will den Verkäufer gar nicht verstehen.

Jetzt werden viele Verkäufer sagen: „Ja, wenn mich der Kunde nicht verstehen will, was soll ich dann noch tun?"

Liebe Verkäufer, wenn in Ihrem Geschäft etwas nicht so läuft, wie Sie es sich wünschen, dann gebe ich ihnen jetzt einen Tip:

Stellen Sie sich nach jedem Mißerfolg zwei Fragen.

1. Was habe ich getan?
2. Was habe ich unterlassen?

Ich hoffe sehr, Ihnen ist klar geworden, welches das wichtigste Wort in diesen beiden Fragen ist. Richtig. Das Wort „ICH".

Ich sage Ihnen meine absolute Überzeugung: Wenn etwas schief läuft oder wenn etwas gut läuft; es liegt immer, ich sage **immer**, an uns selbst.

Lassen Sie also die Konkurrenz in Ruhe und überzeugen Sie durch die Qualität ihrer Produkte und vor allem durch ihre Ehrlichkeit.

Der Grund, warum ein Kunde Sie nicht verstehen will ist der:

In Wirklichkeit wollten Sie den Kunden als Mensch auch nicht verstehen!

Ausdrücklich möchte ich die Kollegen um Entschuldigung bitten, die hierbei Ausnahmen darstellen und die zweifellos existieren. Pauschalierungen sind immer gefährlich. Aber die Mißstände sind auf der anderen Seite so gravierend, daß es andererseits unredlich wäre, zu schweigen.

EINFIRMENVERTRETER UND DEREN BESTÄNDE

Dies sind die Leute bei den Versicherungsgesellschaften, die in ihrem Ort in einem Büro mit entsprechender Leuchtreklame einer Versicherungsgesellschaft sitzen, also in einer Generalagentur. Mit Sicherheit sehen Sie jetzt vor ihrem geistigen Auge Personen und/oder Gebäude.

Im Gegensatz zur Wortbedeutung „General" (= allgemein) sind die Generalagenten jedoch ebenfalls nur an eine einzige Gesellschaft gebunden. Sie operieren also ebenfalls nach dem Motto: „Wes Brot ich eß, des Lied ich sing".

Das heißt, auch Generalagenten müssen bestimmte Umsatzziele erreichen. Sie erhalten üblicherweise einen Bürokostenzuschuß. Außerdem verfügen sie über einen sogenannten Bestand an Kunden. Gewöhnlich erhalten sie eine bestimmte Prozentzahl der Gelder, die die Kunden jeden Monat einbezahlen, womit ihre Grundkosten abgedeckt sind. Da ihnen wie gesagt ein Bestand an Kunden zugewiesen wird, sind sie damit gleichzeitig auch die „Marionetten" einer einzigen Versicherungsgesellschaft. Wenn über Produkte von anderen Anbietern gesprochen wird, dann oft ohne fachliches Wissen über die Produkte oder es werden nur solche Produkte angesprochen, die noch schlechtere Bedingungen haben. Die Schulungsleiter wissen selbst ganz genau, daß sie dafür sorgen müssen, daß die Leute voll von dem, was sie den Kunden sagen, überzeugt sind.

Weiter wird das Thema „stille Reserven" in den Schulungen tunlichst vermieden. Damit werden die Verkäufer und somit auch deren Kunden im Unklaren gehalten. Der Leidtragende ist der Kunde, der Jahr für Jahr sein Geld falsch anlegt.

Aufgrund der Tatsache, daß Generalagenten oft über 2.000 DM, 3.000 DM oder 4.000 DM „Bestandspflegeprovision" (hängt von den monatlichen Versicherungsbeiträgen ihrer Kunden ab) verfügen, haben sie nicht die Freiheit, eine echte kundenorientierte Beratung zu liefern. Also reagieren sie häufig nur, statt zu agieren.

Normalerweise hätte das folgende Thema an den Anfang dieses Kapitels gehört, doch es paßt zum Anfang und zum Schluß.

DIE NEUKUNDENGEWINNUNG

Es handelt sich hierbei um das größte Problem der gesamten Finanzwirtschaft. Und genau hier gibt es eine einfache Lösung, die jedoch bei näherer Betrachtung gleichzeitig das größte Problem darstellt. Das Lösungswort heißt für mich eindeutig:

EMPFEHLUNG!

Mir ist jedoch im Laufe der Jahre klar geworden, daß alle anderen in diesem Buch beschriebenen Themen die Voraussetzung für diese Lösung sind.

Doch bleiben wir einmal bei dem Thema Empfehlung selbst.

Meiner Meinung nach liegt der zentrale Punkt des häufigen Mißerfolges in der Neukundengewinnung nicht daran, daß ein Kunde ‚nein‘ sagt, sondern beruht auf dem Umstand, daß viel zu wenig Kunden überhaupt die Gelegenheit erhalten, ‚ja‘ oder ‚nein‘ zu sagen. Sprich, die Verkäufer befinden sich zu selten bei Neukunden vor Ort. Die Ursache hierfür liegt nicht in der Tatsache begründet, daß der Mitarbeiter zu wenig Termine vereinbart; die wahre Ursache ist auf das Faktum zurückzuführen, daß er über keine oder zu wenig Empfehlungen verfügt. Die Empfehlung ist jedoch das Schwungrad im Getriebe. Wenn ein Kunde den Verkäufer nicht weiterempfiehlt, dann weniger aus dem Grund, weil der Kunde ihn nicht weiterempfehlen will, sondern weil der Kunde viel zu selten oder falsch nach Empfehlungen gefragt wird.

Theoretisch läge es nahe, sich jetzt auf das Thema Empfehlungen zu konzentrieren. Aber genau hier liegt der Hase im Pfeffer: Die Vorgehensweise und die Produkte müssen den Kunden verblüffen und begeistern, damit er von sich aus empfiehlt. Klingt logisch, oder?

Keine Empfehlung jedoch bedeutet: Entweder per Telefonbuch wie ein Besessener Anrufe zu tätigen oder durch irgendwelche Mailing-Aktionen hektisch Neukunden zu gewinnen suchen. In beiden Fällen tut sich der Verkäufer furchtbar schwer. Er muß von einer Minus-Position sozusagen Vertrauen aufbauen. Also werden die seltsamsten Lösungen bemüht.

FIRMEN, DIE NICHTS ANDERES TUN, ALS ADRESSEN SAMMELN

Zum Beispiel gibt es Firmen, die im Fernsehen für irgendwelche Finanzvorteile werben, selbst aber gar nicht in diesem Bereich tätig sind. Sie verkaufen lediglich die Adressen der Leute, die sich dann melden, an irgendwelche Finanzberater für teures Geld. Leider kommt es dabei oft vor, daß solche Adressen manchmal sogar mehrfach verkauft werden, also an mehrere Finanzberatungsfirmen. In der Folge wird der Kunde dann von mehreren Leuten angerufen. Über kurz oder lang wird das nicht mehr funktionieren, und wieder einmal hat man Kunden verärgert. So ist es halt mal mit der Kundenakquise. Empfehlungen sind daher unerläßlich für jeden, der seriös neue Kunden gewinnen will.

Keine Empfehlungen zu haben, ist ein „CONCRET“es Problem.

Viele Empfehlungen zu haben wäre das „NON-PLUS-ULTRA" ...

„Neue Kunden - leicht gefunden!"

DIE NOT IST GROSS

Der Kunde wird also von dem Verkäufer entweder per Mailing, das er in der Regel in den Papierkorb wirft, oder per Telefon kontaktiert. In der Folge fühlt sich der Kunde belästigt. Im Bestfall weiß er nicht so richtig, was er mit dem Verkäufer anfangen soll. Er blockt also ab. Für ihn handelt es sich dabei um eine unseriöse Art, kontaktiert zu werden, speziell wenn es heißt:

„Ich rufe Sie an auf Empfehlung eines guten Kunden, der aber nicht genannt werden möchte ..."

Abgesehen davon, daß es sich hierbei meistens um eine faustdicke Lüge handelt, ist diese Vorgehensweise absolut dilettantisch, zumal man auf diese Art nie und nimmer Vertrauen etablieren kann.

Wenn einer unserer Kunden sagen würde, er möchte als Empfehlungsgeber nicht genannt werden, so wäre das keine Empfehlung für uns!

Aber auch die Methode, einfach von Tür zu Tür zu gehen, besitzt ein schlechtes Image. Es erzeugt kein gutes Gefühl bei dem künftigen Kunden. Der Einstieg in das Gespräch ist schwer, wenn nicht unmöglich. Also wird geschult, daß sich der Verkäufer erst einmal bei dem Kunden umschauen soll, ob er irgendwas an der Wand hängen sieht, so daß man darauf zu sprechen kommen kann.

Auch das halte ich für absoluten Unsinn. Auf diese Art wird einfach um den heißen Brei herumgeredet. Es sollten doch nicht „Verkäufer" und „Kunde" miteinander sprechen, sondern einfach zwei ganz normale Menschen.

Aber was passiert? Der Agent kommt auf einen Pokal zu sprechen. Einen Pokal, der auf dem Regal steht. Aber eigentlich geht dieser den Verkäufer nicht das geringste an, schließlich ist er Gast. Zu guter Letzt muß der Verkäufer auf den Punkt kommen und dem Kunden sagen, worum es eigentlich geht. Und jetzt fühlt sich der Kunde so, als ob er auf einem Stuhl sitzen würde, während der Verkäufer ein kleines Seil an der Lehne festmacht und ganz langsam um ihn herum läuft.

Am Schluß hat der Kunde nur noch eine Hand frei, nämlich die rechte. Damit kann er unterschreiben ...

Des Pudels Kern ist jedoch – erlauben Sie mir, diese wichtige Kritik noch einmal zu wiederholen – daß der Verkäufer nur ein bestimmtes, vorher festgelegtes Produkt verkaufen kann. Die Interessen des Kunden selbst können bei dieser Art von Verkauf nicht berücksichtigt werden. Also lautet der Verkaufslehrsatz:

„Wenn der Kunde heute nicht unterschreibt, unterschreibt er nie mehr."

Da im Versicherungsbereich in der Mehrzahl der Fälle nur ein einziges Produkt beziehungsweise allenfalls eine Produktkombination verkauft wird, arbeitet man mit „Abschlußtechniken". Diese spult der Verkäufer bei dem Kunden wie eine Gebetslitanei ab. So geht's auf die Dauer einfach nicht!

Stellen Sie sich einmal vor, Sie würden von jedem Kunden mehrmals weiterempfohlen, der Kunde selbst würde die Personen vorinformieren und die empfohlenen Personen würden auf ihren Anruf warten. Wäre das nicht eine Traumsituation? Liebe Leserin, lieber Leser, genauso läuft es in unserer Unternehmensgruppe ab! Und je mehr ich mich mit dem Schreiben dieses Buches befaßt habe, um so mehr hat mich die Erkenntnis motiviert, warum unser Unternehmen solche Erfolge und solche Zuwachsraten hat. Denn ich glaube, es steht auch für Sie außer Frage, daß die Empfehlungen der bestehenden Kunden von größter Wichtigkeit sind. Doch ob und wieviel Empfehlungen Sie erhalten, und ob und wie diese vorinformiert werden, hängt doch maßgeblich davon ab, ob Ihre Dienstleistung und Ihre Produktpalette **empfehlenswert** sind.

Und das ist der neuralgische Punkt.

Ich werde Ihnen in den folgenden Kapiteln, ob Sie nun branchenfremd sind oder in welcher Form auch immer direkt mit dem Finanzmarkt zu tun haben, erläutern, in welche Richtung sich der Finanzmarkt der nächsten Jahrzehnte entwickeln muß.

Zum Vorteil für die Kunden und damit auch zum Vorteil für die Verkäufer.

Dies ist also kein Buch, in dem polemisch über andere hergezogen wird, sondern ein Buch, das Mißstände aufzeigt und in den folgenden Kapiteln konkrete Lösungsvorschläge unterbreitet. Eine in der Praxis erlebte Dienstleistung, die sich auszeichnet durch Erfolg, fachliche Kompetenz, zufriedene Kunden und vor allem durch Menschlichkeit.

Sie werden vertraut gemacht mit innovativen Produktideen und deren Kombination.

Danach werde ich Ihnen erklären, welche Dienstleistung wir unseren Kunden bieten. Sie werden überrascht sein. Sie werden erkennen, wie einfach die Neukundengewinnung sein kann. Eine Bitte habe ich jedoch an Sie, bevor Sie weiter lesen. Versetzen Sie sich einmal in die Lage eines Kunden. Denn nur beim ersten Lesen dieses Buches sind Sie in der Lage hierzu. Sie erleben dies alles zum ersten Mal und können sich somit in die Lage des Kunden versetzen, der ebenfalls alles zum ersten Mal erlebt.

Nachdem Sie unsere Produktphilosophie und unsere Dienstleistung vor und nach dem Abschluß kennengelernt haben, werde ich Ihnen viele Einblicke hinter die Kulissen unseres Unternehmens gewähren. Wodurch wächst unser Unternehmen? Was ist unser Ziel? Wie werden unsere Mitarbeiter ausgebildet und bezahlt? Welche persönlichen und fachlichen Voraussetzungen muß ein Mitarbeiter mitbringen um bei uns einsteigen zu können?

Wie sehen die Zukunftschancen unserer Mitarbeiter aus?

Sollten Sie als Führungskraft Mitarbeiter führen, möchte ich Ihnen ein paar Tips geben, wie Sie aus Mitarbeitern, die Sie unentwegt betreuen müssen, selbständige Unternehmer werden lassen, die mit Spaß und Kompetenz an Ihrer Seite stehen.

Nachdem wir auch den firmeninternen Bereich besprochen haben, werde ich Sie in das Geheimnis einweihen, das uns in den beiden letzten Jahren zu einer jeweiligen Umsatzsteigerung im Verhältnis zum Vorjahr von mehr als 50 % verhalf.

Letztlich ist diese Erkenntnis auch der Grund dafür, daß dieses Buch entstanden ist.

Wir haben bereits im letzten Kapitel gesehen, daß die Methoden des Verkaufs untrennbar mit den Produkten verknüpft sind. Das heißt mit anderen Worten: Wenn ich zweit- oder gar drittklassige Produkte im Angebot habe, kann der Verkauf gar nicht stimmen. Theoretisch stellen der Verkauf und die einzelnen Produkte zwei unterschiedliche Themen dar. Praktisch sind sie jedoch unzertrennbar miteinander verknüpft. Wir wollen deshalb im kommenden Kapitel einmal auf einige Produkte näher eingehen, denen Sie im Markt der unbegrenzten Möglichkeiten, im Finanzdienstleistungsmarkt also, begegnen. Differenzieren wir wieder zwischen Bank-, Versicherungs- und Bausparprodukten – und betrachten wir dem gegenüber aber auch Sachwertanlagen, also Immobilien, Immobilienbeteiligungen, Aktien und Investmentgesellschaften. Soviel schon vorab, das folgende Kapitel ist hochinteressant und wird wahrscheinlich Ihren Blickwinkel bezüglich Finanzdienstleistungsprodukten vollständig ändern.

Sollten Sie jedoch kein Interesse an Fachwissen haben, dann überspringen Sie einfach das nächste Kapitel.

Wer glaubt, Ausbildung sei teuer,
möge sich einmal überlegen, was UNWISSENHEIT kostet.

JOHN DAVISON ROCKEFELLER
Gründer der „Standard Oil Company", 1839–1937

7. EINE KLEINE, BRANCHENÜBERGREIFENDE PRODUKTSCHULUNG FÜR JEDERMANN

Bei diesem Kapitel ist mir vor allem daran gelegen, dem Nichtfachmann die gängigsten Produkte der Finanzwelt näher zu bringen. Sämtliche Erklärungen erheben keinen Anspruch auf Vollständigkeit und sollen weder als ein Zuraten noch ein Abraten verstanden werden. Jedoch werde ich zu jedem Punkt abschließend meine persönliche Meinung kundtun. Auch möchte ich mich hier nicht in einem Fachchinesisch verlieren, das kein Mensch versteht. Ebenso werde ich auf das Abgleichen eines Chancen- und Risikorasters verzichten. Eine fachlich detaillierte, rechtlich allen Anforderungen genügende und mit allen Risikobelehrungen versehene Produkterläuterung würde den Rahmen dieses Buches bei weitem sprengen. Denken Sie einfach mal an die vielen Lehrbücher im Banken- und Versicherungsbereich. Ebenso müßte der Inhalt tausender Emissionsprospekte hier abgedruckt werden. Aus diesem Grund werde ich mich auf allgemein verständliche Erklärungen beschränken.

Manche Fachbegriffe werde ich Ihnen jedoch absichtlich nicht ersparen, um Sie in die Lage zu versetzen, die Vertragswerke und Produktkonditionen Ihrer zukünftigen Angebote besser zu verstehen. Ziel dessen ist es, daß Sie sich besser auskennen und in Gesprächen auch fachlich fundierte Fragen stellen können.

Aus diesem Grund finden Sie nach den Produkterklärungen noch ein kleines alphabetisches Fachbegriffe-Lexikon, auf das Sie bei den einzelnen Erklärungen vertiefend zugreifen können.

BANKPRODUKTE

Behandeln wir zunächst die gängigen Bankprodukte:

DAS GIROKONTO

Der Sinn des Girokontos ist in der Regel die Abwicklung von Zahlungsein- und ausgängen des täglichen Lebens. Aus diesem Grund auch oft Gehaltskonto genannt. Ohne mit der Bank über bessere Habenzinsen verhandelt zu haben, wäre es völlig falsch, größere Guthabenbeträge längere Zeit auf dem Girokonto „herumliegen" zu lassen. Denn Sie erhalten für Guthaben auf dem Girokonto in der Regel einen Zins in Höhe von unter 1 %, meistens 0,25 bis 0,5 Prozent. Manche Banken lassen hierüber mit sich reden. Zum Beispiel mit bis zu 3 oder gar 4 %. Die Bank knüpft dies jedoch an die Bedingung, daß immer ein bestimmter Sockelbetrag wie zum Beispiel 2.000 oder 3.000 Mark auf diesem Konto verbleiben müssen.

Mit Guthabenbeträgen, die die Kunden auf den Girokonten lassen, machen die Banken den höchsten Gewinn. Warum versteht sich von selbst. Aus diesem Grund wird Sie die Bank von sich aus nicht darauf ansprechen, doch eine für Sie sinnvollere Möglichkeit zu wählen. Sie müssen es tun.

Meine Meinung: Guthaben gehören auf kein Girokonto.

DER KONTOKORRENTKREDIT

Betrachten wir jedoch auch die „Sollseite" des Girokontos. Wenn Sie Ihr Girokonto überzogen haben, verlangt die Bank nicht nur einen variablen Sollzins in Höhe von ca. 8 bis 9 % über dem Habenzins dieses Kontos, sondern berechnet Ihnen zusätzlich einen Überziehungszins im Bereich von 4 %. Diese Zinsdifferenz zwischen Haben- und Gesamtsollzins ist für die Bank ein Riesengeschäft.

Hier gibt es die Möglichkeit, mit der Bank einen Höchstbetrag zu vereinbaren, bis zu dem Sie Ihr Girokonto überziehen dürfen. Beispielsweise ein Gesamtminusbetrag von 20.000 Mark. Wenn Sie nun innerhalb dieses Rahmens mit Ihrem Konto im Minus sind, verlangt die Bank von Ihnen zwar Sollzins, aber keinen zusätzlichen Überziehungszins. Wenn Sie den Rahmen jedoch überschreiten, darf die Bank den zusätzlichen Überziehungszins nur für den über dem Rahmen liegenden Betrag verlangen. Aus diesem Grund spricht man auch von einem sogenannten Kontokorrentrahmen oder auch Dispositionskredit (kurz Dispokredit) genannt.

Meine Meinung:
Handeln Sie nach Möglichkeit mit Ihrer Bank über die Konditionen und Höhe

eines Kreditrahmens auf Ihrem Girokonto. Selbst wenn Sie glauben, diesen nicht zu brauchen, verhindern Sie dennoch bei kurzfristigen Überziehungen das Bezahlen von Überziehungszinsen.

DAS SPARBUCH

Das Sparbuch ist die beliebteste Form der deutschen Sparer. 1.167 Milliarden DM (also fast 1,2 Billionen!) waren Ende 1997 auf den Sparbüchern. Fachlich handelt es sich hierbei um Spareinlagen mit gesetzlicher Kündigungsfrist (3 Monate). Sie erhalten von der Bank einen Zins auf Ihr Guthaben in Höhe von üblicherweise 2 bis 3 %. Dieser Satz ist jedoch variabel. Wenn Sie dieses Guthaben abheben wollen, müssen Sie die mindestens dreimonatige Kündigungsfrist beachten. Innerhalb von 30 Zinstagen sind Sie berechtigt, einen Betrag in Höhe von 3.000 DM abzuheben. Wenn Sie jedoch innerhalb 30 Zinstagen einen höheren Betrag abheben, berechnet Ihnen die Bank von dem darüberliegenden Betrag Strafzinsen, sogenannte Vorschußzinsen. Der Prozentsatz dieser Vorschußzinsen darf jedoch ein Viertel des gewährten Habenzinses nicht übersteigen. Wenn Sie zum Beispiel für Ihr Guthaben 2 % Zinsen erhalten, darf der Vorschußzinssatz maximal 0,5 % betragen. Ich rate Ihnen, auch über diese Vorschußzinsen mit Ihrer Bank zu verhandeln.

Meine Meinung:

Aufgrund der doch relativ geringen Rendite empfiehlt es sich nicht, größere Beträge auf dem Sparkonto zu deponieren. Vielmehr sollte das Sparbuch ein Puffer für unvorhersehbare Ausgaben angesehen werden. Aus diesem Grund empfehle ich hierbei maximal das Guthaben eines Monatsgehaltes! Was darüber hinaus zur Verfügung steht, sollte man sofort in anderen Sparformen anlegen.

SPEZIELLE SPARPLÄNE

Hierbei handelt es sich um Geldanlagen mit einer vereinbarten Kündigungsfrist, also mehr als drei Monate. In diesem Bereich werden durch die Geldinstitute sehr viele verschiedene Varianten angeboten. Die Höhe des angebotenen Zinssatzes richtet sich hauptsächlich nach zwei Faktoren: 1. **Wie hoch** der angelegte Betrag ist (zum Beispiel ab 5.000 oder 10.000 Mark) und 2. **wie lange** das Geld angelegt wird. Dementsprechend sind die Kündigungszeiten. Sie können zwischen ½ Jahr und 4 Jahren betragen. Die Verzinsung ist ein wenig attraktiver als beim normalen Sparbuch.

Meine Meinung:

Gerade wenn es um höhere Beträge und/oder längere Laufzeiten geht, sollten Sie andere Anlagen wählen. Hier sei der Begriff „Sachwerte" erwähnt.

SPARBRIEFE

Bei einem Sparbrief bekommen Sie von der Bank eine Urkunde auf Ihren Namen ausgestellt. Mit diesem Sparbrief verpflichten Sie sich, einen bestimmten monatlichen Betrag, zum Beispiel 100 bis 500 Mark, über einen genau festgelegten Zeitraum zu sparen. Dabei können Sie wählen, ob der jährliche Zins ausbezahlt werden soll oder wieder angelegt wird. Hier gibt es unterschiedliche Angebotsvarianten am Markt. Der Vorteil für Sie ist ein in der Regel höherer Sparzins und daß sich dieser während der vereinbarten Laufzeit nicht ändern kann.

Nachteil: Vor der Fälligkeit gibt es kein Geld zurück. Das einzige, was Sie im Bedarfsfall dann tun könnten, wäre das Guthaben abzutreten und dafür ein Darlehen aufzunehmen. Daß die Darlehenszinsen jedoch wesentlich höher sein dürften, als die vereinbarten Habenzinsen, liegt auf der Hand.

Meine Meinung:

Wenn Sie sich bei Abschluß eines Sparbriefes in einem Zinshoch befinden (beispielsweise 6 % und mehr), kann dies durchaus eine geeignete Sparform für den kurz- bis mittelfristigen Bereich (2 bis 5 Jahre) sein.

SPARSCHULDVERSCHREIBUNGEN

Im wesentlichen handelt es sich hierbei um das genau gleiche Produkt wie unter dem vorgenannten Punkt „Sparbriefe" beschrieben. Der Unterschied besteht darin, daß es sich nicht um die Anlage von gleichbleibenden monatlichen Beträgen handelt, sondern um einen einmaligen (höheren) Betrag wie zum Beispiel ab 1.000 Mark. Sonderformen auch ab 5.000 Mark.

Meine Meinung ist hierbei dieselbe wie im Vorgenannten.

WACHSTUMSSPAREN

Diese auch unter den Begriffen „Extrasparen" oder „Zuwachssparen" bekannte Sparform bedeutet in der Regel die Anlage eines Einmalbetrages für eine bestimmte Laufzeit. Hierfür erhalten Sie einen jährlich steigenden, festen Zinssatz. Manchmal werden diese Sparformen am Ende der Laufzeit noch mit einem Schlußbonus belohnt, in diesem Fall auch Bonussparen genannt.

Meine Meinung:

Schauen Sie sich die Zinskonditionen an. Wenn wir uns in einem Zinshoch befinden, kann diese Anlage für Sie durchaus lukrativ sein.

Doch Achtung: Bei diesen Angeboten müssen Sie das Kleingedruckte lesen. Stellen Sie dem Banker Fragen in Bezug auf:

1. Welche Kündigungsfristen einzuhalten sind,
2. wann und wie Sie wieder über Ihr Kapital verfügen können,
3. ob und in welcher Höhe bei vorzeitiger Verfügung Strafzinsen berechnet werden,
4. welche Zinsen in welchem Zeitraum bezahlt werden und
5. an welche Bedingung(en) die Zinshöhe geknüpft ist.

Wir werden in einem weiteren Kapitel dieses Buches feststellen, daß das Sparbuch rapide an Anlagekapital verloren hat. Die Deutschen beginnen umzudenken.

Wie stark die Einbrüche auf den Sparbüchern sind, erfahren Sie später. Wenn es Verlierer gibt, muß es auch Gewinner geben. Einen davon möchte ich Ihnen nun nennen, wobei dieser Gewinner weit durch den Erstplazierten zurückgeschlagen wurde. Wer der Sieger ist und warum er so erfolgreich ist, werde ich Ihnen in einem späteren Kapitel verraten. Doch nun zu Platz zwei, dem „Bonussparen", wobei ich Ihnen die wesentlichen Eigenschaften des Bonussparens bereits erläutert habe.

DAS BONUSSPAREN

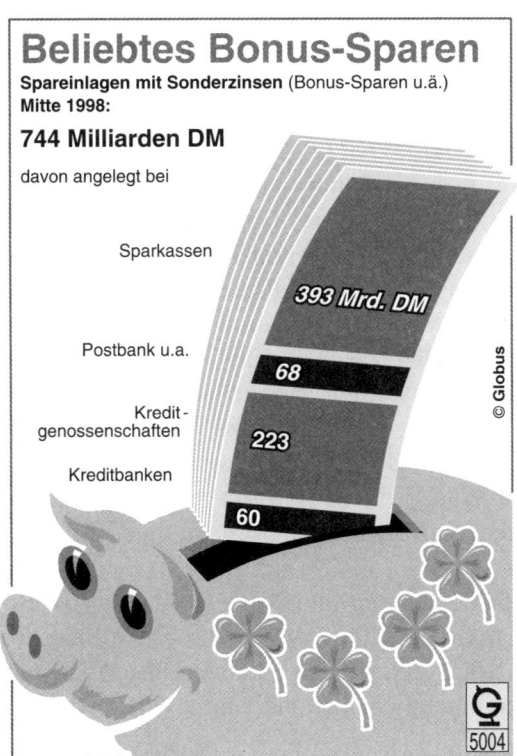

Beliebtes Bonus-Sparen
Spareinlagen mit Sonderzinsen (Bonus-Sparen u.ä.)
Mitte 1998:
744 Milliarden DM
davon angelegt bei
Sparkassen — 393 Mrd. DM
Postbank u.a. — 68
Kreditgenossenschaften — 223
Kreditbanken — 60
© Globus

FESTGELDER

Unter diesem Begriff verstehen wir die Anlage einer bestimmten Summe für eine bestimmte Dauer und zu einem bestimmten, festgeschriebenen Zinssatz.

Bei Festgeldern (auch Termingelder genannt) geht es jedoch um eine Einmalanlagesumme von mindestens 10.000 Mark (bei manchen Banken ab 5.000 DM). Die Laufzeit reicht von 30 Tagen bis zu einem Jahr.

Meine Meinung:

Dies erachte ich ebenfalls als empfehlenswert, wenn die Zinskonditionen in Ordnung sind. Als hauptsächlichen Sinn sehe ich hierfür das kurzfristige „Parken" eines Betrages zu besseren Konditionen als bei den meisten anderen Bankangeboten. Festgelder sollten jedoch keine Daueranlage sein. Denn in niedrigen Zinszeiten ist die Rendite von Festgeldern ebenso bescheiden wie uninteressant.

Mein Tip hierzu:

In Wirtschaftszeitschriften wie zum Beispiel *FINANZtest* werden die unterschiedlichen Angebote von Festgeldkonditionen veröffentlicht. Sie werden feststellen, daß es hier eine sehr hohe Bandbreite von Konditionen gibt. Sie können und müssen vor jedem Abschluß mit Ihrer Bank verhandeln. Holen Sie sich die Konkurrenzangebote, selbst wenn Sie diese nur brauchen, um Ihre Hausbank zu „kitzeln".

FESTVERZINSLICHE WERTPAPIERE (RENTENPAPIERE)

Hierbei handelt es sich um mittel- oder langfristig angelegte Gelder mit unterschiedlicher Laufzeit. Dabei wird das Geld nicht der Bank selbst zur Verfügung gestellt, sondern Sie kaufen ein festverzinsliches Wertpapier. Wie der Name schon sagt, garantieren die Ausgeber dieser Papiere zum einen einen gleichbleibenden Zinssatz und zum anderen den Rückkauf des Wertpapiers zu einem bestimmten Endzeitpunkt und zum anfänglich bezahlten Kaufpreis. Da festverzinsliche Wertpapiere am Rentenmarkt gehandelt werden, sind jedoch Kursschwankungen während der Laufzeit möglich. (Übrigens: Der Sammelbegriff für festverzinsliche Wertpapiere heißt: „RENTEN". Dies hat also mit irgendwelchen Zahlungen im Altersruhestand nichts zu tun.) Wenn Sie also direkt vom Ausgeber ein Rentenpapier kaufen und es während der gesamten Laufzeit behalten, können Ihnen die Schwankungen am Rentenmarkt völlig egal sein.

Ausgeber von Rentenpapieren sind Bund, Bahn, Post, die Bundesländer und die Kommunen. Auch große Geschäftsbanken und große Industrieunternehmen können Anleihen ausgeben. Alle erfolgen zu einem festen Zinssatz und für eine festgelegte Laufzeit. Im eigentlichen Sinne sind somit festverzinsliche Wertpapiere allesamt „Anleihen".

Hier ein paar Beispiele:
Kommunalobligationen:
Hier ist Emittent die Gemeinde (Kommune). Diese Papiere werden jedoch ebenfalls von privaten Hypothekenbanken und von öffentlichen Banken wie Sparkassen aufgelegt und ausgegeben.

Bundesanleihen/Bundesobligationen:
Hier steht der Staat selbst für die Rückzahlung des Geldes gerade.

Bankschuldverschreibungen:
Papiere von Groß- und Geschäftsbanken.

Pfandbriefe:
Papiere von Hypothekenbanken, die durch die Eintragung deren Grundpfandrechte abgesichert sind.

Industrieanleihen:
Das entsprechende Industrieunternehmen steht hierbei gerade. Diese Art von Renten spielte in den letzten Jahren eine eher untergeordnete Rolle, wobei diese Anlageart momentan wieder mehr in Mode kommt. Diese Anleiheform wurde vor ein paar Jahren weitgehendst von der Aktie verdrängt. Doch hierzu später mehr.

Die Stückelung all dieser Wertpapiere kann bei 100, 1.000, 5.000, 10.000 DM und höher liegen. Was ist nun aber der Vorteil beim Kauf von festverzinslichen Wertpapieren gegenüber der Anlage in Festgelder? Nun, zum Einen liegt der Vorteil in einer um ca. 2 % besseren Rendite und zum anderen darin, daß Sie Ihre Rentenpapiere während der Laufzeit jederzeit verkaufen können.
Meine Meinung:
Hierzu ist noch folgendes anzumerken:
Wenn der Zinssatz Ihres Rentenpapieres höher ist, als das allgemeine Zinsniveau, dann besitzen Sie doch ein sehr interessantes Papier. Aus diesem Grund haben Sie dann die Chance, diese Renten am Markt evtl. zu einem besseren Kurs zu verkaufen, als Sie selbst bezahlt haben. Wenn jedoch das allgemeine Zinsniveau steigt, dann verliert Ihr relativ niedrig verzinstes Papier an Attraktivität. Wenn Sie nun, aus welchem Grund auch immer, während der Laufzeit verkaufen müssen, dann in der Regel mit Verlust. Es ist also nicht so, wie viele meinen, daß man mit festverzinslichen Wertpapieren kein Risiko eingeht. Das stimmt nur, wenn Sie das Papier bei Ausgabe kaufen und zum Ende der Laufzeit zurückgeben und ... der

Emittent zurückkaufen kann (was in der Regel der Fall ist, der Vollständigkeit halber jedoch genannt wird.)

Fazit:

Festverzinsliche Wertpapiere sind sicher. Sie sind interessant, wenn Sie mit guten Zinsen ausgestattet sind, also in einem Zinshoch vom Emittent gekauft wurden und wenn Sie nicht vorzeitig verkaufen müssen/wollen. Es handelt sich hierbei jedoch ebenfalls um eine Geldwertanlage und nicht um Sachwert.

BUNDESSCHATZBRIEFE

Hierbei handelt es sich um eine Wertpapierform, deren Namen viele Menschen schon oft gehört haben, aber dennoch nicht so recht etwas damit anfangen können. Aus diesem Grund möchte ich Ihnen diese Sparform gesondert vorstellen.

Wie der Name schon sagt, ist der Herausgeber von Bundesschatzbriefen der Bund selbst, also der Staat. Ich denke, daß wir hierbei schon von einer sehr sicheren Anlage sprechen können. Auch diese Papiere werden von den Banken gehandelt. Doch es gibt zu den anderen Rentenpapieren folgende gravierende Unterschiede:

Die Stückelung der „Bundesschätzchen" beginnt bereits bei 50 oder 100 Mark. Dadurch ist diese Anlageform von jedem erschwinglich. Außerdem sind die Banken gesetzlich verpflichtet, Ankauf und Verkauf dieser Papiere für den Anleger kostenlos, das heißt ohne Berechnung von Spesen abzuwickeln. Nur für die Depotverwaltung dürfen Gebühren erhoben werden. Die Berater verschweigen aus diesem Grund gar zu gerne die Möglichkeit des kostenlosen Depotkontos bei der Bundesschuldenverwaltung in Bad Homburg.

Die Laufzeit dieser Papiere beträgt sechs oder sieben Jahre, und sie bieten während der Laufzeit steigende Zinssätze. Ausgegeben werden zwei verschiedene Bundesschatzbriefe:

Typ A und Typ B.

Als erstes die Erklärung von Typ A:

Die Laufzeit beträgt 6 Jahre, die Zinsen werden jährlich ausgeschüttet und die Stückelung beträgt 100 Mark pro Papier. Das war's schon.

Nun zu Typ B:

Hier beträgt die Laufzeit 7 Jahre, die Zinsen werden nicht ausgeschüttet, sondern mit Zinseszinseffekt wieder angelegt, somit angesammelt und erst zum Schluß ausbezahlt. Die Stückelung beträgt beim Typ B nur 50 Mark.

Typ B schneidet aufgrund des Zinseszinseffektes bei der Rendite stets etwas besser ab als Typ A. Wer über 20 Jahre lang jeweils zum Jahresanfang 1.000 Mark in Bundesschatzbriefe des Typs B investierte, kam in der Vergangenheit auf eine Durchschnittsrendite von 7,32 Prozent – deutlich mehr als bei den meisten Lebensversicherungen. Die aktuellen Serien mit dem niedrigsten Zins aller Zeiten werfen in der Endabrechnung allerdings nur rund 5 % ab.

Steigt das Zinsniveau, kann der Anleger seinen größten Trumpf ausspielen: das eingebaute Umtauschrecht (Verfügbarkeit!). Er kann seine Briefe dann einfach in besserverzinste umtauschen. Die aktuellen Konditionen stehen in der Zeitung.

Wenn Ihnen die Laufzeiten nun doch relativ lang erscheinen, sei noch folgendes angemerkt. Sie können die Bundesschatzbriefe ohne Verluste nach einer Sperrfrist von nur einem Jahr schon wieder zurückgeben. Die Bank ist zur (kostenlosen) Rücknahme verpflichtet. Jedoch darf der Rückgabebetrag pro Person nur maximal 10.000 DM innerhalb von 30 Zinstagen sein. Mehr können Sie nicht auf einmal zurückgeben. Diese Rückgabemöglichkeit ist auch der Grund dafür, daß der Anleger in jedem Jahr einen besseren Zinssatz erhält um ihn „bei der Stange" zu halten.

Meine Meinung:

Ich halte Bundesschatzbriefe für eine durchaus empfehlenswerte Kapitalanlage für sehr sicherheitsbewußte Anleger. Ich möchte allerdings darauf hinweisen, daß Zinsen steuerlich als „Einkünfte aus Kapitalvermögen" gelten und versteuert werden müssen, wenn der Gesamtbetrag aller Zinseinkünfte eines Jahres den Sparerfreibetrag übersteigt. (Dies ist beim Sparbuch übrigens genauso.)

Wie Sie sicher gemerkt haben, handelt es sich bei den beiden zuletzt erläuterten Positionen (Renten und Bundesschätze) nicht direkt um Anlagen bei der Bank. Ich habe diese Anlageformen dennoch unter der Überschrift „Banken" aufgeführt, denn diese Papiere werden von Banken gehandelt. Ob Sie auch von Banken unbedingt im Gespräch angeboten werden, ist eine andere Sache.

Zusammenfassend zum Thema „Sparen und Anlegen bei Banken" möchte ich Ihnen nun folgende Tips geben:

Fragen Sie Ihren Banker doch einmal nach den verschiedenen Spar- oder Anlageformen, deren Laufzeiten, Kündigungsmöglichkeiten, Zinskonditionen, Zinsveränderungen während der Laufzeit, Bundesschatzbriefe und andere Anleihen.

Meinen Sie nicht auch, daß manche dieser Anlagen für viele Kunden besser geeignet wären, als das berühmte Sparbuch?

Ich habe manchmal folgenden Eindruck:

Viele Banker wissen wenig von vielen Produkten, die sie nicht anbieten, und die meisten Kunden haben keine Ahnung, nach was sie fragen sollen. Was soll da besser werden. Vor diesem Hintergrund möchte ich Sie bitten, sich noch einmal folgende Zahlen vor Augen zu halten:

Über 20 % des Vermögens aller privaten Haushalte liegt auf den Sparbüchern!

Wissen Sie, was ich mir gerade überlegt habe?

Was würde wohl passieren, wenn alle Bundesbürger dieses Buch lesen würden???

GELD VERDIENT GELD

Nun möchte ich Ihnen anhand von zwei Schaubildern einmal verdeutlichen, welche Früchte die verschiedenen Sparformen, die in Deutschland genutzt werden, im Verlaufe der letzten Jahre gebracht haben.

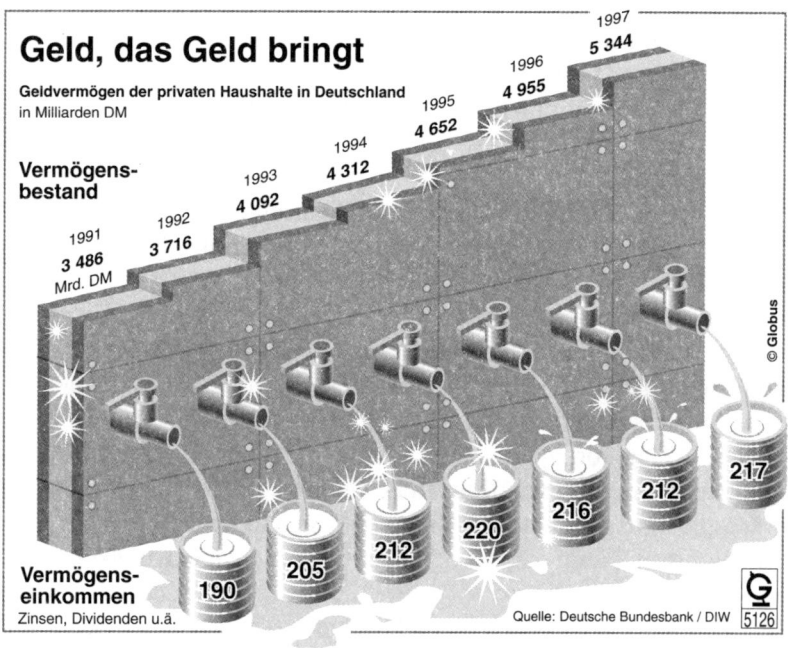

Bemerkenswert an dieser Grafik ist folgendes:

Während im Jahre 1991 ein Gesamtanlagekapital von 3.486 Milliarden Mark ein Ergebnis von 190 Milliarden Mark erwirtschaftete, was einem durchschnittlichen Zins von 5,5 % entsprach, erzielte im Jahre 1997 das gesamt angelegte Kapital in Höhe von 5.344 Milliarden nur noch 217 Milliarden Mark. Dies entspricht einer Durchschnittsrendite von nur noch 4,1 %. In welche Bereiche diese

5.344 Milliarden Mark angelegt wurden, werde ich Ihnen im Thema „Geldwert – Sachwert" noch genauer verdeutlichen.

FRÜCHTE DES SPARENS

Anlehnend an die bereits besprochenen Themen wie zum Beispiel „Festverzinsliche Wertpapiere" und das Gesamtergebnis von 217 Milliarden aus verschiedenen Anlagen im Jahre 1997 sei hier nun die Aufteilung dieses Ergebnisses auf die einzelnen Quellen dargestellt:

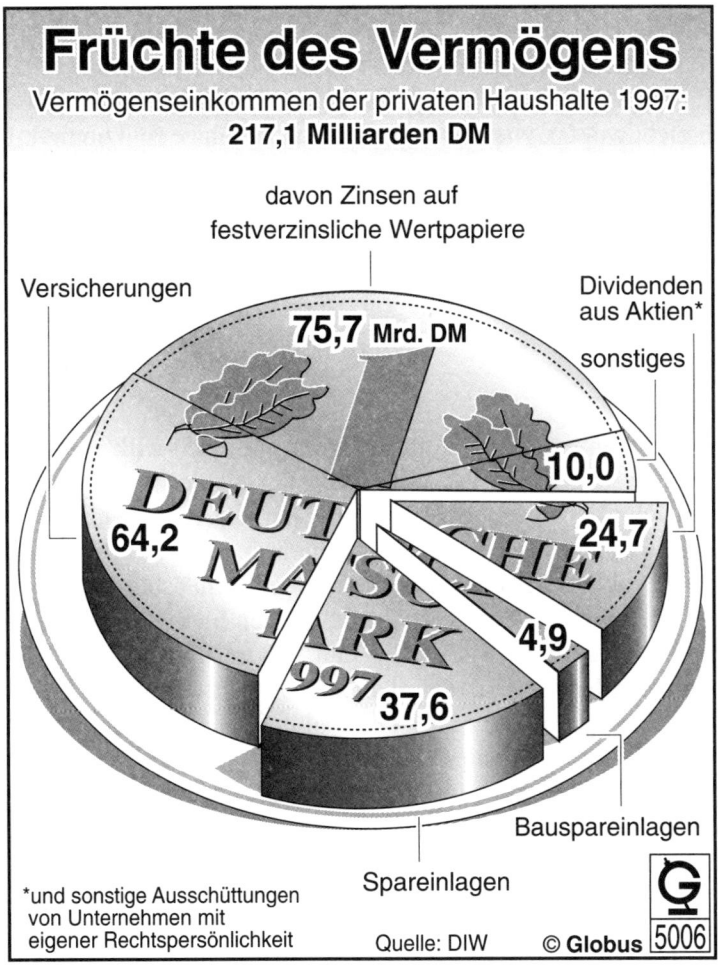

Rein rechnerisch hat also im Jahr 1997 der durchschnittliche bundesdeutsche Haushalt Zins- und Dividendeneinkünfte erzielt in Höhe von 5.600 Mark.

Lieber Leser, gehören Sie auch dazu?

Vielleicht ist Ihnen an dieser Grafik aufgefallen, daß, obwohl die Aktie in Deutschlands Privathaushalten noch ein Schattendasein führt, sie doch schon an vierter Stelle liegt, was das Resultat anbelangt. Wenn wir uns nun noch vor Augen halten, daß nur ca. 8,6 % der privat investierten Anlagegelder in Aktien angelegt sind, macht dies die Effizienz dieser Anlageart deutlich. Doch warum sind nur 8,6 % in dieser Anlageart?

Ich sage Ihnen meine Meinung: Die meisten Deutschen wissen von der Aktie nur soviel, daß sie eine sehr spekulative Sache ist, mehr nicht. Dies kann auch nicht ohne weiteres dementiert werden. Doch ich glaube, daß die meisten Privatanleger sich noch nie mit dem Thema „Aktie" auseinandergesetzt haben und aus diesem Grund auch nicht wissen, wie diese Art der Kapitalanlage funktioniert. Um jedoch entscheiden zu können, ob und in welcher Höhe man in eine Kapitalanlage einsteigen soll, sollte man doch zumindest wissen, welche Möglichkeiten es gibt und wie diese funktionieren. Finden Sie nicht auch?

Aus diesem Grund möchte ich Ihnen nun das System der Aktie näher bringen und Sie werden überrascht sein, wie einfach es ist. Man muß es nur wissen.

DIE AKTIE

„Wer gut schlafen will, kauft Anleihen, wer gut essen will, kauft Aktien". Mit diesem berühmten Ausspruch hat kein geringerer als der gleichnamige Sohn des oben zitierten John D. Rockefeller den Nagel auf den Kopf getroffen.

Bevor wir zu den Investmentfonds kommen, möchte ich Ihnen nun die erste Sachwertanlage vorstellen: Die Aktie. Die meisten Bundesbürger wissen über eine Aktie nicht mehr und nicht weniger, als daß es sich hierbei um reine Spekulation und um entsprechende hohe Risiken handelt. Ich behaupte, daß auch genau dies von den Institutionellen suggeriert wird, damit das Geld der Anleger im Haus bleibt.

Ich möchte Ihnen jedoch zumindest einmal in fachlicher Hinsicht erklären, was eine Aktie ist, wie Sie funktioniert, welche Chancen und Risiken eine Aktie beinhaltet. Vor allem aber möchte ich Ihnen vorstellen, welche Möglichkeiten es gibt, die Chancen der Aktienanlage zu erhöhen und die Risiken zu verringern. Ich bin sicher, daß dies für Sie ein sehr aufschlußreiches und vor allem spannendes Kapitel sein wird.

Sind Sie bereit? Gut, dann herzlich willkommen in der Welt der Aktie.

Was sind Aktien?

Aktien sind verbriefte Beteiligungen am Grundkapital einer Aktiengesellschaft (AG). Mit einer Aktie werden Sie Aktionär, also Miteigentümer einer AG. Es handelt sich hierbei um eine echte unternehmerische Beteiligung, denn das Aktienkapital wird Eigenkapital der AG und Sie sind ist an der wirtschaftlichen Entwicklung der AG beteiligt.

Woher kommt das System der Aktie?

Das ist sehr schnell erklärt. Die meisten großen Unternehmen der Welt hätten nicht aufgebaut werden können ohne das System der Aktie. Viele „Geldgeber", also Aktionäre, geben einem Unternehmen Geld und wollen als Miteigentümer unternehmerische Gewinne erzielen, ohne sich unbedingt gleich mit dem eigentlichen Geschäftsfeld dieses Unternehmens auskennen zu müssen.

Wie kann ein Aktionär seinen Eigentumsanteil feststellen?

Wenn nun also ein Aktionär sein Geld zur Verfügung stellt, will er doch wissen, zu wieviel Prozent oder zu welchem Anteil er im Vergleich zu allen anderen Aktionären an der AG beteiligt ist. Aus diesem Grund gibt es in der AG eine feste Rechengröße, nämlich das sogenannte Grundkapital oder auch Stammkapital genannt. Auf der Aktie selbst ist ein Wert aufgedruckt, den mir die Aktie nennt, also der Nennwert. Bis vor wenigen Jahren war ein Nennwert von 50 Mark in Deutschland üblich. Schon an der Tatsache, das so gut wie alle AGs einen Nennwert von 50 Mark auf ihren Aktien hatten, erkennen Sie, daß dieser Wert mit dem tatsächlichen Wert nichts zu tun hat. Dem ist auch so. Um aber das Beteiligungsverhältnis eines Aktionärs feststellen zu können, brauchen wir den Nennwert. Und jetzt die wichtige Erklärung: Die Summe der Nennwerte aller Aktien einer AG ergibt die Summe des Stammkapitals. Sie brauchen also nur die Nennwerte der in Ihrem Eigentum befindlichen Aktien zusammenzählen und ins Verhältnis zum Stammkapital der Gesellschaft setzen, und Sie wissen, zu welchem Anteil Ihnen die AG gehört.

Durch das Finanzmarktförderungsgesetz von 1994 wurde erlaubt, die Nennwerte von Aktien auf 5 Mark herabzusetzen. An der Gesamtsumme der Nennwerte Ihrer Aktien ändert sich dadurch jedoch nichts, denn Sie könnten Ihre „50-Mark-Nennwert-Aktien" auch umtauschen in die 10-fache Anzahl von „5-Mark-Aktien".

Was sind Dividenden?

Sie sind also zu Ihrem Anteil an der AG beteiligt.

Dies ist zum einen wichtig für das Stimmrecht und zu anderen für die Verteilung der unternehmerischen Gewinne. Diese nennt man im Fachausdruck „Dividende". Die AG ist jedoch nicht verpflichtet, den gesamten Gewinn in Form von Dividendenzahlungen an die Aktionäre auszuschütten. Es dürfen bis zu 50 % des erwirtschafteten Gewinnes den betrieblichen Rücklagen zugeführt werden. Da der Aktionär jedoch Eigentümer der AG ist, gehört ihm letztlich auch diese Rücklage. Die Dividende, die ausgeschüttet wird, nennt man „Bardividende".

Aktienkapital ist ewiges Kapital!

Diese Aussage ist richtig. Ein Aktionär kann also nie zur Aktiengesellschaft gehen und verlangen, die Aktien zurückzugeben um „sein" Geld wieder zu erhalten. Die Gesellschaft kann, wenn sie will, Aktien zurückkaufen, ist jedoch hierzu nicht verpflichtet.

Dies werden Sie auch aufgrund der Natur der Sache verstehen. Wenn dem nämlich nicht so wäre, wäre jede Aktiengesellschaft auf Gedeih und Verderb der Willkür der Aktionäre ausgeliefert. Stellen Sie sich einmal vor, eine negative Meinung über die Gesellschaft würde in Umlauf gebracht werden. Wenn nun die Aktionäre das investierte Kapital von der Aktiengesellschaft zurückverlangen könnten, wäre jede Aktiengesellschaft in kürzester Zeit zahlungsunfähig. Also wäre somit das ganze System der Aktie in sich ein Widerspruch. Nun könnte doch der Aktionär sagen: „Wenn ich nie die Möglichkeit habe, meine Aktien zurückzugeben, also wieder an mein Geld zu kommen, dann kaufe ich doch keine Aktien", ... und wieder wäre das System der Aktie nicht durchführbar. Aus diesem Grund mußte eine Möglichkeit für die Aktionäre geschaffen werden, ihre Aktien wieder zu veräußern. Dies aber nicht an die Aktiengesellschaft selbst, sondern an einen neuen bzw. weiteren Aktionär, der bereit ist, den Preis für diese Aktie zu bezahlen.

Die Börse

Den „Markt", bei dem Aktienverkäufer und Aktienkäufer zusammentreffen, nennt man „Börse". Hier werden bestimmte Aktien zu einem bestimmten Preis zum Kauf angeboten. Es werden aber auch Aktien zu einem bestimmten Preis zum Verkauf angeboten.

Was bedeutet „Kurswert"?

Der Kurswert einer Aktie ist der Wert, zu dem Sie die Aktie einer Gesellschaft kaufen können. Der Kurswert ergibt sich aus Angebot und Nachfrage.

Sie sehen also: Der Nennwert einer Aktie ist nur wichtig im Verhältnis zwischen dem Aktionär und der Aktiengesellschaft selbst und hat mit dem Preis (Kurswert) der Aktie nichts zu tun.

Wie läuft ein Aktienkauf in der Praxis ab?

Aktien werden über Banken bestellt (geordert). Das heißt, Sie geben der Bank einen Kaufauftrag (Kauforder), **wieviele** von **welcher** Aktie Sie zu **welchem** Preis kaufen wollen. Wenn nun an der Börse diese Aktie zu diesem Preis angeboten wird, erhalten Sie Ihre Aktien.

Wie muß man sich eine Aktie vorstellen?

Eine Aktie besteht aus zwei Teilen.

Der erste Teil ist die Aktie selbst, im Fachausdruck auch „Mantel" genannt.

Der zweite Teil ist der Kuponbogen oder auch nur kurz „Bogen" genannt. Dieser Bogen besteht aus 20 kleinen, von 1 bis 20 numerierten Kupons. Wenn nun zum Beispiel die Dividende von der Aktiengesellschaft ausbezahlt wird, kann die AG selbst nicht wissen, wer momentan wieviel der Aktien besitzt. Aus diesem Grund müssen die Aktionäre selbst den Besitz von Aktien dadurch nachweisen, daß Sie nun einen kleinen Kupon vom Bogen abschneiden und an die Aktiengesellschaft senden. Also erhält der Aktionär pro eingesendetem Kupon den Bardividendenbetrag, der pro Aktie ausgeschüttet wird. Wenn nun im Laufe der Zeit alle Kupons abgeschnitten und eingereicht wurden, kann der Aktionär wieder einen neuen, vollständigen Kuponbogen anfordern. Dies geschieht mit dem sogenannten Erneuerungsschein. Dies ist ein schmaler Streifen am unteren Ende des Bogens, der übrig bleibt, wenn alle Kupons abgeschnitten wurden. Diesen Erneuerungsschein nennt man im Fachausdruck „Talon".

In der Praxis macht dies jedoch nicht der Aktionär selbst, sondern die Bank, bei der die Aktien „deponiert" sind (also im Depot liegen). Die Bank ist verpflichtet, sich um die Anforderung der Dividenden sowie um alle sonstigen Abwicklungen zu kümmern.

Dies soll an dieser Stelle als Grundwissen zum Thema „Aktien" genügen.

Meine Meinung:

Ich bin ein Fan von Aktien, denn mit einer Aktie gehört Ihnen eine Aktiengesellschaft mit allem was sie hat, also **auch mit den stillen Reserven**. Aus diesem Grund gehört die Aktie in den Bereich Sachwerte. Das wissen viele Menschen nicht.

Ich möchte jedoch nicht den Eindruck erwecken, daß ich die Aktie für eine empfehlenswerte Kapitalanlage für jedermann ansehe. Nein, ganz im Gegenteil. Denn mit einer Aktie gehen Sie auch ein mehr oder weniger großes Risiko ein, daß sich die Kurse nicht nach oben, sondern nach unten bewegen. Aus diesem Grund würde ich Ihnen, wenn Sie sich für Aktien näher interessieren, zwei Dinge empfehlen:

1. Setzen Sie bei Aktien nie auf nur eine Karte, sondern lassen Sie mehrere verschiedene Aktien ordern. Nicht nur verschiedene Aktiengesellschaften, sondern auch verschiedene Branchen und verschiedene Länder. Dieses Prinzip nennt man „Risikostreuung".

2. Aktien sind eine eher langfristige Kapitalanlage. Wenn Sie mit Aktien kurzfristig spekulieren wollen, müssen Sie sich auskennen und tagtäglichen den "Daumen am Puls" haben.

Wenn Sie also mehrere verschiedene Papiere in Ihrem Depot haben und diese über einen längeren Zeitraum liegen lassen, dann haben Sie schon viel für die Sicherheit und Rendite dieser Anlageform getan.

An dieser Stelle möchte ich Sie noch einmal an das Thema „stille Reserven" der Lebensversicherungsgesellschaften erinnern. Die stillen Reserven gehören also nicht den Versicherten, sondern den Aktionären. Nun können Sie auch verstehen, warum aus 200 Mark monatlich über 25 Jahre in einer Lebensversicherung angelegt nur 137.326 DM wurden, während mit Aktien derselben Gesellschaft 752.220 DM erreicht worden wären.

Die Preise und Werte aller Firmen rund um den Globus steigen ständig, durchschnittlich betrachtet. Ob es nun um Autos, Lebensmittel, Bekleidung, Energieerzeugung, Chemie, Rohstoffe, Handel, Dienstleistung, Umwelt, Gesundheit oder oder ... geht, wir werden in der Zukunft andere, nämlich höhere Preise für Material und Stundensätze haben als heute. Damit steigen durchschnittlich die Ertragswerte und somit auch der Wert der Aktiengesellschaften, also deren Aktien. Diese Prognose und der Blick in die Vergangenheit haben mich zu einem absoluten Fan des nächsten Produktes gemacht.

Übrigens: Deutschland ist, was das Interesse der Bürger an Aktien anbelangt, eher ein Entwicklungsland. In Frankreich investieren rund 18 % der Menschen ihre privaten Ersparnisse in Aktien, rund 24 % der Briten und rund 26 % der Amerikaner. Mit ca. 7 % liegt der Deutsche weit dahinter. Für mich ist dies das Ergebnis der deutschen Informationspolitik. Ausgerechnet in einem Land, in dem im 20. Jahrhundert zweimal das Geld seinen Wert verloren hat, setzen die Menschen wieder auf Geldwerte. Wie es in Amerika bereits in den ersten Schuljahren Börsenspiele und Aktienunterricht gibt, so gibt es in Deutschland immer im Herbst den großen Weltspartag, bei dem die Kinder ihre ersparten Groschen auf das Sparbuch bringen. Meiner Meinung nach ist das reine Politik.

Doch kommen wir nun zu meinem Lieblingsthema:

INVESTMENTFONDS

Was sind Investmentfonds?

Bei einem Investmentfonds werden die Gelder einer großen Anzahl von Anlegern in einem gemeinsamen Topf (kurz Fonds genannt) gesammelt und dann in verschiedene Aktien, festverzinsliche Wertpapiere und/oder Immobilien angelegt. Die Anleger kaufen nicht direkt diese Aktien oder andere Werte, sondern erhalten sogenannte Fonds-Anteilscheine oder Investmentzertifikate. Sie sind also mit diesen Anteilscheinen anteilig am Gesamtfondsvermögen beteiligt.

Welche Investmentfondsarten gibt es?

Nun, dies ist ein sehr weit gefächertes Feld. Hierzu folgende Beispiele:

Aktienfonds: Bei diesen Fonds werden ausschließlich oder hauptsächlich Aktien gekauft. Es handelt sich somit um Sachwerte.

Rentenfonds: Hier wird überwiegend oder ausschließlich in Rentenpapiere angelegt. Hierbei geht es also um Geldwerte.

Immobilienfonds: Mit dem angelegten Kapital der Kunden werden Immobilien oder Immobilienbeteiligungen erworben. Bereich Sachwert.

Geographische Unterscheidungen

Bei den oben genannten Fonds kann man zusätzlich noch geographische Schwerpunkte setzten, wie zum Beispiel Deutschland, Europa, Welt, Asien, Lateinamerika und so weiter.

Themenfonds

Hierbei gibt es zum Beispiel die Bereiche Technologie, Gesundheitswesen, Umweltschutz oder Aktien von Firmen, bei denen vorwiegend junge Menschen einkaufen (Fast Food, Mode, Unterhaltung usw.) und andere. Oder man möchte aus einem geographischen Gebiet nur Aktien der größten Aktiengesellschaften in einem Fonds haben. Oder man konzentriert sich auf sogenannte Schwellenländer, bei denen sich die Wirtschaft noch stark im Aufbau befindet.

Der Phantasie sind hierbei keine Grenzen gesetzt.

Die Idee der Investmentfonds ist so einfach wie überzeugend. Anleger, denen die Direktanlage am Aktienmarkt zu risikoreich ist, das nötige Kleingeld für den Einstieg am Immobilienmarkt oder zur breiten Streuung des Vermögens über verschiedene Wertpapiermärkte fehlt oder denen es schlicht an Zeit oder Know-how mangelt, sich selbst um die Kapitalanlage zu kümmern, schließen sich mit anderen zusammen, die das gleiche Problem haben. Spezialisten übernehmen die Verwaltung der angesammelten Gelder. Durch die Ansammlung genießen Kleinanleger ein professionelles Fondsmanagement, das sonst nur Großanlegern vorbehalten bliebe.

Meine Meinung:

Wie Sie schon festgestellt haben, bin ich ein Fan von Investmentfonds. Jedoch handelt es sich bei Aktienfonds um eine Anlage mit erheblichen Kursschwankungen. Aus diesem Grund sehe ich Aktienfonds als eine eher langfristige Kapitalanlage an. Durch die große Streuung wird das Risiko minimiert. Rentenfonds haben weniger starke Kursschwankungen und sind somit auch sicherer. Jedoch ist die langfristige Rendite der Rentenfonds in der Vergangenheit geringer als die der Aktienfonds. In der Regel verlangen Investmentgesellschaften beim Kauf der Anteile sogenannte Ausgabeaufschläge. Diese liegen im Bereich von 5 bis 7 %. Aus diesem Grund sollten Sie sich die Höhe der Ausgabeaufschläge Ihres Angebotes anschauen. Bitte bedenken Sie, daß Erfolgsstories aus der Vergangenheit nicht zukünftig zu erwartenden Ergebnissen gleichgesetzt werden dürfen.

Mein Tip:

Wenn Sie in Aktienfonds investieren wollen, dann rate ich Ihnen zu dem, was wir auch unseren Kunden teilweise raten: Investieren Sie in einen Dachfonds. Das bedeutet, daß dieser Dachfonds seinerseits das angelegte Geld in viele verschiedene Investmentgesellschaften und somit in unzählig viele Fonds investiert. Einen Teil des Kapitals würde ich weltweit in die erfolgreichsten Fonds der Vergangenheit investieren, einen Teil in festverzinsliche Papiere und wenn Sie wollen, noch ein Themenfonds dazu.

Ein Tip aus der Praxis:

Wenn Sie beispielsweise 10 Jahre lang monatlich 200 Mark in einen Investmentfonds mit zum Beispiel 5 % Ausgabeaufschlag bezahlt haben, dann wurden bei monatlich 10 DM insgesamt 1.200 Mark bezahlt. Wenn Sie danach das gesamte Kapital inklusive dessen Wertzuwachs in einen anderen Fonds umschichten wollen, handelt es sich hierbei um eine Einmalanlage. Auf diese Einmalanlage bezahlen Sie wieder beim nächsten Fonds den vollen Ausgabeaufschlag. Wenn Sie also mehrmals den Fonds wechselnd wollen, bezahlen Sie den Ausgabeaufschlag eigentlich für das gleiche Geld immer wieder.

Es gibt heute Angebote auf dem Markt, wie zum Beispiel einige unserer Angebote aus dem Investmentbereich, bei denen bezahlen Sie keinen Ausgabeaufschlag, können Ihre Anlagestrategie und Dauer frei wählen und während der Laufzeit von einem Fonds zum anderen einer völlig anderen Investmentgesellschaft springen, so wie Sie es wünschen. Ebenso werden diese Fonds immer mehr von Banken als Tilgungsinstrument angenommen. Auch steuerlich ist diese Produktpalette interessant, denn Kursgewinne aus den Investmentfonds sind weitgehend steuerfrei.

Dieses letzte Thema gehört eigentlich nicht in den Bereich der Bankenprodukte, denn das wäre den Banken fast zuviel geschmeichelt. Denn viel zu selten werden den Kunden von den Banken Investmentfonds angeboten. Ich kenne unzählige Fälle, bei denen die Banker unserer Kunden nicht einmal die Namen der größten Investmentgesellschaften weltweit gekannt haben. Wie sollen sie deren Produkte ihren Kunden dann anbieten? Wenn ein Investmentfonds gekannt wird, dann meistens dem Namen nach der hauseigene. Investmentgesellschaften unterliegen in Deutschland einer strengen staatlichen Kontrolle und müssen auch durch das Bundesaufsichtsamt für Kreditwesen (BAKred) genehmigt werden.

DARLEHEN
Wenn wir bei der Erklärung von Bankprodukten sind, darf das Gegenteil vom Geldanlegen, nämlich das Aufnehmen von Darlehen nicht fehlen.
Wichtigstes Kriterium ist hierbei die Besicherung.
Man unterscheidet hierbei zwei grundsätzlich verschiedene Bereiche:

Der sogenannte „Personalkredit":
Hier bietet die *Bonität der Person* die Sicherheit und nicht das zu finanzierende Objekt. Wenn ein sehr betuchter Kunde sich einen Kindheitstraum erfüllen will, eine Weltreise machen will und dafür ein Darlehen aufnehmen will, dann entscheidet die Bonität der Person für die Darlehensausgabe.

Den zweiten Bereich nennt man „Realkredit":
Hier wird das Darlehen mit einer reellen Sache wie zum Beispiel einem Haus oder einem Grundstück besichert. Grundschuldbesicherte Darlehen bergen für die Bank weniger Risiken. Aus diesem Grund sind diese Darlehen auch zinsgünstiger.
Auf die Bereiche der Besicherung und die Erläuterung von Kontokorrentrahmen bin ich bereits eingegangen. Was aber im Zusammenhang mit Darlehen noch wichtig ist, sind einige Rahmenerklärungen.

Was heißt „Effektivzins" und was „Nominalzins" und wie hängen diese zusammen?
Stellen Sie sich vor, Sie würden ein Darlehen in Höhe von 100.000 Mark auf-

nehmen und müßten 6 % Zinsen pro Jahr bezahlen. In diesem Falle würden Sie in einem Kalenderjahr 6.000 DM bezahlen. Wenn nun die Bank noch Bearbeitungsgebühren, Schätzungsgebühren oder sonstige Kosten verlangt, erhöht dies den Betrag, den Sie **effektiv** an die Bank bezahlen müssen.

Doch selbst wenn keinerlei Gebühren verlangt werden sollten, gibt es dennoch einen Unterschied. Meistens ist der Effektivzins um ca. 0,2 % höher als der Nominalzins. Das hat folgenden Hintergrund. Kommen wir noch einmal auf das oben beschriebene Beispiel zurück.

Und jetzt aufgepaßt:

Wenn Sie von der Bank ohne Gebühren am 01. Januar ein Darlehen von 100.000 Mark erhielten und müßten erst am 31. Dezember dieses Jahres die 6 %, also 6.000 Mark bezahlen, dann gäbe es keinen Unterschied zwischen Nominalzinssatz und Effektivzinssatz.

Nominal ist das, was Sie wirklich an Zins bezahlen müssen.

Dadurch aber, daß Sie bereits Ende Januar die ersten 500 Mark Zins (6.000 : 12) bezahlen müssen, können Sie diese 500 Mark 11 Monate lang nicht mehr anderweitig gewinnbringend anlegen. Die 500 Mark vom Ende des Februars bringen Ihnen 10 Monate lang nichts mehr und so weiter. Nach der Preisangabenverordnung sind die Banken verpflichtet worden, diesen gesamten Zinsnachteil zu beziffern. Dadurch entsteht diese Differenz zwischen dem Nominalzinssatz und dem Effektivzinssatz.

FAZIT

Wie ist also insgesamt über Bankprodukte zu urteilen? Unterschiedlich! Erstaunlich ist, wieviel Gelder immer noch in das gute alte Sparbuch wandern. Viel zu viel! Grundsätzlich sind die Renditen, auch bei den meisten anderen Bankprodukten, doch relativ bescheiden.

Alles in allem sind Bankiers also nach wie vor Profis darin, Geld zu vermehren. Es fragt sich nur, für wen.

Es geht also darum, Geld billig einzukaufen (= niedrigverzinsliche Produkte anzubieten) und Geld teuer zu verkaufen (= hochverzinsliche Produkte für sich selbst zu kaufen). Weiter bleibt festzuhalten, daß Banken von der Prämisse leben, daß das Geld der Kunden im Hause bleiben muß. Das heißt, es kommt nicht darauf an, dem Kunden unbedingt das beste Angebot zu unterbreiten, das es generell am Markt gibt, sondern es kommt darauf an, daß das Geld im eigenen Institut verbleibt. Nur dann kann die Bank selbstredend Geschäfte machen, nur dann mehrt sie das eigene Geschäftsvolumen.

Insofern darf man sich nicht wundern, wenn man auch im Rahmen der Banken oft regelrecht falsch beraten wird. Wenn Sie zu einer beliebigen Bank gehen und nach bestimmten Investmentfonds fragen, so wird Ihnen nicht selten zur Antwort gegeben, daß Sie davon die Hände wegnehmen sollten, das sei zu spekulativ. Die Wahrheit ist jedoch, daß ein guter Investmentfonds weit mehr Rendite im Durchschnitt erwirtschaftet, als die meisten Bankprodukte!

Soweit zu den Gepflogenheiten der Banken.

Der zweite Teil dieser Produktschulung dürfte vielleicht für Sie noch interessanter werden, denn in vielen Fällen betrifft Sie das Folgende ganz direkt und Sie werden konkreten Nutzen aus diesen Informationen ziehen können.

DIE PRODUKTE DER VERSICHERUNGSGESELLSCHAFTEN

Betrachten wir zunächst einmal in aller Kürze die wichtigsten Produkte, die im Rahmen von Versicherungsgesellschaften verkauft werden.

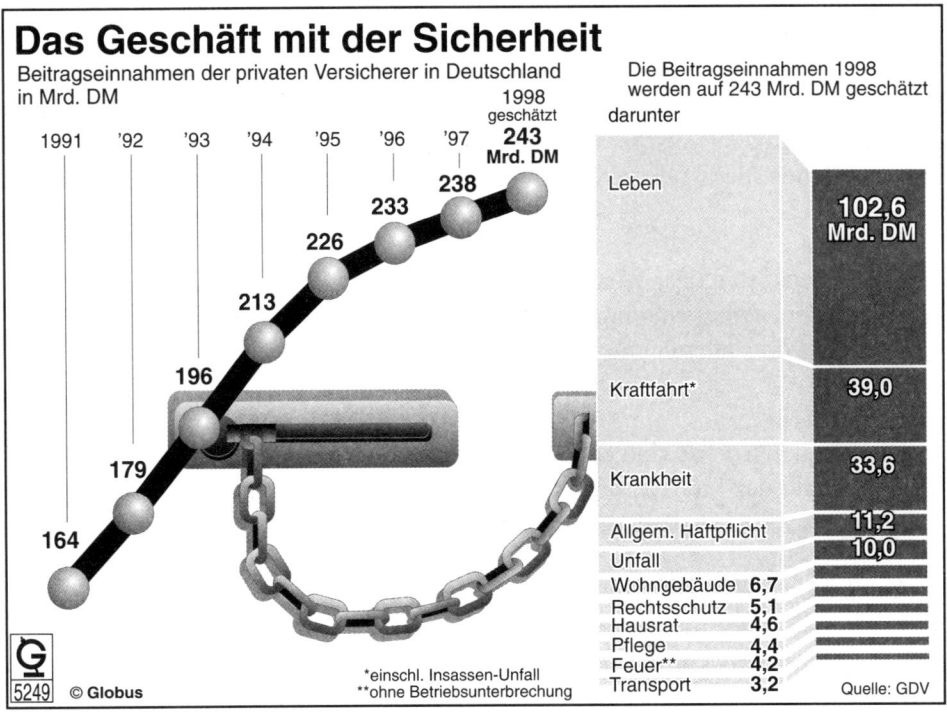

109

Wir sehen hieran, daß an erster Stelle die Kapitallebensversicherung steht. Obwohl wir schon gehörige Kritik an der klassischen Kapitallebensversicherung geübt haben, sei sie dennoch an dieser Stelle noch einmal intensiver behandelt – ganz einfach deshalb, weil es sich hierbei um ein Produkt handelt, dem wir immer und immer wieder bei unseren Kunden begegnen.

Es gibt mehr als einen Fachmann, der auf die Schwächen dieser Versicherung längst hingewiesen hat. Listen wir sie einmal auf:

Kritik Nr. 1:

Grundsätzlich kann sich kaum ein Kunde bei Abschluß des Vertrages ein klares Bild machen. Er muß die Katze im Sack kaufen. Die Transparenz fast aller klassischen Kapitallebensversicherungen ist gering.

(An dieser Stelle ein Wort an die Insider: Wie oft wird im Finanzbereich über die sogenannten „Blind Pool" negativ berichtet! Erklärung: Bei einem „Blind Pool" weiß der Anleger nicht oder zumindest nicht genau, wohin sein Geld wirklich wandert. Wenn es einen ganz typischen Blind Pool gibt, dann ist das für mich die Kapitallebensversicherung.)

Hat Ihnen Ihr Versicherungsvertreter oder die Gesellschaft schon einmal erklärt, in welche Bereiche und in welche Anlagen Ihr Geld investiert wird? Während der Vertragslaufzeit haben Sie weiter keinerlei Einblick über die Entwicklung Ihrer Kapitalanlage. Eine gute Kapitallebensversicherung von vornherein zu erkennen ist aufgrund des Kauderwelschs, sprich des komplizierten Vokabulars, für den Kunden also unmöglich. Selbst der Profi kann die Verträge nur selten wirklich verstehen.

Kritik Nr. 2:

Die Nebenkosten oder Weichkosten sind zu hoch. Bekanntermaßen entsteht bei der Kapitallebensversicherung deshalb nur sehr schleppend, etwa erst nach einer Laufzeit von drei Jahren, ein Guthaben, sprich Rückkaufswert.

Kritik Nr. 3:

Die Rückkaufswerte sind daher in den ersten Jahren sehr niedrig und erst ungefähr zur Mitte der Laufzeit entspricht das Guthaben den eingezahlten Beiträgen. Ein gutes Geschäft für den Versicherer!

Kritik Nr. 4:

Die Renditen der Kapitallebensversicherung sind generell schwach. Tatsächlich gibt es nur einige wenige Ausnahmen. 4 % werden zwar garantiert, (momentan wird darüber diskutiert, selbst diese Zahl zu senken) aber nur auf den Sparanteil des Beitrages! Offiziell wird gern mit 6 und 7 % Rendite geworben. Tatsächlich sind 5–6 % in 90 % aller Fälle die Regel.

Selbst die sogenannte Schlußüberschußbeteiligung, die der Kunde im letzten Jahr erhalten soll, der angeblich „große Schluck aus der Renditeflasche", ist bescheiden.

Ein weiterer Grund für die geringe Rendite: Deutsche Versicherungen dürfen – gesetzlich bedingt – nur zu einem geringen Teil in Aktien investieren, was das Ergebnis einschränkt. Noch ein wichtiger Grund: Der Kunde ist nicht an der tatsächlichen Wertentwicklung des mit seinem Geld angeschafften Vermögens beteiligt. Versicherungen hingegen bilden auf der Basis des deutschen Bilanzrechtes erhebliche stille Reserven, an denen der Versicherte jedoch nur im sehr seltenen Fall der Auflösung derartiger Reserven partizipieren kann. Ich habe darauf bereits mehrfach hingewiesen, doch es kann nicht oft genug gesagt werden!

Kritik Nr. 5:
Die prognostizierte Gesamtrendite ist immer unverbindlich. Die Prognosen, die vorgestellt werden, sind nett, aber nicht einklagbar. Im Nachhinein wird selten das gehalten, was vorher versprochen wurde. Vergleiche mit der Vergangenheit zeigen, daß die Zukunftsprognosen mancher Anbieter nicht im entferntesten eingetroffen sind.

Kritik Nr. 6:
Kapitallebensversicherungen sind üblicherweise auf Geldwertbasis aufgebaut. Die Vergangenheit hat indes eindeutig bewiesen, daß Geld inflationiert, also abgewertet wird, ja sogar völlig von der Bildfläche verschwinden kann. Wenn dies so weitergeht, kann sich jeder ausrechnen, welche Substanz die Mark oder der EURO nach 30 Jahren noch besitzen werden. Deutschland hatte in den letzten 20 Jahren vor der Währungsunion die geringste durchschnittliche Inflationsrate aller Währungsunionländer.[1] Insofern kann die europäische Währungsunion für den Lebensversicherungs-Besitzer ein Verlustgeschäft werden.

Kritik Nr. 7:
Wenig bekannt ist schließlich, daß dem Kunden nicht offengelegt wird, was mit den Gewinnen tatsächlich passiert. Ich möchte Ihnen hier einmal vorstellen, wie die Renditeberechnung bei Lebensversicherungen vonstatten geht: Es wird rückwärts gerechnet. Das heißt: Zuerst wird beschlossen, wieviel Rendite am Ende rauskommen darf und dann machen sich die Bilanzmathematiker daran, rückzurech-

---

[1] siehe auch Maximilian Rupp, Die Währungsunion, Idstein 1999[2]

nen, welche Möglichkeiten bestehen, den tatsächlichen Gewinn auf das gewünschte Niveau herunterzurechnen.

Jetzt werden einige Wirtschaftsmathematiker aufschreien und sagen, daß dies eine infame Behauptung sei. Doch ich sage Ihnen, daß das so ist und ich werde Ihnen obendrein erklären, wie das funktioniert: Sind die Prämien der Kunden erst einmal eingenommen, dann müssen die Überschüsse und Erträge herhalten für: ein paar Prozent für aggressive Drückerkolonnen, ein paar Prozent für Kostenverschwendung, ein paar Prozent für die Rückversicherung, ein paar Prozent verschwinden im Konzern, ein paar Prozent für Gewinnrückstellungen, ein paar Prozente für die unternehmerische Dummheit und Mißmanagement, ein paar Prozente verschwinden in den stillen Reserven und im Eigenkapital, ein paar Prozente für Vorstandsgehälter und Dividendenzuweisungen für die Aktionäre und zu guter Letzt noch ein paar Prozent für wirkliche Versicherungsleistungen. Denn zu allem Unglück gibt es doch noch Versicherte, die wirklich sterben und dadurch muß oft ein Vielfaches von dem jeweils einbezahlten Betrag an die Hinterbliebenen ausbezahlt werden. Wenn nun noch der Gesetzgeber solche Schmuckstücke wie Sonderabschreibungen im Osten beschließt, dann leuchten die Augen der Finanzgenies. Doch wenn nach alledem immer noch zuviel übrig bleibt, dann greifen die Gesellschaften zur Notbremse. Das Zauberwort heißt: Umstrukturierung. Es wird eine Holdinggesellschaft gegründet. Diese wiederum gründet eine neue Versicherungsgesellschaft. Diese Tochter bekommt den gesamten Kundenstamm und das gesamte (buchhalterische) Vermögen. Manche werden jetzt denken: „Dann ist doch alles beim alten". Doch nur auf den ersten Blick. Bei genauerem Hinsehen erkennt man sofort, daß das Vermögen lediglich die Buchwerte sind, nicht aber die tatsächlichen Werte. Die verbleiben nämlich in der Holding in der Absicht, daß nun der Kunde keinen Zugriff mehr auf die stillen Reserven hat. Damit sollen die stillen Reserven vor den Kunden endgültig in Sicherheit gebracht werden.

Kritik Nr. 8:
Auf die Problematik der Dynamisierung habe ich bereits im zweiten Kapitel hingewiesen. Noch einmal: Jedes Mal, wenn der Kunde dynamisiert, das heißt, einen höheren Betrag zahlt, schließt er eine neue kleine Lebensversicherung ab. Die Nachteile eines ganz normalen Versicherungsvertrages – beispielsweise der langen Anlaufzeit – sind jedes Mal wieder neu gegeben und der Vertreter verdient jedesmal daran.

Kritik Nr. 9:
Die angeblichen Vorteile der Teilauszahlung. Bei einer Teilauszahlung kann sich

der Versicherte schon frühzeitig Gelder aus seiner Lebensversicherung nehmen. Aber man muß natürlich dazu folgendes wissen. Eine Kapitallebensversicherung beginnt naturgemäß im Minus, weil zunächst einmal die Kosten (Vertrieb und so weiter) bezahlt werden müssen. Der Rückkaufswert ist also im Anfang gleich null oder befindet sich sogar im Minus. Wenn ein Kunde nach zwei oder drei Jahren seine Versicherung auflöst, erhält er deshalb nichts mehr. Man sollte sich deshalb einmal sehr genau die Verlaufskurve bei einer Kapitallebensversicherung anschauen. Sie beginnt sehr niedrig, steigt dann ein wenig an und erst am Schluß ist sie wirklich oben, das heißt, hier wird „richtig" Geld verdient und der Kunde erwirtschaftet eine gewisse Rendite. Das heißt, am Schluß ist die Lebensversicherung besonders interessant! Deshalb ist der Rückkaufswert am Anfang bei einer Versicherung auch so gering und viele Kunden verlieren Geld, wenn Sie eine Lebensversicherung sehr früh kündigen. Aber auf wundersame Wiese steigt die Rendite in den letzten zwei bis drei Jahren mächtig an. Hier erreicht die Kapitallebensversicherung eine überdurchschnittliche Wertsteigerung. Das ganze Spiel hat natürlich mit der Verzinsung nicht das geringste zu tun. Sondern es hat mit einem ganz anderen Faktum zu tun. Die Versicherungsgesellschaften wissen, daß statistisch gesehen nicht einmal mehr 40 % aller Lebensversicherungen – die Zahl ist inzwischen sogar noch geringer geworden – den ursprünglich vereinbarten Ablaufzeitpunkt erreichen. Das bedeutet, über 60 % werden vorher gekündigt, aufgelöst oder beitragsfrei gestellt, Tendenz steigend. Letzteres freut natürlich die Versicherungsgesellschaften. Warum? Nun, Sie wissen, da in den letzten ein, zwei oder auch drei Jahren erst ordentlich Kasse gemacht wird, daß Sie diese hohe Schlußrendite dann nicht zu bezahlen brauchen. Das heißt, den Versicherungsgesellschaften ist es durchaus recht, wenn ein Kapitallebensversicherungsvertrag frühzeitig gekündigt wird. Verfügt der Kunde jetzt über einen Teilauszahlungsvertrag, dann ist das ebenfalls für die Versicherungsgesellschaft von Vorteil. Denn in der Zeit, in der der Vertrag theoretisch wirklich einmal gewinnbringend für ihn hätte arbeiten können, nämlich am Ende des Vertrages, zerstört er sich seine eigene Rendite, indem er Teilauszahlungen verlangt. Und dies verhindert natürlich die Schlußrendite.

Mein Tip:
Wenn Sie wirklich eine Lebensversicherung brauchen, dann sollten Sie sich für eine Risikolebensversicherung entscheiden. Prüfen Sie, ob es überhaupt notwendig ist, sich für den Todesfall finanziell abzusichern. Dies kann meiner Meinung nach nur dann sinnvoll sein, wenn Sie Ihren Partner und/oder Ihre Kinder absichern wollen. Ein weiterer Grund ist die Absicherung von Finanzierungen. Wenn Sie alleinstehend sind und kein Darlehen absichern müssen, brauchen Sie keine

Lebensversicherung. Oftmals sehen Sie in der Werbung Risikolebensversicherungs-Angebote von Direktversicherern. Dazu kann ich Ihnen nur raten. Nur auf einen Punkt möchte ich Sie aufmerksam machen. Oftmals ist hierbei von ungefähr 5 Mark Monatsbetrag für eine 100.000-Mark-Risikoversicherung die Rede. Hierbei handelt es sich jedoch nur um eine kurze Laufzeit von zum Beispiel 10 Jahren. Bedenken Sie aber, daß mit zunehmendem Alter das Todesfallrisiko zunimmt. Längere Laufzeiten kosten mehr, weil die Laufzeit dann auch in ein höheres Alter hineinreicht. Sparen Sie bitte nicht an diesen Beiträgen und schließen Sie längere Laufzeiten ab. Denn wenn Sie nach 10 Jahren feststellen, daß Sie, was logisch ist, auch weiterhin abgesichert sein wollen, kann es sein, daß Sie aufgrund der Gesundheitsfragen nicht mehr aufgenommen werden. Dann haben Sie sich einen Bärendienst erwiesen.

Hier noch ein Geheimtip:

Wenn Sie eine **Risiko**lebensversicherung mit einer Laufzeit von beispielsweise 25 Jahren abschließen, dann weiß die Gesellschaft kalkulatorisch ganz genau, welches Risiko im Laufe der Jahre damit verbunden ist. Wenn diese zum Beispiel zwischen Ihrem 30. und 55. Lebensjahr läuft, dann bedeutet dies für die Gesellschaft am Anfang ein geringeres, später aber höheres Todesfallrisiko. Dennoch verlangt die Gesellschaft von Ihnen während der gesamten Laufzeit den gleichen Beitrag. Dieser ergibt sich aus dem Durchschnittsrisiko während der gesamten Laufzeit. Sie bezahlen also am Anfang *zuviel* Risikobeitrag und in der zweiten Laufzeithälfte *zuwenig*. Hier nun eine Grafik, die dieses verdeutlicht:

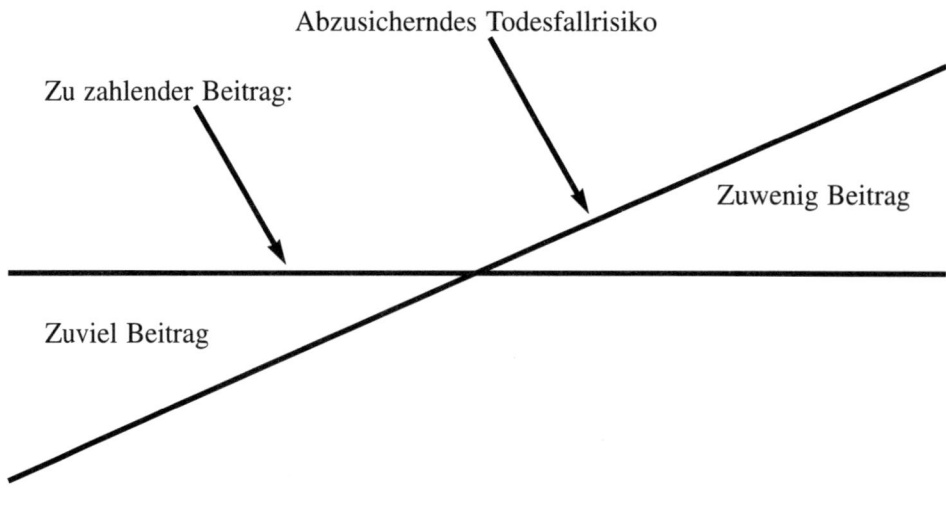

Nun gibt es auf dem Markt Tarife, die dieser Erkenntnis Rechnung tragen. So werden die anfänglich zuviel bezahlten Risikobeiträge verzinslich angelegt und verbrauchen sich nach und nach im Laufe der zweiten Hälfte der Vertragslaufzeit.

Wenn Sie bei der oben genannten Laufzeit jedoch bereits nach 15 Jahren kündigen, erhalten Sie bei den meisten Gesellschaften von den zuviel bezahlten Risikobeiträgen nichts mehr zurück. Bei den beschriebenen, besonderen Tarifen würden Sie in diesem Fall rund die Hälfte Ihrer bereits bezahlten Gesamtbeiträge wieder zurückerstattet bekommen. Hat Ihnen das schon einmal jemand erklärt? Klingt doch logisch und kundenfreundlich, oder nicht? Grafisch sieht das folgendermaßen aus:

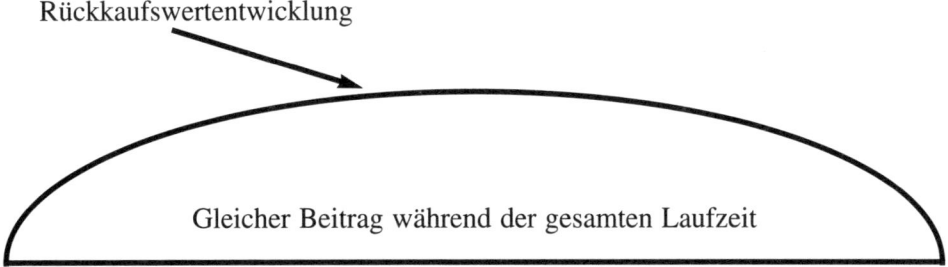

Rückkaufswertentwicklung

Gleicher Beitrag während der gesamten Laufzeit

WEITERE VERSICHERUNGSPRODUKTE

DIE KFZ-VERSICHERUNG
Die Kraftfahrtversicherung ist in drei Versicherungsarten unterteilt:
1. Die Kraftfahrt-Haftpflichtversicherung
2. Die Fahrzeugversicherung (Teil- und Vollkaskoversicherung)
3. Die Insassenunfallversicherung

Zu 1. Die Kraftfahrt-Haftpflichtversicherung
Diese Versicherung ist gesetzlich vorgeschrieben. Wenn Sie beim Führen eines Fahrzeuges einem anderen Schaden zufügen, dann haben Sie die Pflicht zu haften. Diese Haftpflicht wird in drei Bereiche aufgeteilt:
1. Sachschäden, 2. Personenschäden und 3. Vermögensschäden. Die gesetzliche Vorschrift ist auch sinnvoll, denn stellen Sie sich einmal vor, ein anderer hätte Ihnen einen erheblichen Schaden zugefügt, wäre aber nicht fähig, für den Schaden aufzukommen.

Mein Tip: Wählen Sie hierbei immer die unbegrenzte Deckungssumme, denn diese ist im Beitrag nur um 1 % teurer als die gesetzliche Mindestdeckungssumme. Damit sind Sie auf jeden Fall vollständig abgesichert.

Zu 2. Die Fahrzeugversicherung
Hierbei geht es nicht um Schäden, die Sie einem anderen zugefügt haben, sondern um Schäden an Ihrem eigenen Fahrzeug, darum „Fahrzeugversicherung".
Die Fahrzeugversicherung wird in zwei Bereiche aufgeteilt: in die Vollkasko und die Teilkasko. Schauen wir uns erstmal an, was die Teilkasko versichert, denn alles darüber hinaus Gehende betrifft die Vollkasko.

2.1 Die Teilkaskoversicherung
Die Teilkasko sichert folgende Schäden ab:
Brand, Diebstahl, Überschwemmung, Hagel, Sturm, Glasbruch, Schmorschäden (zum Beispiel Kabelschmorbrände aufgrund eines Kurzschlusses) und Haarwildschäden.
Mein Tip:
Die Teilkasko können Sie mit 300 Mark oder gar keiner Selbstbeteiligung abschließen. Bitte beachten Sie, daß es bei der Teilkasko keine Schadensfreiheitsrabatte gibt. Wenn Sie also einen Teilkaskoschaden haben, sollten Sie diesen auf jeden Fall melden, denn Sie dürfen durch die Regulierung nicht hochgestuft werden.

2.2 Die Vollkaskoversicherung
Die Vollkaskoversicherung schließt die Teilkasko immer mit ein, nicht aber umgekehrt. Über die bei der Teilkasko genannten Schadensarten hinausgehende Schäden am eigenen Fahrzeug übernimmt die Vollkasko. Wenn also durch äußere Einwirkung ein Schaden an Ihrem Fahrzeug entsteht, den Sie selbst verschuldet haben, greift die Vollkasko. Auch wenn beispielsweise ein anderer Ihr Fahrzeug beschädigt und Unfallflucht begeht.
Mein Tip:
Bitte beachten Sie, daß Sie bei Vollkaskoschäden hochgestuft werden. Aus diesem Grund sollten Sie in jedem Fall prüfen, ob Sie den Schaden selbst bezahlen wollen oder der Versicherung melden. Außerdem ist zu prüfen, ob es sich nicht lohnt, eine hohe Selbstbeteiligung in Höhe von beispielsweise 2.000 Mark abzuschließen. Wenn Ihr Auto nur 2.000 Mark wert wäre, würden Sie es dann auch Vollkasko versichern? Andere Selbstbeteiligungsbeträge sind zum Beispiel 1.000 oder 650 Mark. Je höher die Selbstbeteiligung, desto geringer der Beitrag (und die Provision des Vertreters). Lassen Sie sich auf jeden Fall die jeweilige Versicherungsprämie bezogen auf die verschiedenen Selbstbeteiligungen berechnen.

2.3 Die Insassen-Unfallversicherung

Zu dieser Versicherung meinte die Zeitschrift *Capital* im Jahr 1992: „Die wohl überflüssigste Versicherung überhaupt". Tatsächlich werden von den Prämieneinnahmen der Insassen-Unfallversicherung nur ca. 10 % für wirkliche Schäden ausgegeben. Es handelt sich also um ein richtiges Geldverdienprodukt für die Gesellschaften. Egal was Ihnen Ihr Vertreter anderes erzählt: Die Insassenunfallversicherung schützt in der Praxis meistens nur den Fahrer selbst bei Unfall beim Benutzen des Fahrzeuges! (Beim Pauschalsystem wird die versicherte Summe bei mehreren Insassen zuerst verdoppelt und dann durch die Anzahl aller Insassen geteilt.) Außerdem sind die Insassen durch die Kfz-Haftpflichtversicherung geschützt. Der Fahrer selbst schließt eine private Unfallversicherung ab und ist damit rund um die Uhr und weltweit abgesichert, egal ob er nun im Straßenverkehr oder sonstwo verunglückt.

Mein Tip:

Oft wird den Kunden schlichtweg durch Unwahrheiten diese Insassen-Unfallversicherung „angedreht". Lehnen Sie diese Versicherung in jeden Fall ab und schließen Sie dafür eine private Unfallversicherung ab. Beachten Sie jedoch hierbei die Preisunterschiede. Bei der privaten Unfallversicherung gibt es am Markt Preisunterschiede von bis zu 400 % für die gleichen Leistungen.

DIE KRANKENVERSICHERUNG

Die private Krankenversicherung bietet Ihnen als Privatpatient erhebliche Vorteile.

Im wesentlichen ist die private Krankenversicherung auf drei Säulen aufgebaut:
1. Ambulante Behandlung (Arztbesuche, Untersuchungen usw.)
2. Stationäre Behandlung (Krankenhausaufenthalt)
3. Zahnbehandlung und Zahnersatz

Der wesentliche Unterschied zwischen der gesetzlichen und der privaten Krankenversicherung besteht darin, daß bei der gesetzlichen die Familienangehörigen mitversichert sind und daß die Anzahl und das Alter der Versicherten für den Beitrag keine Rolle spielen, sondern lediglich die Höhe des Einkommens. Bei der Privaten hingegen muß jede Person einzeln versichert werden. Hierbei sind folgende Faktoren für die Berechnung des Beitrages ausschlaggebend:

Geschlecht, Alter, Gesundheitszustand, gewünschte Selbstbeteiligung und gewünschte Absicherungssummen.

Die Beitragsbemessungsgrenze für die gesetzliche Krankenversicherung

(Stand 1999 (West): 6.375 DM monatlich oder 76.500 DM brutto jährlich) ist zugleich die Pflichtgrenze für die gesetzliche Krankenversicherung. Wenn Ihr Einkommen also darüber liegt, sollten Sie sich verschiedene Angebote ausrechnen lassen.

Mein Tip:
Bitte beachten Sie, daß der Beitrag für die private Krankenversicherung auch vom Alter abhängt. Mit zunehmendem Alter erhöht sich somit der Beitrag für Ihre private Krankenversicherung. Fragen Sie Ihre Gesellschaft nach den Beiträgen für über 40jährige. Wenn Sie sich nicht privat krankenversichern wollen oder können, müssen Sie dennoch nicht auf die bevorzugte Behandlung als Privatpatient verzichten. Dies können Sie erreichen durch den Abschluß privater Zusatzversicherungen. Dadurch können zu den üblichen gesetzlichen Krankenversicherungsleistungen folgende Zusatzbausteine abgeschlossen werden:
Im stationären Bereich:
1. Ein- oder Zweibettzimmer
2. Chefarztbehandlung
3. Krankenhaustagegeld
Sonstige Zusatzabsicherung:
4. Krankentagegeld (bei Arbeitsunfähigkeit)
5. Zuzahlungen für Zahnersatz und -behandlung (Füllungen usw.)
6. Zuzahlungen für besondere Heilbehandlungen (Kuren, Heilpraktiker usw.)
7. Zuzahlungen für Brillen
u. a.
Ich empfehle vor allem für Selbständige das Krankenhaustagegeld. Für Arbeitnehmer empfehle ich das Krankentagegeld ab dem 43. Tag. Denn nach der 6-wöchigen Lohnfortzahlung reduziert sich Ihr Einkommen auf das Krankengeld. Diese Differenz können Sie durch das Krankentagegeld ausgleichen. Der Versicherungsbeitrag für 100 Mark täglich ab dem 43. Tag bewegt sich im Bereich von ungefähr 20 Mark monatlich. Ebenso empfehle ich die Zusatzversicherungen im stationären Bereich. Gerade für Selbständige sehe ich es als besonders wichtig an, in einem Einbettzimmer im Krankenhaus auch weiterhin zumindest telefonisch weiterarbeiten zu können.

DIE HAFTPFLICHTVERSICHERUNG

Von Gesetzes wegen sind Sie verpflichtet, für Schäden, die Sie anderen zugefügt haben, zu haften. Haftpflicht ist die Verpflichtung zum Schadenersatz. Diese

Haftpflicht können Sie durch verschiedene Haftpflichtversicherungen absichern, je nach Ihrer persönlichen Situation:

1. Die Privathaftpflichtversicherung
Diese Versicherung schützt Sie als Privatperson, wenn Sie schuldhaft anderen einen Schaden zugefügt haben. Dies ist die wichtigste Versicherung überhaupt!

2. Die Tierhalter-Haftpflichtversicherung
Diese Versicherung schützt Sie als Halter von Pferden oder Hunden, wenn durch diese Schäden verursacht wurden.

3. Die Haus- und Grundbesitzer-Haftpflichtversicherung
Diese Versicherung schützt Sie als Haus- und Grundbesitzer, wenn auf Ihrem selbstgenutzten oder vermieteten Grundstück jemand durch Ihre Schuld zu Schaden kommt.

4. Die Öltank- oder Gewässerschaden-Haftpflichtversicherung
Diese Versicherung ist sehr wichtig, denn wenn zum Beispiel durch auslaufendes Heizöl das Grundwasser verschmutzt wird, kann dies sehr teuer werden.

5. Die Bauherren-Haftpflichtversicherung
Hierbei handelt es sich um eine kurzfristige Versicherung, die Sie während der Bauzeit für einen Neubau oder Umbau brauchen. Sie schützt Sie, wenn auf der Baustelle jemand durch Ihre Schuld zu Schaden kommt.

6. Die Surfbrett- und Bootshaftpflichtversicherung
Diese Versicherung schützt Sie bei Schäden aufgrund der Benutzung und des Transportes dieser Sportgeräte.

7. Die Berufshaftpflicht für Selbständige
Diese Versicherung schützt Sie bei Schäden, die Sie in Ausübung Ihres Berufes anderen zugefügt haben. (Beispiel: Ein Steuerberater hat aufgrund falscher Beratung dem Klienten nachweislich Steuervorteile zunichte gemacht.)

8. Die Betriebshaftpflichtversicherung
Diese Versicherung schützt Unternehmen, wenn aufgrund schuldhaften Verhaltens Personen auf dem Betriebsgelände zu Schaden kommen.

Mein Tip:

Die unter 1. genannte Privathaftpflichtversicherung sollten Sie auf jeden Fall abschließen, denn ein Haftpflichtschaden kann Sie sehr schnell an den finanziellen Abgrund bringen. Wenn Sie jedoch noch andere Absicherungsarten wie zum Beispiel die Tierhalterhaftpflicht benötigen, sollten Sie auch diese versichern.

Hierbei gibt es erhebliche Preisunterschiede. Eine Absicherungssumme in Höhe von 10 Millionen sollte einen Versicherungsbeitrag von 100 Mark im Jahr nicht überschreiten.

DIE UNFALLVERSICHERUNG

Hierbei handelt es sich neben der Berufsunfähigkeitsversicherung um die zweitwichtigste Absicherung überhaupt. Die Unfallversicherung ist die Absicherung der Grundvoraussetzung für Ihren gesamten Finanzhaushalt, denn Sie sichert Ihre Arbeitskraft ab. Wie ich schon beschrieben habe, kann Ihre Arbeitskraft durch einen Unfall ganz oder teilweise verloren gehen. Ihre Arbeitskraft ist jedoch die Voraussetzung für Ihr Einkommen. Dies wiederum ist die Voraussetzung für alle anderen Ausgaben, wie zum Beispiel Lebensunterhalt, Mieten oder Baufinanzierungsbelastungen, Freizeit, Hobby, Urlaub, Altersvorsorge und ... Versicherungsbeiträge.

Die private Unfallversicherung hat mehrere mögliche Bausteine:

1. Die Invaliditätsabsicherung

Hierbei besteht die Möglichkeit, eine bestimmte Summe abzuschließen, die bei Vollinvalidität ausbezahlt wird. Außerdem besteht die Möglichkeit, den Absicherungsbetrag durch eine Progressionsstaffel zu erhöhen. In diesem Fall sollten Sie immer nach der sogenannten Grund- oder Basissumme fragen. Denn in Invaliditätsbereichen unter 25 % greifen die Progressionsstaffeln im allgemeinen noch nicht und Sie erhalten dann bei einer beispielsweise 20 %igen Invalidität auch nur 20 % der Grundsumme ausbezahlt. Die Höhe der jeweiligen Prozentzahl der Invalidität ergibt sich aus der sogenannten Gliedertaxe. Diese %-Zahlen sind die gesetzlichen Mindestwerte. Die Versicherungsgesellschaften dürfen diese Gliedertaxe nach oben verbessern, aber nicht unterschreiten.

2. Das Unfall-Krankenhaustagegeld

Hierbei erhalten Sie bei stationärem Krankenhausaufenthalt durch Unfall für jeden Tag einen bestimmten Betrag.

3. Das Genesungsgeld

Das Genesungsgeld wird für die gleiche Anzahl von Tagen wie das Unfall-Krankenhaustagegeld bezahlt. Jedoch in der Regel für maximal 100 Tage. Das Unfall-Krankenhaustagegeld wird meistens für die maximale Dauer von 2 Jahren bezahlt.

4. Die Todesfallsumme

Hierbei wird bei einem Tod durch Unfall an die Hinterbliebenen die abgeschlossene Todesfallsumme ausbezahlt.

5. Bergungskosten

Für Aufwendungen, die durch das Suchen und Bergen einer Person nach einem Unfall entstehen, wird die Bergungskostenabsicherung herangezogen. Diese Absicherungssummen sind meist beitragsfrei in der Unfallversicherung eingeschlossen. Übrigens: Dies ist die einzige Absicherungsart, die auch bezahlt, wenn Kosten nur aufgrund des Verdachtes auf einen Unfall entstanden sind. Denken Sie zum Beispiel einmal an eine Suchaktion im Gebirge, bei der auch nur auf Verdacht eines Unfalls gesucht werden muß.

6. Kosmetische Operationen

Mit dieser Absicherung können durch einen Unfall notwendig gewordene kosmetische Operationen bezahlt werden.

Mein Tip:

Das wichtigste bei der privaten Unfallversicherung ist die Vollinvaliditäts-Absicherung. Diese sollte ungefähr das 15- bis 20fache Ihres Jahreseinkommens betragen. Denn dann könnten Sie die ausbezahlte Summe für 5–6 % anlegen und hätten weiterhin das gleiche Jahreseinkommen wie vorher als Zins, ohne daß sich die Kapitalanlage dadurch verringert. Lassen Sie also die anderen „Spielchen", die nur unnötig Geld kosten weg, und achten Sie auf die Absicherung, die Sie wirklich brauchen.

DIE BERUFSUNFÄHIGKEITS-(ZUSATZ)-VERSICHERUNG

Die Berufsunfähigkeitsabsicherung können Sie entweder als eigene Versicherungsform oder als Zusatzbaustein zu einer Lebensversicherung (ob Risikolebensversicherung oder kapitalbildende Lebensversicherung) abschließen. Hierbei gibt es zwei Absicherungsmöglichkeiten:

1. Die Beitragsbefreiung

Dies ist jedoch nur sinnvoll als Zusatz zu einer Lebensversicherung. Im Falle der Berufsunfähigkeit werden Sie dann von der weiteren Beitragszahlung für die Lebensversicherung befreit. Da ich schon den Abschluß einer Kapitallebensversicherung in Frage stelle, ergibt sich auch hieraus die Frage des Sinns dieser Absicherungsform.

2. Die Berufsunfähigkeitsrente

Diese als Zusatz und als eigenständiger Baustein mögliche Absicherung sehe ich neben der Invaliditätsabsicherung und der Privathaftpflichtversicherung als weitere unverzichtbare Versicherungsform an.

Mein Tip:
Heute gibt es Berufsunfähigkeitsversicherungen als reine Risikoversicherung, bei denen jedoch die Beiträge in Investmentfonds angelegt werden. Dadurch sind Sie nicht nur abgesichert, sondern Ihr Geld erfährt eine Wertsteigerung und wird am Ende der Laufzeit mit einer interessanten Rendite wieder ausbezahlt.

DIE (VERBUNDENE) WOHNGEBÄUDEVERSICHERUNG

Diese Versicherung ist für einen Hauseigentümer unerläßlich. Denn sein Haus oder seine Wohnung durch Brand zu verlieren ist in der Regel ein verheerender Schaden.

Bei der Wohngebäudeversicherung können folgende Bausteine einzeln abgeschlossen werden:
1. Feuer
2. Schäden durch Sturm und/oder Hagel
3. Schäden durch Leitungswasser (Rohrbruch oder Verstopfung von Leitungen usw.)

Diese Bausteine können Sie jedoch auch in einem Paket abschließen. Dann handelt es sich um die sogenannte „verbundene Wohngebäudeversicherung".

Mein Tip:
Wie eingangs bereits gesagt, halte ich diese Versicherung für Eigenheimbesitzer für unerläßlich. Schließen Sie eine verbundene Wohngebäudeversicherung ab, vergleichen Sie die Versicherungsprämien ganz genau und schließen Sie nur für eine Laufzeit von einem Jahr ab. So können Sie jederzeit zu günstigeren Angeboten wechseln. Hierbei gibt es nämlich die größten Preisunterschiede bei den Anbietern.

DIE RECHTSSCHUTZVERSICHERUNG

Die Rechtsschutzversicherung enthält viele verschiedene Bausteine, die auf die möglichen Rechtsstreitigkeiten Anwendung finden. Aus diesem Grund werden verschiedene Rechtsschutzbausteine in Kombinationen zusammengefügt, die dem Kunden das jeweilig notwendige Risiko absichern.

So gibt es beispielsweise folgende Absicherungskombinationen:

1. Familienrechtsschutz

Hier sind alle Kosten für Rechtsstreitigkeiten abgesichert, die sich aus dem privaten Bereich ergeben, wie zum Beispiel: Schadensersatzstreitigkeiten, Vertragsstreitigkeiten usw.

2. Verkehrsrechtsschutz

Hier sind alle Kosten für Rechtsstreitigkeiten abgesichert, die in Bezug mit der Teilnahme am Straßenverkehr stehen, wie zum Beispiel: Führerscheinangelegenheiten, Ordnungswidrigkeiten oder Strafsachen in Bezug auf den Straßenverkehr, Vertragsstreitigkeiten bei Kauf von Fahrzeugen oder bei Reparaturen usw.

3. Rechtsschutz für Eigenheimbesitzer oder Mieter

Hier sind alle Kosten für Rechtsstreitigkeiten abgesichert, die mit der Vermietung oder dem Mieten einer Wohnung oder eines Hauses zu tun haben.

Die Rechtsschutzversicherung übernimmt Gerichtskosten, Anwaltskosten sowie die Kosten für Sachverständige.

Mein Tip:

Eine Rechtsschutzversicherung bezahlt lediglich die oben genannten Kosten, wenn Sie das Verfahren verloren haben. Wenn Sie gewonnen haben, muß die gegnerische Seite diese Kosten tragen. Wenn Sie einen guten Anwalt haben, dann gewinnt er entweder die Angelegenheit oder er rät Ihnen von einem aussichtslosen Prozeß ab. Aus diesem Grund halte ich den Abschluß einer Rechtsschutzversicherung für nicht unbedingt notwendig. Ausnahme: Bei einem Prozeß vor dem Arbeitsgericht trägt jeder seine Kosten selbst, ob er nun verliert oder gewinnt. Dieser Baustein ist im Familienrechtsschutz enthalten.

Übrigens: Die Rechtsschutzversicherung bezahlt nur für die **Geltendmachung** von Schadensersatzansprüchen, nicht jedoch für die **Abwehr** dieser Ansprüche. Dafür ist die Haftpflichtversicherung zuständig.

Als wesentlich sinnvoller erachte ich den Abschluß einer Rechtsschutzversicherung für Selbständige und Firmen.

DIE HAUSRATVERSICHERUNG

Zum Hausrat gehört alles, was Sie beim Einzug in die Wohnung oder das Haus mitbringen und bei Auszug wieder mitnehmen. Also nicht Dinge, die mit dem Gebäude fest verbunden sind, wie zum Beispiel festgeklebte Teppichböden, die ins Gebäude eingepaßte Einbauküche sowie Einbauschränke. Diese gehören zum Gebäude und somit zur Gebäudeversicherung.

In der Hausratversicherung sind folgende Gefahren abgesichert:

Einbruchdiebstahl, Leitungswasser- und Sturmschäden, Raub (Bedrohung), Feuer und Vandalismus (mutwillige Zerstörung). Bei Diebstahl ist sofort die zuständige Polizei zu benachrichtigen. Es muß nachgewiesen werden, daß wirklich eingebrochen wurde, also eine Tür oder ein Fenster muß Aufbruchspuren aufweisen. Ein einfacher Diebstahl in der Wohnung ist nicht versichert.

Wenn Hausrat durch einen Rohrbruch der Wasser- oder Heizungsleitungen beschädigt wird, ist dies versichert. Nicht mitversichert sind Schäden aufgrund eines defekten Aquariums. Dies kann jedoch gesondert versichert werden.

Sturmschäden sind erst ab Windstärke 8 versichert. Wertsachen sind ebenfalls bis zu einem Betrag in Höhe von 20 % der Hausratversicherungssumme mitversichert. Höhere Summen können gegen Aufschlag mitversichert werden. Fahrräder sind mitversichert, wenn sie sich in einem verschlossenen Raum im Haus befunden haben (Einbruchdiebstahl).

Früher waren Glasschäden bis zu einem bestimmten Prozentsatz in der Hausratversicherung eingeschlossen. Dem ist heute jedoch nicht mehr so.

Heute ist die Glasversicherung eine eigene Versicherungsart. Die Versicherungssumme hängt von der Gesamtfläche der zu versichernden Glasscheiben ab.

Mein Tip:

Bei manchen Versicherungsgesellschaften sind Schäden aufgrund von Überspannungen (Induktionsschäden) an elektronischen Geräten beitragsfrei mitversichert. Darauf sollten Sie achten. Desweiteren können Sie die Versicherungssumme ausgehend vom tatsächlichen Wert des Hausrates versichern. Dies führt jedoch schnell zu einer Unterversicherung. Denn im Laufe der Zeit erhöht sich der Wert des Hausrates durch Zukauf von zum Beispiel elektronischen Geräten. Aus diesem Grund befürworte ich die Hausratversicherungssumme an der Größe der Wohnfläche zu bemessen.

Dies ist ein sogenanntes Pauschalsystem, bei dem Sie einfach 1.000 bis 1.200 DM pro Quadratmeter Wohnfläche veranschlagen. Fragen Sie Ihren Versicherungsvertreter, wie hoch die versicherte Summe pro Quadratmeter bei seiner Gesellschaft ist.

Den Abschluß einer Glasversicherung halte ich nicht für besonders ratsam, denn eine zerbrochene Glasscheibe wird Sie in der Regel nicht in den Ruin treiben. Übrigens sind nur zerbrochene, nicht aber gesprungene oder zerkratzte Glasscheiben versichert. Fahrräder können separat auch versichert werden bei einfachem Diebstahl. Diese Versicherungen sind jedoch im Laufe der Zeit durch das hohe Schadensaufkommen so teuer geworden, daß es ratsamer ist, Fahrräder in geschlossenen Räumen abzustellen, damit sie in der Hausratversicherung mitversichert sind.

FAZIT ZU ALLEN VERSICHERUNGSBEREICHEN

Die wichtigsten Versicherungen sind die, die Sie vor dem finanziellen Ruin bewahren. Allen voran nenne ich hier die Haftpflichtversicherung. Danach die private Unfallversicherung und die Berufsunfähigkeitsversicherung. Die Risikolebensversicherung nur, wenn die entsprechende Todesfallabsicherung notwendig ist. Die Kapitallebensversicherung ist meiner Meinung nach eine Geldvernichtungsmaschine. Lassen Sie die Finger davon!

Übrigens: Laut Bundesaufsichtsamt haben die Lebensversicherungsgesellschaften die Pflicht auf Ihre „Solvabilität" zu achten. Solvabilität (solvent = zahlungskräftig, solvieren = auflösen) bedeutet, daß die Gesellschaften immer darauf achten müssen, ihre Versicherungsleistungen und Ablaufleistungen auch wirklich auszahlen zu können, also stets solvent zu sein. Ich mache mir heute schon Gedanken darüber, wie wohl in ein paar Jahren die Schadenregulierungsgebaren der Gesellschaften sein werden. Denn bei den Ablaufleistungen von Versicherungen kann nicht herumdiskutiert werden. Es muß ausbezahlt werden. Es fragt sich dann nur noch wieviel und wann.

Die folgende Aussage sei mit einem verschmitzten Lächeln versehen:

Vielleicht kommen die Versicherten in Zukunft doch noch an die stillen Reserven ran, denn wie sonst wäre bei den Gesellschaften die Solvabilität zu gewährleisten?

Nur noch einmal ganz kurz:

DER BAUSPARVERTRAG

Auch auf die Nachteile des Bausparvertrags habe ich bereits hingewiesen und auch auf die Tricks, derer sich einige Vertreter gerne befleißigen. Die grundlegende Kritik am Bausparvertrag besteht zunächst darin, daß die durchschnittliche Rendite nicht besonders hoch ist. Der zweite Kritikpunkt ist, daß der Bausparvertrag produktbezogen ist – er kann eben nur für eine sehr begrenzte Zahl von Fällen genutzt werden – kurz gesagt nur für baudienliche Zwecke.

Aber betrachten wir noch einmal die Rendite sehr viel genauer. Grundsätzlich gilt es hier zu unterscheiden zwischen der Rendite oder dem Zins, den man selbst erhält und der Negativrendite, also dem Minuszins, den man zahlen muß. Beide Renditen müssen natürlich bewertet werden, um die Effektivrendite eines Bauspar-vertrages zu verstehen. Optisch ist es so, daß ein Kunde beispielsweise 2,5 % Habenzins und 4,5 % Sollzins erhält. Nun müßte man das Ganze aber fairerweise einem normalen, guten Investment gegenüberstellen, wo 9 oder 10 % durchaus normal sind.

Dieses müßte man von den Zahlen sowohl den Sollzinsen gegenüberstellen als auch den Habenzinsen.

Machen wir also einmal ein theoretisches Beispiel auf. Ein Kunde schließt einen Bausparvertrag in Höhe von 50.000 DM ab. Diesen braucht er für ein Baudarle-hen. Er zahlt 250 DM pro Monat und bei einem ganz normalen Tarif 2,5 % Haben-zins, 4,5 % Sollzins. Nach acht Jahren verfügt er über insgesamt 25.934 DM, wenn er wohnungsbauprämienberechtigt ist, über 27.341 DM.

Dem gegenüber stellen müßte man aber jetzt ein normales Investment, seien wir gut gelaunt und nehmen wir 8 % Verzinsung an. Dann würde der Kunde bei 250 DM über ein Guthaben von 35.956 DM verfügen. Mit anderen Worten: er besäße hier 8.615 DM mehr. Nun führen wir unsere Rechnung weiter aus. Unser Kunde braucht nun in beiden Fällen 50.000 DM. Da er im Falle des Bausparver-trages über 27.341 DM verfügt, braucht er also nur ein Darlehen von 22.659 DM.

Der Kunde, der in seinen Investmentfonds investiert hat, braucht jedoch nur ein Darlehen von rund 14.044 DM.

Unser Kunde mit dem Bausparvertrag muß nun 4,5 % Sollzinsen zahlen – und hat also eine monatliche Belastung von 226 DM. Auf diese Weise muß er 10,4 Jahre lang seinen Kredit abbezahlen. Zusammenaddiert bezahlt er 28.455 DM für seinen Bausparkredit. Würde er nun aber nur 14.044 DM benötigen – weil er durch seinen Investmentfonds anfänglich mehr erwirtschaftet hat und würde hierfür 8 % Sollzinsen (ist doch eine faire Rechnung, oder nicht?) oder Darlehenszinsen zu berappen haben, und müßte weiter diese Schulden jährlich abtragen (Annuitäten-darlehen), so verbliebe ihm bei gleicher Belastung nur eine Dauer von 6,4 Jahren. Er müßte insgesamt nur rund 17.000 DM zurückzahlen.

Addiert man solche Zahlen zusammen, so stellt sich folgendes Ergebnis dar:
Beim Bausparvertrag wäre der wahre Darlehenszins pro Jahr 19,58 %.
Hätte man in einen guten Investmentfonds investiert, wäre der Darlehenszins nur

mit 9,06 % anzusetzen. Hinzuzufügen ist bei dieser theoretischen Rechnung, daß man gar nicht mal besonders in die Vollen gegriffen hat. Das heißt, man könnte bei dem Investmentfonds durchaus von einer höheren Ansparrendite ausgehen. Weiter könnte man die Darlehenskonditionen niedriger berechnen, weil Hypothekendarlehen durchaus auch preisgünstiger als zu 8 % zu erhalten sind, jedenfalls momentan.

ALTERNATIVE PRODUKTE

Der springende Punkt, wenn man Kunden gut bedienen will und also auch leichter und seriös verkaufen will, besteht darin, sehr einfach Qualitätsprodukte anzubieten. Was sind nun Qualitätsprodukte? Nun, grundsätzlich sind dies solche Produkte, die sicher sind und eine höhere Rendite abwerfen. In der Vergangenheit hat es sich nun immer wieder gezeigt, daß grundsätzlich der Sachwert den Geldwert schlägt. Unter Geldwerten versteht man beispielsweise Bausparverträge, Kapitallebensversicherungen, das Sparbuch und so weiter, kurz all das, bei dem der Betrag des einmalig oder monatlich bezahlten Geldbetrages maßgeblich ist. Unter Sachwerten versteht man Anlagen, bei denen der Anleger an der wirklichen Wertentwicklung von Sachen partizipiert, wie beispielsweise Immobilien, Immobilienfonds, Aktien, andere Unternehmensbeteiligungen, Aktienfonds usw. Zahlreiche Untersuchungen und sehr sorgfältige wissenschaftliche Arbeiten beweisen nun klipp und klar, daß der Sachwert, langfristig betrachtet, immer den Geldwert schlägt.

Grundsätzlich ist jedoch bei allen Kapitalanlagen auf die Wiederveräußerbarkeit (Fungibilität) zu achten. Was nützt Ihnen eine tolle Wertentwicklung, die Sie jedoch nicht realisieren können, wenn Ihnen diese Anlage nach der Laufzeit kein Mensch abkauft. Ich bin, offen gesagt, kein Freund von Beteiligungen an Schiffen, Flugzeugen, Containern oder Windkraftwerken. Wenn Sie sich unbedingt an diesen Themen beteiligen wollen, dann kaufen Sie doch die Aktien dieser Schiffs- oder Fluggesellschaften. Oder kaufen Sie Anteile an einem Investmentfonds, der hauptsächlich in Aktien von Firmen investiert, die sich mit der Gewinnung von Alternativenergie und dem Thema Umweltschutz befassen.

DIE MITUNTERNEHMERISCHE BETEILIGUNG

Manche Unternehmen bieten Unternehmensbeteiligungen an, bei denen Sie sich mit steuerlichem Effekt als Mitunternehmer beteiligen können. Damit sind Sie als Unternehmer nicht nur an den Gewinnen, sondern auch mit dem gewünschten Nebeneffekt an den unternehmerischen Kosten beteiligt. Im Fachausdruck spricht man hier von einer sogenannten „Verlustzuweisung". Diese kann zu steuerlichen Entlastungen führen.

Ich halte diese Anlage für nur bedingt empfehlenswert und mache hiermit auf das erhöhte Risiko aufmerksam. Denn im Extremfall hat der Anleger das Totalverlustrisiko zu tragen. Dies muß aus steuerlicher Hinsicht auch so sein, sonst wäre es keine echte unternehmerische Beteiligung. Denn kein Unternehmer bekommt von irgend jemandem die Garantie, daß das Geschäft läuft und gute Gewinne abwirft. Aus diesem Grund ist es besonders wichtig, daß Sie sich das Unternehmen, dessen Bilanzen, Eigenkapital, Finanzkraft und Geschäftszweck genau anschauen. Dadurch können Sie das Risiko reduzieren, jedoch nie ganz ausschließen. Wie bereits gesagt, sind Sie bei einer unternehmerischen Beteiligung an den unternehmerischen Kosten, aber auch am Gewinn und am Gesamtvermögen des Unternehmens beteiligt. Also inklusive dessen stillen Reserven! Und darin liegt an sich der Vorteil dieser Anlage. Das Problem dieser Anlageart sehe ich in der fehlenden staatlichen Aufsicht. Aus diesem Grund zählt man diese Anlageart in der Regel zum sogenannten „grauen Kapitalmarkt". Doch die Frage sei erlaubt, warum diese Anlageart zum grauen Kapitalmarkt gehört.

Entweder weil das Unternehmen keiner staatlichen Kontrolle unterliegt oder weil es kein Bundesaufsichtsamt für derartige Kapitalanlagen gibt. Auf den ersten Blick erscheint uns beides das gleiche zu sein. Doch mir geht es hierbei um folgendes:

Das Problem wäre sehr einfach zu lösen, indem man einen staatlichen Anforderungskatalog erstellen würde aus dem hervorgeht, welche Kriterien Unternehmen beispielsweise erfüllen müssen, damit die Beteiligung einer breiten Masse angeboten werden darf. Mittelverwendungskontrolle, Bilanzpflicht, Offenlegungspflicht gegenüber dem Aufsichtsamt und anderes mehr müßte in einem solchen Anforderungskatalog enthalten sein. Und schon könnte man sehr schnell von einem weißen Kapitalmarkt sprechen und das Geld würde dorthin fließen, wo es dringend benötigt wird, nämlich in die Wirtschaft, so daß Arbeitsplätze geschaffen werden können und die Finanzkraft der Unternehmen steigt. Nur drängt sich mir hier manchmal der Eindruck auf, daß dies gar nicht gewünscht wird. Denn so können die Institutionellen gegen mitunternehmerische Beteiligungsangebote angehen und diese zum grauen Kapitalmarkt zählen. Wenn Sie sich an einem Unternehmen beteiligen wollen, sollten Sie darauf achten, daß dieses Unternehmen vorwiegend in Sachwerte anlegt. Dennoch ist hierbei wie gesagt erhöhte Vorsicht geboten!

AKTIEN BEZIEHUNGSWEISE AKTIEN- ODER INVESTMENTFONDS

Investmentfonds sind für die Anleger sicherer als Aktien, weil sie durch die Streuung das Risiko minimieren. Viele Anleger geben hier, bildlich gesprochen, ihr Geld in einen großen Topf, das daraufhin von einem professionellen Management verwaltet und vermehrt wird. Investmentfonds besitzen außerdem den Vorteil der Streuung, ein weiteres wichtiges Anlageprinzip. Hier nun das System eines Investmentfonds graphisch dargestellt:

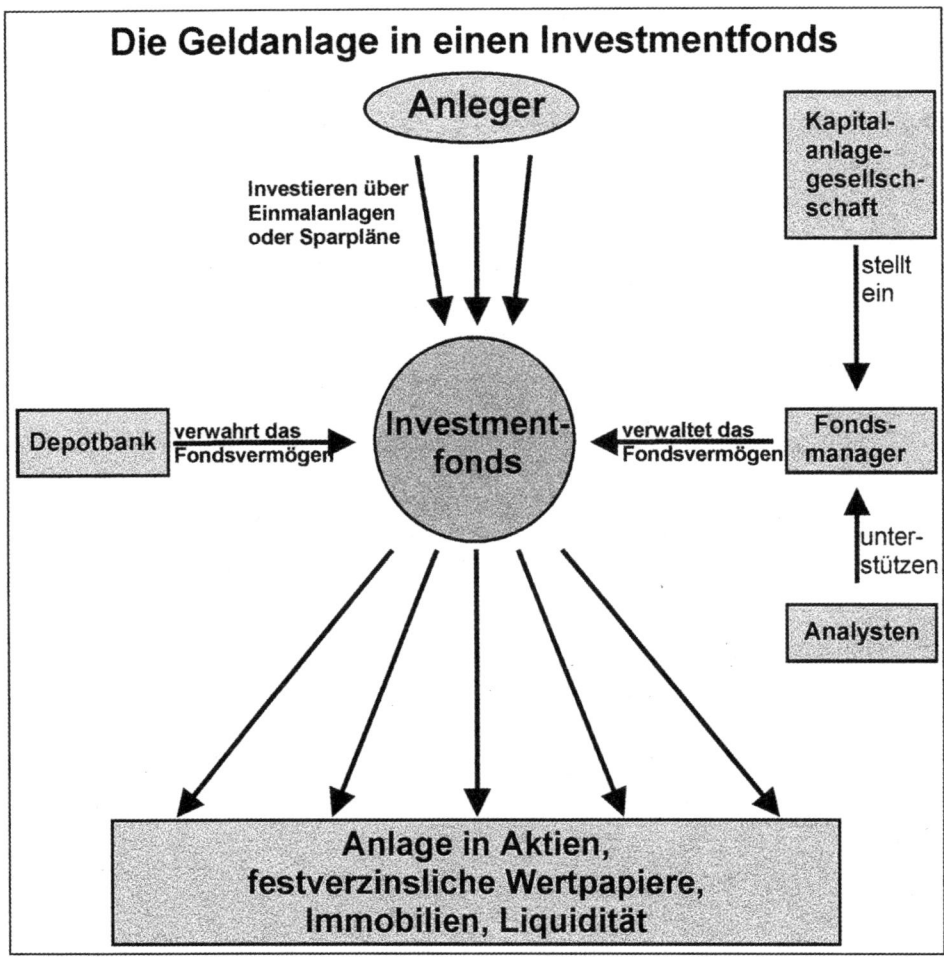

Die Vergangenheit hat immer wieder bewiesen, daß, so man Werte streut, und nicht nur auf ein einziges Pferd setzt, die Gewinnchancen höher, jedenfalls gleichmäßig höher sind, als wenn man sein Heil in einer einzigen Aktie sucht. Selbst hartgesottene Aktienprofis gehen im übrigen nicht anders vor. Sie haben sehr viele Aktien in ihrem Besitz, meist völlig unterschiedlicher Natur, weil sie sich ansonsten zu sehr abhängig machen würden von einzelnen Titeln. Speziell global operierende Investmentfonds aus dem angelsächsischen Raum genießen einen ausgezeichneten Ruf.

Sie sind bereits über 100 Jahre im Investmentgeschäft tätig – die Tradition ist also sehr viel länger als hierzulande in Deutschland – und wissen, wie man Gewinne erwirtschaftet und, wichtiger, haben dies über sehr lange Zeiträume bewiesen. Renditen von 10, 11, 12, ja 13 und 14 % sind nicht ungewöhnlich, sondern sogar an der Tagesordnung.

Der Vorteil bei der Anlage in Investmentfonds besteht darin, daß diese in einen Sachwert, eben in Aktien investieren. Außerdem ist eine tägliche Verfügbarkeit gegeben. Manchmal wird versucht, Investmentfonds abzuwerten, indem man sagt, daß diese keinerlei staatlicher Aufsicht unterliegen. Dem ist nicht so! Alle Investmentfonds müssen in Deutschland vom Bundesaufsichtsamt für Kreditwesen genehmigt werden und werden fortwährend staatlich beaufsichtigt. Wer etwas anderes behauptet lügt oder hat keine Ahnung!

Hier nun ein paar Namen, die ich als renommierte Gesellschaften im Investmentbereich bezeichnen möchte:

ADIG, DWS, GAMAX, FIDELITY, FLEMING, TEMPLETON, UNION INVEST, DIT, ACM, BARING, FRANKFURT TRUST, PIONEER, MERCURY, HYPO-INVEST, SUNLIFE, DEKA, VERI VALEUR, SMH, GAM, GT, MERRILL LYNCH und THREADNEEDLE, um hier nur einige Fondsgesellschaften zu nennen. Momentan gibt es in Deutschland bereits mehr als 2.500 verschiedene Fonds, von denen die meisten von den oben genannten Fondsgesellschaften verwaltet werden. Die Auflistung der Namen erhebt keinen Anspruch auf Vollständigkeit. Die unterstrichenen Fondsgesellschaften gehören zu den ältesten Fondsgesellschaften der Welt.

All diese Fondsgesellschaften verwalten jeweils momentan mehrere Milliarden Dollar.

Sehr viel aufschlußreicher sind aber noch die Ergebnisse.
Wertzuwachs der letzten 10 Jahre 11/88 bis 11/98:
FLEMING American 676,57 %
MERCURY North American 531,14 %
THREADNEEDLE American Select Growth 464,70 %
BARING America Growth 421,67 %
SUNLIFE American Growth 413,03 %
PIONEER /A 343,66 %
THREADNEEDLE American Growth 380,52 %
GT Invesco 321 %
TEMPLETON Growth 233,37 %
BARING Global Growth 232,91 %
PIONEER II 194,82 %
BARING European Growth 437,56
THREADNEEDLE European Growth 387,15 %
[Diesen Fonds halte ich in den nächsten Jahren für besonders empfehlenswert.
(Dies kommentiert auch die Zeitung „Die Welt" in der Ausgabe vom
04.02.1999.) Wenn Sie dieses Buch erst im Jahr 2005 oder 2010 zur Hand nehmen, können Sie ja nachschauen, ob ich recht hatte.]
DWS Akkumula 186,03
SUNLIFE Global Masters 139,26 %
MERCURY Global Equity 125,89 %
Wohlgemerkt handelt es sich hier um den Wertzuwachs. Wer also im November 1988 einen Betrag in Höhe von 10.000 Mark in den Fleming America Fonds angelegt hätte, wäre im November 1998 um 67.657 Mark reicher geworden, also insgesamt 77.657 wären daraus geworden. Daß dies sehr gute Zahlen sind, sieht jeder. Ich betone noch einmal, daß sich hieraus keine Garantie für die Zukunft herleiten läßt, aber die Zahlen sprechen eine deutliche Sprache.

Hier möchte ich noch einmal zum Abschluß dieses Kapitels an das von mir favorisierte Produkt erinnern, bei dem der Kunde die besten Fonds der oben genannten Fondsgesellschaften in einem Dachfonds vereinen kann und hat somit eine „Streuung der Streuung".

DAS MAGISCHE DREIECK DER KAPITALANLAGE
Dies ist ein berühmter Begriff in der Kapitalanlagenbranche.

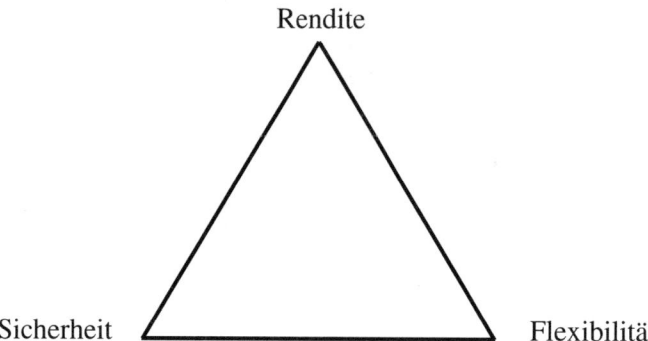

Sehr oft stehen diese Begriffe in einem umgekehrten Verhältnis zueinander. Beispiele:

Je größer die Sicherheit, desto schlechter die Rendite.

Dafür haben sich auch die meisten Deutschen in der Vergangenheit entschieden.

Je größer die Renditeaussichten, desto höher das Risiko.

Je größer die Sicherheit und je höher die Renditen sein sollen, um so länger sind die Anlagezeiträume (siehe zum Beispiel: Festgeld).

Mit einer Anlage in viele verschiedene Spitzeninvestmentfonds haben Sie das Risiko minimiert, die Renditeaussicht ist hervorragend und Sie können Ihre Investmentanteile jederzeit verkaufen. Hinzu kommt aber noch der Steuervorteil. Kursgewinne, die Sie mit Investmentfonds erreichen, sind nach der Spekulationsfrist von 12 Monaten steuerfrei.

Somit können Sie mehrere Fliegen mit einer Klappe schlagen.

Wenn nun doch noch Kritiker irgendwelche Einwände haben sollten, möchte ich Ihnen folgendes sagen: Wenn ein Kunde bei seiner gesamten Finanzsituation nur die Beträge nimmt, die er sich durch eine verbesserte Preis-Leistungs-Situation in seinen Versicherungsverträgen eingespart hat, um damit Investmentfondsanteile zu kaufen, dann ist das eine Topsache. Denn Versicherungsbeiträge (ich meine **nicht** die Umschichtung von **Lebens**versicherungsbeiträgen, sondern günstigere Sachversicherungen) für irgendwelche unnütze oder zu teure Versicherungen sind sonst für immer weg und bringen gar nichts ein.

Wenn Sie also immer noch der Meinung sind, daß Investmentsparen wie Lottospielen sei, dann können Sie ja nichts dagegen haben, wenn Sie durch eine sinnvolle Versicherungsstrategie etwas „Spielgeld" hinzubekommen haben, stimmt's?

Wie versprochen hier abschließend noch ein kurzes Begriffslexikon.

BEGRIFFSLEXIKON

A

Ablaufleistung
Damit ist in der Regel die Schlußzahlung aus einer Lebensversicherung gemeint.

Agio = Aufgeld

Annuitätendarlehen
Ein Darlehen, bei dem neben dem laufenden Zins auch gleichzeitig Tilgung gezahlt wird. In gleichen Beträgen, wie im Laufe der Zeit die Zinsen geringer werden, erhöhen sich die Tilgungsraten. Die Summe aus Zins und Tilgung (=Annuität) bleibt gleich. Nur innerhalb dieses Betrages ändert sich das Verhältnis zwischen Zins und Tilgung.

Anteilschein
Das Wertpapier eines Investmentfonds

AS (Altersvorsorge-Sondervermögen)
Eine neue Form auf dem Investmentfondsmarkt. Es wird schwerpunktmäßig in Aktien, Renten und Immobilien angelegt. AS-Fonds müssen mit Ein- und Auszahlungsplänen (Verrentung) angeboten werden.

Ausgabeaufschlag
Einmalige Kosten beim Fondskauf. Diese werden von der Fondsgesellschaft festgelegt.

B

BAKred = Bundesaufsichtsamt für das Kreditwesen

Baisse = starker Rückgang von Aktienkursen (Symbol: der Bär)

BAV = Bundesaufsichtsamt für das Versicherungswesen

Benchmark
Dies könnte mit den Begriffen „Meßlatte" oder „Vergleichsmaßstab" umschrieben werden. Oft nehmen die Fondsmanager den Index eines Landes als Benchmark, um daran ihren eigenen Anlageerfolg zu messen („bench" bedeutet wörtlich übersetzt „prüfen" oder „richten").

Blind Pool
Kapitalanlagemöglichkeiten, bei denen der Anleger nicht genau weiß, in welche Anlagen der Anbieter nun effektiv investiert

Blue Chips
Hierbei handelt es sich um einen Oberbegriff für die Aktien der größten Gesellschaften eines Landes (blue: blau ist die königliche Farbe). Blue Chips sind also sehr sichere und bewährte Aktienpapiere.

Branchenfonds
Investmentfonds, die nur Aktien einer bestimmten Branche kaufen (zum Beispiel: Technologiefonds)

Bonität = Zahlungsfähigkeit

C

Cost-Average-Effekt
Dies ist ein wichtiger Begriff beim Kauf von Aktien oder Investmentanteilen und sehr leicht zu verstehen. „Cost-Average" heißt „Kostendurchschnitt". Dies gilt für Verträge, bei denen Sie in mehreren Raten Aktien oder Anteile kaufen. Ganz einfach erklärt:
Man kauft viel, wenn etwas billig ist und kauft wenig, wenn etwas teuer ist. Durch den Cost-Average-Effekt werden Sie jeden monatlichen Kontoauszug mit einem lachenden und einem weinenden Auge lesen.
Begründung:
Wenn der Wert der Anteile gefallen ist, weiß Ihr „weinendes Auge", daß all Ihre bestehenden Anteile gefallen sind. Ihr lachendes Auge aber freut sich darüber, daß Sie jetzt mit dem **gleichen Betrag mehr Anteile** kaufen können. Wenn die Anteile gestiegen sind, weiß Ihr weinendes Auge, daß Sie nun mit dem gleichen Betrag weniger Anteile kaufen können, aber Ihr lachendes Auge freut sich darüber, daß

Ihre gesamten bisherigen Anteile gestiegen sind.

Zusammenfassung: Bei einem Hoch kaufen Sie mit Ihrer Rate wenige Anteile dazu, die fallgefährdet sind, in einem Tief kaufen Sie mit der gleichen Rate viele Anteile, die Steigchancen haben. Aus diesem Grund ist nicht nur die jährliche Rendite eines Investmentfonds zu erzielen, sondern der Cost-Average-Effekt wirkt sich für Sie immer in Ihrem Interesse aus. Machen Sie für sich doch mal ein paar Rechenbeispiele und Sie werden staunen.

Übrigens: Ich bin der Meinung, daß sowas auch mal in unseren Schulen gelehrt werden sollte. Dies ist doch eine wichtige Information, leicht zu verstehen und bringt erhebliche Vorteile. Doch die meisten Privatleute kennen den Cost-Average-Effekt leider nicht.

D

Dachfonds
Ein Fonds, der seinerseits in verschiedene andere Fonds investiert

Damnum
Hierbei handelt es sich um einen Zinsvorschuß an den Darlehensgeber. Um diesen Betrag reduziert sich die Darlehensauszahlung, dafür aber auch die laufend notwendige Zinszahlung.

DAX = Deutscher Aktien-Index
Ergibt sich aus den 30 größten deutschen Aktiengesellschaften (Blue Chips)

Depotbank
Jede Investmentgesellschaft braucht eine Depotbank, die die Anlagegelder verwahrt. Nur die Depotbank darf kaufen und verkaufen, jedoch im Auftrag der Investmentgesellschaft.
Also: Die Investmentgesellschaft *verwaltet* und die Depotbank *verwahrt*. Somit hat aus Sicherheitsgründen die Investmentgesellschaft selbst keinen Zugriff auf die Kundengelder.

Direktversicherung
Eine Art der Lebensversicherung, bei der der Arbeitgeber die Beiträge zur Altersversorgung **direkt** an die Lebensversicherungsgesellschaft überweist

Disagio
Ist dasselbe wie Damnum

Dividende
Ist die jährliche Gewinnbeteiligung durch die Aktiengesellschaft für ihre Aktionäre

Dread-Desease-Versicherung
Eine neue Art der Absicherung. Hier kann sich der Kunde gegen bestimmte schwere Erkrankungen absichern, wie zum Beispiel: Bypass-Operation, Schlaganfall, Nierenversagen, Krebs, Herzinfarkt und Multiple Sklerose. Meist wird diese Absicherung als Zusatz bei einer Lebensversicherung angeboten. Wenn jedoch mehr als 6 bestimmte Krankheiten abgesichert sind, kann dies zum Verlust des Steuerprivilegs einer Lebensversicherung (nach 12 Jahren steuerfreie Auszahlung) führen, es sei denn, es handelt sich bei der Dread-Desease-Police um eine Zusatzversicherung.

E

Effektive Stücke
Wenn der Kunde die Aktien oder Anteilscheine wirklich in den Händen halten will, dann läßt er sich von der Bank die „effektiven Stücke" aushändigen.

Emerging Market Fonds
Unter „Emerging Markets" versteht man kleine, aufstrebende Industrieländer, die eine hohe Ertragschance haben. Dementgegen steht allerdings auch ein erhöhtes Risiko.

Emittent
Der Herausgeber beziehungsweise Aussteller eines Wertpapiers

F

Fester Zinssatz
Der vereinbarte Zinssatz kann sich während der vereinbarten Laufzeit nicht ändern.

Festgeld (siehe Seite 94: „Festgelder")

Festverzinsliche Wertpapiere (siehe Seite 94: „Festverzinsliche Wertpapiere")

Fonds
Ein Topf aus mehreren Anlegern oder Anlagestrategien; zum Beispiel Aktienfonds, Rentenfonds, Immobilienfonds und gemischte Fonds

Fondsgebundene Lebensversicherung
Hierbei wird der Sparteil nicht bei der Versicherungsgesellschaft selbst angelegt, sondern die betreffende Gesellschaft kauft damit Aktien.

Freistellungsauftrag
Um den Sparerfreibetrag (Stand 1998: Ledige 6.000 DM, Verheiratete 12.000 DM; ab 2000 nur noch 3.000/6.000DM) sofort nutzen zu können, muß der Stelle, bei der Zinseinkünfte erzielt werden (i. d. R. der Bank) ein Freistellungsauftrag erteilt werden, damit die Zinsen nicht sofort versteuert werden.

Fungibilität = Veräußerbarkeit

G

Garantiefonds
Hierbei erhält der Anleger von der Fondsgesellschaft eine Garantie, daß er keinen Verlust erleiden kann. Er bekommt also mindestens sein eingesetztes Kapital zurück. Ich halte von dieser Konstruktion nicht allzuviel, denn die Fondsmanager lassen sich diese Garantie teuer bezahlen. So liegen die Renditen dieser Fonds weit unter den wirklich zu erzielenden zurück.

Gehaltsumwandlung
Eine Form der betrieblichen Altersversorgung (siehe auch: Direktversicherung)

Genesungsgeld (siehe Seite 120: „Unfallversicherung")

Gliedertaxe (siehe Seite 120: „Unfallversicherung")

Grauer Kapitalmarkt
Ein Kapitalanlagemarkt, der durch kein staatliches Aufsichtsamt geregelt wird

H

Hauptversammlung
Die alljährliche Versammlung aller Aktionäre, die sich über unternehmerische Entscheidungen informieren wollen oder mit abstimmen wollen

Hausse
Starker Anstieg von Aktienkursen (Symbol: der Bulle)

Hypothek
Ein Grundpfandrecht, dessen Höhe an den Stand des Restdarlehens gekoppelt ist

I

Invalidität
Gleichzusetzen mit Erwerbsunfähigkeit

K

KAG
Abkürzung für „Kapitalanlage-Gesellschaft", also Investment- oder Fondsgesellschaft

KGV
Kurs-Gewinn-Verhältnis; ermöglicht die Berechnung der effektiven Rendite einer Dividende bezogen auf den Kurswert der Aktie

Krankenhaustagegeld
(siehe Seite 117: „Krankenversicherung" bzw. Seite 120: „Unfallversicherung")

L

Länderfonds
Bei dieser Fondsart werden Aktien von Unternehmen aus einem bestimmten Land gekauft.

Laufzeitverkürzung
Dies gibt es meistens bei Lebensversicherungen, deren Laufzeit durch die Verwendung von Überschußanteilen verkürzt wird.

Liquidität
Hierbei geht es um die Verfügbarkeit einer Kapitalanlage. Liquidität bedeutet im eigentlichen Sinn die **Möglichkeit der Verwendung** des Geldes im täglichen Leben.

M

Magisches Dreieck (siehe Seite 132: „Das magische Dreieck")

Maklercourtage
Die Provision für den Makler bei Vertragsabschluß

Managementgebühren
Laufende, jährliche Gebühren eines Investmentfonds für die Verwaltung, also An- und Verkauf von Wertpapieren

N

Nichtrauchertarife
Manche Gesellschaften unterscheiden bei den Absicherungssummen nach Raucher- und Nichtrauchertarifen. Dies ist vor allem bei den Lebensversicherungstarifen von Bedeutung.

No-Load-Fonds = Fonds ohne Ausgabeaufschlag

Nominalzins
Dies ist der Zins, der wirklich in Geld ausgedrückt bezahlt werden muß, ohne Hinzurechnung von Nebengebühren und Zinsnachteilen.

O

Offene Fonds

Kennzeichen der offenen Fonds ist, daß die Anzahl der Anteile unbegrenzt ist. Diese hängt ganz vom gesamten Zeichnungskapital ab. Je mehr Anlagekapital vorhanden ist, um so mehr Anteile werden ausgegeben. Im Investmentbereich ist diese Form üblich. Die Fondsgesellschaft ist gesetzlich verpflichtet, die Anteile auf Wunsch des Kunden zurückzunehmen.

Optionen

Eine Option gibt dem Käufer das Recht – aber nicht die Verpflichtung –, eine bestimmte Menge eines Anlagemediums, zum Beispiel eine Aktie oder eine Anleihe, innerhalb einer bestimmten Frist zu einem **schon vorher** festgelegten Preis kaufen oder verkaufen zu können. Der Handel mit Optionen ist meiner Meinung nach eher etwas für Spekulanten.

P

Performance

Dies ist der Fachausdruck für die **Wertentwicklung** in der Vergangenheit (Performance wörtlich übersetzt bedeutet „Pflichterfüllung"). Viele Anleger schauen bei Ihren Kaufentscheidungen nur auf die Performance der einzelnen Fonds in der Vergangenheit. Dies hat seine Berechtigung, wenn Sie sich die Ergebnisse der beispielsweise letzten 10, 15, 20 oder mehr Jahre anschauen wollen. Abraten würde ich jedoch von Fonds, die nur im letzten Jahr ein gutes Ergebnis erzielt haben. Hier mal einen Gedankenanstoß: Es gibt viele Fondsanleger, die sich am Anfang jedes Jahres den Fonds aussuchen, der im letzten Jahr das schlechteste Ergebnis erzielt hat. Denn erfahrungsgemäß haben diese Fonds im dann folgenden Jahr den größten Aufschwung. Macht eigentlich auch Sinn, oder?

Policendarlehen

Bei einer Kapitallebensversicherung können Sie von der Gesellschaft ein Darlehen erhalten bis zur Höhe des aktuellen Rückkaufswertes. Dabei sollten Sie jedoch auf die Zinskonditionen achten. Gerichte sind der Auffassung, daß die Zinskonditionen nicht höher sein dürfen, als die Hypothekenkonditionen dieser Gesellschaft. Denn Policendarlehen sind für den Darlehensgeber die sichersten Darlehen, die es gibt, denn die Gesellschaft hat die Sicherheit dafür (Ihre LV) ja bereits im Haus.

Progression (siehe Seite 120: „Unfallversicherung")

Publikumsfonds
Im Gegensatz zu sogenannten Spezialfonds, die nur institutionellen Anlegern vorbehalten sind, steht ein Publikumsfonds jedermann als Anlageform zur Verfügung.

Q

Quellensteuer
Dies ist eigentlich keine Steuerart, sondern kennzeichnet nur den Zahlvorgang an das Finanzamt. In der Regel handelt es sich hierbei um die Kapitalertragssteuer, die man für Zinserträge bezahlen muß. Hierbei führt die „Quelle", aus der die Zinsen „sprudeln", (jetzt werden manche Banker grinsen) die Steuern für die Zinserträge direkt ans Finanzamt ab. Um dies zu verhindern, können Sie der Bank bis zur Höhe des Sparerfreibetrages einen sog. Freistellungsauftrag erteilen.

R

Rechenschaftsbericht
Dies ist der gesetzlich vorgeschriebene Bericht, den die Fondsgesellschaften zweimal jährlich zur Information der Anleger über den Fonds veröffentlichen müssen.

Rentenfonds
Ein Fonds, der lediglich in festverzinsliche Werte, also Anleihen, investiert

Rentenversicherung
Eine Form der Kapitallebensversicherung, bei der nicht die sofortige Vollauszahlung der Ablaufleistung vorgesehen ist, sondern eine ratierliche Auszahlung (Verrentung). Die meisten Rentenversicherungen haben aber auch ein Kapitalwahlrecht. Das heißt, der Kunde kann auch bei einer Rentenversicherung die Vollauszahlung wünschen.

Restschuldversicherung
Hierbei geht es um eine Risikolebensversicherung, deren Absicherungssumme im Laufe der Zeit immer kleiner wird. Diese wird für das Todesfallrisiko in Zusam-

menhang mit einem Darlehen abgeschlossen. Die Todesfallsumme reduziert sich parallel zum Stand des (Rest-)Darlehens.

REX = Deutscher Rentenindex

Rückkaufswert
Wenn Sie eine Lebensversicherung vorzeitig kündigen, erhalten Sie den Rückkaufswert. Bitte unterschreiben Sie nie eine Anerkennung der Höhe des Rückkaufswertes. Kopieren Sie alle Unterlagen, bevor Sie die Police nebst Nachträgen an die Gesellschaft schicken.

Rücknahmepreis
Zu diesem Preis kann der Investmentanleger seine Anteile an die Investmentgesellschaft zurückgeben (Gegenteil: Ausgabepreis).

Rückstufung
Fragen Sie Ihre Kraftfahrtversicherungsgesellschaft nach einem Schadensfall im Bereich der Haftpflicht- und/oder der Vollkaskoversicherung immer, wie die Hochstufung erfolgt. Oftmals kann es günstiger sein, kleinere Schäden selbst zu übernehmen, denn Sie haben immer den doppelten Nachteil bei einem Schaden. Statt im nächsten Jahr weiter nach unten gestuft zu werden, werden Sie um mindestens eine, meistens jedoch mehrere Stufen hochgestuft.

Rücktritt(srecht)
Das bis 1995 als Widerrufsrecht bekannte Recht besagt, daß Sie vom Vertrag einer Lebensversicherung innerhalb von 14 Tagen nach Abschluß des Vertrages (das heißt nach der Erhalt der Police) zurücktreten können. Maßgeblich dabei ist das Datum Ihrer Absendung.

S

Sondervermögen
Bezeichnung bei einem Investmentfonds. Dies macht deutlich, daß die einzelnen Konten der Anleger getrennt vom Vermögen der Investmentgesellschaft verwahrt werden.

Solvabilität
Bedeutet (Aus-)Zahlungsfähigkeit (siehe auch Seite 125: „Fazit")

Sparerfreibetrag
Bis zur Höhe dieses gesetzlich festgelegten Betrages dürfen Sie jährlich Zinsein-künfte vereinnahmen, ohne diese versteuern zu müssen. (Stand 1998: Ledige 6.000 DM zzgl. 100 DM Werbungskostenpauschale, also gesamt 6.100 DM. Verheira-tete 12.000 DM zzgl. 200 DM Werbungskostenpauschale, also gesamt 12.200 DM. Ab 2000 soll der Sparerfreibetrag jeweils halbiert werden, die Werbungskosten-pauschalen bleiben. Also zukünftig 3.100 DM bzw. 6.200 DM.)
Übrigens: Bis vor wenigen Jahren lag der Sparerfreibetrag nur bei 600/1.200 Mark. Diese Beträge wurden dann verzehnfacht, also auf 6.000/12.000 Mark. Und siehe da, plötzlich haben viele Steuerzahler wesentlich mehr Geld (sichtbar) herumlie-gen als vorher. Hat man die Sparer erst einmal im Sack, kann man den Sparer-freibetrag ja gleich wieder halbieren! Ganz schön clever, finden Sie nicht?

Sparzulage
Bei den vermögenswirksamen Leistungen (936-DM-Gesetz) erhält der Sparer unter bestimmten Voraussetzungen (Anlageform, Höhe des zu versteuernden Einkom-mens) vom Staat eine sog. Arbeitnehmersparzulage.
Stand 1999: Bei Bausparverträgen erhalten Sie 10 % aus 936 DM = 93,60 DM und **zusätzlich** (man höre und staune) fördert der Staat nun die Anlage in Investment-fonds mit 20 % von bis zu 800 DM pro Jahr = 160 Mark.
Achtung: Im Moment sind die Banker eifrig dabei, den Kunden zu den bestehen-den Bausparverträgen noch die 800 Mark in hauseigene Investmentanlagen zu ver-kaufen. Dies ist auch richtig so. Doch ich weiß nicht, ob sich die Banker schon einmal Gedanken darüber gemacht haben, was sie sich da für ein Kuckucksei ins Nest gesetzt haben. Denn all diese Kunden werden in 7 Jahren feststellen, daß sie bei dieser Anlage die besten Ergebnisse erzielt haben. Wenn die Kunden dann nicht total vernagelt sind, werden sie sich mit dem Thema Investment sehr schnell anfreunden. Dann bin ich mal auf die Reaktion der Banken gespannt, wenn das Geld nicht oder nicht mehr nur in die hauseigenen Fonds wandert.
Soll ich Ihnen verraten, welche Fondsgesellschaft wir empfehlen? O.k.!
SUNLIFE Investment. In den letzten Jahren hat der American Growth die besten Ergebnisse aller Fonds in diesem Bereich erreicht. (Schauen Sie sich einmal die Fachzeitschriften an. Wenn Sie die Worte lesen „simply the best", dann haben Sie SUNLIFE vor sich.) Hier war die Ablaufleistung nach 7 Jahren zwischen 16.000 und 18.000 Mark und dies bei einer Gesamteinzahlung von 5.616 Mark abzüglich

Sparzulage und Arbeitgeberanteil. Ob diese Ergebnisse auch in Zukunft erreicht werden, weiß ich nicht. Ich würde Ihnen für die Zukunft eher den SUNLIFE European Growth) vorschlagen.

(Jetzt hab ich mich aber schon ein bißchen aus dem Fenster gelehnt, nicht wahr. Das war's aber auch schon wieder. Man will ja nicht alles verraten!)

Spekulationsfrist

Wenn Sie Aktien oder Investmentanteile länger als 12 Monate besitzen, sind die daraus resultierenden Kursgewinne steuerfrei.

Übrigens: Bei Immobilienverkäufen wird die Spekulationsfrist von 2 auf 10 Jahre erhöht.

Spezialfonds

Fonds ausschließlich für institutionelle Anleger

T

Thesaurierung

Bedeutet „Wiederanlegung". Bei thesaurierenden Fonds werden die Erträge nicht ausgeschüttet, sonder wieder in weitere Anteile angelegt.

Typklassen

Dies ist in der Kfz-Versicherung wichtig und betrifft hierbei die Kaskoversicherung (Teil- und Vollkasko). Diese Einstufung hängt vom Fabrikat, Typ und Baujahr Ihres Wagens ab. Je höher Ihr Fahrzeug eingestuft ist, desto teurer ist die Kaskoversicherung. Autotypen, die in der Vergangenheit vermehrt gestohlen wurden, werden höher eingestuft.

U

Überschußbeteiligung

Etwas ironisch formuliert: Überschußbeteiligung ist das, was dem Lebensversicherungskunden vom Gesamtgewinn der Gesellschaft übrig gelassen wird.

Überspannungsschäden

Sind bei manchen Gesellschaften in der Hausratversicherung mitversichert. Bitte immer danach fragen.

Umbrellafonds

Übergeordnete Fondsstruktur, unter deren „Schirm" Einzelfonds aufgelegt werden können

Unterversicherung

Kommt in der Praxis häufig bei Hausratversicherungen vor. Aus diesem Grund empfehle ich die Absicherung nach der Quadratmeterzahl der Wohnfläche.

V

Variabler Zinssatz

Ein Zinssatz, der sich jeweils an die Marktgegebenheiten anpaßt, also nicht festgeschrieben ist. Dies kann in einer Hochzinsphase empfehlenswert sein.

Verbundene Lebensversicherung

Hier sind zwei Personen gegenseitig bei Todesfall abgesichert. Wenn einer der beiden während der Laufzeit des Vertrages stirbt, wird die versicherte Summe an die jeweils andere Person ausbezahlt und der Vertrag ist beendet. Dies halte ich bei der Risikolebensversicherung für sehr sinnvoll. Dies muß nicht nur auf Ehepaare angewendet werden, sondern zum Beispiel auch auf Geschäftspartner.

Verlustzuweisung

(siehe Seite 127: „Die mitunternehmerische Beteiligung")

Volatilität

Um das zu erklären, möchte ich zuerst einen anderen Begriff erläutern:
den „Beta-Faktor". Dieser Faktor gibt an, in welchem Verhältnis eine bestimmte Aktie oder ein Investmentanteil zum gesamten Markt (Index) schwankt. Wenn beispielsweise eine Aktie im gleichen Verhältnis wie der Index nach oben oder unten schwankt, hat sie einen Beta-Faktor von „1". Eine Aktie mit einem Beta-Faktor von 1,5 steigt oder fällt 1,5 mal so stark wie der Gesamtmarkt. Bei zu erwartendem steigenden Markt schaut man also auf Aktien mit einem hohen Beta-Faktor (über 1) denn dann kann die Aktie stärker als der Marktdurchschnitt steigen. Bei

zu erwartendem Fallen kauft man Aktien mit einem niedrigen Beta-Faktor (unter 1), denn dann wird diese Aktie die Abwärtsbewegung nicht so stark mitmachen wie der Marktdurchschnitt.

So und nun kommen wir zur Volatilität. Sie gibt die Bandbreite der Schwankungen nach oben und nach unten wieder. Also haben Aktien mit einem hohen Beta-Faktor auch eine hohe Volatilität, Aktien mit geringem Beta-Faktor eine geringe Volatilität.

Doch warum ist dies alles wichtig? Wenn Sie in eine Aktie oder in einen Investmentfonds einsteigen, dann sollten Sie für Einmalanlagen (also eine einmalig größere Summe) einen Fonds mit einer geringen Volatilität wählen. Während Sie bei ratierlichen Verträgen (Sie zahlen jeden Monat den gleichen Betrag ein) auf eine hohe Volatilität achten sollten. Denn dadurch wirkt sich der bereits beschriebene Cost-Average-Effekt noch stärker für Sie aus.

W

Widerrufsrecht (siehe Seite 142: „Rücktrittsrecht")

Z

Zuteilung (siehe Seite 125: „Der Bausparvertrag")

So! An dieser Stelle möchte ich mich bei Ihnen erst mal ganz herzlich bedanken, daß Sie sich diese Informationen „reingezogen" haben. Ich hoffe wirklich sehr, daß ich es nicht zu schwierig gestaltet habe, sondern Ihnen ein Gefühl der Sicherheit vermitteln konnte. Das ist mein Wunsch. Damit haben wir aber schon sehr viel erreicht und ich denke, daß Sie jetzt schon ein Gefühl dafür bekommen haben, wohin die Reise geht.

Also, liebe Leserin, lieber Leser, was ist nun Sache?

Kapitalaufbau vor allem in langfristiger Hinsicht gehört in Sachwerte. Dies muß der Stamm Ihrer Finanzstrategie sein. Drumherum bauen Sie die für Sie notwendige Absicherung. Neben der Absicherung Ihrer Person (Risikolebens-, Unfall- und Berufsunfähigkeitsversicherung) schließen Sie bitte nur diese Sachversicherungsverträge ab, die Sie auch wirklich brauchen. Und bitte alle mit einer Laufzeit von nur einem Jahr. Sie müssen flexibel bleiben und auf günstigere Angebote reagieren können. Lassen Sie sich nichts erzählen, sondern machen Sie sich bitte selbst schlau. Ich habe in diesem Kapitel versucht, Ihnen einen allgemein verständlichen Überblick zu verschaffen, der Ihnen einen kompetenteren Umgang mit Ihren Finanzen verschafft. Wenn Sie auf diese letzten Tips achten, sind Sie schon auf einer sehr geraden und schnellen Autobahn unterwegs.
Doch wenden wir uns nun den etwas leichter verdaulichen Kapiteln zu.

Inflation ist die Methode, einen Geldschein zu halbieren,
ohne das Papier zu verletzen.

VERFASSER UNBEKANNT

8. GELTENDE IRRTÜMER ÜBER GELDWERTE
und
SACHLICHES ÜBER SACHWERTE

Gleich zu Beginn dieses Kapitels möchte Ihnen eine Frage stellen: Was ist Geld überhaupt? Haben Sie sich darüber schon einmal wirklich Gedanken gemacht? Geldwerte gibt es eigentlich gar nicht, denn Geld ist an und für sich nichts wert.

Was soll das denn, werden Sie sich jetzt fragen. Doch lassen Sie mich diese Aussage erläutern. Gehen Sie doch einmal mit Geld auf den Mond oder in die Wüste. Oder stellen Sie sich vor, Sie könnten die Zeit um nur 100 Jahre zurückdrehen und mit Ihrem heutigen Bargeld versuchen einzukaufen. Geld ist für sich allein nichts wert. Ich glaube, daß es wichtig ist, sich einmal darüber Gedanken zu machen.

Darf ich Ihnen hier einmal eine kleine Geschichte erzählen?

Vor einiger Zeit sah meine kleine Anna-Lucia zu, als ich den beiden Größeren Taschengeld gab, ihr jedoch nicht. Mit verschränkten Armen baute sie sich vor mir auf und reklamierte diese himmelschreiende Ungerechtigkeit. Ich sah in meinem Geldbeutel nach und fand noch acht 10-Pfennig-Stücke, mehr nicht. Dieses Geld schenkte ich Ihr. Freudestrahlend lief sie zur Mama und verkündete stolz, daß sie vom Papa acht Geld bekommen habe. Daraufhin zeigte ich ihr meine leere Geldbörse. Mit trauriger Miene gab ich Ihr zu verstehen, daß ich nun kein Geld mehr habe. Nach anfänglicher Bestürzung hatte Sie plötzlich eine geniale Idee:

„Dann geh doch zur Bank und kauf dir wieder eins" sagte sie. „Aber womit denn, ich habe doch kein Geld mehr um zu bezahlen", entgegnete ich ihr.

Anna sah mich fassungslos an!

In Wahrheit ist Geld nur ein Gefühl, sonst nichts.

Rein funktional ist Geld nichts anderes als ein Tauschmittel, richtig? Jemand gibt uns nur dann Ware oder eine Dienstleistung für das Geld, wenn er seinerseits glaubt bzw. weiß, daß er mit diesem Geld wieder etwas anfangen kann. Er braucht also auch wieder jemanden, der das gleiche glaubt und der braucht auch wieder einen ...

Am besten funktioniert dieses System, wenn alle daran glauben, daß das Geld etwas wert sei. Geld ist also nur soviel wert, wie der Empfänger glaubt, daß es für ihn wert ist! Der eigentliche Wert des Geldes ist also untrennbar mit diesem Glauben verbunden. Ohne diesen Glauben wäre es nur Papier oder Metall, sonst nichts. Genauso verhält es sich mit Schecks, Wechseln und Kreditkarten. (Warum heißen die Dinger umgangssprachlich eigentlich „Kreditkarten" und nicht „Zahlkarten"?)

Heute erfolgen schon die meisten Zahlungsvorgänge nicht mehr durch das Bargeld, sondern durch Überweisungen, Schecks, Karten und durch die Elektronik. Wenn ein Mensch etwas nicht erst später, sondern sofort haben will, es aber nicht jetzt aus eigener Tasche bezahlen kann, nimmt er einen Kredit auf. Dafür bezahlt er Zins. Dies ist der Preis für geliehenes Geld. Das Kreditinstitut muß sich seinerseits ebenfalls Geld ausleihen. Also werden Sie sich irgendwann fragen, ob das gesamte Geld, das irgendjemand irgendjemandem geliehen hat, auch wirklich existiert, also beispielsweise gedruckt wurde. Sie werden sehr schnell feststellen, daß Geld zum überwiegenden Teil nur als Buchgeld besteht. Somit ist der Wert des Geldes an den Glauben an die Werthaltigkeit des Empfängers gekoppelt. Am meisten werde ich mir dessen bewußt, wenn ich mit unserer 94jährigen Oma rede. Sie legt besonderen Wert darauf, daß zum Haus immer noch ein Acker gehört, damit man in schlechten Zeiten wenigstens Kartoffeln anpflanzen kann.

Menschen, die schon einmal erlebt haben, daß niemand mehr an den Wert dessen glaubt, was sie in ihrem Sparstrumpf oder auf der Bank gehortet haben, werden diese Ausführungen sehr gut verstehen. Am besten werden Sie es sehen, wenn Sie feststellen, wieviel in der freien Wirtschaft nach dem 30.06.2002 noch ein 100-Markschein wert ist.

Die Leute, die irgendwo Schwarzgeld herumliegen haben, bekommen nun die größten Probleme. Denn ihr ganzer „Stolz", ihre Rücklage für alle Fälle löst sich in Luft auf. Schauen Sie die Menschen an, die momentan in Moskau vor den Banken stehen und mitansehen müssen, wie ihr Geld nichts mehr wert ist.

DIE ZEIT ZEIGT DEN UNTERSCHIED

Man muß es sich noch einmal vor Augen führen. In nur 50 Jahren ist von unserer doch vergleichbar sehr stabilen Mark nur noch ein Viertel übrig geblieben. Also muß doch anhand der vergangenen Ausführungen wirklich jeder erkennen, daß gerade langfristiger Kapitalaufbau mit Sachwerten realisiert werden muß.

Unter Geldwerten versteht man Anlagen, bei denen die Summe des angelegten Betrages die entscheidende Rolle spielt. Denken Sie zum Beispiel einmal an Festgeld: Wenn Sie 10.000 Mark anlegen, dann sind diese 10.000 Mark das Maß aller Dinge. Wenn Sie nun auf diesen Betrag beispielsweise 4 % Zins erhalten, dann wird aus Ihren 10.000 Mark mit Zinseszinseffekt (also keine laufende Auszahlung) in zehn Jahren ein Betrag von 14.802 Mark. Wenn in derselben Zeit die Waren und Dienstleistungen um 3 % teurer geworden wären, würde das, was vor zehn Jahren noch 10.000 Mark gekostet hätte, heute 13.439 Mark kosten. Also haben Ihre 10.000 Mark effektiv nur 1.363 für Ihre eigene Tasche erwirtschaftet. Dies entspricht einem Zinssatz von nur 1 % auf zehn Jahre. Nun werden Sie sagen: „Das ist doch logisch, daß nur 1 % übrigbleibt, wenn ich 4 % Habenzins bekomme bei einer Inflationsrate von 3 %." Rechnerisch haben Sie recht. Doch mir geht es um etwas ganz anderes.

SACHWERTE

Hätten Sie diese 10.000 Mark in Sachwerte angelegt, wäre zu der Wertsteigerung dieses Sachwertes zusätzlich die laufende Rendite gekommen.

Bei Immobilien zum Beispiel die Mieteinnahme, bei Aktien die Dividende, bei Grundstücken die Verpachtung und bei Unternehmensbeteiligungen der Gewinn. Doch bleiben wir einmal bei der Wertsteigerung. Auch hierbei müssen wir von 3 % ausgehen (wir wollen ja Äpfel mit Äpfeln vergleichen). Dann wären aus Ihren 10.000 Mark nach zehn Jahren wirkliche 13.439 Mark geworden. Also ein Ergebnis von 3.439 Mark mehr. Demgegenüber gestellt die effektiven 1.363 DM aus dem Bereich Geldwert. Ergibt insgesamt 2.076 DM mehr. Also fast das Doppelte! Was ich damit sagen will ist folgendes: Entweder die Inflationsrate arbeitet für Sie oder gegen Sie.

Geldwerte sind also Anlagen, bei denen die angelegte Summe für Sie arbeitet und die Inflationsrate gegen Sie. Sachwerte sind Anlagen, bei denen die „Sache" für Sie Gewinn erwirtschaftet **und** die Inflationsrate (Wertsteigerung) für Sie arbeitet.

Bei der Kapitallebensversicherung handelt es sich um eine „Turboversion" der Geldwertanlage. Denn hierbei arbeitet nicht nur die Inflationsrate gegen Sie, sondern auch noch die Abschreibungsmöglichkeiten der Gesellschaft im Bereich von Immobilien und von sonstigen Vermögensgegenständen, wie zum Beispiel Aktien.

Wissen Sie, was ich glaube? Ich bin sicher, daß die meisten Leser dieses Buches, besonders die „Nichtfinanzler", durch dieses Buch zum ersten Mal mit dem Wort „SACHWERT" vertraut gemacht werden. Wenn dem so ist, dann sage ich in Bezug auf die Vergangenheit: „Schade", in Bezug auf die Zukunft jedoch: „Endlich". Jedoch nur dann, wenn Sie auch etwas ändern. Und das ist letztendlich mein Ziel. Um Ihnen dabei zu helfen, sind in der folgenden Aufstellung Beispiele von Sachwertanlagen und Geldwerten aufgeführt.

Geldwerte	Sachwerte
Lebensversicherungen	Eigentumswohnungen
Sparbücher	Einfamilienhäuser
Festgelder	Mehrfamilienhäuser
Depotgeldanlagen	gewerbliche Objekte
Abschöpfungssparen	Neubau, Altbau
Bausparverträge	Immobilienfonds
Prämiensparverträge	denkmalgeschützte Objekte
Obligationen	Wohnanlagen
Ausbildungsversicherung	Grundstücke
Kapitalbriefe	Edelmetalle
Computersparverträge	Aktien
Wachstumszertifikate	Aktienfonds
Gewinnobligationen	Unternehmensbeteiligungen
Anlagezertifikate	
Bundesschatzbriefe	
Finanzierungsschätze	

SICHERHEIT UND RENDITE

Die Verfechter des Geldwert-Gedankens versuchen indes immer wieder, darauf hinzuweisen, daß Immobilien sowie Aktien oder Aktienfonds eine äußerst unsichere Angelegenheit sind, weil hiermit angeblich gewisse Risiken verbunden seien. Diese Behauptung ist jedoch allenfalls bedingt richtig. Es ist zwar wahr, daß bei einer höheren Verzinsung auch üblicherweise mit einem höheren Risiko gerechnet werden muß, wenn man solch ein globales Statement wagen will. Aber die *Sicherheit* muß nicht grundlegend berührt werden, sofern man bestimmte Investmentgrundsätze bei der Immobilie und bestimmte Richtlinien bei Aktien beziehungsweise Aktien- oder Investmentfonds beherzigt. Professionals wissen natürlich um diese Richtlinien, und Sie wissen sehr wohl zu unterscheiden, was spekulative Aktien und spekulatives Immobilieninvestment bedeutet – und umgekehrt was konservatives und sicherheitsbewußtes Immobilien- und Aktieninvestment heißt.

Was die letztendliche Sicherheit des Aktien- oder Immobilieninvestments ausmacht ist die *langfristige* Betrachtung. Das heißt, beobachtet man über Jahrzehnte oder sogar noch längere Zeiträume das Investment in Aktien oder Immobilien, so sind diejenigen, die hier ihr Geld klug angelegt haben, immer die Gewinner. In der Tat gewinnen Sie haushoch gegenüber den Geldwert-Investoren, wie die Geschichte immer wieder hinlänglich bewiesen hat.

DIE INFLATION

Dabei muß nicht einmal eine horrende Inflation gegeben sein, wie es in den Jahren 1923 und 1924 in Deutschland der Fall war – oder im Jahre 1929. Hier verloren die Geldwertbesitzer ihre gesamten Ersparnisse. Das heißt, alle, die an das Sparbuch geglaubt hatten oder an die gesetzliche Rentenversicherung, an das Geld im Sparstrumpf oder an Geldscheine, waren schlußendlich die Verlierer. Die haushohen Gewinner in diesen Zeiten waren dagegen die Sachwertbesitzer. Genau aus dieser Zeit entstanden die größten Wirtschaftsimperien Deutschlands. Gewiefte Manager haben in dieser Zeit gekauft wie die Verrückten. Sie wußten ganz genau, daß Grundstücke, ja ganze Ländereien, Häuser und Firmen zu Spottpreisen zu haben waren. Und noch etwas wußten diese Leute: Wenn Geld kaputt geht, dann gehen auch Schulden „kaputt". Aber soweit muß man wie gesagt nicht einmal zurückgehen. Selbst in einer Zeit wie der unsrigen, wo die durchschnittliche Inflationsrate mit 3 % anzusetzen ist (momentan liegt sie natürlich niedriger aufgrund der Erfüllung der Kriterien für den EURO), ist das Investment in Sachwerte bereits weitaus intelligenter, als wenn man sich auf Geldwerte verläßt.

Die wenigsten Menschen machen sich Gedanken darüber, was eine Wertminderung von 3 % pro Jahr wirklich bedeutet. Wir haben auf die tückische Wirkung selbst einer niedrigen Inflationsrate bereits hingewiesen. Der Clou ist, ich darf ihn wiederholen:

Diese 2 %, 3 % oder 4 % Inflation finden *jedes Jahr* statt.

Betrachten Sie in diesem Sinne einmal die durchschnittliche Inflationsrate in der Bundesrepublik Deutschland in den letzten Jahren:

Jahr	Inflationsrate in %	Jahr	Inflationsrate in %
1970	3,6	1985	2,2
1971	5,1	1986	-0,1
1972	5,6	1987	0,2
1973	6,9	1988	1,3
1974	6,9	1989	2,8
1975	5,9	1990	2,7
1976	4,4	1991	3,5
1977	3,6	1992	5,1
1978	2,7	1993	4,5
1979	4,2	1994	2,7
1980	5,4	1995	1,8
1981	6,3	1996	1,5
1982	5,3	1997	1,8
1983	3,3	1998	0,9
1984	2,4		

Diese Angaben entsprechen einer durchschnittlichen Inflationsrate seit 1970 von 3,53 %.

Selbst die (wahrscheinlich nur kurzfristig) etwas niedrigere Inflationsrate der letzten Jahre (ca. 2 %) ändert nichts an der Tatsache der **ständigen** Inflation!

WO STEHT DEUTSCHLAND IM VERGLEICH MIT ANDEREN?

Nun eine sehr wichtige Information: Die durchschnittliche Inflationsrate aller Währungsunionländer (außer Deutschland) der letzten 20 Jahre betrug 8,05 %. Durch die Währungsunion kommen diese Länder wirtschaftlich zusammen.

Eine der obersten Prämissen der Währungshüter ist eine stabile Währung in Europa. Ob jedoch eine durchschnittliche Inflationsrate von unter 3 % in der Zukunft realisiert werden kann, bezweifle ich.

Wenn durch die Währungsunion die Inflationsrate in den nächsten Jahren wieder steigt, dann wird die Anlage in Sachwerte umso wichtiger. Denn je höher die Inflationsrate, desto wichtiger die Anlage in Sachwerte. Denn bei einer Inflationsrate um 5–6 % können Sie die effektive Verzinsung der meisten Geldwertanlagen vergessen. Machen Sie sich dann einmal Gedanken über die effektive Rendite Ihrer Lebensversicherung. Wie sieht es dann mit Ihrer Altersvorsorge aus? Die Rendite Ihres Sparbuches ist unterm Strich dann im Minusbereich. Wenn Sie dann zur Bank kommen und sagen, daß die Inflationsrate ja höher ist als der Guthabenzins, wird Ihnen der Banker sagen, daß das immer noch besser ist, als gar keinen Zins zu bekommen.

DIE IMMOBILIE IN STATISTISCHEN ZAHLEN

An der folgenden Grafik können Sie ersehen, daß die Deutschen rund 7 Billionen an Immobilien und Grundstücken besitzen. Insofern ist Grundbesitz die Anlage Nr. 1 in Deutschland.

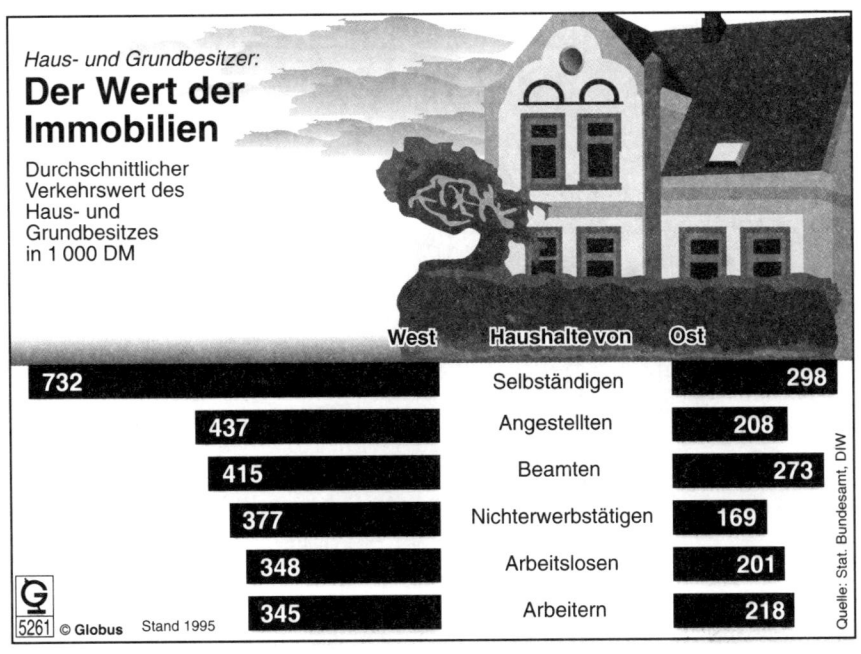

155

Zu diesem Immobilienbereich hier noch ein paar statistische Zahlen:
Die privaten Haushalte besitzen Immobilien und Grundstücke im Wert von rund
7.000 Milliarden Mark (also 7 Billionen). In Westdeutschland verfügen 52 % der
Haushalte über Immobilienbesitz, in Ostdeutschland hingegen nur 36 %. Der durchschnittliche Verkehrswert des Haus- und Grundbesitzes beträgt in Westdeutschland
423.000 Mark, im Osten dagegen 205.000 Mark.

KAPITALANLAGEN IN ANDEREN BEREICHEN

Nun kommen wir zu der bereits angekündigten Grafik, in welchen Bereichen
Ende 1997 die Deutschen ihr Geld angelegt haben. Bedenken Sie, daß hierbei die
gesamten Immobilieninvestitionen nicht berücksichtigt sind. Ende 1997 betrug die
Gesamtsumme der deutschen Geldanlagen 5.344 Milliarden Mark (also über 5,3
Billionen Mark).

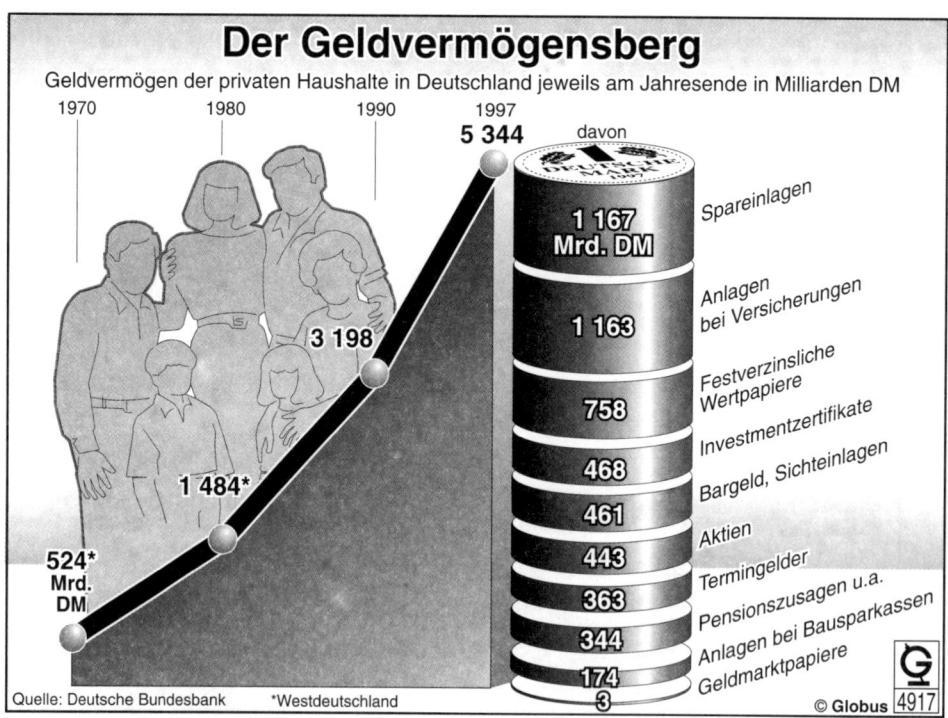

Der Geldvermögensberg

Geldvermögen der privaten Haushalte in Deutschland jeweils am Jahresende in Milliarden DM

1970   1980   1990   1997

5 344   davon

3 198

1 484*

524* Mrd. DM

1 167 Mrd. DM — Spareinlagen
1 163 — Anlagen bei Versicherungen
758 — Festverzinsliche Wertpapiere
468 — Investmentzertifikate
461 — Bargeld, Sichteinlagen
443 — Aktien
363 — Termingelder
344 — Pensionszusagen u.a.
174 — Anlagen bei Bausparkassen
3 — Geldmarktpapiere

Quelle: Deutsche Bundesbank   *Westdeutschland   © Globus 4917

An dieser Grafik können Sie unschwer erkennen, wohin in Deutschland (noch) der Hase läuft. Dies ist das Ergebnis der Informationspolitik der letzten Jahrzehnte.

An erster Stelle, mit einer Gesamtanlagesumme von 1.167 Milliarden (also fast 1,2 Billionen DM), liegt wie bereits gesagt, das Sparbuch.

Weitere 1.163 Milliarden, also knapp unter dem Wert der Sparbücher, liegen bei den Versicherungsgesellschaften!

758 Milliarden sind in festverzinsliche Wertpapiere (Rentenpapiere) angelegt, wobei es sich hier ebenfalls um Geldwertanlagen handelt.

461 Milliarden sind Bargeld und Sichteinlagen,

363 Mrd. sind Termingelder, also Festgelder,

344 Mrd. sind betriebliche Pensionszusagen,

174 Mrd. liegen bei Bausparkassen

und 3 Milliarden sind in Geldmarktpapieren angelegt.

Sehen Sie sich nun die Sachwertanlagen an:

468 Mrd. sind in Investmentzertifikaten (ich gehe hier von Aktienfonds aus) angelegt und 443 Mrd. direkt in Aktien. Zusammen sind dies 911 Mrd. DM.

Dies entspricht einer Quote von 17,05 %. Das heißt, 82,95 % der privaten Geldanlagen der Deutschen sind in Geldwerten angelegt.

(Ich lasse hierbei absichtlich die Immobilien unberücksichtigt, denn bei den genannten Immobilienzahlen wissen wir nicht, in wieweit diese Immobilien noch durch Darlehen belastet sind oder ob diese bereits abbezahlt wurden.)

43,60 % aller Geldanlagen sind auf Sparbüchern und in Lebensversicherungen zu finden.

Wäre das gesamte Geldvermögen gleichmäßig verteilt, so hätte jeder private Haushalt rund 143.000 DM auf der hohen Kante. Doch von einer gleichmäßigen Verteilung kann nicht die Rede sein. Wenige Menschen haben viel und viele Menschen haben wenig, andere haben gar nichts.

BESSERVERDIENENDE WERDEN OFT BEVORZUGT

Interessanterweise bekommen vermögende Menschen bei Banken in der Regel bessere Habenzinsen und günstigere Darlehenszinsen. Als ob gerade sie es notwendig hätten. Ich stelle oft fest, daß Banken bei höher verdienenden Kunden bessere Konditionen, auch beispielsweise bei den Kontoführungsgebühren, einräumen. Dies ist zwar geschäftspolitisch verständlich. Aber ist es auch richtig?

Lieber Leser, glauben Sie nicht auch, daß es den Banken möglich wäre, auf die Spareinlagen 2 % mehr zu zahlen?

Dann rechnen Sie einmal mit! 2 % mehr Zinsen auf 1.167 Mrd. wären 23,34 Mrd. Mark jährlich. Dies geteilt durch ca. 30 Millionen Haushalte wären 778 DM mehr pro Haushalt und Jahr.

KAPITALANLAGEN IM WANDEL DER ZEIT

Auf der folgenden Seite sehen Sie, bezogen auf ein Kalenderjahr, die Lieblinge der Deutschen in Bezug auf die bevorzugten Kapitalanlagen. Auch werden Sie bei den folgenden Grafiken erkennen, daß sich momentan die Geschichte wandelt. Weg von den Geldwerten, hin zu den Sachwerten. Ich brauche Ihnen nicht extra erklären, wie ich hierzu stehe. Sie werden feststellen, daß wenn Sie sich in der Zukunft mehr mit den Sachwerten anfreunden, Sie nicht alleine dastehen. Ganz im Gegenteil. An dieser Stelle mal einen provokanten Spruch:

„WER HEUTE DEN KOPF IN DEN SAND STECKT, WIRD MORGEN MIT DEN ZÄHNEN KNIRSCHEN!"

Daß dies kein leeres Geschwätz ist, werde ich Ihnen auf den kommenden Seiten beweisen. Nehmen Sie sich für die kommenden Seiten ein wenig Zeit um darüber nachzudenken, welche Aussagekraft diese Zahlen haben und was diese für Ihre Zukunft bedeuten können.

SPAREINLAGEN PRO JAHR

In der folgenden Grafik sehen Sie die gesamten Spareinlagen der privaten Haushalte bezogen nur auf das Jahr 1997. Insgesamt wurden 312,9 Milliarden neu angelegt, davon 94,8 Milliarden Mark vorwiegend in Lebensversicherungen.

Verloren hat dagegen die Geldwertanlage „Termingelder".

Davon wurden 12,7 Milliarden Mark mehr abgezogen als neu angelegt.

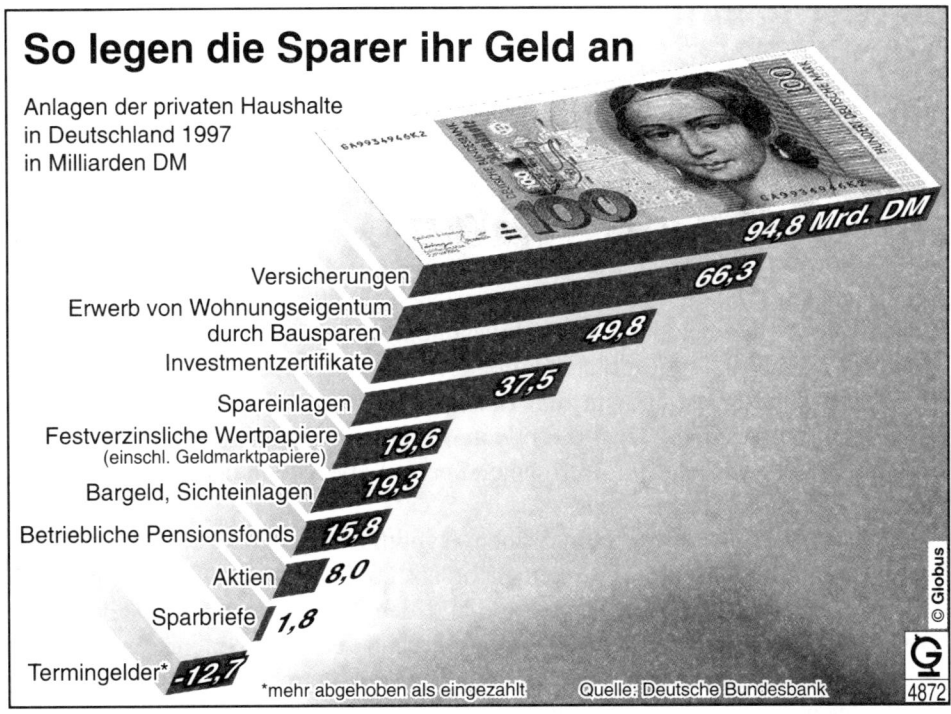

So legen die Sparer ihr Geld an

Anlagen der privaten Haushalte
in Deutschland 1997
in Milliarden DM

94,8 Mrd. DM

Versicherungen — 66,3
Erwerb von Wohnungseigentum
durch Bausparen — 49,8
Investmentzertifikate
Spareinlagen — 37,5
Festverzinsliche Wertpapiere
(einschl. Geldmarktpapiere) — 19,6
Bargeld, Sichteinlagen — 19,3
Betriebliche Pensionsfonds — 15,8
Aktien — 8,0
Sparbriefe — 1,8
Termingelder* — -12,7

*mehr abgehoben als eingezahlt   Quelle: Deutsche Bundesbank

© Globus   4872

Den einzigen Punkt, den ich bei dieser Grafik mit einem Fragezeichen versehen möchte, ist die Ergänzung zu Punkt 2. Ob der Erwerb von Wohneigentum wirklich nur durch Bausparverträge zustande kam, bezweifle ich. Wünschenswert wäre es ja, denn dann hätten die Bausparer auch endlich zinsgünstige Darlehen genutzt und den Bausparvertrag nicht nur als interessante Kapitalanlage angesehen. Erläutert wird diese Position durch die Bundesbank wie folgt: „Spareinlagen bei Bausparkassen, zugeteilte Bausparguthaben und Tilgung von Bausparverträgen".

Noch eine Randinformation hierzu:
Deutlich verloren im Vergleich zum Vorjahr hat hierbei (endlich ...) das Sparbuch. Im Jahr 1996 wurden insgesamt über neunzig Milliarden Mark in Sparbücher neu angelegt. Im Jahr 1997 hingegen nur noch 37,5 Milliarden. Das Sparbuch ist also im Rückwärtsgang unterwegs. Die Gewinner sind zweifelsohne die Investmentfonds.

Nun Genaueres hierzu und vor allem statistische Zahlen.

STATISTISCHE UND FACHLICHE HINTERGRÜNDE
ZU INVESTMENTFONDS

Die Idee der Investmentfonds entstand in England und Schottland Mitte des vorigen Jahrhunderts. In der Folge erlebte die Idee des Investmentsparens auf der britischen Insel eine phänomenale Expansion. Spätestens in den 20er Jahren dieses Jahrhunderts wurde die Idee auch in den USA und in anderen Ländern populär. In Deutschland kam es erst nach dem Zweiten Weltkrieg zur Gründung erster Investmentgesellschaften, die Fonds vertrieben. 1949 riefen hierzulande einige Banken die „Allgemeine Deutsche Investmentgesellschaft" (ADIG) mit Sitz in München ins Leben. 1956 gründeten andere Bankengruppen weitere Investment- bzw. Kapitalgesellschaften, wie zum Beispiel:

Deutscher Investment Trust (DIT) von der Dresdner Bank,

Deutsche Gesellschaft für Wertpapier-Sparen (DWS) von der Deutschen Bank oder

HYPO-INVEST von der Bayrischen Hypotheken- und Wechselbank, heute Hypo-Vereinsbank. Heute existieren mehr als 60 Investmentgesellschaften, von denen 53 Gesellschaften im Bundesverband deutscher Investmentgesellschaften (BVI) organisiert sind. Der BVI als Bundesverband vertritt die Interessen der Deutschen Investmentgesellschaften in der Öffentlichkeit, betreut und berichtet an seine Mitglieder und vertritt sie gegenüber dem Bundesaufsichtsamt für das Kreditwesen (BAK). Die Mitgliedschaft im BVI ist zwar freiwillig, gilt aber als obligatorisch. Jede größere Kapitalanlagegesellschaft gehört diesem Verband an. Vergleichbar diesem nationalen Verband ist die Vereinigung ausländischer Investmentgesellschaften e. V. mit Sitz in Hamburg, die die Interessen der nach ausländischem Recht zugelassenen Investmentfonds vertritt.

Die Marktentwicklung hierzulande gestaltete sich rasant. Die konkreten Zahlen:
1950   wurden in Deutschland nur 2 Millionen Mark Fondsvermögen verwaltet.
1969   10 Milliarden Mark
1979   30 Milliarden Mark
1991   238 Milliarden Mark
1992   305 Milliarden Mark
1997   ca. 1 Billion Mark.
Eine beeindruckende Erfolgsstory!

WELCHE FONDS ES ÜBERHAUPT GIBT

Mittlerweile gibt es weltweit ca. 10.000 Fonds. In Deutschland schätzt man die Anzahl der Fonds auf ca. 2.500. Dem allgemeinen Publikum zugänglich sind davon etwa 1.700 Fonds. Selbst ein Spezialist kann heute kaum behaupten, daß er all diese unterschiedlichen Fonds und Fondsgesellschaften persönlich beurteilen und bewerten kann. Die Anzahl ist so vielfältig, daß man sich, so man sich selbst ein Urteil bilden will, allenfalls auf bestimmte Marktsegmente spezialisieren kann – oder sich gewisser Hilfsmittel bedienen muß. Im übrigen gibt es die kompliziertesten Differenzierungen, wobei sich zum Teil die Literatur hier widerspricht. Gerne wird jedoch unterschieden zwischen Fonds, die der Allgemeinheit zugänglich sind, sogenannten *Publikumsfonds* – und *Spezialfonds*, in die sich nur institutionelle Anleger einkaufen können.

Weiter unterscheidet man grundsätzlich zwischen *Immobilienfonds* und *Wertpapierfonds*. *Wertpapierfonds* können aus *Aktienfonds* bestehen oder aus *Rentenfonds* beziehungsweise *gemischten Fonds*. Das heißt, ein reiner *Aktienfonds* besteht nur aus verschiedenen Aktienpaketen. Im Fall des *Rentenfonds* sind Rentenpapiere im Depot gegeben, die zwar sehr sicher, aber oft niedrigverzinslicher als Aktienanlagen sind.

Bei *Spezialitätenfonds* wird in ausgewählte Märkte investiert, in bestimmte Branchen oder bestimmte Länder. *Gemischte Fonds* beinhalten sowohl Aktien als auch Renten. Kennen sollte man des weiteren zumindest noch *Geldmarktfonds*, worunter man Geldmarktpapiere versteht und *Futurefonds*, sehr risikoreiche Fonds, wo mit Terminkontrakten spekuliert wird. Um all diese verschiedenen Anlagemöglichkeiten näher bewerten zu können, seien hier nun einige allgemeingültige, interessante Beurteilungsmaßstäbe genannt.

ENTSCHEIDUNGSKRITERIEN

1. Erfahrung und Historie
An erster Stelle steht zweifellos die Seriosität sowie die Erfahrung des Initiators, die von Bedeutung ist. Das heißt, die Gesellschaft, die einen Fonds emittiert, muß sich nach ihrer Vergangenheit befragen lassen. Handelt es sich um eine Gesellschaft, die über außerordentlich viel Erfahrung verfügt, die in der Vergangenheit also mehrfach unter Beweis gestellt hat, daß sie hohe Renditen erwirtschaften konnte, so ist das ein erster positiver Indikator. Generell kann man sagen, daß Investmentgesellschaften aus dem angelsächsischen Raum über die größeren Erfahrungen verfügen, wie schon angedeutet.

Es steht völlig außer Frage, daß Gesellschaften wie *Templeton* etwa oder *Pioneer, Mercury, Fleming* oder *Fidelity* über einen enormen Wissensvorsprung hinsichtlich Fonds verfügen.

Dies soll aber nicht den Eindruck vermitteln, daß nur allein schon der Name der Investmentgesellschaft ein Garant für die Zukunft bedeuten kann. Nein, denn viel wichtiger als der Name der Gesellschaft ist meiner Meinung nach die Erfahrung des verantwortlichen Fondsmanagers. Doch all diese Initiatoren unterhalten hochspezialisierte Leute in allen wichtigen Ländern der Erde. Hier werden nach bestimmten Kriterien Fakten, Fakten und nochmals Fakten gesichtet. Das heißt, nach einem sehr ausdifferenzierten Know-how-Schema wird Ausschau nach gewinnversprechenden Aktien in den verschiedenen Ländern der Erde gehalten. Hierzu zählen politische Fakten ebenso wie weltwirtschaftliche Rahmendaten, binnenwirtschaftliche Zahlen sind genauso wichtig wie ganz bestimmte Kennzahlen, die an ein Unternehmen angelegt werden. Weiter werden die Produkte und die Dienstleistungen der ins Visier genommenen Unternehmen genau in Augenschein genommen.

2. Das Fondsmanagement

Wie gesagt: Wichtig für die Beurteilung eines Fonds ist weiter die Qualität des Fondsmanagements. Wenn eine Top-Gesellschaft sehr viele Fonds initiiert, bedeutet das noch nicht, daß alle Fonds gleich gut laufen. Selbst bei den besten Initiatoren der Welt muß man differenzieren. Auch bei diesen Gesellschaften gibt es mehr oder weniger fähige Leute, jedoch sind normalerweise hochspezialisierte Top-Experten am Werk, die eben dieses Quentchen mehr an Know-how, Informationsvorsprung und Ökonomie-Intelligenz besitzen, so daß ihre Fonds schlußendlich besser laufen als andere Fonds. Tatsächlich gibt es heute regelrechte Stars unter Fondsmanagern. Namen wie Shelby Davis oder Peter Lynch sind fast schon Legende.

3. Tradition des Fonds

Grundsätzlich kann man die Zukunft eines Fonds nicht bewerten, sondern allenfalls nur abschätzen, genauso wie die Zukunft von Aktienkursen. Allerdings sollte man die Vergangenheit eines Fonds in Augenschein nehmen. Profis raten deshalb dazu, zunächst einmal Abstand zu nehmen von Fonds, die über keine Vergangenheit verfügen. Das mag möglicherweise ungerecht sein, bietet aber Sicherheit. Hat ein Fonds hingegen in der Vergangenheit eine gewisse Performance bewiesen, sprich hat er gute Renditen erwirtschaftet, so ist das natürlich positiv für einen Fonds. In diesem Sinne sind Vergleiche, die in den gängigen Fachzeitschriften regelmäßig angestellt werden, durchaus legitim. Hier wird unterschieden, was ein Fonds nach einem Jahr, nach drei, nach fünf, nach zehn Jahren und so weiter erwirtschaftet hat.

DIE MERKMALE VON AKTIENFONDS-ANLAGEN

1. Sicherheit
Das Fondsvermögen wird in viele Wertpapiere angelegt. Durch die breite Streuung ist ein Totalverlust des investierten Geldes nicht möglich.

2. Rentabilität
Langfristig liegen die Renditen von guten Aktienfonds weit über dem durchschnittlichen Geldmarktzins.

3. Liquidität des Anlegers
Sie können Ihre Fondsanteile jederzeit zurückgeben. Auch können Sie jederzeit Fondsanteile zukaufen.

4. Bequemlichkeit
Ein professionelles Management kümmert sich um die Anlage der Gelder. Sie brauchen sich um die Verwaltung der Gelder nicht zu kümmern.

5. Steuervorteile
Langfristige Kurssteigerungen sind steuerfrei. Deshalb sind vor allem Aktienfonds unter diesem Gesichtspunkt interessant.

Zu 1. Sicherheit
Wenn wir uns über das Thema „Sicherheit" unterhalten wollen, sollten wir uns doch einmal anschauen, welche Faktoren die Sicherheit von Investmentfonds beeinträchtigen könnten. Da das investierte Geld immer von einer staatlich überwachten Depotbank verwahrt wird, sollten wir es uns ersparen, darüber zu reden, daß der Investmentfondsmanager mit dem ganzen Geld türmen könnte. Ich hoffe, es ist für Sie o.k., daß wir uns nicht mit solchen banalen Dingen langweilen. Denn sonst könnte genau so gut auch Ihr Bankchef Ihre ganzen Konten plündern und damit abhauen.
Was wirklich zur Debatte steht, ist die Entwicklung der Aktienunternehmen, deren Aktien im Fonds sind. Aus diesem Grund muß im gleichen Atemzug mit dem Thema „Sicherheit" das Thema „Streuung" angesprochen werden. Denn genau hierin liegt der entscheidende Vorteil von Fonds. Hierbei wird nicht nur auf ein Pferd gesetzt. Das Geld der Anleger wird in unzählige Aktien auf verschiedenen geographischen und/oder Themengebieten verteilt.
Lassen Sie es mich einmal so verdeutlichen:
Die Menschen werden immer essen, trinken, sich fortbewegen, sich kleiden,

kommunizieren, Musik hören (so hoffe ich zumindest), Energie verbrauchen, Dienstleistungen in Anspruch nehmen, reisen und, und, und. Ob nun das eine oder das andere Unternehmen mehr Gewinne erzielt, kann bei einer Streuung dem Anleger eigentlich egal sein.

Doch was passiert, wenn durch einen Börsencrash die Aktienkurse fallen? Eine wichtige Erkenntnis, die Ihnen die Angst vor Aktien endgültig nehmen sollte ist:

Auf jede Baisse (= an der Börse geht es abwärts) folgt eine Hausse (= die Kurse steigen wieder.

Hier nun eine für Sie wahrscheinlich verblüffende Statistik:

MSCI-Welt-Index: Realrenditen in Haussen und Baissen von 1954 bis 1997

Baisse oder Hausse	Zeitraum	Dauer in Monaten	Nominal-rendite in %	Real-rendite in %
Hausse 1	Dez. 54 – Apr. 56	17	24,4	23,9
Baisse 1	Mai 56 – Mai 57	13	- 16,0	- 19,3
Hausse 2	Juni 57 – Dez. 61	55	151,2	134,4
Baisse 2	Jan. 62 – Juni 62	6	- 18,4	- 18,9
Hausse 3	Juli 62 – Jan. 66	43	73,3	64,5
Baisse 3	Feb. 66 – Sep. 66	8	- 14,5	- 16,9
Hausse 4	Okt. 66 – Nov. 68	26	59,8	47,6
Baisse 4	Dez. 68 – Juni 70	19	- 24,8	- 31,4
Hausse 5	Juli 70 – März 73	33	80,2	61,5
Baisse 5	Apr. 73 – Sep. 74	18	- 40,1	- 48,8
Hausse 6	Okt. 74 – Nov. 80	74	191,1	72,3
Baisse 6	Dez. 80 – Juli 82	20	- 17,2	- 27,4
Hausse 7	Aug. 82 – Aug. 87	61	372,2	302,4
Baisse 7	Sep. 87 – Nov. 87	3	- 20,4	- 21,1
Hausse 8	Dez. 87 – Dez. 89	25	51,6	38,7
Baisse 8	Jan. 90 – Sep. 90	9	- 24,0	- 27,8
Hausse 9	Okt. 90 – März 97	78	125,0	86,8

Ergebnis:

Hausse	durchschnittlich	43,3	139,9	103,1
Baisse	durchschnittlich	12,0	- 21,9	- 26,4

Realrenditen = Nominalrenditen bereinigt um den Verbraucherindex der USA.
Quelle: Nairn, A. G. und Scott, M. J. (1997), Templeton Working Paper

EINE GRAFIK DER BESONDEREN ART

Hier das Ganze noch einmal grafisch dargestellt.

Sie sehen hier die Dauer und die Höhe des jeweiligen Ausschlages nach unten oder oben.

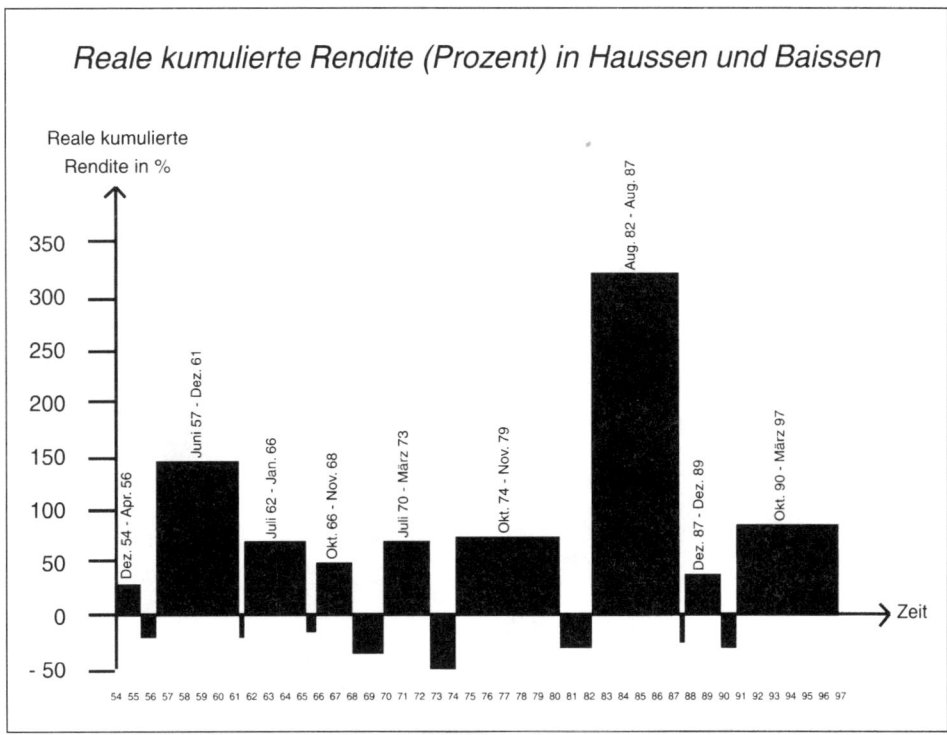

Reale kumulierte Rendite (Prozent) in Haussen und Baissen

Wie Sie sicherlich festgestellt haben, ist für mich der Punkt „Sicherheit" vor allem mit einem Begriff untrennbar verbunden: LANGFRISTIGKEIT!!!

Dies werden Sie auch beim nächsten Punkt immer wieder verdeutlicht bekommen, vor allem bei den Aussagen von Fachzeitschriften. Achten Sie bitte einmal darauf.

Zu 2. Rentabilität

Um diesen Punkt zu behandeln, möchte ich vorab auf die Frage eingehen, ob es vor dem Hintergrund dieser Sicherheitsstatistik notwendig ist, in festverzinsliche Wertpapiere zu gehen. Darf ich es einmal etwas lakonisch ausdrücken: Mir sind stark schwankende Renditen zwischen 8 und 14 % lieber, als schwach schwankende von 3 bis 6 %!

AKTIEN ODER RENTEN

Angenommen, Ihr Wunsch ist es, eine jährliche Rendite von mindestens 8 % zu erzielen. Für die Frage „Aktien oder Rentenpapiere?" wurde untersucht, mit welcher Wahrscheinlichkeit Sie dieses Ergebnis jeweils erzielen werden. Über eine Dauer von 20 Jahren zum Beispiel liegt Ihre Chance, mit festverzinslichen Wertpapieren 8 % im Jahr zu erreichen, bei nur 2 %. Mit Aktien dagegen, haben Sie eine **90 %ige** Wahrscheinlichkeit. Man könnte also schon fast von Gewißheit reden.

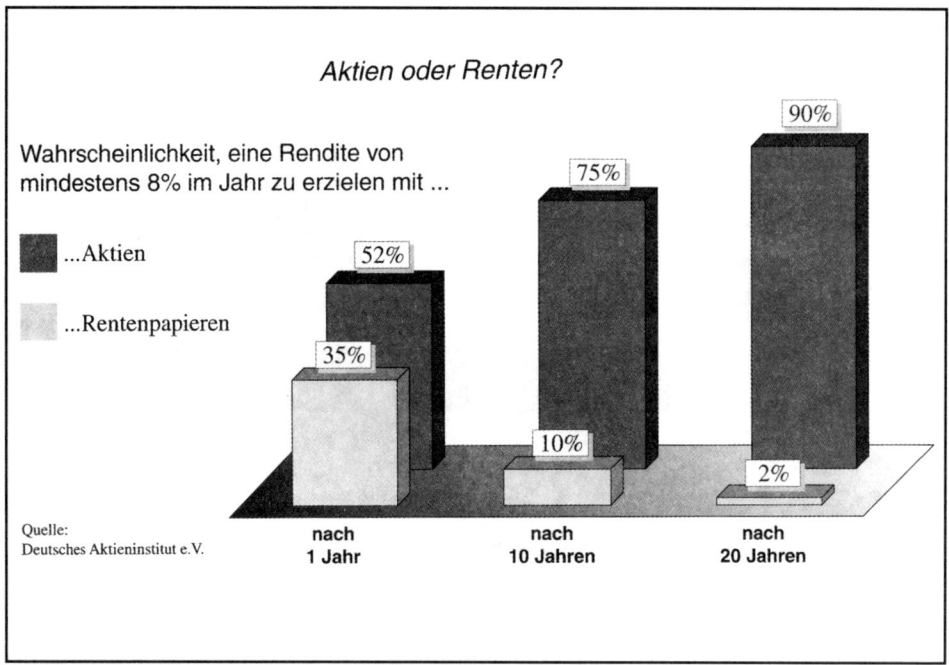

RENDITE

Da wir uns nicht im Thema Investmentfonds allein, sondern vorwiegend im Thema Geldwert contra Sachwert befinden, hier nun eine höchst interessante Gegenüberstellung der erwirtschafteten Gewinne verschiedener Kapitalanlagen der Vergangenheit.

Zum Vergleich hierzu die Anlageergebnisse, die die gängigsten Formen privater Geldanlage erzielten.

Jahr	Spar-einlagen	Gold	Fest-geld	Immo-fonds	Renten	Aktien
1977	3,2	9,3	3,6	6,4	12,4	9,9
1978	2,6	19,0	3,0	5,8	3,2	7,9
1979	3,1	114,6	5,1	6,7	1,4	- 3,4
1980	4,6	30,3	7,9	7,5	4,2	5,6
1981	4,9	- 22,4	9,7	8,8	5,7	10,7
1982	4,9	18,0	7,5	8,0	16,5	17,5
1983	3,3	- 4,1	4,6	7,8	4,5	33,8
1984	3,0	- 6,6	4,9	7,3	12,8	15,0
1985	2,9	- 17,1	4,4	6,4	9,8	54,2
1986	2,5	- 4,7	3,7	6,1	8,6	16,9
1987	2,1	0,4	3,2	4,9	7,6	- 15,9
1988	2,0	- 5,1	3,3	4,6	4,7	26,0
1989	2,4	- 6,6	5,5	6,0	2,2	29,2
1990	2,8	- 14,1	7,1	7,9	2,7	- 12,9
1991	2,8	- 8,1	7,6	9,1	10,6	9,1
1992	2,8	0,2	7,4	9,4	13,5	0,1
1993	2,5	25,5	5,7	8,1	14,0	38,7
1994	2,1	- 12,2	4,0	5,1	- 1,0	- 4,8
1995	2,0	- 6,4	3,3	6,3	16,7	5,0
1996	2,0	3,7	2,5	5,3	6,0	22,4
Ø	2,9	2,9	5,2	6,9	7,8	13,7

Quellen:
Sparbuch: ohne Kündigungsfrist
Gold: Goldpreis in London (in DM)
Festgeld: Anlage bis 100.000 DM (1 bis 3 Monate)
Immobilienfonds: Offene Fonds des BVI
Renten: BHF-Performance-Index
Aktien: FT Frankfurt-Effekten-Fonds

Übrigens: Vergleichen Sie mal die durchschnittliche Rendite der Spareinlagen mit der durchschnittlichen Inflationsrate (S. 154). Können Sie sich noch erinnern?

Es waren von Anfang 1997 bis Ende 1998, also in 29 Jahren durchschnittlich 3,53 %!!!

Wenn ich auch hier nur den Zeitraum von 1977 bis 1996 nehme, kommen wir auf eine durchschnittliche Inflationsrate von 3,07 %. Sie wissen, was dies bedeutet!

Alle, die sich auf das Sparbuch verlassen haben, erlebten unter dem Strich eine Negativrendite. Immer noch besser als gar nichts, werden manche Banker sagen.

Rein fachlich gesehen, kann man natürlich nicht völlig verschiedene Anlageformen miteinander vergleichen. Doch wenn es, wie bei diesem Thema, um eine Bewertung der langfristigen Renditen von Geld- und Sachwerten geht, ist es sehr wohl angebracht, die Ergebnisse der verschiedenen Anlagemöglichkeiten der vergangenen Jahre gegenüberzustellen. Bedenken Sie hierbei, daß das Ergebnis der Aktienanlage durch den sog. „Cost-Average-Effekt" erheblich gesteigert wird.

Hierzu die Bestätigung durch verschiedene Fachzeitschriften:

Capital (Ausgabe 5/96)
*„Je **länger** der Anlagezeitraum, desto deutlicher ist der Renditevorteil der Aktie."*

DM (Ausgabe 5/96)
*„Auf **lange Sicht** bringen Aktien weit höhere Erträge als Rentenpapiere – ohne daß die Anleger ihr Geld für die Altersvorsorge dabei riskieren."*

FINANZtest (Ausgabe 1/96 Stiftung Warentest)
*„Aktien schlagen **langfristig** jede festverzinsliche Anlageform."*

Stern (Ausgabe 46/96)
„Große Vermögen wachsen nicht auf Sparbüchern ... Die Aktie ist der Star unter allen Anlageformen."
„... Aktienfonds ... sind das beste Rezept, um den gewohnten Lebensstandard auch im Ruhestand zu erhalten."

FOCUS (Ausgabe 11/96)
*„... im Durchschnitt und über **längere Zeiträume** betrachtet, sind die Renditen bei Aktien immer deutlich höher gewesen als die Sparkassenzinsen oder die Erträge von festverzinslichen Wertpapieren."*

FOCUS (Ausgabe 34/96)
„*Aktienfonds sind die lukrativste Art der **Altersvorsorge**.*"

In puncto Renditechancen schlägt ein guter Aktienfonds alle anderen Fonds deutlich. In der Vergangenheit waren bei einer regelmäßigen Anlage über zehn, fünfzehn oder mehr Jahre ohne weiteres Renditen zwischen 8 % und 14 % pro Jahr möglich. Auf das *einzelne* Jahr bezogen, schwankten die Ergebnisse in Abhängigkeit von der Entwicklung an den Börsen allerdings deutlich. Auch wenn ein Aktienfonds dieses Schwankungsrisiko durch den Kauf verschiedener Aktien streut, ist er aufgrund der Abhängigkeit von der allgemeinen Börsentendenz nicht vor dem Auf und Ab der Kurse gefeit. Allerdings gleicht eine *lange* Anlagedauer diese Schwankungen aus. Wenn Ihnen der „Cost-Average-Effekt" klar ist, dann freuen Sie sich geradezu über diese Schwankungen, denn bei ratierlichen Einzahlungsverträgen bringen Ihnen genau diese Schwankungen ein wesentlich höheres Ergebnis.

Nach einer Statistik des Bundesverbandes Deutscher Investmentgesellschaften (BVI) bescherte kein einziger Aktienfonds nach fünfzehn oder mehr Jahren seinen Anlegern einen Verlust, weil in der Vergangenheit durch zwischenzeitliche Crashs entstandene Verluste in den Boomphasen mehr als aufgeholt wurden. Dies sahen Sie auch sehr deutlich bei der Gegenüberstellung von Hausse und Baisse seit 1954.

Zu 3. Liquidität

Zu diesem Punkt ist eigentlich nicht mehr zu sagen, als daß Sie Ihre Fondsanteile jederzeit ganz oder teilweise zurückgeben können. Die Gesellschaft ist rechtlich verpflichtet, die Anteile zurückzunehmen.

Auf einen Punkt jedoch möchte ich Ihr Augenmerk richten. Wenn Sie einen ratierlichen Vertrag mit einem bestimmten Endzeitpunkt abgeschlossen haben, sollten Sie am Ende der Einzahlungszeit genau darauf achten, ob es jetzt sinnvoll ist, die Anteile zurückzugeben oder ob es nicht besser wäre, noch eine Weile zu warten. Denn am Ende der Laufzeit wirken sich Schwankungen auf Ihre gesamten Anteile aus. Selbstredend ist somit der Zeitpunkt der Auflösung von größter Bedeutung. Wenn zum Ende der gewünschten Laufzeit schon seit mehreren Monaten ein Aufwärtstrend herrschte, dann sollten Sie wirklich verkaufen. Ich habe schon festgestellt, daß manche Menschen mehr Mut zum Verkaufen brauchen als zum Kaufen.

Zu 4. Bequemlichkeit

Auch hierzu ist nicht allzuviel zu sagen. Die Fondsgesellschaft verwaltet Ihr Kapital und kauft und verkauft Aktien nach eigenem Ermessen. Verwahrt wird das Geld bei der zuständigen Depotbank, die nach Anweisung des Fondsmanagers agiert. Sie haben mit alledem keine Arbeit. Was mir jedoch besonders gefällt, ist die Klarheit von Investmentfonds. So bekommen Sie jeden Monat einen Kontoauszug, auf dem Sie genau ersehen können, wieviele Investmentanteile zu welchem Betrag wann gekauft wurden. Genauso sehen Sie die gesamte investierte Summe sowie die Gesamtzahl, der in Ihrem Besitz befindlichen Anteile. Sie können also jederzeit genau die Entwicklung Ihrer Anlage mit- und zurückverfolgen.

Außerdem erhalten Sie von Ihrer Investmentgesellschaft halbjährlich einen Geschäftsbericht, in dem Sie die Gesamtzahlen der Investmentgesellschaft ersehen können.

Übrigens:

Fragen Sie doch mal bei Ihrer Lebensversicherung nach, was bisher mit Ihrem Geld gemacht wurde. Fordern Sie doch einmal einen wenigstens jährlichen Kontoauszug an. Ich glaube, daß Sie wissen, was dann ablaufen wird.

Zu 5. Steuervorteile

Wie Aktien selbst unterliegen auch Investmentanteile der Spekulationsfrist. Dies hat einen entscheidenden Vorteil, denn: Kursgewinne aus Aktien oder Investment-Anteile sind steuerfrei, wenn zwischen Kauf und Verkauf mehr als 12 Monate (Stand 1999) liegen. Nur die Gewinngutschriften aus Dividenden der Aktiengesellschaften müssen versteuert werden. Da nun aber die meisten Investmentgesellschaften die jährlich anfallenden Verwaltungsgebühren in Höhe von ca. einem Prozent aus den Dividendenzahlungen der Aktiengesellschaften bestreiten, bleiben die Kursgewinne der Investmentanteile weitgehend steuerfrei.

KONKRETE ERGEBNISSE DER VERGANGENHEIT

Als letzte Statistik zum Thema Rendite habe ich mir ein Bonbon aufgehoben. Hierbei werden verschiedene Anlageformen miteinander verglichen.

Wichtig: Bei diesem Thema geht es nicht nur um jährlich oder über einen längeren Zeitraum erzielte Renditen, sondern um das konkrete Ergebnis verschiedener Sparformen in der Vergangenheit.

Welche Anlageform verspricht bei systematischem Sparen langfristig die größten Ertragschancen? Hier nun die Vergangenheitsergebnisse (20-Jahres-Rückblick) verschiedener Anlageformen zum 31.03.1998. Ausgehend vom jeweils wirklich erzielten Gesamtergebnis wurden die durchschnittlichen Werte p. a. ermittelt:

Sparbuch mit gesetzlicher Kündigungsfrist:	2,84 % p. a.
Festgeld bis 100.000 Mark	4,81 % p. a.
Kapital-Lebensversicherung	5,70 % p. a.
DAX (Deutscher Aktienindex)	11,67 % p. a.
Investmentfonds: DWS Akkumula	12,57 % p. a.
Investmentfonds: Templeton Growth	15,99 % p. a.

Quelle: FVBS/Finanzen; bei Kapital-Lebensversicherungen wurde das Durchschnittsergebnis von 52 Lebensversicherern zugrundegelegt.

Auf Grundlage dieser 20-Jahres-Durchschnittswerte wurde der mögliche Endwert eines Sparplanes errechnet:
1. regelmäßige Anlage von DM 200 monatlich und
2. über einen Zeitraum von 30 Jahren.

DIESE ERGEBNISSE GRAFISCH DARGESTELLT:

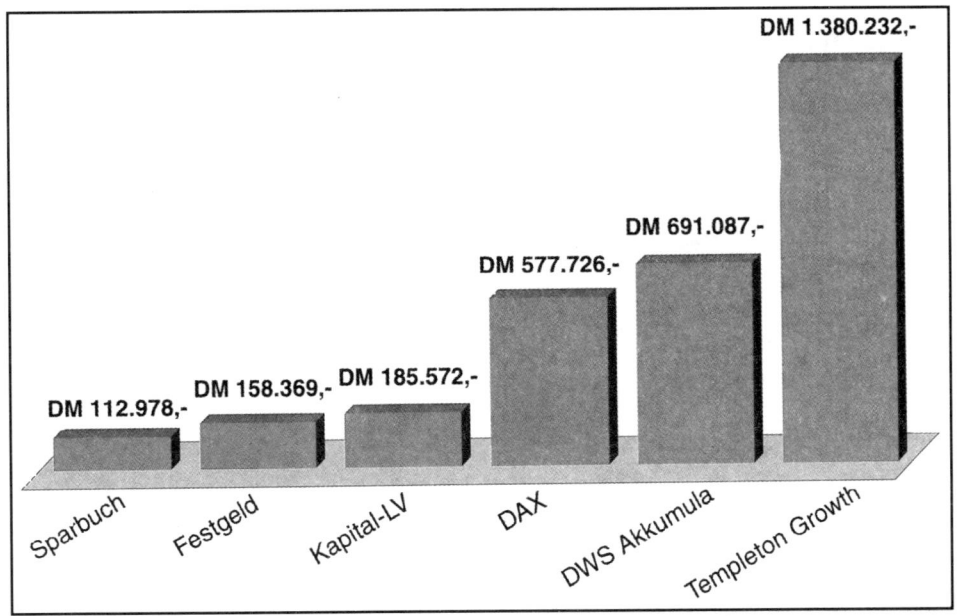

INVESTMENT: DER „SHOOTINGSTAR" DER LETZTEN JAHRE

Kommen wir nun zur konkreten Praxis: Lieber Leser, Investmentfonds sind absolut auf dem Vormarsch, weltweit. Während es 1992 jede vierte Mark war, wurde 1997 in Deutschland schon jede 3. Mark und 1998 bereits jede 2. Mark in Wertpapieren angelegt. Wie Sie aus der folgenden Grafik entnehmen können, haben Aktien und Investmentzertifikate in den letzten Jahren stark an Beliebtheit zugenommen. Wenn Sie nur auf diese beiden Positionen (Aktien und Investmentzertifikate) achten, werden Sie eine Erhöhung von 394 Mrd. Mark im Jahr 1992 auf einen Betrag von 911 Mrd. Mark im Jahr 1997 feststellen. Dies entspricht einer Steigerung in nur fünf Jahren von 231,2 %.

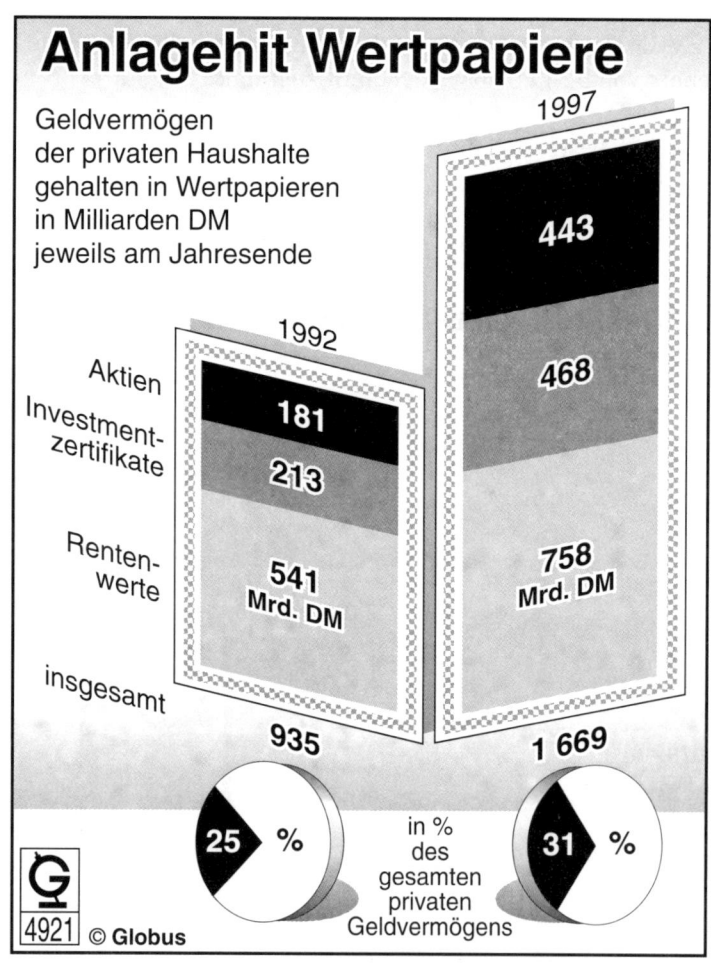

DIE WELT

Die Zeitung „*Die Welt*" kommentierte in ihrer Ausgabe vom 03.02.1999 mit der Überschrift: „Sparer entdecken hochverzinste Investments" folgendes:

,*Die Bundesbürger legen ihr Geld immer seltener auf dem traditionellen Sparbuch an. Knapp jede zweite Mark der Anlagegelder investierten die Sparer 1998 in Aktien und Investmentfonds.*' Und weiter: ,*Während die Geldanleger von normalverzinsten Spareinlagen wie dem Sparbuch im vergangenen Jahr noch einmal 12 Milliarden (!) Mark abzogen, stiegen die höher verzinslichen Spareinlagen erneut um rund 27 Milliarden Mark.*'

Wenn wir nun noch die Entwicklung des gesamten Fondsvermögens der deutschen Investmentfonds anschauen, wird dies noch deutlicher. Hier sehen Sie, daß sich das Vermögen dieser Fonds in den letzten 10 Jahren vervierfacht hat. Tendenz steigend.

Ich denke, diese Zahlen sprechen für sich.

WACHSTUMSMARKT INVESTMENTFONDS

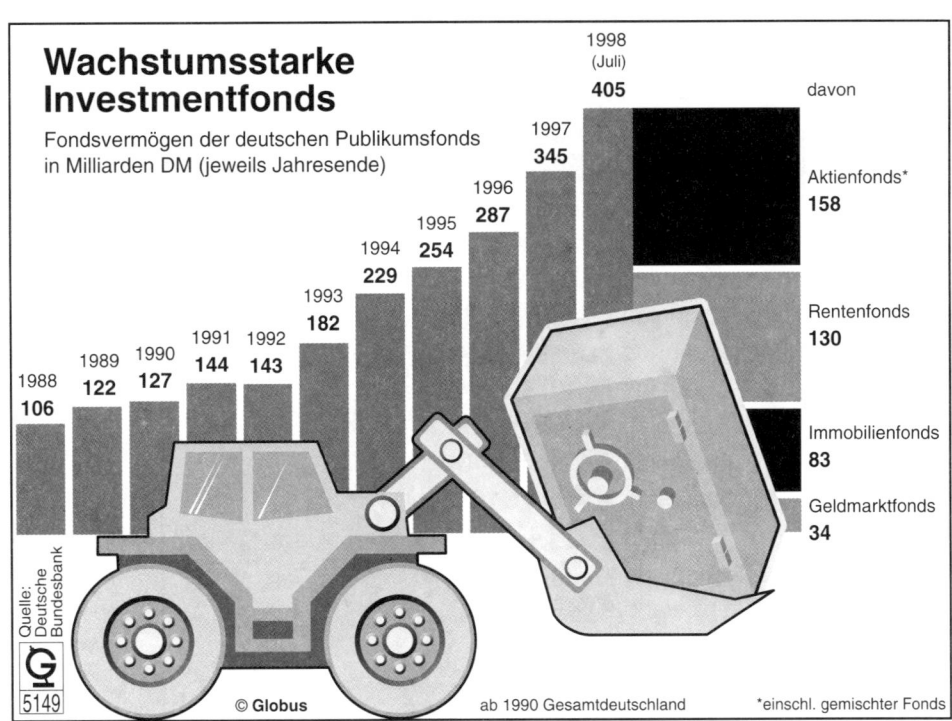

Wachstumsstarke Investmentfonds

Fondsvermögen der deutschen Publikumsfonds in Milliarden DM (jeweils Jahresende)

1988 **106**
1989 **122**
1990 **127**
1991 **144**
1992 **143**
1993 **182**
1994 **229**
1995 **254**
1996 **287**
1997 **345**
1998 (Juli) **405**

davon

Aktienfonds* **158**

Rentenfonds **130**

Immobilienfonds **83**

Geldmarktfonds **34**

Quelle: Deutsche Bundesbank

5149

© Globus

ab 1990 Gesamtdeutschland

*einschl. gemischter Fonds

Vor diesem Hintergrund darf ich Ihnen nun eine Grafik präsentieren, die Sie mit Sicherheit verblüffen wird. Hierbei geht es nämlich um die in Investmentfonds investierte Summe pro Kopf der Bevölkerung. Raten Sie einmal, an wievielter Stelle hierbei Deutschland steht. Denn selbst bei diesem gigantischen Vormarsch ist Deutschland momentan immer noch ein Entwicklungsland, was das Investment-Sparen anbelangt. Obwohl Deutschland eines der reichsten Länder der Erde ist, liegen die Bundesdeutschen gemessen am **Pro-Kopf-Vermögen** in Investmentgesellschaften an **16. Stelle**. Wir liegen sogar hinter Ländern wie Griechenland, Italien, Spanien oder unseren Nachbarn Österreich, Schweiz, Frankreich usw., um nur ein paar hervorzuheben. Doch sehen Sie selbst:

INVESTMENTVERMÖGEN PRO KOPF DER BEVÖLKERUNG

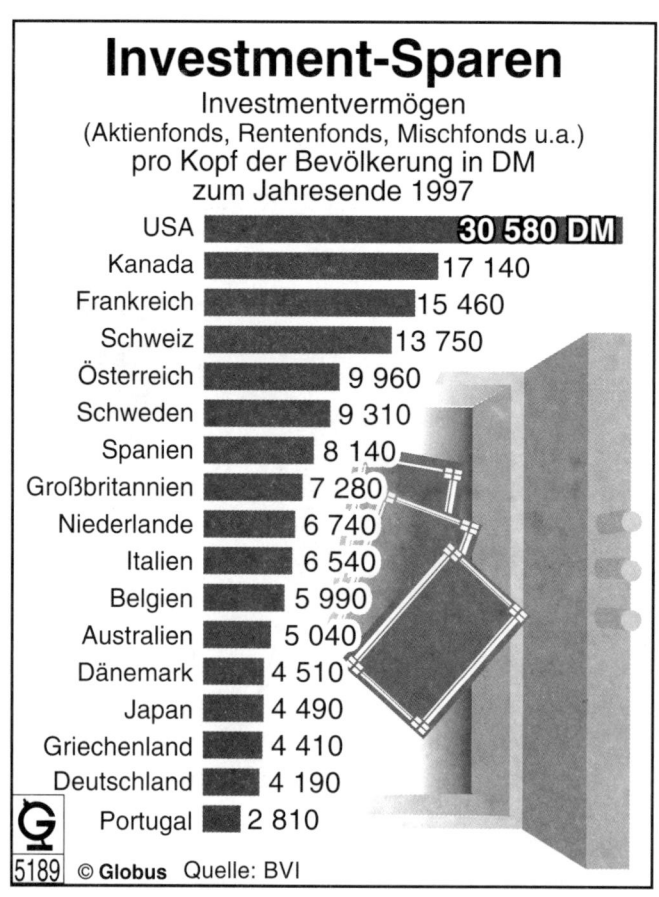

174

In dieser Grafik des Bundesverbandes deutscher Investmentgesellschaften (BVI) sehen Sie, daß Ende 1997 der Deutsche insgesamt 4.190 Mark in Investmentfonds angelegt hat. Selbst Griechenland, das momentan nicht einmal die Konvergenzkriterien für die Währungsunion erreicht hat, liegt noch vor uns.

„Poor old Germany"!

Wohlgemerkt handelt es sich hierbei nicht um irgendeine Gesamtanlagesumme, die zu dem Trugschluß führt, daß in Amerika auch viel mehr Menschen leben und somit die Summe ja höher sein muß. Nein. Es handelt sich dabei um die Summe **pro Kopf** der Bevölkerung. Und darin sind die Franzosen führend in Europa.

ZUM ABSCHLUß DIESES THEMAS

Ich fordere Sie nun ganz persönlich auf, sich einmal Gedanken darüber zu machen, was hierfür die Ursache ist. Glauben Sie allen Ernstes, daß die deutschen Banker und Versicherungsleute dies alles nicht wissen? Warum tragen wir fast schon die rote Laterne, wenn dies alles so spekulativ und unsicher sein soll?

Klären die ausländischen Banker ihre Kunden nicht darüber auf, daß diese Anlageform solch immense Risiken birgt, wie spekulativ dies alles ist, wie unsicher???

Ich glaube, Sie wissen jetzt selbst, was Sache ist. Wenn nicht, dann sage ich Ihnen jetzt, was meine Überzeugung ist:

Die Großfinanzler der Bundesrepublik hüllen den Mantel das (Ver-)Schweigens über die deutschen Sparer und profitieren dadurch an deren Unkenntnis!

Noch ein wichtiger Tip hierzu.

Wenn es stimmt, daß gerade an der Börse der Preis der Aktien von Angebot und Nachfrage bestimmt wird, dann machen Sie sich doch bitte einmal Gedanken über die Entwicklung der Aktien und damit der Investmentfonds in den nächsten Jahren.

Stellen Sie sich einmal vor, die deutschen Investmentfonds gewinnen immer mehr an Beachtung und Beliebtheit. Der Trend ist heute schon überdeutlich erkennbar.

Was glauben Sie, wird das für die Wertentwicklung dieser Fonds in den nächsten Jahrzehnten bedeuten? Vor allem für Europa sehe ich im nächsten Jahrzehnt ein ungeheures Potential. Der DAX ist für mich zwischenzeitlich nicht mehr relevant. Was mich momentan am meisten interessiert ist der EURO-STOXX 50, also der Europa-Index.

Ich sage Ihnen hier und heute, im Frühjahr 1999, meine feste Überzeugung. Der Zug wird in den nächsten Jahren richtig abgehen!

Mit Ihnen ... und ohne Sie!

Halten wir nun einen Moment ein. Und erlauben Sie mir eine kurze Zwischenbemerkung: Vielleicht sind die vorangegangenen Informationen für Sie nicht neu. Vielleicht erachten Sie sie sogar als überflüssig. Oder vielleicht wollen Sie – endlich! – von unserer *ganz anderen* Vorgehensweise hören, wie wir verkaufen.

Hierzu soviel: Bitte gedulden Sie sich nur noch eine kleine Weile. Noch ein paar Seiten. DENN: Auch eine vernünftige Produktphilosophie gehört unabdingbar zu dem Thema *Verkauf.*

Genau betrachtet sind Qualitätsprodukte sogar das A und O. Aus diesem Grund werde ich nun zum Abschluß dieses Kapitels noch einmal genauer auf die Immobilie, deren Eckdaten und Berechnungen eingehen.

DIE IMMOBILIE

Der klassische *Sachwert* ist natürlich die Immobilie. Ich bin davon überzeugt, daß die wenigsten Menschen in der Bundesrepublik Deutschland verstanden haben – gleichgültig, ob sie Fachleute sind oder nicht –, was eine Immobilie wirklich ist – in anlagetechnischer Hinsicht. Überspitzt formuliert kann man sagen, sie haben die Immobilie nicht wirklich begriffen.

Zunächst muß man festhalten, daß auf dem Geldanlagemarkt eine ungeheure Verwirrung herrscht. So gibt es Charts, die die Wertentwicklungen der verschiedenen Geldanlageformen gegenüberstellen – wobei die Aktien stets an erster Stelle rangieren und weit vor der Immobilie liegen. Auf der anderen Seite gibt es Charts, die die Immobilie weit vor der Aktie sehen. Beide „Chartisten" haben recht.

Wie das, werden Sie fragen?

Kurz erklärt funktioniert das folgendermaßen: Bei jeder Kapitalanlage müssen Sie die zu investierende Summe auf den Tisch blättern. Ob Sie dies nun aus Eigenmitteln oder aus finanziertem Kapital tun, sei einmal dahingestellt. Wenn also ein Betrag in Höhe von beispielsweise 100.000 Mark für Sie arbeiten soll, dann müssen Sie bei Aktien, Investmentanlagen oder bei anderen Anlagemöglichkeiten diese 100.000 Mark aufbringen. In diesem Zusammenhang möchte ich Sie auf eines aufmerksam machen:

Die Immobilie ist die einzige Kapitalanlage, die man *vermieten* kann.

Außerdem kann man damit auch noch *Steuern sparen.* Das heißt, solche Umstände muß man natürlich einkalkulieren, wenn man diese beiden Formen der Sachwertanlage einander gegenüberstellt. Schaue ich mir also die Wertentwicklung von 100.000 DM, die ich in Aktien angelegt habe an, und betrachte, was aus diesen Aktien nach einem Jahr geworden ist, so liegt die Wertentwicklung vielleicht bei 120.000 DM. Aus der Immobilie sind in der gleichen Zeit aber beispielsweise nur 103.000 DM entstanden. Also denkt man logischerweise, die Aktie hätte gewonnen. Das stimmt und gleichzeitig wiederum auch nicht. Der Grund: Beim Wertzuwachs der Gesamtanlage liegt die Aktie fast immer weit vor der Immobilie. Wenn man sich jedoch den *effektiven* eigenen Kapitaleinsatz näher anschaut, schlägt die Immobilie, je nach Steuerlast des Anlegers, die Aktie um Längen!

Denn die Vorteile, die dem Eigentümer durch die Steuer und durch die Vermietung erwachsen, reduzieren den effektiven jährlichen Eigenaufwand auf ein Minimum. Dadurch ist es möglich, und das ist bei unseren Kunden keine Seltenheit, daß Sie mit einem ähnlichen monatlichen Aufwand wie bei einer Lebensversicherung eine Immobilie erwerben können.

Nun ein vereinfachtes Beispiel, um das System zu verdeutlichen:

Ein Kunde, der beispielsweise eine Eigentumswohnung für 300.000 DM ersteht, erwirbt hierfür vielleicht 75 qm. An Zinsen muß er beispielsweise 6 % entrichten, also 1.800 DM pro Jahr (momentan ca. 5 %, **15** Jahre fest). ABER: Nun gilt es natürlich, die Steuervorteile zu berechnen sowie die Mieteinnahmen. Wenn er diese Wohnung für 10 DM pro Quadratmeter vermietet, hat er allein 750 DM Mieteinnahmen pro Monat. Auf das Jahr umgerechnet: 750 x 12 = 9.000 DM.

Die Mieteinnahmen müßte der Eigentümer versteuern, dagegenrechnen kann er jedoch die Zinsen.

Dies ergibt in unserem Beispiel eine „Unterdeckung aus Vermietung und Verpachtung" von 18.000 Mark Zinsen abzüglich 9.000 Mark Mieteinnahmen, also einen steuerlich abzugsfähigen Betrag von 9.000 DM.

Zu diesem Betrag kommt noch eine weitere Position, die Sie schon einmal in anderem Zusammenhang kennengelernt haben: Die AfA (Absetzung für Abnutzung). Diese beträgt bei einer Neubauimmobilie in den ersten 8 Jahren jeweils 5 % vom Objektwert ohne Grundstücksanteil (nach momentaner Gesetzeslage). Gehen wir als von 10 % Grundstücksanteil aus, dann wäre die Bemessungssumme für die AfA also 270.000 Mark (300.000 abzüglich 30.000 DM).

5 % AfA aus 270.000 DM sind also in den ersten 8 Jahren pro Jahr 13.500 Mark.

Wenn wir nun zusammenzählen:
Negative Einkünfte aus Vermietung und Verpachtung: 9.000 DM
Absetzungsbetrag für Abnutzung: 13.500 DM
dann kommen wir auf einen Steuerfreibetrag in Höhe von 22.500 DM

Gehen wir nun noch von einem Steuersatz von 35 % aus. Dann entspricht dies einem Steuervorteil von jährlich 7.875 DM.

Fassen wir nun zusammen:

Zinsaufwendungen jährlich:	18.000 DM
Mieteinnahmen jährlich:	9.000 DM
Steuervorteil jährlich:	7.875 DM
ergibt einen effektiven Eigenaufwand in Höhe von jährlich:	1.125 DM

was einem monatlichen Betrag von 93,75 DM entspricht.

Wenn wir nun noch die Tilgung in Höhe von 1 % jährlich = 3.000 DM : 12 = 250 DM monatlich hinzurechnen, sind wir in einem Bereich von ca. 350 Mark monatlich.

Hier möchte ich noch einmal Ihr Augenmerk auf die Höhe der Miete pro Quadratmeter und den veranschlagten Zins dieser Rechnung richten. Je höher die wirkliche Miete und je niedriger der momentane Zinssatz ist, desto geringer wird Ihr Eigenaufwand.

Ich hoffe, diese Rechnung war nicht zu verwirrend. Aber ich glaube, daß die meisten Steuerzahler, die aufgrund ihrer Steuerlast fast schon zum Nulltarif eine Immobilie erwerben könnten, sich noch nie mit dieser Rechnung auseinandergesetzt haben. Denn wenn Sie es beispielsweise schon von einigen Jahren getan hätten, dann hätten Sie heute mehr Vermögen.

DIE KOMBINATION VON SACHWERTEN

Schauen Sie, lieber Leser, wenn wir nun noch die besprochenen Sachwertbereiche miteinander verbinden, merken Sie sehr schnell, welches Potential in Sachwerten steckt. Denn wenn Sie die Zinsen für die Finanzierung einer vermieteten Immobilie steuerlich geltend machen können, wäre es falsch, diese Zinsen durch eine laufende Tilgung zu reduzieren. Vor allem dann, wenn wir uns in einem zinsgünstigen Niveau befinden. Als wesentlich sinnvoller sehe ich hierbei an, die Tilgung nicht an die Bank, sondern in einen Investmentfonds einzuzahlen und diesen Fonds an die Bank abzutreten. Warum sollten Sie ein Darlehen zu 5 % Zinsen tilgen, bei dem Sie obendrein die Zinsen steuerlich geltend machen können, wenn Sie den gleichen Betrag in einen wesentlich höher verzinslichen Investmentfonds einzahlen können, dessen Rendite weitgehend steuerfrei ist. Klingt doch logisch, oder nicht?

Wissen Sie, was der Knüller an der Sache ist? Die Banken haben in dieser Hinsicht auch schon kapiert, welche Ertragsstärke in Investmentfonds liegt. Aus diesem Grund akzeptieren immer mehr Banken (es ist heute schon fast normal) die

Tilgung über renommierte Investmentfonds. Damit haben Sie Ihr Darlehen schneller getilgt.

In unserem Beispiel wäre die Zinsersparnis bei beispielsweise „5 Jahre früher getilgt" ein Betrag von 90.000 DM.

WERTSTEIGERUNG

Weiter gilt es festzuhalten, daß auch eine Immobilie im Wert steigen kann – wie die Aktie.

Genau an dieser Stelle wird es nun wirklich spannend:

Die Wertsteigerung ist in der oben angeführten Berechnung noch gar nicht berücksichtigt. Sie bezahlen einen monatlichen Betrag in Höhe von ca. 300 Mark. Je nach Steuersatz. Hieran erkennen Sie auch, daß dies ein Produkt ist, das nur für Personen mit hohem Einkommen prädestiniert ist. Denn ansonsten wäre der Steuervorteil nicht so hoch. Bei Kunden mit geringerem Einkommen wäre es völlig falsch, dieses Thema überhaupt anzusprechen, denn auch die Bank würde einer Finanzierung nicht zustimmen.

Kommen wir jedoch zurück auf den Aufwand von 300 Mark monatlich, inklusive Tilgung. Die große Frage lautet nun: Um wieviel Prozent muß die Immobilie durchschnittlich pro Jahr steigen, damit selbst dieser Aufwand letztendlich gedeckt ist? Sie haben es mit Sicherheit schon ausgerechnet. 300 Mark monatlich entsprechen 3.600 Mark im Jahr. **Dies sind 1,2 % von 300.000 Mark.**

Die Immobilienpreise stiegen jedoch in der Vergangenheit durchschnittlich wesentlich mehr, nämlich zwischen 3 und 5 % pro Jahr.

Dies ist nun die Hebelwirkung der Immobilie. Sie bezahlen monatlich 300 Mark für Ihre Immobilie. Wertsteigernd allerdings arbeiten 300.000 Mark für Sie! Dies können Sie nur mit einer Immobilie machen. Gehen Sie doch mal zu einer Bank und fragen Sie nach einem Darlehen in Höhe von 300.000 Mark für den Kauf von Aktien ...

Ich denke, Sie wissen, was Ihnen der Banker sagen wird.

Rechnen Sie die Immobilienentwicklung einmal auf die Dauer von 20 Jahren hoch, dann wissen Sie, warum die Immobilie jede andere Kapitalanlage um Längen schlägt. Jedoch nur für den, der ein langfristig gesichertes und hohes Einkommen hat. Was ist nun ein hohes Einkommen? Hierbei gehe ich von folgenden Grundlagen aus: Ledige ab einem zu versteuerndem Jahreseinkommen (nicht zu verwechseln mit dem Bruttogehalt) in Höhe von ca. 60.000, bei Verheirateten ab einem Jahreseinkommen von ca. 90.000 Mark.

Dies sollen jedoch nur Anhaltspunkte sein. Wenn Sie sich aufgrund der vorgenannten Ausführungen dafür interessieren sollten, sich persönlich einmal ein Angebot berechnen zu lassen, rate ich Ihnen dringend, dieses Angebot genauestens zu prüfen. Im Folgenden habe ich Ihnen mit einigen Eckdaten eine Art „Checkliste" zusammengestellt, mit der Sie Ihre Angebote selbst und informiert prüfen können.

Man muß als Anleger realisieren, daß es sowohl gute als auch schlechte Immobilien gibt. Genauso wie gute und schlechte Aktienanlagen existieren. Also muß man *differenzieren* lernen.

Die Frage lautet also: Woran erkenne ich eine vernünftige Immobilie?

GUTE IMMOBILIEN

Im Rahmen eines solchen Buches kann ich für mich nicht seriös in Anspruch nehmen, umfassend über die Immobilie aufzuklären – ganz einfach, weil es sich hierbei um ein Feld handelt, das zu umfangreich ist, als daß man es mit ein paar lapidaren Sätzen abhandeln könnte. Dennoch vermag ich – so jedenfalls mein Anspruch – zumindest für den Großteil der Immobilien in Deutschland einige handfeste Kriterien vorzustellen, an denen Sie sehr rasch erkennen können, ob es sich um eine vernünftige Immobilie handelt oder nicht. Diese Kriterien wurden nebenbei bemerkt in dem Buch *„Das Immobilien-Schnäppchen"* das erste Mal erarbeitet.[2] Die Autoren Friedhelm Knie und Eric Körzinger stellen hier Maßstäbe vor, die helfen, die Qualität einer Immobilie sehr schnell zu eruieren.

Dennoch muß man der Fairneß halber festhalten, daß man auf den ersten Blick zunächst einmal hoffnungslos verloren ist: Schließlich gibt es Immobilien in Südafrika. In Fernost. In US-Amerika. In Deutschland. In Frankreich. In England. Und so weiter, und so weiter. Immobilien sind eine internationale Angelegenheit, und es wäre vermessen zu behaupten, daß man diese Märkte mit ein paar Sätzen allesamt erfassen könne. Auf der anderen Seite haben sich Experten immer wieder daran gewagt, Immobilien einzuschätzen. Und dies aus absoluter Notwendigkeit, denn viele Immobilien werden für Kapitalanleger konstruiert. Also muß es doch so etwas wie Kriterien geben, anhand dessen man Immobilien einschätzen kann?

---

[2] Vgl. Friedhelm Knie/Eric Körzinger, Das Immobilien-Schnäppchen, Idstein 1998

DIE SECHS KRITERIEN ZUR EINSCHÄTZUNG EINER IMMOBILIE IN DER REIHENFOLGE IHRER BEDEUTUNG

Grundsätzlich gibt es sechs Kriterien, aus denen man die Qualität einer Immobilie ersehen kann. Diese sind in der Reihenfolge ihrer Bedeutung:

1. der Quadratmeterpreis,
2. die Mietrendite,
3. die Finanzierung,
4. der Standort,
5. die Ausstattung und
6. der Initiator.

Die Finanzierung hat nur *scheinbar* nichts mit einer Immobilie zu tun, aber der Fachmann sieht bei genauerem Hinsehen sehr schnell, daß dies mitunter sogar Punkt 1 ist: Finanziert man eine Immobilie mit einem schlechten Zinssatz und/oder auf unintelligente Art, so kann eine Immobilie schlußendlich dreimal soviel kosten wie ihr tatsächlicher Wert beträgt!

Um jedes einzelne dieser genannten Fachgebiete rankt sich eine eigene kleine Wissenschaft. Allein über den *Standort* existieren dicke Bücher.[3] Aber auch was die *Ausstattung* anbelangt, so muß man sich vorstellen, daß hierin zahlreiche Gewerke enthalten sind – letztendlich sogar das gesamte Architekten-Know-how. Das gleiche gilt für die Mieteinnahmen und das Know-how rund um den Mieter. Im übrigen lauert genau an dieser Stelle bereits eine Falle: Aufgrund der Tatsache, daß sich dieses Gebiet auf den ersten Blick so unüberschaubar darstellt, glaubt man nicht, daß man es überhaupt je begreifen und verstehen könnte. Genau diese Schlußfolgerung ist jedoch falsch. Die folgenden Zeilen sind deshalb möglicherweise die brisantesten, die Sie je über Immobilien gelesen haben – ganz einfach deshalb, weil Sie Ihnen erlauben, die Immobilie *grundsätzlich* zu verstehen:

Wiederholen wir also: *das wichtigste Beurteilungskriterium bei einem Objekt ist der Quadratmeterpreis.*

Dieses Statement stellt möglicherweise Ihr Konzept von der Immobilie auf den Kopf. Es gibt nicht eben wenig Immobilienliteratur, wo beispielsweise ein Verwirrspiel mit dem *Standort* getrieben wird, dem man die höchste Wichtigkeit zuordnet. Das ist jedoch unkorrekt. Es ist zwar richtig, daß man mit Standortsteigerungen und einer intelligenten Standortwahl immense Gewinne einfahren kann, aber

---

[3] Vgl. Hartmut Bulwien, Top-Know-how rund um den Immobilienstandort, Idstein 1995 oder Hartmut Bulwien, Immobilien in den neuen Bundesländern, Idstein 1996

der springende Punkt ist, daß diese Standortvorteile in Zukunft eintreten können *oder auch nicht*. Die Betonung liegt auf den letzten drei Worten *„oder auch nicht"*. Das heißt, selbst bei einem hochinteressanten Standort, der ein gewaltiges Wertsteigerungspotential in sich birgt, ist noch lange nicht gewährleistet, *daß* der Wertzuwachs eintritt und es ist auch nicht sicher, *wann* er eintreten wird.

Der Grund ist darin zu suchen, daß die Qualität eines Standortes selbst wieder von wenigstens 40 Kriterien abhängig ist, dic hochprofessionelle Standortgutachter beispielsweise untersuchen und mit sehr viel Vorsicht und Intelligenz aktualisieren und gegeneinander abwägen. Diese ca. 40 Kriterien, die die Qualität eines Standortes bestimmen, können sich jedoch ändern. Das aber wiederum bedeutet, daß ein Standort, der heute noch phantastisch ist und als erstklassig bezeichnet werden kann, morgen schon wieder im Sumpf der Mittelmäßigkeit versinken mag. Nehmen Sie das Beispiel einer Top-Immobilie, wo plötzlich aus Verkehrsgründen eine lautstarke Umgehungsstraße konzipiert wird und dadurch die Lärmbelästigung so groß wird, daß es fast unerträglich wird, dort zu wohnen. Die Folge wird sein, daß die Immobilienpreise kräftig purzeln. Kurz und gut, dem Standort die Wichtigkeit Nr. 1 zuzuordnen ist einfach falsch. Der Standort besitzt allenfalls die Wichtigkeit Nr. 4. Experten haben zweifelsfrei nachgewiesen, daß drei andere Kriterien von größerer Bedeutung sind. Erstens die Mietrendite, zweitens die Mietrendite und drittens die Mietrendite, die ihrerseits natürlich von dem Quadratmeterpreis abhängig ist. Auch dieser Witz stimmt in seiner Absolutheit natürlich nicht, aber korrekt ist zumindest die Einsicht, daß die Mietrendite und der Quadratmeterpreis für den Investor ungleich wichtiger sind, als die anderen Kriterien.[4]

1. DER QUADRATMETERPREIS

Betrachten wir also zunächst noch einmal das meines Erachtens wichtigste Kriterium: den Quadratmeterpreis. Es ist natürlich völlig unsinnig, selbst an einem guten Standort zu einem überteuerten Quadratmeterpreis eine Immobilie einzukaufen. Wenn in München in einer sehr guten Lage eine Immobilie objektiv für 8.000 DM pro Quadratmeter über den Tisch geht und man kauft sie für 9.000 DM pro Quadratmeter ein, so hat man selbstverständlich einen schlechten Schnitt gemacht.

Alles Gerede von einem guten Standort nützt hier nichts, obwohl München zweifellos ein hervorragendes Pflaster ist. Man muß also immer den Quadratmeterpreis beobachten, zu dem man einkauft. Hierzu gibt es sehr viel Wissen, aber es existie-

---

[4] Vgl. Friedhelm Knie, Eric Körzinger, Das Immobilien-Schnäppchen, Kapitel 3: „Gut gehütete Geheimnisse rund um die Mietrendite" sowie Kapitel 7: „Mieter, Mieter, Mieter".

ren genug Quellen, aus denen man genau dieses Wissen beziehen kann. Von Bedeutung ist, den Quadratmeterpreis zu recherchieren, der in einer Gegend wirklich *bezahlt* wird. Das heißt, es nutzt nichts, beispielsweise in einem offiziellen Bericht nachzulesen, daß der Quadratmeterpreis für eine gute Gegend bei 4.000 Mark pro Quadratmeter liegt – aber effektiv werden nur 3.500 DM in dieser Gegend bezahlt. Mit anderen Worten: Man muß selbst die Augen aufmachen, wenn man den korrekten Quadratmeterpreis recherchieren will. Der Quadratmeterpreis, der natürlich relativ günstig oder zumindest fair sein sollte, ist der erste Punkt, der bei der Einschätzung des Wertes einer Immobilie wichtig ist.

2. DIE MIETRENDITE

Tatsächlich kann selbst der Anleger, der mit dieser ungeheuer komplexen Materie *Immobilie* nicht besonders vertraut ist, einen weiteren Punkt bei jeder Immobilie schnell bewerten. Es ist richtig, daß diese Bewertung in der Folge möglicherweise modifiziert werden muß, aber zumindest wird ihm mit dem folgenden Tip ein Anhaltspunkt gegeben, der es ihm ermöglicht, schlechte Immobilien von guten im Vorfeld bereits zu unterscheiden. Dieses Bewertungskriterium ist, wie schon angedeutet, die Mietrendite. Vergleicht man nämlich die Immobilie mit anderen Anlageformen – der Lebensversicherung, dem Sparbuch, dem Bundesschätzchen und so weiter – so ersieht man sehr schnell, daß auch hier die Rendite der springende Punkt ist. Was also sind „gute" Immobilien? Nun, Immobilien, die etwas taugen, erwirtschaften einfach eine vernünftige Mietrendite.

Ein Beispiel für eine schlechte Mietrendite wären 2 % pro Jahr. Ein Beispiel für eine gute Mietrendite wären 8 % pro Jahr. Wohnwirtschaftlich genutzte Objekte haben in aller Regel jedoch geringere Mietrenditen (ca. 3 bis 5 %), als zum Beispiel gewerblich genutzte Objekte: Bürogebäude oder Verkaufsflächen (ca. 5 bis 10 %).

Was heißt das im Klartext?

Wenn Sie auf Ihr eingesetztes Kapital, das bei einer Eigentumswohnung beispielsweise 300.000 DM beträgt, Mieteinnahmen pro Jahr von 15.000 DM einfahren, so sind Sie sehr viel besser bedient, als wenn Sie auf Ihr eingesetztes Kapital – wieder 300.000 DM – nur Mieteinnahmen pro Jahr von 6.000 DM erhalten. Sehr einfach! Sie müssen also, wenn Sie eine Immobilie im Schnellverfahren bewerten wollen, einfach darauf achten, daß die Mietrendite vernünftig ist. In diesem Zusammenhang ist von Bedeutung, wer der Mieter ist. Wenn Sie eine völlig überzogene Miete garantiert bekommen und die Wohnung steht leer, dann können Sie den Tag abwarten, an dem Sie keine Miete mehr bekommen.

Nun gibt es gegen eine solche Denkweise natürlich tausenderlei Einwände. Zum einen könnte man argumentieren, daß wie gesagt der Standort sehr viel wichtiger sei, da dadurch in Zukunft eine enorme Wertsteigerung gegeben sein wird. Aber, wie schon gesagt, niemand *garantiert* Ihnen eine solche Wertsteigerung!

Weiter könnte man argumentieren, daß doch die Ausstattung sehr viel wichtiger sei. Wenn ich eine vollkommen heruntergekommene Immobilie betrachte, in die ich in der Folge ein paar Hunderttausend Mark investieren muß, so sei diese doch ungleich weniger werthaltig als eine Immobilie, die auf oberstem Niveau oder neuwertig ist. Hierzu ist zu sagen, daß diese Argumentation natürlich korrekt ist.

Man kann nur Äpfel mit Äpfeln und Birnen mit Birnen vergleichen. Trotzdem sollte man sich hiervon nicht irritieren lassen. Gehen wir davon aus, daß eine Immobilie grundsätzlich in einem guten Zustand ist, so sieht man sehr schnell, daß dann der Bewertungsfaktor *Mietrendite* natürlich greift. Aber ist es nicht sehr viel intelligenter, 8 % für eine Immobilie zu erhalten, die möglicherweise nicht in einem Top-Zustand ist (wo aber auch nichts investiert werden muß) und die möglicherweise nur an einem mittelmäßigen Standort gelegen ist, statt daß ich mich mit 2 % begnüge, selbst wenn ich über eine Top-Immobilie an einem Top-Immobilienstandort mit Top-Ausstattung verfüge? Was nützt mir dann diese sogenannte Top-Immobilie?

Beliebt ist auch das Argument, daß eine eigengenutzte Immobilie einer vollständig anderen Betrachtungsweise unterworfen werden muß. Auch diese Logik ist nicht ganz von der Hand zu weisen, aber bei genauerem Hinsehen sticht das Argument wiederum nicht. Vom Investmentstandpunkt muß es erlaubt sein, auch die eigengenutzte Immobilie mit einer vermieteten Immobilie zu vergleichen – und schon könnte man wieder Qualitätsunterschiede zwischen einzelnen Immobilien festmachen. Wie auch immer, es mag tausend Argumentationen geben, die der Mietrendite nur den sechsten Platz einräumen, was die Bewertungskriterien angehen. Ich möchte jedoch an dieser Stelle in aller Klarheit festhalten, daß ich von solchen Argumentationen nichts halte. Rendite ist Rendite, gleichgültig ob es sich um Mietrenditen, um Einnahmen aus einer Lebensversicherung, aus einem Sparbuch oder um Renditen aus Aktien handelt. Sind die Renditen hoch, handelt es sich um eine vernünftige Anlage.

Sind die Renditen niedrig, sitzt man nicht notwendigerweise einem Betrug auf, macht aber jedenfalls einen schlechteren Schnitt.

3. DIE FINANZIERUNG

Nicht zuletzt von Verbraucherschutzverbänden sind inzwischen viele Schwarzbücher herausgegeben worden, was die *Finanzierung* von Immobilien anbelangt. Man muß wissen, daß es sehr unintelligente Finanzierungen gibt, die zum Nachteil des Verbrauchers gereichen – und gescheite Finanzierungen. Das Gebiet der Finanzierung von Immobilien ist jedoch ebenfalls zu umfangreich, als daß ich den Anspruch erheben könnte, es hier mit ein paar Zeilen abhandeln zu können. Ich habe jedoch bereits angemerkt, daß sich ein Objekt bei einer unintelligenten Immobilienfinanzierung bis um das dreifache des tatsächlichen Wertes verteuern kann. Sprich der Immobilieninvestor, Kapitalanleger, Immobilieneinkäufer und so weiter kann für eine Immobilie, die 300.000 DM wert ist, 900.000 DM auf den Tisch des Hauses legen – er kann umgekehrt aber auch sehr viel Geld einsparen. Am übersichtlichsten ist das Gebiet der Immobilienfinanzierung wiederum dargestellt in dem Buch *Das Immobilien-Schnäppchen*, und der Leser möge mir verzeihen, daß ich noch einmal darauf verweise. Aber es gebietet die intellektuelle Fairneß, auch den Quellen Referenz zu erweisen, aus denen man schöpft.

Grundsätzlich muß man davon abraten, eine Immobilie blind bei dem erstbesten Kontakt oder gar dem erstbesten Bankangestellten oder Versicherungsvertreter zu finanzieren. Es ist sehr viel intelligenter, sich umzuhören, wer sich auf dieses Gebiet *wirklich* spezialisiert hat und *tatsächlich* auskennt. Es gibt derart immense Unterschiede, daß man nur Bauklötze staunen kann. In der einschlägigen Literatur werden schlechte Immobilienfinanzierungen regelrecht als Betrug bezeichnet – und ich kann mich solchen Beurteilungen nur anschließen. Prinzipiell ist der Zeitgenosse, der eine Immobilie das erste Mal finanziert, dem Fachmann hoffnungslos unterlegen. Es gibt über dieses Gebiet so viel zu wissen, daß der „Experte" auch eine mittelmäßige Immobilienfinanzierung aufgrund seines Knowhow-Vorsprunges immer durchdrücken und dem anderen als das Nonplusultra verkaufen kann. Immobilien können durch die falsche Finanzierung zu unvorstellbaren Flops geraten, selbst wenn es sich von Haus aus eigentlich um gute Objekte handelt. Umgekehrt kann sich selbst eine mittelmäßige Immobilie durch eine intelligente Finanzierung schlußendlich als ein guter Fang herausstellen.

Zu diesem heißen Thema an dieser Stelle nur soviel:

Meines Erachtens ist es nicht intelligent, eine Immobilie zu finanzieren und ein *Annuitätendarlehen* mit einer Bank abzuschließen. Denn dadurch reduzieren sich die Schulden, die man hat – und das heißt im Klartext, daß man auch weniger Schuldzinsen steuerlich absetzen kann. Das heißt, der Steuervorteil wird ständig geringer.

Gescheiter ist es, *nicht* zu tilgen, sondern das Darlehen stehen zu lassen und statt dessen zusätzliche Gelder in einem Investmentfonds anzusparen. Das Motto lautet hier: *Sachwert tilgt Sachwert.*

Das heißt, mit diesem Investmentfonds, dessen Gewinne ich ebenfalls nicht versteuern muß, kann ich zwischenzeitlich Kursgewinne realisieren, habe also eine hübsche, satte Rendite *und* kann weiter meinen Zins aus dem Immobiliendarlehen absetzen. Schlußendlich tilge ich mit dem erwirtschafteten (Fonds-)Geld meinen Kredit. Und verfüge so nach nicht allzu langer Zeit über eine schuldenfreie Wohnung.

4. DIE AUSSTATTUNG

Ich habe bereits angedeutet, daß es hierzu ebenfalls einiges zu wissen gibt. Allein die Gewerke aufzuzählen, mit ihrem speziellen Know-how, würde viele hundert Seiten füllen. Es gibt den Maurer, den Zimmermann, den Dachdecker, den Elektrofachmann, den Heizungsmonteur, den Sanitärspezialisten, den Fliesenleger und so weiter. Grundsätzlich unterscheidet man zwischen einfachem, mittlerem und gehobenem Niveau bei einer Immobilie. Generell läßt sich festhalten, daß Altbauten in der Regel preiswerter erworben werden können als Neubauten. Und schließlich darf man, um wenigstens einige Hinweise an dieser Stelle zu geben, nicht darauf verzichten, festzuhalten, daß es auch Methoden des preiswerten Einkaufs hinsichtlich der Ausstattung gibt. So vermag man hinsichtlich der Löhne ebenso zu sparen wie hinsichtlich der Baumaterialien. Bei all dem handelt es sich um hochspezialisiertes Know-how, das bei Licht betrachtet zwar ebenfalls nicht kompliziert ist – aber man muß sich mit der Materie schon eine Weile beschäftigen.

5. DER STANDORT

Prinzipiell unterscheidet man zwischen Makrostandorten und Mikrostandorten. Ein Makrostandort wäre zum Beispiel eine Stadt wie Frankfurt, ein Mikrostandort wäre ein bestimmter Stadtteil oder eine Gegend in Frankfurt, wie etwa Sachsenhausen. Aber selbst beim Mikrostandort unterscheidet der Profi noch einmal zwischen den einzelnen Straßen, die eine durchaus unterschiedliche Standortqualität besitzen können. Selbst die Nachbarschaft muß genauestens in Augenschein genommen werden, wenn man einen Standort beurteilen will. Der wichtigste Beurteilungsmaßstab für den Standort ist die Arbeitsmarktsituation. Aber es gibt darüber hinaus natürlich sehr viel mehr Beurteilungskriterien, wenn auch das wirtschaftliche Umfeld zweifellos Rang 1 einnimmt. Dies führt dazu, daß von Standortspezialisten zum Teil sehr akribisch recherchiert wird, wo Industrieunternehmen oder bekannte Wirtschaftsunternehmen neue Werke errichten werden, weil das einen Einfluß auf die Immobilienpreise hat.

Grundsätzlich gibt es keinen einzigen Standort, an dem man nicht mit Immobilien gute Gewinne einfahren kann; *sofern* man preiswert einkauft.

Insgesamt wird die Standortdiskussion heutzutage etwas überhitzt geführt. So ist es auch Unsinn, etwa zu konstatieren, daß man nur in Berlin – einem zweifellos zukunftsträchtigen Standort – gute Geschäfte mit Immobilien tätigen könne, auch wenn man dieses Statement in der Literatur hin und wieder findet. Man muß wissen, daß jeder Initiator, Bauträger und so weiter seine Marketingabteilung besitzt, in der mit Vehemenz darauf verwiesen wird, daß der eigene Standort der

187

„beste aller möglichen" ist. Standortdiskussionen sind deshalb sehr oft irreführend. Grundsätzlich muß man die Quelle betrachten, aus der man schöpft. Wird ein Standort von einem Spezialisten, einem Initiator oder Bauträger hochgelobt, so muß man natürlich wissen, daß hier das Eigeninteresse das Lob diktiert. Es handelt sich also in den seltensten Fällen um eine neutrale Information. Der Initiator oder Bauträger wird seinen Standort immer als enorm zukunftsträchtig bezeichnen. Aber wenn man vergißt, auf den Quadratmeterpreis und die Mietrendite zu schauen, nutzt einem der schönste Standort nichts, selbst wenn vor dem Haus die Berge liegen, dahinter ein See und unter dem Haus führt die Straßenbahn durch, allerdings so leise, daß man sie in dem Objekt selbst nicht hört.

Lassen Sie sich also von der Standortdiskussion nicht verwirren, der Standort ist ein fünftklassiges Kriterium.

6. DER INITIATOR

Will man Neubauimmobilien kaufen – was steuerlich gesehen mitunter recht günstig ist – so muß man wissen, daß natürlich der Initiator von ausschlaggebender Bedeutung ist. Theoretisch könnte man ihn auch auf Platz 1 setzen, denn was nützt es, wenn Sie mit einem Bauträger zusammenarbeiten, der Pfusch am Bau macht, ihnen falsche Versprechungen vorgaukelt oder – schlimmer – am Schluß Konkurs anmeldet. Auch hier ist also der erfahrene Berater von Bedeutung. In diesem Sinne ist es wichtig, zu wissen, wie solvent und erfahren ein Bauträger ist. Weiter sind Mietgarantien von Bedeutung. Die Mietgarantie muß man aber in der Folge genau überprüfen. Es nutzt mir nichts, wenn mir der Bauträger eine Miete hinzaubert, die schlußendlich nicht zu erzielen sein wird. Verkauft er seine Immobilie zu einem überteuerten Preis, so kann er theoretisch sogar diesen „Mietzauber" locker aus der linken Westentasche – eben über diesen höheren Preis – selbst bezahlen. Eine Mietgarantie muß also der marktüblichen Miete entsprechen. Schlimmstenfalls wird man ansonsten nach zehn Jahren mit der realistischen Miete konfrontiert, wenn die Mietgarantie ausläuft. Plötzlich verfügt man über sehr viel geringere Einnahmen, und das ist immer fatal.

Es nutzt also nichts, Mieten zu „tunen". Deswegen sind auch Gewerbeimmobilien durchaus manchmal mit Vorsicht zu genießen. Hier kann man zwar mitunter optisch angeblich sehr schöne Mieten „erzielen", aber wenn man sich das Ganze dann unter dem Strich durchrechnet, beziehungsweise sieht, welche Gewerbemieten in einer bestimmten Region *tatsächlich* erzielt werden können, so sieht man sehr schnell, daß bestimmte Zahlen nicht stimmen *können*. Das heißt, man muß natürlich auch in der Region, in der man investiert, die tatsächlichen Mieten in

Rechnung stellen. Zumindest sollte das der Finanzberater können. Nebenbei bemerkt arbeiten wir schon geraume Zeit mit *getesteten* Geschäftspartnern (Initiatoren) zusammen, die sich selbst seit über 30 Jahren am Markt befinden. So haben wir von diesen Bauträgern beispielsweise schon seit über 10 Jahren Immobilien vermittelt. Anfänglich haben wir eine 5jährige Mietgarantie angeboten. Diese Garantien sind zwischenzeitlich längst abgelaufen. Wissen Sie, wie das Ganze danach weiterging?

Zum Teil wollten die Kunden keine weitere Garantie mehr, weil Sie festgestellt hatten, daß ihre Wohnung bereits zu einem höheren Betrag vermietet werden konnte als anfänglich garantiert wurde. Oder aber die Kunden sagten sich: „Ich verzichte lieber auf 1–2 Mark Miete pro Quadratmeter, habe aber weitere 5 Jahre meine Ruhe. Wie auch immer, bei diesen Kunden haben unsere Vertragspartner die Miete einfach um weitere 5 Jahre verlängert, obwohl sie dazu nicht verpflichtet gewesen wären. So etwas fällt natürlich unter das Kapitel *Service* und wirft ein gutes Licht auf einen solchen Initiator! Eine solche Vorgehensweise ist absolut marktunüblich, zeigt aber, daß einem solchen Bauträger daran gelegen ist, seinen Kunden wirklich das Beste zu liefern.

Und es zeigt, wie sehr *uns* daran gelegen ist, wirkliche *Sicherheit* zu gewährleisten.

Übrigens: Neuerdings bekommen unsere Kunden eine Mietgarantie seitens der Initiatoren von 10 bis 15 Jahren.

ANDERE PRODUKTE

Nun könnte man an dieser Stelle noch zahlreiche andere Produkte des Marktes unter die Lupe nehmen und mit mehr oder weniger geistreichen Bemerkungen versehen. Aber ich kann an dieser Stelle nicht den Eindruck erwecken, als ob ich alle möglichen Produkte seriös in einem einzigen Buch aufarbeiten könnte – es wären mehr als hundert Bände zu verfassen! Aber man kann durchaus auf die wichtigsten und besten Produkte aufmerksam machen – auf Aktien, Aktienfonds und Immobilien beispielsweise. Und man kann diese besten Produkte noch einmal unter die Lupe nehmen, hier Qualität definieren und sie den gängigen Versicherungsprodukten und Bankenprodukten gegenüberstellen. Dies alles wurde in den vorherigen Kapiteln erledigt. Wer aufgepaßt hat, besitzt jetzt bereits einen enormen Wissensvorsprung. Gute Produkte, ja Top-Produkte anzubieten, gehört natürlich auch zu dem Kapitel *Verkauf*, was ja das eigentliche Thema dieses Buches ist.

Ich hoffe, Sie haben nun ein Gefühl bekommen für den Unterschied zwischen

Sachwerten und Geldwerten. Tatsache ist jedoch, und das will ich noch einmal unterstreichen, daß in Deutschland die Anlage in Geldwerte favorisiert wird. Zum ersten von den Verkäufern und daraus resultierend zum zweiten von den Kunden. Doch die Zeit bringt eine Wende. Dies geschieht momentan schon in vollen Zügen. Nur manche Verkäufer, und was noch schlimmer ist, viele Kunden haben dies noch nicht geschnallt. Wieviele Verkäufer sitzen in Ihren Büros und hoffen auf den nächsten Kunden, wieviele Banken richten immer noch mehr elektronische Hilfsmittel ein, um den Kontakt mit den Kunden völlig zu verlieren. Auch hier meine Meinung: Die Zukunft liegt nicht im Direkt-Banking, sondern im „Direkt-Service"!

Lieber Leser, dies alles in einer Zeit, in der den Banken und Versicherungen die Kunden immer mehr davon laufen. Wenn es stimmt, was viele Experten sagen und was die Vergangenheit beweist, daß Sachwerte Geldwerte schlagen, warum sind dann in Deutschland seit Jahrzehnten die Geldwerte so favorisiert worden? Beantworten Sie sich diese Frage bitte selbst. Eines möchte ich Ihnen als Abschluß dieses Kapitels jedoch zu bedenken geben: Wo, glauben Sie, legen denn die Banken ihrerseits das Geld der Kunden an? Ich sage Ihnen hierzu ganz klar meine Meinung:

Das Geld der Anleger wird letztendlich immer in Sachwerte angelegt, es fragt sich nur, von wem!

Aber kommen wir jetzt endlich auf des Pudels Kern zu sprechen. Und beschreiben wir die Vorgehensweise, die wir für unsere Kunden im Laufe der letzten 11 Jahre entwickelt haben. Sie basiert logischerweise auf den bisher ausgeführten Erkenntnissen und wurde aus der Praxis für die Praxis entwickelt. Sie dürfen gespannt sein.

Wer nicht weiß, in welchen Hafen er segeln will,
für den ist kein Wind der richtige.

LUCIUS ANNAEUS SENECA
Lehrer Neros, um 0 bis 65 n. Chr.

9. DIE BESTANDSAUFNAHME
oder
WAS WEIß DER KUNDE EIGENTLICH ÜBER SEINE EIGENE FINANZSITUATION?

Ganz sicher habe ich mit den vorangegangenen Kapiteln eine entsprechende Erwartungshaltung bei Ihnen aufgebaut. Mancher wird denken: Wenn der glaubt, er hätte das Ei des Kolumbus entdeckt, dann wären alle anderen im Finanzbereich in den vergangenen Jahren blöd gewesen. Wenn jemand so große Töne spuckt, dann muß er auch etwas zu bieten haben. Ich denke nicht, daß in unserem Unternehmen etwas weltbewegend Neues entwickelt wurde, aber ich weiß, daß unsere Vorgehensweise eine echte Dienstleistung darstellt und unsere Erfolge dieses bestätigen.

„Große Erfolge sind nichts anderes als die Summe vieler Kleinigkeiten".

In diesem Sinne möchte ich gerne die folgenden Kapitel verstanden wissen. Es kommt auf die Kleinigkeiten an.

ABLAUF

Als erstes werde ich Ihnen einen Überblick über unsere gesamte Dienstleistung gewähren. Dann werde ich auf jedes einzelne Thema separat eingehen. Zuletzt werde ich Ihnen dann erläutern, welche „Kleinigkeiten" in jedem Bereich ausschlaggebend für den Erfolg sind. Denn oft kommt es nur und gerade auf die Details an, ob das große Ganze funktioniert oder nicht.

Doch kommen wir nun zur Übersicht über unsere Vorgehensweise und stellen vorab den Zusammenhang (Kontext) zwischen den einzelnen Stufen her.

KONTEXT

Ich möchte Ihnen hier eine Vogelperspektive liefern, bevor ich dann in die einzelnen Themen genauer einsteige.

Bei jedem Interessent finden mindestens 3 Termine beziehungsweise Gespräche statt, bevor er die Möglichkeit hat, unser Kunde zu werden.

Der erste Termin findet beim Kunden statt und wird als **Inventurtermin** bezeichnet.

Hierbei werden die finanzrelevanten Daten des Interessenten aufgenommen. Nach diesem Termin findet im Büro die EDV-technische **Auswertung** statt.

Der anschließende **Ergebnistermin** (die eigentliche Beratung) findet bei uns im Büro statt. *Danach* trifft der Kunde seine **Entscheidung**, ob er mit uns zusammenarbeiten will. Nun beginnt die kontinuierliche **Betreuung** dieses Kunden.

Soweit ein ganz kurzer Überblick über unsere Vorgehensweise. Auf den ersten Blick eigentlich gar nichts so Weltbewegendes. Doch es kommt wie gesagt auf die genauen Feinheiten an und diese werde ich Ihnen in den nächsten Kapiteln offenbaren. Viel Spaß dabei.

DER BEGINN

Erinnern wir uns: Einer der wichtigsten Faktoren für den Erfolg in der Finanzdienstleistungsbranche, und nicht nur in diesem Bereich, ist die *Anzahl* der Kundengespräche. Ich habe bereits darauf hingewiesen. Diese Tatsache ist logisch und für jeden nachvollziehbar. Von Bedeutung ist jedoch nicht nur, *wieviele* Kundenkontakte ich vereinbare, sondern auch auf *welche Art.* Zahlreiche *und* gute Kundenkontakte sind jedoch sehr leicht zu schaffen, wenn man sich das Wörtchen *Empfehlung* einmal genauer anschaut. Anders herum gesagt: Wer in direktem Kundenkontakt steht und wer die *Empfehlung* vernachlässigt, begeht den *größten* Fehler, den er überhaupt begehen kann. Empfehlungen sind das Schwungrad im Getriebe eines jeden Außendienstes und in jedem Bereich des Verkaufens. Wer das nicht beherzigt, wer sich das nicht wirklich verinnerlicht und wer auf Empfehlungen verzichtet, hat es nötig, irgendwelche x-beliebigen Leute aus dem Telefonbuch anzurufen. Oder er muß von Haustür zu Haustür pilgern und um Einlaß betteln. Eine dritte Möglichkeit bestünde vielleicht noch darin, über Adreßverlage verschieden selektierte Adressenbestände zu kaufen. Auch hierbei gibt es schon Unternehmen, die den Firmen im Finanzbereich die Kundenakquise abnehmen.

In allen diesen drei Fällen – wenn man also nicht per *Empfehlung* arbeitet – scheitert der Mitarbeiter, der Außendienstler, der Verkäufer, über kurz oder lang. Er ist jeden Tag mit Ablehnung und Demotivation konfrontiert. Und das geht schließlich an die Substanz. Die Motivation stirbt. Will heißen, der Verkäufer möchte schlußendlich zwar noch verkaufen, aber den Kontakt zum Kunden soll ein anderer ebnen. Dies funktioniert mit absoluter Sicherheit auf die Dauer nicht. Ich werde Ihnen beweisen, warum dies nicht funktionieren kann! Man sollte zunächst also noch einmal in aller Deutlichkeit festhalten, daß die *Empfehlung* nicht nur die beste Methode, sondern auch die effektivste und obendrein schönste Methode der Neukundengewinnung ist.

DIE „HEIMLICHE" EMPFEHLUNG

Hierbei die schönste und beste Empfehlung ist die, die ausgesprochen wird, ohne daß der Berater anwesend war. Das heißt, um eine Empfehlung der Spitzenklasse handelt es sich, wenn der zufriedene Kunde seinem Nachbarn, seinem Freund, seinem Verwandten oder wem auch immer gegenüber zum Ausdruck bringt: *„Du mußt das kennenlernen, das ist wirklich interessant, die liefern wirklich einen vernünftigen Service ..."*

Eine solche Empfehlungsschiene wäre gleichzusetzen mit einer Gans, die goldene Eier legt. In diesem Fall kommt nämlich der Kunde auf den Finanzdienstleister zu. Dabei handelt es sich um die Traumsituation, für die jedes Unternehmen im Finanzdienstleistungsbereich oder jeder Einzelkämpfer theoretisch eine Million Dollar hinlegen würde. Oder?

Genau das passiert bei uns! Bevor ich Ihnen das konkrete Procedere in dem speziell hierfür gewidmeten nächsten Kapitel vorstelle, sei soviel vorausgeschickt: Kunden rufen *tatsächlich* bei uns an! Oder stehen plötzlich vor der Tür eines unserer Büros und fragen nach einer Beratung. Wildfremde Leute!

Vor ein paar Tagen, während ich hier am Schreiben dieser Seiten war, bekam ich ein Kuvert auf den Tisch. Uns schrieb eine für uns völlig fremde Person, ein Betriebswirt aus einer Stadt am Bodensee, daß er uns bittet, auch bei ihm einen „Finanzcheck", wie er es nannte, durchzuführen. Um uns das im Vorfeld zu erleichtern, schickte er nicht nur eine Auflistung seiner gesamten Vertragsdaten, sondern auch gleich ein Kopie aller wichtigen Unterlagen mit.

Klar kommt dies nicht gerade alle Tage bei uns vor, aber es ist immerhin ein Zeichen dafür, daß über unsere Dienstleistung positiv gesprochen wird.

Ich darf Ihnen an dieser Stelle einmal meine absolute Überzeugung verdeutlichen: Was den Erfolg unserer Vorgehensweise anbelangt, stehen auch wir erst ganz am Anfang. Dessen bin ich mir hundertprozentig sicher.

Sie glauben es nicht? Nun, dann lesen Sie bitte weiter. Ich gebe Ihnen hiermit mein Wort, daß dies bei uns läuft. Können Sie sich vorstellen, welche Motivation bei Ihnen und Ihren Mitarbeitern entsteht, wenn sich auch bei Ihnen das Problem „Kundenakquise" in Luft auflöst? Dies ist das vorrangigste Problem, das Sie lösen müssen. Wie eine Lösung aussehen könnte, werde ich Ihnen jedoch erst im nächsten Kapitel explizit vorstellen.

DIE VORGEHENSWEISE

Doch nun kommen wir konkret zu unserer Vorgehensweise. Ich bin sicher, daß manche Leser auf den ersten Blick sagen werden, daß Sie das schon kennen. Diesen möchte ich sagen, daß oft der Engel im Detail steckt. Und auf diese Besonderheiten, sprich dieses gewisse Etwas werde ich nach dem vorherigen groben Überflug über unsere Vorgehensweise im besonderen eingehen. Andere werden vielleicht sagen, und das passiert mir übrigens in Einstellungsgesprächen häufig, daß das doch nicht funktionieren könne. Erstens sage ich Ihnen hiermit, *daß* es funktioniert und zwar seit vielen Jahren sehr erfolgreich. Zweitens möchte ich diesen Personen hier einmal einen Denkanstoß geben:

„Ein Mensch, der daran zweifelt, etwas zu können, macht es sich *dadurch* unmöglich, es zu tun!"

Also wende ich mich nun weg von den Zweiflern hin zu den Menschen, die die richtige Einstellung vor allem zu Ihren Kunden haben.

Liebe Leserin, lieber Leser! Es gibt für mich nur ein Prinzip, das die Basis für Ihren Erfolg darstellen kann. Ich würde am liebsten mit diesem Begriff das ganze Buch füllen, den gleichen Begriff immer wieder schreiben. Vielleicht verstehen Sie erst beim 1585sten mal lesen, was in diesem Begriff eigentlich verborgen ist. Glauben Sie mir bitte eines: Wenn Sie dieses Prinzip nicht verinnerlicht haben und es nicht _wirklich_ wollen, dann kann Ihnen kein Buch der Welt helfen.

Das Prinzip besteht aus zwei Worten:

NUTZEN BRINGEN

Dies ist für mich die Basis jeglichen Erfolges. Vor allem aber in der Zusammenarbeit mit Kunden. Wenn das für Sie o.k. ist, dann freue ich mich darauf, daß Sie die folgenden Seiten lesen werden. Denn in den weiteren Seiten dieses Buches geht es nicht mehr so sehr um kalte Fakten und Tatsachen oder um Finanzfachwissen wie bisher, sondern es geht vielmehr um Ihre innere Bereitschaft, für Ihre Kunden wirklich etwas zu bewegen. Heute und in der Zukunft.

FÜR DIE SKEPTIKER ODER DIE PROBLEMDENKER

Glauben Sie mir, daß ich mir keine Illusionen darüber mache, ob wohl jeder diese Zeilen mit Wohlwollen liest. Mit Sicherheit gibt es Leser, vielleicht sogar SIE, die ihre Zweifel haben. Wissen Sie, was mich manchmal regelrecht VERzweifeln lassen könnte? Manche Kollegen im Finanzbereich sind schon so weit, daß gar nicht mehr sein kann, was nicht sein darf. Eine gewisse Grundskepsis ist durchaus angebracht. Doch immer und überall den Haken zu suchen, macht einem selbst das Leben zu Hölle. Also versuchen Sie noch einmal an eine gute Intention zu glauben, denn dann werden die weiteren Seiten dieses Buches nicht nur Ihren Verstand bereichern.

FÜR DIE CHANCENDENKER

Wie ich Ihnen bereits gesagt habe, arbeiten wir nur auf Empfehlungsbasis zufriedener Kunden oder wenn Personen von sich aus eine Beratung wünschen. In der folgenden Vorstellung unserer Arbeitsweise gehe ich nun davon aus, daß es sich um eine Empfehlung eines bestehenden Kunden handelt.

Die gesamte Vorgehensweise spielt sich in einem Kreislauf ab. Es geht vom einen zum anderen Kunden. Ich muß diesen Kreislauf an einer Stelle beginnen, um Ihnen den Ablauf zu verdeutlichen. Sie merken dann sehr schnell, wann der Kreis sich schließt und *warum* uns dieser besagte Interessent durch den vorherigen Kunden empfohlen wurde.

Übrigens: Stellen wir uns vor, es handelt sich in all unseren Beispielen um einen männlichen Kunden. Sonst brauche ich immer beide Anreden. Meine Damen, ich hoffe, Sie werden mir dies verzeihen. Vielen Dank für Ihr Verständnis.

KONTAKTIERUNG

Also: Unser Interessent weiß bereits vor unserem Anruf, daß er angerufen wird. Er weiß, worum es geht und wie wir arbeiten. Das heißt, er erwartet den Anruf! („Warum" werden Sie erfahren, wenn der Kreis sich geschlossen hat.)

Aus diesem Grund geht es bei unserem Terminierungsgespräch nicht darum, „ob" ein Termin vereinbart wird, sondern nur noch um das „wann". Unser Telefonat hört sich dann ungefähr so an:

„Guten Tag, Herr ... , wir kennen uns noch nicht persönlich, aber ich rufe Sie an auf Wunsch von Herrn (Empfehlungsgeber). Er hat Ihnen ja schon erzählt, um was es geht und daß ich anrufe. Herr ... , was kann ich für Sie tun?"

Wie das weitere Gespräch verläuft, ist unerheblich. Auf alle Fälle wird hierbei ein Termin vereinbart, bei dem es darum geht, sich kennenzulernen. Eine „Herumargumentiererei" ist nicht notwendig. Sie werden später feststellen, warum.

Zum Abschluß dieses Gespräches erklärt der Interessent die genaue Wegbeschreibung.

DAS VORGESPRÄCH

Der Kollege kommt also nun zum vereinbarten Termin zum Interessenten. Und jetzt etwas sehr Wichtiges: **Ohne irgendwelche Unterlagen!**

Hierbei wird zunächst sehr ausführlich unser Unternehmen sowie die gesamte Dienstleistung nochmals vorgestellt. Wichtig ist, daß bereits in diesem Vorgespräch mit dem Interessenten eine Vereinbarung getroffen wird, nämlich folgende: Unsere gesamte Dienstleistung ist für den Kunden völlig kostenlos und unverbindlich. Das einzige, was wir von ihm als Gegenleistung erwarten, sind Empfehlungen und zwar nur dann, wenn es ihm auch wirklich gefallen hat. (Ist doch fair, oder?)

Dies ist von vornherein klar. Die Empfehlungen des Kunden sind der *Preis* für unsere Dienstleistung. Ich möchte hier nicht im einzelnen darauf eingehen, wie wir dem Interessenten unsere Vorgehensweise vorstellen, denn das erfahren Sie ja ohnehin auf den folgenden Seiten genauer.

Nachdem der Interessent nach der Erklärung sein Einverständnis zur Zusammenarbeit gegeben hat – was in den allermeisten Fällen so läuft, denn warum sonst hätte der Interessent den Termin vereinbart, wenn er doch schon vorher alles Wesentliche kennt – holt der Kollege seine „Inventurunterlagen" aus dem Auto.

DIE INVENTUR

Unsere „INVENTUR"-Broschüre ist eine Bestandsaufnahme der bestehenden Finanzsituation des Kunden. Ohne diese Aufnahme ist hinterher die Ausarbeitung eines maßgeschneiderten Finanzkonzeptes nicht möglich. Außerdem bringt sie auch für den Kunden Licht ins Dunkel. Dieser Inventurtermin dauert insgesamt ca. 3 bis 4 Stunden. Dies ist für den Kunden eine sehr wertvolle Dienstleistung. Und dies alles kostenlos, aber nicht umsonst. Sie wissen ja, „Empfehlungen" ...

Die wesentlichen Themen
der Inventur sind:
1. Ziele des Kunden
2. Die Sortierung der Unterlagen
3. Die Auflistung aller bestehenden
   Finanzverträge
4. Die Auflistung des Haushaltsetats
5. Die Empfehlungen
6. Der Einblick in den Ablauf
   des Ergebnistermins
7. Die Vereinbarung des
   voraussichtlichen Ergebnistermins

Die Symbolik unserer Unterlagen ist ein total „verdrehter" Würfel, auf dem die Zielebilder nicht sofort zu erkennen sind. Für uns gilt es, diesen Würfel gemeinsam richtig hinzudrehen. Dieser Würfel begegnet Ihnen im folgenden immer wieder. Auch der Weg vom ungeordneten zum geordneten Würfel wird genau beschrieben.

Ihre zielorientierte
Finanzinventur

Doch beginnen wir nun bei der Inventur mit der Beschriftung des Titelblattes. Dadurch wird die Inventur zu einem persönlichen Dokument dieses Kunden.

DIE ZIELE DES INTERESSENTEN

Das erste Thema, das anhand von Beispielbildern mit dem Interessenten besprochen wird, heißt: Ziele. Dieses Thema ist zum einen für uns wichtig, denn nur dadurch sind wir in der Lage, dem Kunden zielorientiert zu helfen. Zum anderen aber ist es für die Interessenten noch wichtiger! Denn die **wenigsten** Menschen haben sich vorher einmal konkrete Gedanken darüber gemacht, was sie in finanzieller Hinsicht in ihrem Leben eigentlich erreichen wollen. Üblicherweise läuft es leider so ab: Geld kommt rein, Geld geht raus und am Ende des Geldes bleibt noch viel Monat übrig. Wenn die Leute erst mal erkennen, daß sie nicht ein Leben lang Miete bezahlen wollen, oder daß sie für ihre Altersversorgung selbst etwas tun müssen oder daß die Bausparkassen, Banken und Versicherungen vielleicht doch nicht so das Wahre gebracht haben, dann ist es meistens schon sehr spät. Manchmal zu spät!

Wie lautet der Spruch dieses Kapitels von Seneca nochmal?

„Wer nicht weiß, in welchen Hafen er segeln will, für den ist kein Wind der richtige."

ABLAUF

Der Interessent legt nun bei jedem Zielebild eine Gewichtung fest, was für ihn besonders wichtig ist. Nachdem alle Bilder numeriert wurden, muß sich der Interessent darüber klar werden, was er *konkret* darunter versteht. Was will er genau erreichen, in welcher Höhe, bis wann soll dies realisiert werden und so weiter.

Erfreulicherweise gibt es heute Produkte am Markt, die sachwertorientiert sind, Steuervorteile bringen und die Altersvorsorge erheblich verbessern können.

DIE BEDEUTUNG DER EINZELNEN ZIELE

STEUERN SPAREN

Jährlich werden Milliarden an Subventionen und Steuergelder dem Staat geschenkt.

Glauben Sie, daß die Steuerzahler dieses Geld nicht wollen? Nein, es passiert vielmehr aufgrund fehlender Information oder fehlender Hilfe. Ich finde es auf jeden Fall schade, wenn aufgrund von Unwissenheit Geld verschenkt wird. Viele Menschen glauben, daß Steuern sparen untrennbar mit Investition verbunden ist.

Dem ist jedoch nicht so! Es gibt verschiedene Möglichkeiten, die man nutzen kann, wenn man nur weiß, wem welche Fragen gestellt werden müssen. Hier nun eine etwas freche Aussage, aber sie entspricht der Wahrheit: Wir haben schon manchem Steuerberater unserer Kunden auf die Sprünge geholfen.

ALTERSVORSORGE

Es gibt immer noch Menschen in Deutschland, die glauben, daß ihr Lebensabend durch den Staat ausreichend gesichert ist. Das stimmt in den allermeisten Fällen jedoch nicht! Die private, zusätzliche Altersvorsorge ist dringend NOT-wendig.

Ich möchte es Ihnen ersparen, hier nun in das Thema „Altersversorgung" abzuschweifen, doch so viel sei gesagt: Wer sich um dieses Thema nicht kümmert, wird eines Tages eine sehr böse Überraschung erleben. Junge Leute interessieren sich oft nicht für diesen Bereich, wo es doch gerade für diese Menschen besonders wichtig sein wird, für sich selbst zusätzlich vorgesorgt zu haben.

Aufgrund der vergangenen Kapitel wissen Sie, was ich davon halte, wenn die meisten Menschen aufgrund dieser Problematik eine Kapital-Lebensversicherung abgeschlossen haben.

Hierbei darf ich Ihnen mein Buch „Die Rente" wärmstens ans Herz legen.

EIGENHEIM

Ob es nun eine Eigentumswohnung oder ein Haus ist, ein altes Sprichwort sagt: „Eigener Herd ist Goldes wert".

Für viele Menschen ist dies ein sehr erstrebenswertes Ziel. Das ist auch gut so. Doch immer dann, wenn man beginnt, sich mit diesem Thema konkret auseinanderzusetzen, führen die meisten ihr erstes Beratungsgespräch mit einer Bank oder einer Bausparkasse. Die erste Frage, die dann seitens des Finanzierers gestellt wird, ist die Frage nach dem Eigenkapital.

Jetzt beginnt bei den Leuten etwas zu tickern, was da heißt: „Hätten wir nur früher angefangen, etwas in festen Beträgen auf die Seite zu legen". Denn jede ersparte Mark bedeutet eine Mark weniger zu finanzieren und somit viel weniger Zinsen zahlen zu müssen. Dies ist mit diesem besagten Ziel gemeint. Mit einer ausgearbeiteten Finanzstrategie kommt der Kunde viel eher zu seinem Ziel. Doch bei den meisten Leuten läuft es so, daß sie erst dann keine Lust mehr haben, ewig Miete zu bezahlen, wenn es schon zu spät ist.

* Staatliche Vergünstigungen nutzen
und soviel wie möglich Steuern sparen

* Ein finanziell gesicherter
Lebensabend

* Meine eigenen vier Wände

* Die finanzielle Absicherung meines Vermögens,
meiner Gesundheit, meiner Arbeitskraft

2   Ihre Prioritäten: 1 = sehr wichtig, 2 = wichtig, 3 = weniger wichtig, 4 = unwichtig

* Inflationsgeschützter Kapitalaufbau

* Mein beruflicher und persönlicher Erfolg

* Die Zukunftssicherung meiner Kinder

* Mehr Geld zur Verfügung für Freizeit, Hobby, Sport und Urlaub

*Was stellen Sie sich konkret darunter vor? Wie? Ab wann? In welcher Höhe?

ABSICHERUNG

Viele Menschen kennen Ihre eigenen Verträge, vor allem im Versicherungsbereich, nicht. Sie wissen nicht, gegen was sie nun abgesichert sind und gegen was nicht. Vor allem aber haben die meisten Leute Versicherungsverträge nur von *einer* Gesellschaft, die Ihnen der ortsansässige Generalagent verkauft hat.

Ich weiß, daß gerade im Versicherungsbereich die meisten Menschen richtig Geld einsparen könnten und dennoch meist besser abgesichert sind als vorher. Für diesen Gedanken steht dieses Ziel.

INFLATIONSGESCHÜTZTER KAPITALAUFBAU

Nachdem Sie die bisherigen Kapitel kennen, wissen Sie, worum es hierbei geht. Inflationsgeschützter Kapitalaufbau ist letztlich nichts anderes als der Aufbau von Vermögen und/oder Eigenkapital durch Sachwerte.

BERUFLICHER ERFOLG

Für uns ist sehr erfreulich, daß sehr viele unserer Mitarbeiter, die vorher nicht im Finanzbereich tätig waren, aus unserem Kundenkreis kommen. Ich denke, dies ist eines der größten Komplimente für unsere Dienstleistung. Wie diese Mitarbeiter eingeschult werden und wann sie zum ersten Mal einen Kunden beraten dürfen, werde ich Ihnen in einem späteren Kapitel erläutern.

Aber auch dann, wenn der Kunde sich in *seinem* beruflichen Bereich für eine Fortbildung interessiert, können wir ihm helfen. So bietet unsere Unternehmensgruppe Seminare an in den verschiedensten Bereichen, wie zum Beispiel Verkaufsseminare (Sie wissen ja: „Hört endlich auf zu verkaufen"), EDV-Seminare in unserem EDV-Schulungsraum oder beispielsweise Existenzgründungsseminare. Diese Seminare bieten wir für jedermann an, unsere Kunden werden jedoch bevorzugt behandelt.

DIE ZUKUNFT MEINER KINDER

Viele Eltern sagen, „meine Kinder sollen es einmal besser haben als ich". Nur müssen wir heute schon den Grundstein dafür legen. Je früher man damit beginnt, umso besser. Sie wissen, daß ich auch drei Kinder habe. Ich glaube, ich brauche Ihnen nicht erzählen, in welchem Bereich ich für meine Kinder Sparverträge abgeschlossen habe.

Übrigens: Gerade für Kinder empfinde ich Investmentfonds, die nur in Aktien von Firmen anlegen, bei denen vorwiegend junge Menschen Kunden sind, für besonders geeignet. Denn dann bekommen Kinder schon in jungen Jahren ein ganz anderes Verhältnis zum Thema Wirtschaft. Sie kaufen praktisch bei ihren „eigenen" Firmen ein. Fondsbeispiele: Von GAMAX den Fonds „Junior" und von ADIG den Fonds „Young World".

FREIZEIT, HOBBY, SPORT

Zu diesem Ziel brauche ich nicht viel zu erklären. Es versteht sich von selbst. Doch hieran erkennen wir oft die Sparfreudigkeit unserer Kunden. Viele Menschen wollen ein eigenes Haus, eine sichere Kapitalanlage mit 20 % Verzinsung, eine Komplettabsicherung, die nichts kostet, einen gesicherten Lebensabend und währenddessen das Leben in vollen Zügen genießen. Den letzten Punkt finde ich völlig in Ordnung, das soll auch so sein. Aber um dieses zu erreichen, ist es besonders wichtig, darauf zu achten, daß in der Finanzstrategie ein Zahnrad in das andere greift.

Wie soll dies möglich sein, wenn der Kunde, wie in den meisten Fällen üblich, überhaupt nicht nach seinen Zielen gefragt wird? Das kann doch gar nicht funktionieren. Finden Sie nicht auch? Von wievielen Finanzberatern oder Bankern wurden Sie bisher nach Ihren Zielen gefragt? Haben Sie sich selbst schon einmal so ausführlich Gedanken über IHRE Ziele gemacht? Tun Sie es und Sie werden überrascht sein, wie lange Sie in den einzelnen Bereichen überlegen müssen.

ORDNUNG

Das nächste Hauptthema des Inventurtermines heißt:

DIE SORTIERUNG DER BESTEHENDEN FINANZDOKUMENTE

Hierbei geht es darum, daß wir dem Kunden mitteilen, wie wichtig es ist, seine bestehenden Unterlagen und Verträge übersichtlich in einer Dokumentenmappe zu ordnen. Jetzt erhält jeder Interessent von uns eine sehr hochwertige Dokumentenmappe geschenkt. Hierbei handelt es sich um keinen Versicherungsordner, keinen Bankordner und auch um keinen Bausparordner, sondern um einen Ordner, wo sämtliche Bereiche einsortiert und erfaßt werden können. Dieser Ordner besitzt eine Überbreite (ca. 2 cm), so daß man, wenn man mit Klarsichthülle oder Heftstreifen – was ich befürworte – einsortiert, immer noch die Registerzahlen rechts auf einen Blick ersehen kann.

Die Reihenfolge des Registers ist dieselbe, wie die in der anschließenden Auflistung der Verträge in der Inventurbroschüre. Der Ordner selbst ist innen wattiert, jedes Registerblatt ist beidseitig cellophaniert, so daß eine Stabilität für die Zukunft gewährleistet ist.

AUFKLÄRUNG

Auf jedem Registerblatt findet der Kunde themenbezogene Fachinformationen und vor allem Hinweise, wie in einem Problemfall – zum Beispiel Schadensfall im Versicherungsbereich – zu verfahren ist. In diesen Ordner werden nun mit Heftstreifen die Unterlagen des Kunden fein säuberlich einsortiert.

SORTIERUNG

Die Sortierung erfolgt nach folgendem Schema:
Zuerst nach Gesellschaft (Banken, Bausparkassen, Versicherungen usw.). Dann nach Vertragsnummer (Kontonummer, Darlehensnummer, Bausparnummer oder Versicherungsscheinnummer) und zuletzt innerhalb jeder Vertragsart nach Datum der Ausstellung. Das älteste Datum kommt nun ganz nach hinten, das aktuellste Datum ganz nach vorne. So braucht man zukünftige Unterlagen nur noch vorne dazuheften. Bereits beendete oder aufgelöste Verträge des Kunden werden nicht mehr in diesen Ordner einsortiert, sondern verbleiben im „alten" Ordner. Dies verschafft dem Kunden einen schnellen Überblick und auch die Voraussetzung dafür, daß die Unterlagen auch in Zukunft an die richtige Stelle kommen. Vielleicht werden Sie nun sagen, daß dies doch selbstverständlich auch bisher schon so war. Dazu kann ich Ihnen persönlich nur gratulieren. Die Praxis zeigt jedoch etwas völlig anderes. Meistens sind die Menschen mit dem ganzen Finanzkram überfordert und wissen nicht, wo sie was ablegen sollen. Und genauso finden wir es auch vor.

Außerdem finden Sie in diesem Ordner die Rubriken „Empfehlungen", „aktuelle Finanzinformationen" und „Ihr persönliches Finanzkonzept". Was es mit diesen Rubriken auf sich hat, werde ich zu einem späteren Zeitpunkt erklären.

Dieses Sortieren verschafft einen ersten Überblick und ermöglicht danach ein schnelleres Auflisten der Vertragsdaten. Der wichtigste Punkt jedoch ist: Der Kunde hat durch diese Ordnung in Zukunft alles im Überblick. Das verschafft schon zu diesem Zeitpunkt dem Interessenten ein gutes Gefühl.

Im Folgenden nun die Titelseite, das Hauptregisterblatt und einige Beispiele der fachlichen Unterstützung durch diesen Dokumentenordner. Auf der Titelseite sehen Sie auch schon den geordneten Würfel.

Ihre persönlichen
Dokumente

1	Ihre Empfehlungen
2	Beratungsrichtlinien / Aktuelle Finanzinformationen
3	Ihr persönliches Finanzkonzept
4	Vermögenswirksame Leistungen
5	Bausparverträge
6	Bankanlagen / -Sparverträge
7	Wertpapieranlagen, Depotverträge
8	Kapitalanlagen, Beteiligungen
9	Privatdarlehen, Leasingverträge
10	Krankenversicherung / Pflegeversicherung
11	Unfallversicherung
12	Lebensversicherung
13	Kfz-Versicherung / -Steuer
14	Haftpflichtversicherung
15	Gebäude- / Hausratversicherung
16	Rechtsschutzversicherung
17	Steuerunterlagen, Lohnsteuerkarte, Steuerbescheide
18	Gesetzliche Rentenversicherung
19	Urkunden, Vollmachten, Verträge
20	Persönliche Unterlagen

Ihr Ansprechpartner in allen Finanzangelegenheiten

Sehr geehrte Klientin,
sehr geehrter Klient,

hiermit überreichen wir Ihnen Ihren
persönlichen Dokumentenordner.
Mit ihm haben Sie Ihre wichtigen
Dokumente stets griffbereit.
Wir sollten auch in Zukunft gemeinsam
darauf achten, daß aktuelle Nachträge
sowie anfallender Schriftverkehr zur
jeweiligen Rubrik abgelegt werden.

Bitte beachten Sie die rechtlichen
Hinweise zu jeder einzelnen Sparte.

Für Fragen steht Ihnen
Ihr Finanzkaufmann jederzeit
gerne zur Verfügung.

IHRE VERMÖGENSWIRKSAMEN LEISTUNGEN

Nutzen auch Sie die vermögenswirksamen Leistungen!

4

Sparverträge nach dem Vermögensbildungsgesetz sind eine der wenigen Möglichkeiten, die

1. staatlich gefördert werden, das heißt: neben dem üblichen Kapitalaufbau zahlt der Staat unter bestimmten Voraussetzungen einen Zuschuß in Form einer Arbeitnehmersparzulage.
(Abhängig von der Vertragsgestaltung)

2. durch den Arbeitgeber bezuschußt werden (Arbeitgeberanteil).

Mit dem Vermögensbildungsgesetz soll die Vermögensbildung der Arbeitnehmer gefördert werden.

Im Laufe der Jahre wurden die Bestimmungen des VermBG mehrfach geändert.
Die Tendenz geht dabei zur Förderung der Beteiligung am PRODUKTIVKAPITAL.

Das heißt: Wer direkt in die Wirtschaft investiert, hat gute Chancen, eine wesentlich höhere Förderung zu bekommen als bei einer VWL- Investition zur Bildung konservativen Geldvermögens. Dieses wird nämlich immer weniger oder überhaupt nicht mehr staatlich gefördert.

Vorzeitige Verfügungsmöglichkeiten der Anlage vermögenswirksamer Leistungen

1. Tod des Sparers oder des nicht dauernd getrennt lebenden Ehegatten.

2. Völlige Erwerbsunfähigkeit des Sparers oder des Ehegatten nach Abschluß des Vertrages (Minderung der Erwerbsfähigkeit um mehr als 90 %).

3. Heirat nach Vertragsabschluß.

4. Ununterbrochene Arbeitslosigkeit von mindestens einem Jahr, die nach Vertragsabschluß eingetreten ist und noch besteht; gilt nicht bei Arbeitslosigkeit des Ehegatten.

5. Rückkehr von Ausländern in ihr Heimatland (Jugoslawien, Korea, Marokko, Tunesien und Türkei).
(Auszahlung erfolgt nach der Ausreise)

6. Aufnahme einer selbständigen Tätigkeit unter Aufgabe nichtselbständiger Arbeit.

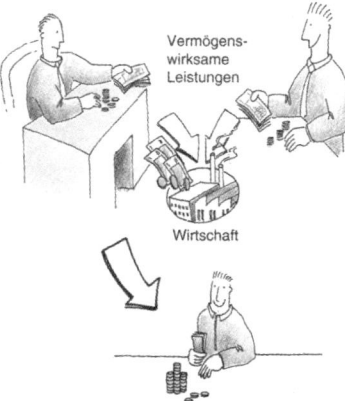

Vermögenswirksame Leistungen

Wirtschaft

207

IHRE UNFALLVERSICHERUNG

Eine Unfallversicherung schützt nicht vor Unfällen, sondern vor den finanziellen Folgen.

8 Millionen Menschen werden jährlich in der Bundesrepublik durch Unfälle verletzt. Das entspricht fast der Einwohnerzahl Baden Würtembergs oder der Einwohnerzahl von Hamburg, Dortmund, Köln, Frankfurt, Stuttgart, München und Berlin zusammen.
Wohl kaum einer der Betroffenen hat geglaubt, daß es ausgerechnet ihn treffen würde oder sein eigenes Kind. Darum müssen Sie prüfen, ob Sie ausreichend unfallversichert sind.

Man unterscheidet zwei Formen der Unfallversicherung: die Gesetzliche und die Private. Die gesetzliche Unfallversicherung tritt nur ein, wenn sich Unfälle im Beruf oder auf dem Weg zur Arbeitsstätte und zurück ereignen. Dies entspricht maximal einem Drittel der Arbeitswoche. Kinder sind während der Kindergarten- bzw. Schulzeit sowie auf dem Hin- und Rückweg unfallversichert. Hausfrauen haben keine gesetzliche Unfallversicherung.

Unfälle ereignen sich

zu 5,4% als Wegeunfall
zu 7,7% im Haushalt
zu 23,6% im Beruf / in der Schule
zu 63,3% in der Freizeit   (Schadensstatistik 1994)

Versorgungslücken bei Invalidität durch Unfall:

Arbeitnehmer
In der Freizeit besteht kein Versicherungsschutz.

Landwirte
Bei Arbeitsunfällen berufsgenossenschaftliche Unfallversicherung. In der Freizeit besteht kein Unfallversicherungsschutz.

Hausfrauen
Die Hausfrau hat keinen gesetzlichen Unfall-Versicherungsschutz. Die finanzielle Belastung eines schweren Unfalles hätte die Familie allein zu tragen.

Selbständige
Viele Freiberufler und Unternehmer sind in ihrer Arbeitszeit durch die gesetzliche Unfallversicherung abgesichert. In der Freizeit besteht jedoch bei den meisten sowohl im Freizeit- als auch im Arbeitsbereich kein Versicherungsschutz.

Kinder
80 % aller Kinderunfälle ereignen sich in der **nicht** gesetzlich **abgesicherten Freizeit.**

**Diese Versorgungslücken
gilt es zu schließen - durch eine
private Unfallversicherung !**

Die private Unfallversicherung schützt Sie rund um die Uhr und weltweit.
Mit der privaten Unfallversicherung sichern Sie die finanzielle Voraussetzung zum Erhalt Ihres Lebensstandards ab:

IHRE ARBEITSKRAFT

Im Schadensfall setzen Sie sich bitte umgehend mit Ihrem Finanzkaufmann oder der im Versicherungsschein genannten Anschrift in Verbindung. Nennen Sie hierbei bitte Ihre Versicherungsnummer. Todesfälle sind innerhalb 48 Stunden telefonisch zu melden; auch dann, wenn der Unfall bereits gemeldet wurde. Bei Fragen wenden Sie sich bitte an Ihren Finanzkaufmann.

11

IHRE HAFTPFLICHTVERSICHERUNG

Wunder gibt es selten, böse Zufälle um so mehr. Wer einem anderen schuldhaft einen Schaden zufügt, muß den Schaden bezahlen - ob aufgrund von Unachtsamkeit, Leichtsinn oder Vergeßlichkeit.

- Was tun Sie, wenn Schadenersatzforderungen an Sie gestellt werden ?
- Wie wollen Sie prüfen, ob die Ansprüche berechtigt sind ?
- Wer schützt Sie gegen übertriebene Forderungen ?
- Wer stellt den angerichteten Schaden fest, beurteilt und bewertet ihn ?
- Können Sie selber im Schadensfall - vor allem wenn Freunde beteiligt waren - unbefangen verhandeln, alles sachlich regeln ?

Können Sie das ohne fremde Hilfe ? Bei all diesen Fällen hilft nur eines:

Die private Haftpflichtversicherung

Was übernimmt die private Haftpflichtversicherung im Schadensfall:

| 1. Prüfung der Haftung | 2. Ersatz der berechtigten Ansprüche | 3. Abwehr unberechtigter Forderungen |

14

Bedenken Sie :

Alle zwei Minuten, Tag und Nacht, wird ein neuer Privathaftpflichtschaden gemeldet! Sie können den Zufall nicht ausschalten und den Schaden nicht verhindern, aber viele Probleme lösen sich mit Geld leichter und schneller. Und nicht selten ist Geld die einzig mögliche Problemlösung überhaupt.

Wohl dem, der eine Privathaftpflichtversicherung hat!

Im Schadensfall setzen Sie sich bitte umgehend mit Ihrem Finanzkaufmann oder der im Versicherungsschein genannten Anschrift in Verbindung. Nennen Sie hierbei bitte Ihre Versicherungsnummer. Bei Fragen wenden Sie sich bitte an Ihren Finanzkaufmann.

IHRE GEBÄUDE- UND HAUSRATVERSICHERUNG

Es gibt keine Garantie gegen Schäden und deshalb gibt es eine Vorsorge gegen Verluste. Der Grundversicherungsschutz der Hausratversicherung ist auf 4 Hauptgefahren begrenzt:

1. Feuer

2. Einbruch

3. Leitungswasser

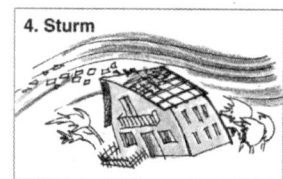

4. Sturm

Zusätzlich können folgende Bausteine abgesichert werden:

5. Fahrrad-diebstahl

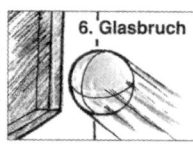

6. Glasbruch

7. Über-spannungs-schäden

Es gibt wohl kaum eine Versicherungssparte, bei der die Versicherten i.d.R. in einem solchen Maße unterversichert sind wie bei der Hausratversicherung. Diese Unterversicherung ist meist schon beim Abschluß vorprogrammiert.

Woran liegt das ?
1. Unterschätzung des Wertes des Hausrates
2. Durch verschiedene Neuanschaffungen, z.B. Stereoanlage, Videogeräte, Küchengeräte u.s.w.
3. Durch die Inflationsrate erhöht sich der Wiederbeschaffungswert, während der Hausrat an Wert verliert

Wie kann hier Abhilfe geschaffen werden ?
1. Durch einen unbegrenzten Unterversicherungsverzicht: hierbei ergibt sich folgende Formel zur Berechnung der Hausratsversicherungssumme: pro qm Wohnfläche 1200,00 DM Versicherungssumme

2. Jährliche Anpassung gem. § 16 Nr.1 VHB 92:
Versicherungssumme und Beitrag verändern sich während der Laufzeit jährlich entsprechend dem vom statistischen Bundesamt jeweils für den Monat September veröffentlichten Index für "Andere Verbrauchs- und Gebrauchsgüter ohne Nahrungsmittel und ohne normalerweise nicht in der Wohnung gelagerte Güter".

Im Schadensfall setzen Sie sich bitte umgehend mit Ihrem Finanzkaufmann oder der im Versicherungsschein genannten Anschrift in Verbindung. Nennen Sie hierbei bitte Ihre Versicherungsnummer. Bei Fragen wenden Sie sich bitte an Ihren Finanzkaufmann.

15

DIE AUFLISTUNG DER BESTEHENDEN VERTRÄGE

Nachdem die Unterlagen komplett einsortiert wurden, kommen wir nun zur Auflistung der bestehenden Verträge des Kunden. Hierzu ein paar Worte vorab.

Dies setzt seitens des Interessenten schon ein gewisses Vertrauen voraus. Doch wir können nur dadurch dem Interessenten ein auf ihn abgestimmtes Finanzkonzept ausarbeiten. Das muß ihm klar sein.

Darf ich es einmal anders verdeutlichen?

Stellen Sie sich einmal vor, die bestehenden Verträge des Kunden wären uns völlig gleichgültig. Von wegen Sortieren, Auflisten und so. Was würde das bedeuten? Wiederum ein „Noch-etwas-dazu-Packen", sonst nichts!

Sie erkennen, daß ohne diese Auflistung die Ausarbeitung eines kundenorientierten Finanzkonzeptes nicht möglich sein kann. Wenn wir die bestehende Situation des Kunden nicht wissen wollten, dann wäre jeder Vertrag, den der Kunde später mit uns abschließt, zwangsläufig eine zusätzliche Belastung für ihn, denn alle bisherigen Belastungen bleiben auch in Zukunft unverändert. Also muß es im Interesse des Kunden sein, seine Finanzdaten durchchecken zu lassen.

Übrigens: Der Kunde erhält am Ende des Inventurtermines schriftlich die Zusage, daß seine Angaben vertraulich behandelt werden.

DIE REIHENFOLGE DER ERFASSUNG

Die gesamten Finanzzahlen werden in folgender Reihenfolge erfaßt:
1. Vermögenswirksame Leistungen
2. Bausparverträge
3. Hat der Interessent den Wunsch, Eigenheimbesitzer zu werden?
4. Bestehende Baufinanzierungen
5. Sparverträge/Sparguthaben
6. Privatdarlehen, Leasingverträge usw.
7. Krankenversicherung/Pflegeversicherung/Zusatzversicherung
8. Unfallversicherungen
9. Lebensversicherungen
10. Kfz-Versicherung
11. Sonstige Sachversicherungen
12. Die Steuersituation
13. Mögliche oder eingetragene Freibeträge
14. Einholung eines Gutachtens der gesetzlichen Rentenversicherung

15. Sonstige Angaben, wie zum Beispiel, ob größere Ausgaben oder Einnahmen bevorstehen, ob Bürgschaften übernommen wurden und so weiter.

Eine kleine Anmerkung:

Die Finanzler unter Ihnen haben vielleicht festgestellt, daß ich einen Originalabdruck dieser Seiten hier nicht vorgesehen habe. Man will ja nicht alles verraten. Denn in diesen Seiten steckt wirklich richtig Know-how. Wir haben noch nie eine Inventurbroschüre zweimal gleich drucken lassen. Alle Unterlagen werden laufend aktualisiert und es werden vor allem die Wünsche der Kollegen aus der Praxis berücksichtigt. Eines weiß ich heute mit Sicherheit: Analysen, Vermögenspläne, Finanzplaner – oder wie die Dinger auch immer genannt werden – gibt es wie Sand am Meer. Doch in den meisten Fällen dienen sie nur den Vermittlern, die Eckdaten rauszufinden, um ein bestimmtes Produkt oder eine Produktkombination plazieren zu können. Dies darf nicht Sinn der Sache sein! Analyse ist nicht gleich Analyse! Unsere Inventurbroschüre hat insgesamt 26 Seiten! Ich bin der Meinung: Entweder man macht's richtig oder man läßt es sein.

DER HAUSHALTSETAT

Nachdem der Kollege mit dem Interessenten alle Verträge exakt aufgelistet hat, erfaßt er nun mit ihm gemeinsam den Haushaltsetat.

Hier werden nun alle verschiedenen Einnahmen, ob monatlich, vierteljährlich, halbjährlich, jährlich oder unregelmäßig, aufgelistet. Nach der Einnahmenseite wird die Ausgabenseite besprochen. Meistens ist hier die Hausfrau so richtig in ihrem Element und hat die Gelegenheit, ihrem Gatten einmal zu demonstrieren, wofür man im Laufe eines Monats Geld braucht. Diese Auflistung ist nur möglich durch eine genaue Unterteilung.

DIE UNTERTEILUNG

Die Einnahmenseite:

1. Einkommen aus nichtselbständiger Tätigkeit
2. Einkommen aus selbständiger Tätigkeit
3. Sonstige Einkommen
(Vielleicht an dieser Stelle eine Randbemerkung an alle Steuerfachleute:

Wir wissen schon, wie die sieben steuerlichen Einkunftsarten heißen ...)

Die Ausgabenseite:

  4. Ausgaben aufgrund des Wohnens (Miete, Nebenkosten usw.)
  5. Energiekosten (Heizung usw.)
  6. Lebenshaltung
  7. Kleidung
  8. Körper- und Gesundheitspflege
  9. Haushaltsgüter
 10. Kfz-Kosten
 11. Kommunikation/Unterhaltung/Freizeit
 12. Sonstiges (Geschenke, Spenden, Steuerberatungskosten usw.)

Auch hierbei verzichte ich auf das Abdrucken der Originalunterlagen, denn oben angeführt sind nur die Überschriften. Die besonderen Dinge liegen auch hier im Detail. Auf diese Details werde ich jedoch noch zu einem späteren Zeitpunkt kommen und seien aus diesem Grund hier nur ganz oberflächlich aufgeführt.

Ihnen wird jedoch schon an dieser Stelle klar geworden sein, welche Arbeit wir uns für jeden Kunden machen. Mancher wird jetzt sagen, daß dies zuviel Arbeit sei. Oder daß er sich nicht vorstellen kann, daß der Kunde alle diese Angaben preisgibt. Ich kann an dieser Stelle nur noch einmal sagen, daß wir dies in der Praxis mit sehr großem Erfolg leben. Unsere Kunden sind begeistert. Und warum? Tja, Sie wissen ja noch nicht einmal die Hälfte unserer gesamten Dienstleistung. Ein ganz besonderes kleines Highlight werde ich Ihnen jedoch erst sehr viel später verraten. Ich versichere Ihnen, daß dies ein völliges Novum in der deutschen Finanzbranche ist. Ich würde gerne Ihre ungläubigen Augen sehen. Doch wenn Sie es versuchen, geht auch bei Ihnen die Post ab. Doch dazu später mehr (alles).

Lassen Sie mich anhand des folgenden Schaubildes einmal unsere gesamte Philosophie verdeutlichen.

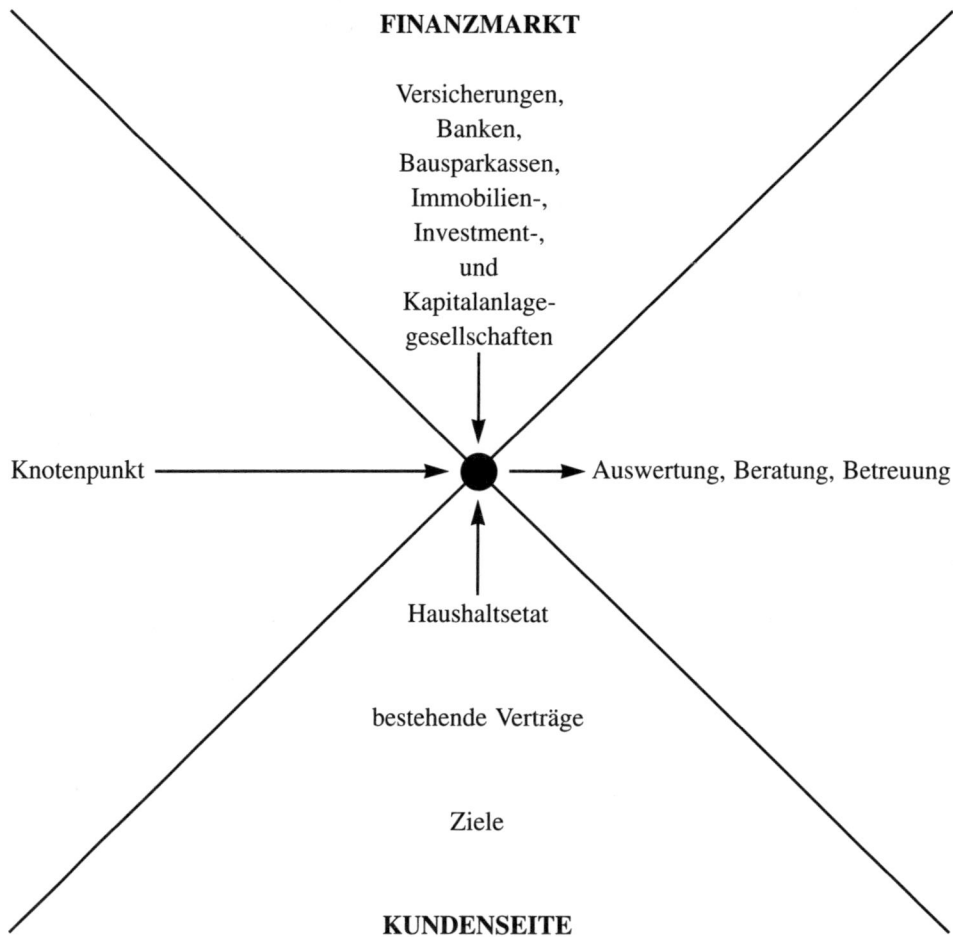

FINANZMARKT

Versicherungen,
Banken,
Bausparkassen,
Immobilien-,
Investment-,
und
Kapitalanlage-
gesellschaften

Knotenpunkt ⟶ ● ⟶ Auswertung, Beratung, Betreuung

Haushaltsetat

bestehende Verträge

Ziele

KUNDENSEITE

ZUSAMMENFASSUNG DIESES KAPITELS

Mit den folgenden Fragen werde ich Ihnen verdeutlichen, warum diese Vorgehensweise genau so laufen muß und nicht anderes funktionieren kann!

1. **Können Sie einem Kunden helfen, seine Ziele zu erreichen, wenn Sie ihn nicht nach seinen Zielen fragen oder er sich noch nie richtig Gedanken über seine Ziele gemacht hat?**
    Antwort: ein klares „NEIN"!

2. Sind Sie in der Lage, für Ihren Kunden ein Finanzkonzept auszuarbeiten, bei dem jeder Vertrag zum anderen paßt und alles aufeinander abgestimmt ist, wenn Sie die bestehenden Verträge des Kunden nicht kennen (wollen)?
Antwort: ein klares „NEIN"!

3. Können Sie dem Kunden eine Finanzstrategie ausarbeiten, die auf keinen Fall seine finanziellen Möglichkeiten überschreitet, sondern eher zukünftig unterschreitet, wenn Sie diese finanziellen Rahmenbedingungen nicht kennen?
Antwort: ein klares „NEIN"!

4. Sind Sie in der Lage, dem Kunden ein auf seine Situation abgestimmtes Finanzkonzept auszuarbeiten, das die verschiedenen Möglichkeiten des Finanzmarktes miteinbezieht, wenn Sie von nur *einer* Gesellschaft beauftragt sind und nur diese vertreten dürfen?
(Ob es Ihnen nun gefällt, lieber Kollege, oder nicht:)
Antwort: ein klares „NEIN"!

5. Haben Sie, lieber Privatmann, diese Vorgehensweise schon einmal in der Praxis erlebt?
Antwort: ?
(Wenn „Nein", dann dürfen Sie sich auf die weiteren Ausführungen freuen.)

6. Für welche Personen ist diese Dienstleistung *nicht* interessant?
Antwort: ?

Einmal völlig unverbindlich und vor allem kostenlos alle Unterlagen in einen Ordner sortiert zu bekommen, sich über seine Ziele Gedanken zu machen, ein auf seine persönliche Situation ausgearbeitetes Finanzkonzept kennenzulernen, sollte eigentlich für jeden interessant sein. Wenn ich Ihnen nun noch das kleine Highlight verraten würde, dann könnten auch Sie diese Aussage klar bestätigen. Doch wir haben ja noch ein bißchen vor uns. Wenn der Interessent nun der Meinung ist, daß diese Dienstleistung für jeden interessant ist, dann brauchen wir nur noch zu fragen, an wen er dabei gedacht hat. Damit sind wir beim letzten Thema des Inventurtermins: dem Thema „Empfehlungen". Diesem Thema wird nun ein ganzes Kapitel gewidmet.

Die Menschen kümmert es nicht, wieviel Sie wissen,
bis sie wissen, wie sehr Sie sich um sie kümmern!

ZIG ZIGLAR
Amerikanischer Verkaufstrainer

10. EMPFEHLUNGEN SIND EMPFEHLENSWERT
oder
NICHT?

DIE EMPFEHLUNGEN ALS ABSCHLUSS DES INVENTURTERMINS

Halten wir uns noch einmal vor Augen:
Wir befinden uns mitten im Inventurtermin und rein vom Fachlichen her ist alles besprochen. Auf die Frage, für wen diese Dienstleistung *nicht* empfehlenswert sei, wird der Interessent in aller Regel antworten, daß sie für jeden interessant ist.

Und nun kommen wir auf den Ausgangspunkt unseres Gespräches zurück. Unsere gesamte Vorgehensweise ist für den Kunden kostenlos, aber nicht *umsonst*. Kostenlos aus dem Grund, weil wir ihm zu keinem Zeitpunkt eine Rechnung stellen werden, nicht umsonst deswegen, weil wir von ihm Empfehlungen erwarten, wenn es ihm gefallen hat. Also müssen wir den Interessenten an dieser Stelle nur noch fragen, ob ihm die Dienstleistung wirklich gefallen hat und wem er diesen Service weiterempfehlen kann.

Sie erkennen nun, warum es so **wichtig** ist, diese **Vereinbarung bereits im Vorgespräch** mit dem Interessenten zu treffen. Eine Zusammenarbeit ist nur dann gut, wenn sie beiden Parteien Vorteile bietet. Es kann nicht sein, daß der Kunde sich zurücklehnt und uns die ganze Arbeit überläßt.

(Übrigens: Wenn Sie den Gedanken haben: „Sie wollen doch was von dem Kunden", dann darf ich an dieser Stelle mit Verlaub einmal sagen, daß Sie das gesamte bisherige Buch entweder nicht gelesen oder wahrscheinlich nicht begriffen haben.

Ich weiß, daß wir unseren Kunden immense finanzielle Vorteile bringen. Wir sind keine Bittsteller, sondern wissen, was wir zu bieten haben!)

DAS AUSFÜLLEN DER EMPFEHLUNGSKARTEN

Dann füllen wir mit dem Interessenten 8 Empfehlungskarten aus. Wie diese Karten genau aussehen und warum die einzelnen Angaben wichtig sind, werden wir gleich besprechen.

Doch vorher möchte ich den weiteren Ablauf durchgehen.

Als nächstes werden die Empfehlungskarten aus der Inventur herausgetrennt (ein Bogen enthält 4 perforierte Karten) und auf eine Liste „Empfehlungen" übertragen, die beim Kunden verbleibt. Diese wird ebenfalls aus der Inventurbroschüre herausgetrennt. Diese Liste wird später unter der Rubrik „1" in den bereits besprochenen Dokumentenordner abgelegt. Soviel zur Erklärung von Rubrik 1: „Ihre Empfehlungen" in der Dokumentenmappe.

Eine weitere Liste von Empfehlungen verbleibt in der Inventurbroschüre. Auf diese Liste überträgt der Mitarbeiter nach dem Termin, also erst im Büro, die Empfehlungen des Kunden. Warum dies wichtig ist, werden Sie später erkennen. Wir müssen immer wissen, wen uns dieser Kunde bereits empfohlen hat.

DIE VORINFORMATION

Hier nun eine sehr wichtige Aussage, die einen sehr wesentlichen Teil unserer Vorgehensweise beinhaltet:

Jeder Kunde bekommt am Ende des Inventurtermins von uns die Aufgabe, alle Personen, die er uns empfohlen hat, vorzuinformieren.

(An dieser Stelle müssen Sie sich einmal in unsere gesamte Dienstleistung hineinversetzen. Dies ist für den Kunden auch kein Problem, denn überlegen Sie einmal, wie auch dieser Kunde unser Geschäft kennengelernt hat.)

Damit der Kunde hiermit aber nicht überfordert ist, erhält er *für jede* Empfehlung eine Broschüre, die verschiedene Auszüge aus mehreren meiner Bücher und Publikationen enthält. Diese Broschüre überreicht der Kunde in der Folge jeder empfohlenen Person.

In die einzelne Empfehlungskarte und auf die Liste der Empfehlungen, die beim Kunden verbleibt, wird jetzt eingetragen, bis wann er mit diesen Personen gesprochen haben wird. Dadurch weiß der Empfehlungsgeber, wen er uns bereits empfohlen hat und bis wann er diese Person vorinformiert haben sollte.

Erst nachdem wir vom Empfehlungsgeber wissen, daß die neuen Interessenten die Kontaktaufnahme unsererseits wünschen, rufen wir an.

DER KREIS SCHLIESST SICH:
DAS VORGESPRÄCH

So, und nun schließt sich der Kreis!

Was hat der Empfehlungsgeber den empfohlenen Personen gesagt?

Im wesentlichen hat er ihnen jeweils eine Broschüre überreicht und ihnen gesagt, daß wir uns bei ihnen melden werden, um einen persönlichen Kennenlerntermin zu vereinbaren. Wir werden zu diesem Termin ohne Unterlagen kommen und in einem ca. viertelstündigen Gespräch alles genau erklären. Wenn der Interessent dann feststellt, daß es für ihn nicht interessant ist, dann hat er eine Viertelstunde seiner Zeit „verloren", mehr nicht. Wenn er aber feststellt, daß es auch für ihn interessant ist, dann kann er ebenfalls mit uns zusammenarbeiten.

EINE WICHTIGE ERKENNTNIS

Die empfohlene Person erhält vom Empfehlungsgeber lediglich die Möglichkeit, sich durch die Broschüre und durch das Vorgespräch ohne Unterlagen zu informieren, ob es auch für sie interessant sein könnte, mehr nicht!

Wenn also der Kunde nicht empfehlen würde, hätten seine Empfehlungen nicht die Möglichkeit, selbst zu entscheiden.

Ich hoffe sehr, daß Sie erkennen, wie stark hierbei das eine Rädchen in das andere greift! Wenn Sie gleich mit allen Unterlagen ins Haus stolpern, dem Kunden gleich nach der „Geldwert-Präsentation" den Kugelschreiber hinhalten und solange auf ihn einreden, bis er unterschreibt, brauchen Sie sich nicht wundern, wenn der Kunde danach nicht mehr empfiehlt.

Das wichtigste an der ganzen Sache ist folgendes:

Sie müssen wissen, daß der Kunde absolut immer von sich selbst ausgeht. Er geht stets davon aus, daß Sie genauso wie Sie bei Ihm gearbeitet haben, auch bei seinen Empfehlungen vorgehen werden. Wenn er selbst top vorinformiert wurde, im Vorgespräch ohne Unterlagen seine eigene Entscheidung treffen konnte und am Ende des Inventurtermins ebenfalls nicht die Gelegenheit bekommt, irgendetwas zu unterschreiben, wird er auch weiterempfehlen. Er weiß, daß dies alles bei seinen Empfehlungen ebenfalls so gehandhabt wird. Bitte mal drüber nachdenken!

ARGUMENTATIONSHILFEN

Für den Kunden sehr hilfreich ist also bei dieser ganzen Geschichte, daß er sich immer vorstellen muß, wie es bei ihm selbst gelaufen ist.

Beispiele:

„Was war ausschlaggebend dafür, daß Sie diese gesamte Dienstleistung in Anspruch nehmen konnten?"
„Daß ich ebenfalls empfohlen wurde und mich vorher informieren konnte. Was mir am besten gefallen hat, war das Gespräch ohne Unterlagen, bei dem ich Sie erstmal kennenlernen und mir selbst ein Bild machen konnte".

„Wenn Sie nun morgen von Ihrem Empfehlungsgeber gefragt würden, wie es denn war, was würden Sie ihm sagen?
„Daß es mir sehr gut gefallen hat und ich auf das Ergebnis sehr gespannt bin".

„Was würden Sie denn davon halten, wenn Sie nicht darauf warten würden, bis der Empfehlungsgeber anruft, sondern wenn Sie von sich aus auf ihn zugehen und ihm dies sagen?"
„O.k., werde ich tun!"

„Dies würde mich sehr freuen, denn auch ich werde alles dafür tun, daß auch Sie in den nächsten Wochen von Ihren empfohlenen Personen angerufen werden und die sich dann bei Ihnen bedanken."
Dies sind nur ein paar, aber wesentliche Argumentationsbeispiele.

Wir haben es bereits festgestellt: Der springende Punkt im Verkauf ist die *Empfehlung*. Er entscheidet darüber, ob Sie als Verkäufer gewinnen oder verlieren. Dieser Punkt zeigt an, ob der Kunde mit Ihnen zufrieden ist oder nicht. Betrachten wir also die Empfehlungsnahme sehr viel genauer, denn sie nimmt bei uns den höchsten Stellenwert ein.

Wir sprechen den Kunden also schon am Anfang des ersten Termins auf die

Empfehlungen an. Der Kunde ist sich während des gesamten Termines und eigentlich auch schon vor dem Termin dieser Tatsache bewußt. Wenn sich der Termin seinem Ende zuneigt, wenn man also mit dem Kunden über seine Ziele gesprochen hat, wenn man die *Verträge* sortiert hat und wenn der *Haushaltsetat* aufgelistet worden ist, wendet man die Aufmerksamkeit erneut der *Empfehlung* zu. Mit anderen Worten: Zu einem Zeitpunkt, da der Kunde nicht ein einziges Angebot und nicht ein einziges Produkt von uns kennt, fragen wir bereits nach der Empfehlung.

DIE PRODUKTUNABHÄNGIGE EMPFEHLUNG

Die Besonderheit dieser Vorgehensweise besteht darin, daß uns der Kunde zu diesem Zeitpunkt somit völlig produktunabhängig weiterempfehlen kann.

Bis vor ca. 8 Jahren gingen wir hierbei anders vor: Und zwar fragten wir den Kunden erst am Ende des Ergebnistermins nach Empfehlungen. Aber die Empfehlungen sahen dann oft so aus, daß nur ein bestimmtes *Produkt* oder mehr noch eine bestimmte *Produktkombination*, nämlich *seine*, weiterempfohlen wurde. Also nicht unsere Dienstleistung an sich. Nun ist es aber so, daß ein Produkt zum Einen paßt und das gleiche Produkt beim Anderen völlig verkehrt wäre. Genau dies zeichnet unsere Dienstleistung aus, daß wir nicht bei jedem das gleiche Mosaiksteinchen ins Bild pressen wollen. Mit anderen Worten: Wenn über ein Produkt geworben wird, wenn über ein Produkt neue Kunden angesprochen werden, so besitzt das den Nachteil, daß es für den neuen Kunden möglicherweise nicht geeignet ist. Er wird sogar im Extremfall mit Falschinformationen vorinformiert und lehnt schon im Vorfeld ab. Auf diese Weise gehen wertvolle zukünftige Kunden verloren. Oder der Kunde erwartet das Gleiche in voller Hoffnung, bekommt es aber aus verschiedensten Gründen nicht angeboten und ist dann enttäuscht.

DIE KONKRETE EMPFEHLUNGSNAHME

Wir gehen so vor, daß wir den Kunden zunächst über die Branche aufklären. Sprich über die üblichen Methoden der Neukundengewinnung. Das heißt, wir teilen ihm mit, wie es in diesem Markt normalerweise zugeht.

Der Text könnte etwa wie folgt lauten:
„Herr Kunde, es gibt in unserer Branche eigentlich nur drei Möglichkeiten der

Neukundengewinnung. Die erste besteht darin, daß man einfach das Telefonbuch durchgeht und x-beliebige Leute anruft. Was halten Sie davon?"

Der Kunde wird natürlich antworten, daß er davon gar nichts hält.

"Wenn ich Sie aus dem Telefonbuch angerufen hätte und Sie hätten mich gefragt, wie kommen Sie gerade auf mich und ich hätte gesagt: ,Rein zufällig, aus dem Telefonbuch!', wie hätten Sie reagiert?"
Fast jeder Kunde antwortet nun, daß kein Termin zustande gekommen wäre. Wir fahren fort:

"Die zweite Möglichkeit besteht darin, daß man von Tür zu Tür pilgert, guten Tag sagt und das Sprüchlein losläßt: ,Ich hätte mich gerne mit Ihnen über Ihre Finanzen unterhalten!' Was halten Sie davon?"
Der Kunde wird wieder entgegnen: „Nichts".

Es ist von Bedeutung, daß man den Kunden sich dies plastisch vorstellen läßt. Nun argumentieren wir weiter wie folgt:

"Stellen Sie sich vor, ich hätte heute abend vor Ihrer Tür gestanden, ohne daß ich Ihnen empfohlen worden wäre, beziehungsweise ohne vorherige Terminabsprache. Was hätten Sie gemacht?"
Einige Kunden antworten deutlich:
"Ich hätte Ihnen die Türe vor der Nase zugeknallt."

"Nun überlegen Sie bitte einmal, durch welche Möglichkeit oder welche Vorgehensweise dieser heutige Termin überhaupt zustande gekommen ist?
"Durch die Empfehlung von Herrn ..."

"Jetzt eine letzte Frage an Sie: Nachdem Sie nun unsere Dienstleistung kennengelernt haben, sind Sie Herrn ... böse, daß er mich an Sie weiterempfohlen hat?"

Beenden wir das fiktive Gespräch an dieser Stelle. Dem ist eigentlich nichts mehr hinzuzufügen. Ich denke, Sie erkennen den Knackpunkt.
Auf diese Weise wird der Kunde Stück für Stück dazu geführt, zu erkennen, daß uns wirklich und ehrlich daran gelegen ist, *seriös* weiterempfohlen zu werden.
Der Kunde kann auf der einen Seite nicht von uns eine seriöse Dienstleistung

– und dazu gehört auch die Kundengewinnung – erwarten und uns auf der anderen Seite aber nicht weiterempfehlen. Denn ohne Empfehlungen beziehungsweise, ohne nach Empfehlungen zu fragen, hätten wir nur noch zwei Möglichkeiten: 1. den Beruf wechseln oder 2. auf eine andere, bereits beschriebene Art neue Kunden zu suchen. Fragen Sie Ihren Kunden doch mal, ob es ihm denn lieber gewesen wäre, wenn Sie ihn gar nicht nach Empfehlungen gefragt hätten.

Doch gehen wir nun wieder in der konkreten Vorgehensweise weiter. Der Interessent gibt 8 Empfehlungen. Warum 8? Diese Anzahl von Empfehlungskarten ist in der Inventurbroschüre. So einfach ist das.

Auf der Vorderseite sind verschiedene Angaben zu dieser Empfehlung, auf der Rückseite wird dann beim Terminierungsgespräch bei dieser Empfehlung die Wegbeschreibung eingetragen. Hier sehen Sie die Empfehlungskarte abgedruckt:

Empf. Nr. _____   *Empfehlungskarte*

Datum: _____   Empfehlung von: _____

evtl. Spitzname: _____

Name: _____   Mitarbeiter- ☐   Klient- ☐

Vorname: _____   Alter: _____

Name, Vorname von LP: _____   Alter: _____

Straße: _____   Telefon privat: _____

Ort: _____   am besten erreichbar: _____

Beruf er: _____   Beruf sie: _____

Eigentümer ☐ / Mieter ☐   Kinder: _____ Alter: _____

Warum **diese** Empfehlung: _____

Vorinfo bis (Datum): _____   terminiert am: _____

Sonstige Angaben (z. B. Hobby): _____

WAS IST EINE EMPFEHLUNG?

Nun weiter im Text:
Wichtig bei einer Empfehlung ist es, daß es sich wirklich um eine *Empfehlung* handelt. Was will ich mit diesem scheinbar so selbstverständlich klingenden Satz zum Ausdruck bringen? Nun, ein bloßer Name nützt uns kaum etwas. Deswegen müssen die Karten vervollständigt werden. Nicht nur die Adresse ist wichtig, darüber hinaus müssen wir auch über *Anknüpfungspunkte* verfügen. So wollen wir zum Beispiel wissen, ob der Empfohlene gerade am Bauen ist. Oder ob er Steuern sparen möchte. Es kann auch festgehalten werden, daß man sich beispielsweise vom Kegelverein her kennt. Oder woher auch immer. Jedenfalls wollen wir den *Bezug* zwischen den beiden Personen wissen.

Sehr wichtig ist es darüber hinaus, daß der Empfehlungsgeber, wie schon gesagt, seine Empfehlungen vorinformieren muß. Wie und wodurch haben wir bereits besprochen.

Mir geht es jetzt darum, daß wir im Thema bei diesem Kunden bleiben.

Nachdem alle Karten ausgefüllt, herausgerissen und auf die Liste des Kunden übertragen wurden, kommen wir nun zu einem neuen Thema.

Wichtig ist dabei, daß Sie dieses Thema erst *nach* dem Erhalt von Empfehlungen mit dem Kunden ansprechen. Es handelt sich nämlich um ein kleines Dankeschön unsererseits für diese Empfehlungen.

DER DANKESCHÖN-KATALOG

Worum geht es hierbei? Nun, der Kunde erhält einen Katalog, wo verschiedene Preise zu verdienen sind. Aufgeteilt sind die Preise in folgende Rubriken:

1. Leistungen unserer Unternehmensgruppe,
2. Sachpreise,
3. Erlebniswelt,
4. Städtereisen und
5. Urlaubsreisen.

Mit anderen Worten: Der Kunde besitzt bei uns die Möglichkeit, je nachdem woran er interessiert ist, sich durch qualifizierte Empfehlungen alle möglichen Träume zu erfüllen. Das heißt, immer dann, wenn sich eine Person, die uns empfohlen wurde, schlußendlich entscheidet, unser Kunde zu werden, sucht unser Mitarbeiter den ursprünglichen Empfehlungsgeber auf und gibt ihm einen *Gutschein*. Ein Gutschein entspricht ungefähr einem Wert von 100 DM. Je höherwertiger der zu gewinnende Preis, desto höherwertiger lassen wir den einzelnen Gutschein werden. Für einen Preis von ca. 4.000 Mark benötigt der Kunde also nur noch ungefähr 30 Gutscheine.

DAS GUTSCHEINSYSTEM

Mit solchen *Gutscheinen* kann der Kunde nun verschiedene Preise aus unserem „Dankeschön-Katalog" auswählen. Dieser Katalog ist so aufgebaut, daß die Preise immer wertvoller werden. Sprich, am Anfang sind kleinere Preise genannt, am Schluß größere. Um diese größeren Preise zu erreichen, braucht der Kunde eben mehr *Gutscheine*. Das Resultat: Er bemüht sich *wirklich*, uns gute Empfehlungen zu geben. Übrigens: Jeder Empfehlungsgeber erhält einen solchen Dankeschön-Katalog und anschließend Gutscheine. Dabei spielt es keine Rolle, ob dieser Empfehlungsgeber letztendlich selbst Kunde von uns wurde oder nicht.

Hier nun ein kleiner Auszug aus unserem „Dankeschön-Katalog":

Dankeschön -
KATALOG

Sehr geehrte(r) Empfehlungsgeber(in),

im Bereich der Neugewinnung von Kunden arbeiten wir ausschließlich auf der Basis von Empfehlungen zufriedener Klienten.

Wie Sie wissen, ist Mundwerbung die beste Werbung überhaupt.

Aus diesem Grund haben wir uns entschieden, unseren Werbeetat für unsere Empfehlungsgeber persönlich zu investieren.

Immer dann, wenn eine Ihrer Empfehlungen sich entscheidet, unser Kunde zu werden, erhalten Sie einen Gutschein.

Beim Sammeln von Gutscheinen können Sie wählen, ob Sie Ihre bestehenden Gutscheine gleich einlösen wollen, oder ob Sie abwarten, bis die Anzahl der Gutscheine einen höherwertigen Preis ermöglicht.

Gutscheine können Sie erhalten:

1. durch die Empfehlung neuer Kunden,

2. wenn wir auf Grund Ihrer Empfehlung einen neuen Kollegen gewinnen konnten, der bei uns die Prüfung zum Finanzkaufmann abgelegt hat. In diesem Fall erhalten Sie gleich 10 Gutscheine auf einmal.

Rechtliche Hinweise:

Der Erhalt von Gutscheinen ist unabhängig davon, ob Sie selbst Kunde sind oder werden.

Die Einlösung der Gutscheine ist zeitlich unbegrenzt.

Ein rechtlicher Anspruch auf Einlösung der Gutscheine muß jedoch ausgeschlossen werden.

Hinweise zur Abwicklung:

In diesem Dankeschön-Katalog finden Sie verschiedene Rubriken:

1. Leistungen unserer Unternehmensgruppe,
2. Sachpreise
3. Erlebniswelt
4. Städtereisen und
5. Urlaubsreisen.

Sämtliche Bilder sind bitte als unverbindliches Beispiel zu verstehen. Wenn Sie die erforderliche Anzahl für einen Preis erreicht haben, setzen Sie sich bitte mit Ihrer Betreuungsgesellschaft in Verbindung. Wir wollen natürlich, daß Ihren konkreten Wunschvorstellungen entsprechen können.

Anschließend senden Sie die erforderliche Anzahl Gutscheine mit Ihrem genau beschriebenen Wunschpreis (z.B. Anfahrt, Abflugdatum, Flughafen, Mitreisende usw.) bitte an die für Sie zuständige Betreuungsgesellschaft.

Wir wünschen Ihnen viel Freude mit den Sachpreisen, erholsame Urlaubstage und/oder spannende Unterhaltung in der Erlebniswelt.

Vielen Dank für Ihre Empfehlungen.

EDV - Schulungen

Kommunikation

Verkaufstraining

SEMINARE

Persönlichkeits-
entfaltung

Ziel- und
Zeitmanagement

DISG

5

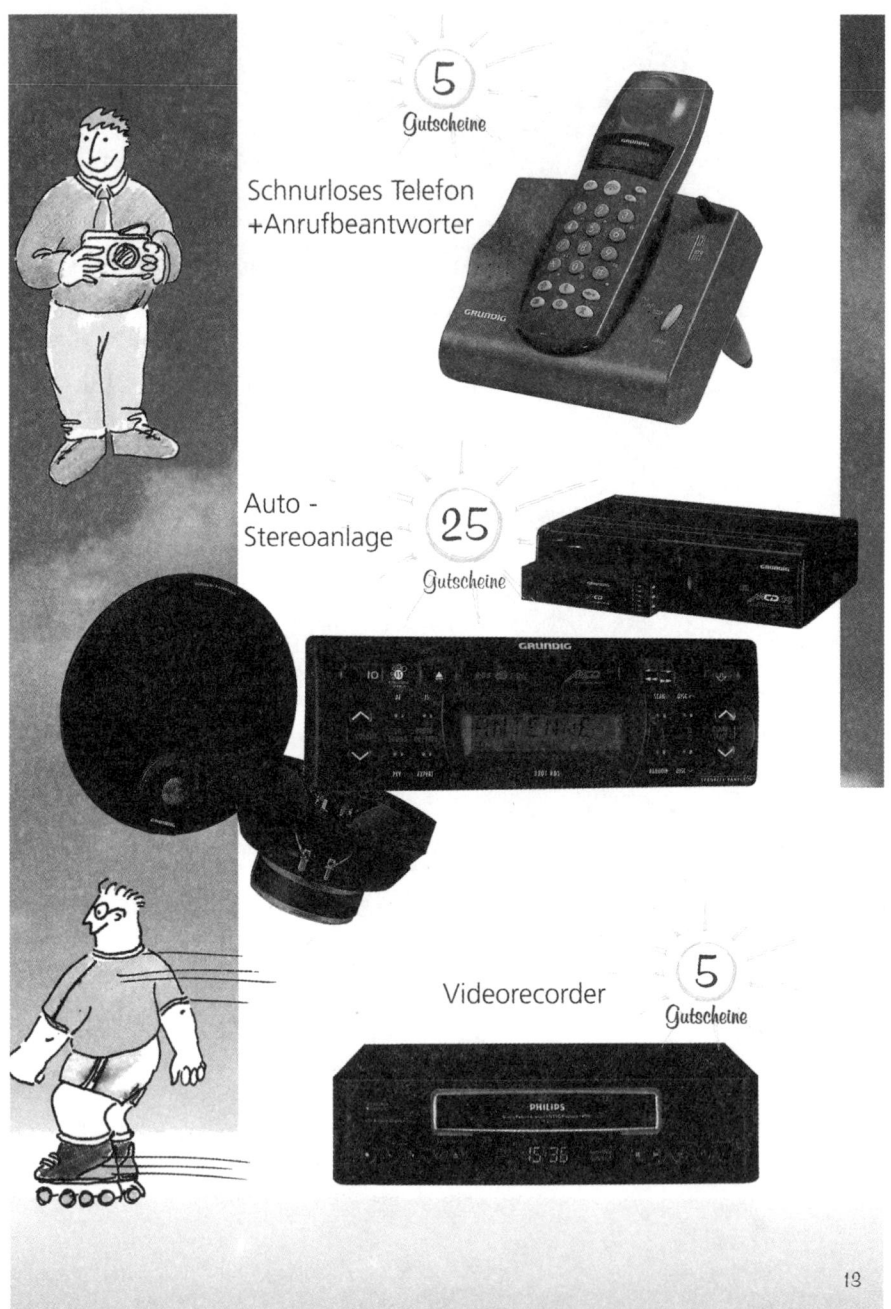

5
Gutscheine

Schnurloses Telefon
+Anrufbeantworter

Auto -
Stereoanlage

25
Gutscheine

Videorecorder

5
Gutscheine

13

228

Euro Disney Paris

3 ¹/₂ Tage

Fahrt mit dem Bus

incl. Eintrittskarte

Disney World Florida

5 Tage Miami und 2 Tage Orlando

Flug für 2 Personen

35

Gutscheine

12
Gutscheine

Paris

34

New York

35
Gutscheine

1 Woche
für 2 Personen

44

Verstehen Sie jetzt, warum es so wichtig ist, dieses Thema erst nach den Empfehlungen anzusprechen?
Wir wollen keine Empfehlungen *nur aufgrund* dieser Gutscheine!
Aus diesem Grund heißt das ganze Thema auch „Dankeschön".

DER GUTSCHEIN

Hier abgebildet sehen Sie einen Gutschein.

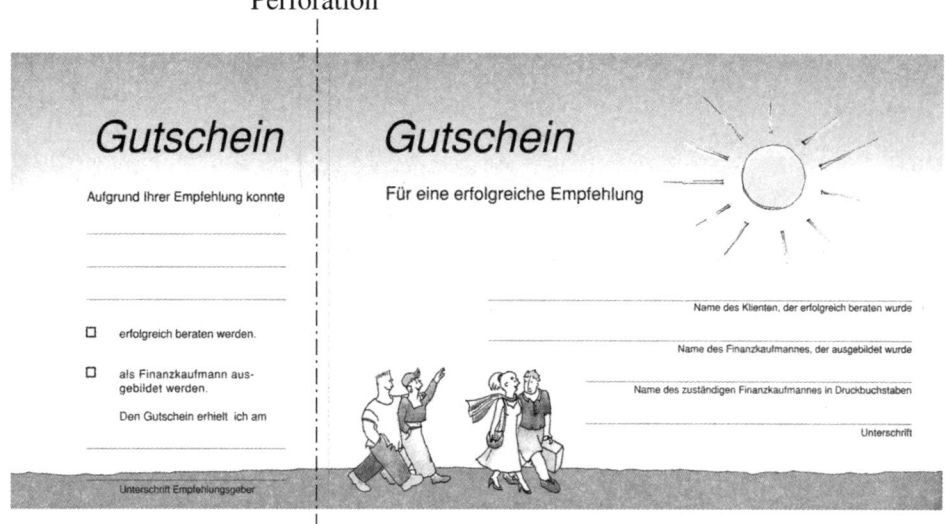

EIN „PAUSCHALES" GESCHENK

Für die ersten 8 Empfehlungen bekommt nun der Empfehlungsgeber seinen ersten Gutschein „pauschal" geschenkt. Alle weiteren nur noch dann, wenn sich eine der Empfehlungen auch entschieden hat, unser Kunde zu werden. In der linken Innenseite des Dokumentenordners befindet sich eine maßgefertigte Klarsichtlasche, in die wir das sogenannte Gutscheinetui mit dem ersten Gutschein einfügen.

DAS GUTSCHEINETUI

DIE UNERWARTETEN ERFOLGE DIESES SYSTEMS

Darf ich Ihnen einmal sagen, welche Effekte dieses System mit sich brachte? Nicht nur die Anzahl der Empfehlungen stieg, sondern in der Praxis passierte und passiert folgendes:

1. Der Empfehlungsgeber führt die Vorinformation bei seinen Empfehlungen besser durch.

2. Immer wieder verbringen wir gemeinsame Tage mit Kunden in irgendeinem Hotel. Während wir Seminar haben, läßt der Kunde es sich gut gehen. Auf unsere Kosten natürlich. Und abends trifft man sich, redet, lacht und bekommt zu diesen Menschen ein noch besseres Verhältnis.

3. Der hauptsächliche Vorteil: Der Mitarbeiter kommt bei dem Empfehlungs-geber immer wieder vorbei und bringt ihm wieder einen neuen Gutschein. Daß dies nicht postalisch erfolgen darf, müßte Ihnen klar sein. Man spricht miteinan-der, Neuigkeiten werden ausgetauscht, und der Kunde nennt weitere Empfehlun-gen, denn er oder seine Frau haben ein ganz bestimmtes Ziel aus dem Katalog ins Auge gefaßt.

Der für uns alle unerwartetste Effekt war jedoch folgender:
4. Es ist schon mehrfach vorgekommen, daß ein Interessent nach der eigentli-chen Beratung nicht unser Kunde wurde. Er hatte sich, aus welchen Gründen auch immer, nicht für den Abschluß entschieden. Doch aufgrund der **im Inventurter-min** ausgesprochenen Empfehlungen kommt nun der Mitarbeiter immer wieder bei diesem Kunden vorbei und bringt ihm wieder einen Gutschein.

Und jetzt beginnt der Kunde zu tickern! Er sieht jetzt, wieviele seiner Emp-fehlungen sich für die Zusammenarbeit mit uns entschieden haben und er erlebt, wie diese Personen sich bei ihm bedanken. Plötzlich kommt dieser Kunde und sagt, daß er wohl manches nicht so richtig verstanden hat. Ob wir es ihm noch einmal erklären könnten.

Auf diese Weise haben wir viele Kunden doch noch gewonnen.

EMPFEHLUNGEN SIND DIE GRUNDLAGE IHRER ZUKUNFT

Wiederholen wir noch einmal diese wichtigste aller Erkenntnisse: Ich bin der absoluten Überzeugung, daß in unserer Branche ein Geschäft nur dann nicht oder nur schlecht funktioniert, weil die Geschäftsleitung die Bedeutung der *Empfehlung* nicht verstanden hat. Die Empfehlung ist also das A und O. Es ist die Sonne, um die sich die Planeten drehen.

Also muß man etwas für den Empfehlungsgeber *tun*. Man muß ihm etwas *zurückgeben*. Natürlich kommen auch noch andere Punkte hinzu: Wenn Sie über keine exzellenten Produkte verfügen, sind Sie als Finanzdienstleister auch bei die-sem Thema verloren. Die Produkte sowie Ihre Dienstleistung müssen stimmen. Sie werden deshalb jetzt verstehen, warum ich zunächst so intensiv auf die Finanz-produkte eingegangen bin. Das heißt, der Empfehlungsgeber muß das Gefühl gewinnen, daß es sich um eine „saubere" Firma handelt mit erstklassigen Produk-ten. Dann, und nur dann, funktioniert das ganze Geschäft.

Es ist also *nicht nur* die Empfehlung, die von Bedeutung ist, sondern es sind natürlich auch die dahinterstehenden Menschen, die Philosophie und die Produkte, die wichtig sind. Nur wenn dies rundum stimmt, funktioniert die *Empfehlung*. Und wenn die Empfehlung funktioniert, funktioniert das ganze Geschäft!

KUNDEN WERDEN MITARBEITER

Manchmal veranstalten wir firmenintern auch Reisen für verdiente Mitarbeiter. Zum Beispiel auf die Kanaren oder Kreta oder Djerba. Wenn nun solch eine Reise ansteht, sprechen wir unsere Kunden an, wer über wieviele Gutscheine bereits verfügt bzw. wer noch wieviele braucht, um dabei sein zu können. Also legen sich unsere Kunden nochmals ins Zeug und sprechen Empfehlungen aus. Nun stellen Sie sich einen Kunden vor, der schon mehrmals empfohlen hat, diese Personen top-vorinformiert hat und unser gesamtes Geschäft mit unseren Produkten bei sich selbst erfahren hat. Der Schritt vom Kunden zum Kollegen ist dann nur noch klein. Wie passiert dies? Nun, sehr einfach: Schließlich trifft man sich beispielsweise am Flughafen. Man steigt gemeinsam in das Flugzeug ein. Man spricht miteinander.

Bei unseren Reisen und Veranstaltungen, wie zum Beispiel Weihnachtsfeier oder das Grillfest im Sommer, sind immer die ganzen Familien eingeladen. Ich halte nichts davon, die Familie unserer Mitarbeiter bei diesen Anlässen nicht einzuladen. Vielmehr bin ich davon überzeugt, daß die ganze Familie, die Frau *und* die Kinder ihren Teil zum Erfolg des Mitarbeiters beigetragen haben. Also wird bei uns zu solchen Anlässen nicht nur die ganze Familie unserer Mitarbeiter eingeladen, sondern auch die Familie der Kunden, die die Teilnahme erreicht haben.

Man ist also eine Woche lang zusammen. Man lernt sich persönlich kennen. Der Kunde merkt, daß wir Leute sind „wie du und ich". Man redet in aller Normalität miteinander. Der Kunde fühlt sich in der Folge bei uns wie zu Hause. So kommt es beispielsweise vor, daß ein Kunde uns etwa irgendwo am Strand von Marokko anspricht und nachfragt, wie unser Geschäft eigentlich funktioniert? Und wie man bei uns Mitarbeiter werden könnte ...?

DIE QUALITÄT DER EMPFEHLUNGEN

Auch bei den Empfehlungen kommt bei einem Mitarbeiter sehr schnell die Prämisse: Qualität kommt vor Quantität. Auch hierbei möchte ich Sie wieder um Ihre absolute Aufmerksamkeit bitten:

Stellen Sie sich noch einmal vor, daß Sie von jedem Interessenten 8 Empfehlungen erhalten, die dieser in der Folgezeit vorinformiert. Wissen Sie, was daraus entsteht?

Ich freue mich richtig darauf, es Ihnen sagen zu dürfen:

Sie kommen mit Ihrer Arbeit nicht mehr nach. Denn die Anzahl Ihrer Empfehlungen potenziert sich logischerweise. Und plötzlich machen Sie genau das, was unsere Mitarbeiter bereits nach ca. 3 Monaten bei uns tun:

Sie sagen dem Kunden im Vorgespräch schon, daß er maximal 5 Empfehlungen aussprechen darf und er soll sich schon mal überlegen, wem er unsere Dienstleistung empfehlen kann. Bitte verstehen Sie, wenn Sie das nur als Gag beim Kunden abziehen, wird es nicht funktionieren. Wenn es aber die Wahrheit ist, wird der Kunde Sie jetzt erst recht weiterempfehlen. Wenn der Kunde nun noch erfährt, daß er seinen Empfehlungen sagen soll, daß der Berater aber erst frühestens in 4 Wochen wird anrufen können, was glauben Sie, was dann abläuft. Können Sie sich vorstellen, daß ein Kunde Sie bittet, doch noch die sechste Empfehlung anzunehmen und Sie fragen Ihn dann, welche andere Person dafür rausfällt?

Bitte denken Sie immer daran: Es funktioniert nur, wenn Sie wirklich nicht mehr Empfehlungen annehmen können. Was glauben Sie, wie dieser Kunde nun seine Empfehlungen vorinformiert? Stellen Sie sich einmal vor, einer dieser Empfehlungen würde zu ihm sagen, er habe kein Interesse. Was wird er dieser Person sagen?

„Du warst einer von 5, die ich empfehlen konnte. Der Mann ist ausgebucht für die nächsten 4 bis 6 Wochen und du hast kein Interesse? Lies dir diese Broschüre hier durch und sag mir dann, ob ich an deiner Stelle jemand anderen empfehlen soll!“

So oder so ähnlich wird das Gespräch mit Sicherheit ablaufen.

ALTE HASEN

Tatsächlich erleben wir mit dieser Art der Vorgehensweise eine Revolution in unserem Unternehmen. Ich denke, ich bin nicht zu optimistisch, wenn ich prophezeie, daß in Zukunft diese seriöse Art der Kundengewinnung zunehmend mehr und mehr praktiziert werden wird. Auf der anderen Seite erlebe ich aber auch immer wieder Menschen, die dieser Vorgehensweise mit Skepsis begegnen. Speziell die „erfahrenen“ Finanzdienstleister waren bislang heilfroh, wenn sie einen Abschluß, einen Vertrag in der Tasche hatten. Dann noch lange nach Empfehlungen fragen ...?

Dabei kommt es vor allem auf die Dienstleistung *vor* und *nach* dem Kauf an. Nur dann erhält man wirklich gute Empfehlungen, qualifizierte Empfehlungen.

Noch einmal: Wer das Thema Empfehlungen nicht verstanden hat, hat das ganze

Geschäft nicht verstanden. Was kann es Erfreulicheres geben, als Kunden, die auf einen Anruf warten und die Bescheid wissen? Unsere Mitarbeiter haben einen hohen Stapel Empfehlungen vor sich liegen. Unsere Kunden warten darauf, daß sie von uns angerufen werden. Unsere Mitarbeiter müssen beim Terminieren nicht lange herumargumentieren. Jedenfalls nicht auf die Art und Weise, wie das ansonsten der Fall ist. Erinnern Sie sich bitte jetzt noch einmal an das von mir zitierte Terminierungsgespräch: „Ich rufe Sie an auf Wunsch von Herrn ..., was kann ich für Sie tun?" Die Betonung liegt hierbei immer auf dem Wort „SIE".

Können Sie sich dieses Gespräch jetzt ein bißchen besser vorstellen?

Leute, die vorher schon lange in der Branche tätig waren, brauchen bei uns tatsächlich eine Weile, bis sie sich vorstellen können, daß diese neue Methode überhaupt funktioniert.

Immer wieder stoßen wir auf Mitarbeiter, die aus der Branche kommen, die „es" zunächst nicht glauben können. Sie sind üblicherweise fachlich recht versiert, manche waren 10, 15 oder 20 Jahre im Versicherungsbereich tätig, andere im Banken- oder Bausparkassenbereich. Aber in einem Punkt gerate ich mit diesen Leuten immer aneinander: bei dem Thema *Empfehlungen*.

Branchenfremde Leute, die auch zu uns kommen, sind sehr viel leichter für diese neue Vorgehensweise zu gewinnen. Wir erklären ihnen, wie das Ganze funktioniert und sie tun es einfach. Sie machen sich nicht andauernd Gedanken darüber, wo die Probleme liegen könnten, sondern tun es einfach.

Der alte Hase dagegen rennt in ein Phänomen, das man in der Literatur unter dem Begriff „der sich selbst bewahrheitenden Voraussagung" kennt – der „selffullfilling prophecy", wie der Lateiner sagt. Das heißt, wenn man ihnen mitteilt, daß man acht Empfehlungen erhalten kann und daß dem Kunden daran gelegen ist, mit uns zusammenzuarbeiten, so können sie das zunächst nicht glauben. Sie denken, es geht nicht. Und da sie es sich nicht vorstellen können, funktioniert es auch anfänglich tatsächlich nicht. Also darf bei uns kein Mitarbeiter, selbst alte Hasen nicht, alleine zu den ersten sechs Inventurterminen gehen. Sie alle müssen es zuerst in der Praxis erleben, wie unsere „alten Profis" bei unseren Kunden ankommen. Die meisten kommen dann aus dem Staunen nicht mehr heraus.

MAN MUSS ES ERLEBT HABEN

Wenn sie schließlich mit dieser neuen Vorgehensweise „warm" geworden sind, sind sie plötzlich hell begeistert. Mit der Zeit erkennt dann auch der „alte Hase", daß es funktioniert und wie es funktioniert. Dann endlich kann er seine Meinung ändern.

Einigen alten Schlachtrössern muß man jedoch öfters beweisen, daß es funktioniert.

Und tatsächlich erlebe ich es heute immer wieder, daß gestandene Verkäufer auf mich zukommen und schmunzelnd kommentieren:

„Herr Rupp, das ist ja Wahnsinn, ich hätte nie gedacht, daß es so gut funktioniert. Aber es funktioniert tatsächlich. Jetzt bin ich schon so lange im Außendienst, aber ich hätte nie gedacht, daß man so schnell so leicht ins Geschäft kommen kann. "

Vielleicht sind Sie, lieber Leser, auch einer dieser alten Hasen. Dann sollten Sie es schleunigst einmal versuchen. Wenn Sie aber dazu noch in einer Führungsposition sind und nicht glauben, daß dies funktioniert, dann hätten Sie in meinem Unternehmen als Führungskraft keine Chance. Das dürfen Sie mir glauben. Denn mit Ihrem Unglauben tragen Sie allein die Verantwortung für den Mißerfolg Ihrer Mitarbeiter. Denken Sie **einmal** darüber nach!

DER FOLGEEFFEKT

Wissen Sie, worin in dieser gesamten Vorgehensweise der neuralgische Punkt liegt? Passen Sie jetzt bitte genau auf:

Je genauer und besser bei einem Kunden die Vorinformation gelaufen ist, umso klarer ist ihm die gesamte Vorgehensweise. Er kennt es nicht anders und es ist darum für ihn eine Selbstverständlichkeit, daß auch er weiterempfiehlt und diese Personen seinerseits auch top vorinformiert.

Wenn also der Empfehlungsgeber schon „einer von 5" war, läuft alles fast wie von selbst. Damit haben Sie den Stein ins Rollen gebracht und dies wird Ihnen mehr Kunden bringen als Sie selbst betreuen können. Doch dies führt uns zu einem Thema, auf das wir erst später zu sprechen kommen: die Mitarbeitergewinnung.

EMPFEHLUNGEN MIT HÖHEREM STATUS

Grundsätzlich gibt es keine besseren oder schlechteren Empfehlungen, oder gar minderwertigen Empfehlungen. Oftmals kann man den Personen, bei denen es finanziell „klemmt", am meisten behilflich sein.

Manchmal tritt jedoch das Problem auf, daß einer unserer Kunden uns in ein statusbezogen höheres Klientel hineinempfehlen will. Das ist jedoch nicht ganz unproblematisch. Wenn also beispielsweise eine Person auf einem höheren Einkommenslevel liegt, als man selbst, können Probleme in der Vorinformation entstehen. Will man also den Polizeidirektor einer Stadt, den Pfarrer, den Studiendirektor oder den Bürgermeister empfehlen, so könnte die Vorinformation zum Problem werden. In diesem Fall gehen wir so vor, daß wir dem Kunden anbieten, diese Personen von uns aus vorzuinformieren. Die hohe Schule besteht also darin, solch spezielle Kunden durch ein Schreiben aus unserem Hause von unserem Service in Kenntnis zu setzen. Wichtig ist dabei, daß der *Empfehlungsgeber* ebenfalls *unterschreibt*, genauso wie wir unterzeichnen.

In diesem Schreiben sind alle notwendigen Informationen enthalten, so daß sich auch diese speziellen Kunden vorab ein genaues Bild von uns und unserer Vorgehensweise machen können.

KEINE EMPFEHLUNGEN

Zum Abschluß dieses Kapitels möchte ich Ihnen noch ein paar Nüsse zu knacken geben und ich denke, daß dieser Abschnitt für viele Finanzler einer der wichtigsten in diesem Buch sein wird. Darf ich Sie einmal mitnehmen in die Vogelperspektive?

Wenn ich also Leute in der Finanzdienstleistungsbranche jammern höre, daß sie über zu wenige Termine verfügen, was weiß ich dann? Nun, es kann sein, daß eine solche Person vielleicht zu wenig terminiert. Oder daß sie nicht sehr gerne terminiert. Sie könnte auch Angst vor dem Telefonieren haben. Ich weiß jedoch immer mit Bestimmtheit, daß sie über keine Empfehlungen verfügt. Auf jeden Fall über keine hochwertigen Empfehlungen.

Fast sind solche Leute zu bedauern. Was machen sie? Richtig, sie kaufen im Bestfall irgendwelche zweit- oder drittklassigen Adressen von Adreßverlagen! Oft sind solche Adressen nicht einmal gepflegt. Ein solcher Verkäufer ruft dann Leute an, die gerade verstorben sind oder Menschen, die gerade ihren 94. Geburtstag gefeiert haben.

Können Sie sich noch an den Satz erinnern:
„Wichtiger, als seine Mitarbeiter zu motivieren ist es, sie vor Demotivation zu bewahren". Dies gilt vor allem für den Bereich des Terminierens.
Ein Mitarbeiter, der Empfehlungen hat, die wissen, um was es geht und die auf

seinen Anruf warten, wäre doch bescheuert, nicht zu terminieren, oder sehen Sie das anders?

Dieser Mitarbeiter terminiert leichter, er terminiert lieber, er terminiert öfter, dieser Mitarbeiter hat mehr Termine, also hat er auch mehr Empfehlungen und, und, und. Kurzum: Er hat Erfolg.

Dies führt sehr schnell dazu, daß er es aus finanziellen Gründen nicht mehr notwendig hat, diesen einen Kunden für sich zu gewinnen.

Liebe Führungskräfte, ein Mitarbeiter, der so weit ist, bei dem geht die Post ab. Denn der Kunde spürt, daß es wirklich um ihn geht und nicht um die Provision. So ein Arbeiten kann derart Laune machen. Können Sie sich das vorstellen?

Doch Sie werden sich fragen, warum es bisher nicht so funktioniert hat. Muß da erst einer so ein superschlaues Buch schreiben und behaupten, daß es funktioniert.

Ich liefere nicht nur jeden Tag den Beweis, daß es funktioniert und freue mich sehr auf die Zukunft, sondern ich liefere Ihnen hier und heute auch *den* psychologischen Hintergrund, warum die Empfehlungsnahme bei vielen Leuten draußen oft nicht funktioniert. Halten Sie sich fest:

DER PSYCHOLOGISCHE HINTERGRUND

Einen der größten Fehler, den ein Bewerber bei mir in einem Vorstellungsgespräch machen kann, ist die Frage, wie man bei uns zum *ersten* Kunden kommt!

(Vielleicht sind Sie jetzt zusammengezuckt, denn genau diese Frage hat auch Sie schon die ganze Zeit beschäftigt). Am meisten Erfolg haben die Mitarbeiter mit unserer Vorgehensweise, die es nicht erwarten können, ihrem eigenen Bekanntenkreis diese Dienstleistung zu zeigen. Ich sage hier gleich vorsorglich, daß dies nicht unsere Zielgruppe ist. Ganz im Gegenteil. Aber hierin liegt der psychologische Hintergrund. Ein Mensch, der das Geschäft selbst seinen eigenen Bekannten und Freunden **empfehlen** möchte, kommt gar nicht dazu, diesen Personenkreis zu kontaktieren. Denn er erhält schon vom ersten Kunden so viele Empfehlungen, daß es gleich richtig abgeht. Und jetzt der Hintergrund.

Ein Mitarbeiter, der das Geschäft selbst jederzeit weiterempfehlen möchte, kann es sich beim besten Willen nicht vorstellen, warum der Kunde es nicht tun sollte. Und genau das spürt der Kunde und gibt ihm die Sicherheit, die Empfehlungen auszusprechen. Das Geschäft beginnt zu laufen.

Wenn mich jedoch ein Branchenneuling fragt, wie man zum ersten Kunde kommt, dann bekomme ich schon ein ungutes Gefühl. Wenn ich aber einen „alten

Hasen" vor mir sitzen habe, dann ist bei mir nach dieser Frage schon fast der Ofen aus und mir ist die Zeit zu schade für das weitere Gespräch!

Glauben Sie mir eines: Ich habe schon so viele Einstellungsgespräche erlebt, bei denen mir die Bewerber die tollsten Geschichten erzählt haben. In Wirklichkeit sind diese Leute ganz arme Kreaturen, denn viele leben immer noch von alten Erfolgen und alten Geschichten. „Erfahrung ist das, was einem bleibt wenn man sonst nichts mehr hat."

ENTWEDER SIE TERMINIEREN SELBST ...

Warum stellen diese Leute irgendwelche Terminierungsleute ein? Warum Damen einstellen und ans Telefon setzen, die nichts anderes zu tun haben, als zu terminieren. Hören Sie, wenn Sie dies tun, damit Sie Ihre Zeit effektiver nutzen können, dann ist das für mich o.k. Wenn genau dies aber nur ein Vorwand ist, selbst nicht zu terminieren, dann gebe ich Ihnen hiermit Brief und Siegel, daß Sie auf die Dauer nicht erfolgreich sein werden. Geben Sie sich selbst die Antwort.

Wenn mir Bewerber manchmal solche Lügengeschichten von großen Taten erzählen, habe ich selbst wenig Probleme damit. Was ich aber am schlimmsten finde ist, daß sich diese Leute selbst belügen. Wenn ich dann aber nach den fehlenden Erfolgen der letzten Zeit frage, höre ich die abenteuerlichsten Ausreden.

Hierzu ein Spruch:

„Solange ein Mensch für alles, was in seinem Leben schief läuft, eine Erklärung findet, die außerhalb der eigenen Person liegt, wird er nie etwas ändern."

Kommen wir also zurück zum Thema. Wenn Sie sich nicht vorstellen können, Ihr eigenes Geschäft Ihren Freunden anzubieten, dann passiert im Inventurtermin etwas Sonderbares: Der Kunde wird Ihnen sagen, daß er eigentlich nicht empfehlen will oder zuerst mit den Bekannten reden will oder zuerst das Ergebnis der Auswertung abwarten will oder oder oder. Und jetzt beginnen Sie zu argumentieren.

Wissen Sie, was hierbei abläuft? Ihr Verstand argumentiert nun gegen den Kunden. Ihr Herz jedoch verbindet sich mit diesem Kunden, denn insgeheim können Sie ihn ja verstehen. Sie denken doch tief in Ihrem Innersten genau gleich. Vielleicht verstehen Sie jetzt, warum ich den Bekanntenkreis angesprochen habe. Der Mitarbeiter, der darauf brennt, seinen Freunden das Geschäft zu zeigen, wird mit Empfehlungen von seinen Kunden überschüttet und er kommt gar nicht dazu, seine Freunde zu besuchen.

... ODER SIE WERDEN LANGFRISTIG KEINEN ERFOLG HABEN

Derjenige jedoch, der das nicht will, sieht sich sehr schnell in der Situation, daß ihm gar nichts anderes übrig bleibt, also seine Bekannten anzugehen. Doch dann hat er schon verloren. Was ist also die alles entscheidende Frage:

„Ist mein Geschäft, meine Dienstleistung und meine Produktpalette so empfehlenswert, daß ich es am liebsten jedem anbieten möchte?"

Wenn Sie diese Frage aus freiem Herzen mit „JA" beantworten können, dann bin ich sicher, daß Sie Erfolg haben (werden). Wenn Sie sich jedoch nicht so sicher sind, dann schauen Sie sich einfach Ihren Erfolg an. Wenn dieser zu wünschen übrig läßt, dann liegt es genau daran.

Jetzt können Sie so weiter vor sich hin bröseln oder Sie ändern etwas. Wenn ja, dann sofort, wenn vielleicht, dann nie. Glauben sie's mir.

VERKAUFEN IST EIN ÜBERTRAGEN VON GEFÜHLEN

Verkaufen ist letztendlich nichts anderes, als ein Übertragen von Gefühlen. Sie übertragen Zweifel, Zuversicht, Angst, Stärke, Unsicherheit, Mut, Schwäche, Kraft – egal was auch immer, Sie übertragen es.

Wenn Sie überzeugen wollen, müssen sie überzeugt sein.

Wenn Sie ein Produkt verkaufen wollen, müssen Sie es zuerst selbst besitzen.

Wenn Sie Empfehlungen wollen, müssen Sie *selbst* empfehlen!

Ein kleiner Satz für Sie zum Schluß dieses Kapitels:

„Ein Problem taucht so lange immer wieder auf, bis es endgültig gelöst wird!"

Drum seien Sie zu sich ehrlich und fangen Sie bei sich an. Ich wünsche Ihnen in diesem Punkt von ganzem Herzen viel Erfolg.

Wir sollten die Dinge nicht so sehen, wie sie sind,
sondern versuchen, Sie so zu sehen, wie sie in der Vollendung sein könnten.

VERFASSER UNBEKANNT

11. DIE AUSWERTUNG
oder
DAS KLEINE 1 X 1
DES SERIÖSEN FINANZDIENSTLEISTERS

Zum Abschluß des Inventurtermines erhält der Interessent einen schriftlichen Überblick über den Ablauf der Beratung. Jetzt im einzelnen darauf einzugehen erübrigt sich, denn dieses Thema wird im nächsten Kapitel dezidiert besprochen.

Als letztes Thema erhält der Interessent die „Hausaufgabe", die Liste der Empfehlungen zu erweitern. Alle Unterlagen sind jetzt weggeräumt bzw. in die Dokumentenmappe einsortiert. Nur noch die Liste der Empfehlungen und der Dankeschön-Katalog werden (noch) nicht einsortiert. Damit ist der Inventurtermin beendet. Nun beginnt die Arbeit im Büro.

UNSERE GESELLSCHAFT FÜR EDV-DIENSTLEISTUNGEN

Innerhalb unserer Unternehmensgruppe befindet sich auch eine EDV-Gesellschaft, deren Inhaber und Geschäftsführer ich ebenfalls bin. Das sage ich nicht um mich hier zu profilieren. Nein, der Hintergrund ist folgender: Ich bin davon überzeugt, daß in der Geschäftswelt von heute und morgen ohne die elektronische Datenverarbeitung nichts mehr läuft. Ich halte es für absolut gefährlich und kostentreibend, sich von Drittunternehmen im EDV-Bereich abhängig zu machen. Mein EDV-Unternehmen ist zuständig für die Lieferung und Installation von Hardware und die Lieferung und Programmierung von Softwarelösungen. So sind wir auf kein Drittunternehmen angewiesen, sondern erstellen die in der Praxis benötigten

EDV-Lösungen selbst. Der wichtigste Punkt aber ist folgender: Unsere Programmierer durchlaufen alle zuerst die Ausbildung zum Finanzkaufmann. Wer sich im Softwaremarkt ein bißchen auskennt, weiß, was das bedeutet. Diese Leute sind dann in der Lage, finanztechnische Anforderungen in EDV-technische Lösungen umzusetzen und verschiedene Berechnungsprogramme miteinander zu verknüpfen. Ich bin sicher, daß wir über eine der mächtigsten und komplexesten Software im Finanzdienstleistungsbereich verfügen. Zu diesen Programmen gehören:

- Mitarbeiterverwaltung,
- Kundenverwaltung,
- Vertragsverwaltung,
- Wiedervorlage-Programme (keine Dateien, sondern wirkliche Programme),
- Kundenservice-Programme, (z. B. Empfehlungsgutschein-Verwaltung)
- Tarifprogramme,
- Tarifvergleichsprogramme, (z. B. LV-Tarife, Krankenversicherungsvergleiche)
- Baufinanzierungsprogramme,
- Steuerberechnungsprogramme,
- Immobilienberechnungsprogramme sowie
- DAS INVENTUR-AUSWERTUNGSPROGRAMM „INVA"
  Hierbei handelt es sich um das komplexeste Programm unseres Hauses. Mit Hilfe diese Programmes werden die Inventurdaten erfaßt, ausgewertet und ausgedruckt.

DIE EINGABE DER INVENTUR

Die nächste Aufgabe, die in unserem Unternehmen zu erfüllen ist, ist die korrekte Eingabe der Inventur dieses Interessenten in das Programm „INVA". Hierbei werden zuerst die Ziele und deren Prioritätenreihenfolge erfaßt. Ebenfalls werden die konkreten Vorstellungen des Interessenten erfaßt.

Danach erfolgt die Eingabe der bestehenden Verträge. Hierzu gehören alle Informationen der einzelnen Verträge, wie zum Beispiel: Gesellschaft, Vertragsart, Tarifangaben, Beginndatum, Laufzeit, Ablaufdatum, Beitrag, Zahlungsweise, Absicherungssummen, Anlagesumme, Ablaufleistung und, und, und.

WICHTIG! Während dieser Eingabe macht das Programm eine ständige „Plausibilitätsprüfung". Das heißt: Wenn der Beginn des Sparvertrages vor 12 Monaten war und der monatliche Beitrag 200 Mark, und das aktuelle Guthaben beträgt 20.000 Mark, dann wird das Programm beim Versuch, diesen Vertrag zu speichern, fragen, welche Angabe hierbei nicht korrekt ist.

Nach den einzelnen Verträgen werden die Angaben des Haushaltsetats erfaßt. Im Inventurtermin werden die Zahlen mit der entsprechenden Zahlungsweise erfaßt, also zum Beispiel das 13. Monatsgehalt wird als jährlicher Einmalbetrag aufgeschrieben. Dies wird auch so eingegeben. Jedoch muß zusätzlich die Zahlungsweise eingegeben werden, denn das Programm rechnet danach alle eingegebenen Vertrags- und Haushaltsetat-Zahlen in effektive **monatliche** Ergebnisse um.

Und jetzt ein ganz wichtiger Punkt:

In der Inventur ist auch die Angabe vorhanden, wer der Empfehlungsgeber **dieses** Interessenten war. Denn wenn dieser Interessent später unser Kunde geworden ist, wird automatisch der Ausdruck eines Empfehlungsgutscheines für dessen Empfehlungsgeber veranlaßt. Ausgehändigt werden diese Gutscheine dann vom Sekretariat an den betreffenden Inventurersteller mit entsprechendem Besuchsauftrag.

DIE BESTEHENDE SITUATION

Dies ist ein sehr wichtiger Begriff, zu dem ich zu einem späteren Zeitpunkt noch einmal kommen werde.

Nach der gesamten Eingabe der bestehenden Situation dieses Interessenten wird nun ein Ausdruck dieser Gesamtsituation gefertigt. Dabei rechnet das Programm die effektiven Gesamteinnahmen sowie die Gesamtausgaben inklusive der Verträge kumuliert zusammen. Es ergibt sich nun ein Saldo aus Einnahmen und Ausgaben, also wieviel letztendlich effektiv monatlich übrig bleibt.

Ferner berechnet das Programm, wieviel % der Gesamteinnahmen für die Gesamtausgaben verwendet wird (dies sollte möglichst 100 % nicht überschreiten ...), als nächstes wieviel % der Einnahmen für Verträge verwendet werden.

Die „bestehende Situation" verschafft einen schnellen Überblick und ist nun Basis für die Auswertung dieser Inventur.

DIE PRODUKTZUSAMMENSTELLUNG

Hierbei handelt es sich um die **verantwortungsvollste** Aufgabe unserer gesamten Tätigkeit für den Kunden. Hierbei wird festgelegt, wie die zukünftige Produktzusammenstellung unserer Meinung nach aussehen sollte. Ich habe dieser Tätigkeit eine eigene Überschrift gegeben, weil ich auch darauf später noch einmal zurückkommen werde.

DIE AUSWERTUNG

Priorität 1 der Auswertung und zugleich Grundlage jeglicher Produktauswahl sind die Ziele des Interessenten.

Priorität Nr. 2 besteht darin, daß wir auf den finanziellen Rahmen des Kunden Rücksicht nehmen müssen. Deswegen mußten wir seine bestehende Situation so genau unter die Lupe nehmen. Wenn dieser finanzielle Rahmen bereits schon überschritten ist (Ausdruck der bestehenden Situation), wissen wir sofort, daß die Ausgaben heruntergefahren werden müssen. In diesem Fall ist es durchaus üblich, daß wir bei diesem Kunden überhaupt keine neuen Verträge abschließen werden. Dennoch sehen wir ihn als unseren neuen Kunden an, denn dies ist nicht von einem Vertragsabschluß abhängig sondern davon, ob der Kunde unseren Vorschlägen zustimmt. Insofern ist beim finanziellen Rahmen des Kunden weniger die Einnahmensumme, sondern, und das ist wichtig, vielmehr die bisherige Summe, die der Kunde bereits für seine bestehenden Verträge ausgibt, ausschlaggebend.

Sie merken also, was unser Ziel ist:

Bessere Leistungen für weniger oder höchstens gleichen Aufwand wie bisher!

Darüber hinaus stellen wir uns, und das ist Priorität Nr. 3, sehr viele Fragen, die der Kunde sich selbst stellen könnte. Ich liste an dieser Stelle einmal einige auf:

- Welches Preis-Leistungs-Verhältnis habe ich bei meinen bisherigen Versicherungen?

- Bin ich in einem Bereich unter- oder überversichert?

- Welche Kapitalanlagen habe ich und welche Anlagestrategie haben diese Anlagen?

- Sind Einmalanlagen und/oder Ratenverträge vorhanden?

- Wenn ja, für welchen Zweck (ist wichtig wegen der Veräußerbarkeit), auf welche Dauer (kurz-, mittel-, oder langfristig) und in welcher Kapitalanlage (Geldwerte oder Sachwerte)?

- Verschenke ich bisher staatliche Vergünstigungen?

- Sollten Vorschläge zur Optimierung der Steuersituation gemacht werden?

- Wie ist es um meine Baufinanzierung bestellt (sofern vorhanden)?

- Welche Darlehen habe ich? Wie funktionieren diese?
  Stimmen die Konditionen? Ist ein Sondertilgungsrecht vorhanden?

- Passen meine Verträge überhaupt zu meinen Zielen?

- Was bleibt mir unter dem Strich finanziell übrig?

- Wieviel Prozent meiner Einnahmen gebe ich für Kapitalanlagen und
  Versicherungen aus?

- Muß ich finanziell entlastet werden?

- Wie kann ich zu mehr Geld für Freizeit, Hobby, Sport und Luxus kommen?

- Ist meine Familie abgesichert?

- Habe ich für meine Kinder genügend und richtig vorgesorgt?

- Sollte ich Kapitalanlagen besser umschichten?

- Verschenke ich aufgrund von Unwissenheit Geld?

- Wie steht es um meine Altersvorsorge?

und, und, und.

UNSER SERVICE

Ob Sie es nun glauben oder nicht. In ca. 60 bis 70 % aller Fälle bringen wir unseren Kunden Einsparungen bei besserem Preis-Leistungs-Verhältnis. Ich weiß, daß sich das unglaubwürdig anhört, aber es stimmt: Den meisten Kunden „bringen" wir Geld!

Auf diesen Punkt werde ich zu einem späteren Zeitpunkt noch einmal eingehen.

Bei manchen Kunden, vor allem bei jüngeren, kann es aber durchaus angebracht sein, auch mal 200, 300 oder sogar 400 Mark monatlich wirklich auf die Seite zu legen. Denn viele junge Menschen und Singles haben noch keine Familie zu ernähren. Sie machen sich wenig Gedanken über das „Morgen" und verpulvern ihre gesamte Kohle, salopp formuliert. Hier habe ich die Einstellung: Was weg ist, ist weg. Denn wenn es nicht angelegt wird, ist es auch weg. Letztendlich müssen sich die Leute auch nicht wesentlich mehr einschränken. Aber später, in 10 Jahren zum Beispiel danken es uns diese Kunden. Denn dann sind ansehnliche Summen entstanden, die man entweder als Eigenkapital zum Bauen oder Kaufen verwenden kann oder einfach weiter für sich arbeiten läßt. Ich denke schon, daß hier auch gewisse „erzieherische Maßnahmen" zu einer seriösen Finanzberatung gehören.

DAS 1 x 1 DES SERIÖSEN FINANZDIENSTLEISTERS

Nun kommen wir aber zu den Rahmenbedingungen, unter denen unsere Auswertungen stattfinden.

Im Versicherungsbereich arbeiten wir, wie bereits gesagt, fast ausschließlich nur mit sogenannten Direktversicherern. Diese Gesellschaften arbeiten in der Regel ganz ohne Außendienst und bezahlen auch keine, oder nur eine sehr geringe Provision.

Viele Finanzdienstleister in der Branche handeln so, daß sie, wenn sie an einem Produkt nichts oder zuwenig verdienen, es auch nicht verkaufen.

Dies ist für mich jedoch „Nicht-mal-auf-2-zählen-Können". Es ist ein kurzfristiges und kurzsichtiges Denken. Denn, wenn Sie als Vermittler nur die **Ersparnisse** des Kunden aus seinem Versicherungsbereich in andere Kapitalanlagen empfehlen, dann können Sie daran mehr Provision verdienen, als an Ihren Sachversicherungen. Und dem Kunden ist auch wesentlich mehr geholfen. Denn rein theoretisch könnte es Ihrem Kunden egal sein, wieviel Sie an dieser Kapitalanlage verdienen oder wie hoch einmal die Ablaufleistung sein wird. Dieses besagte Geld wäre in zu teuren Versicherungen sonst für alle Zeiten weg gewesen, ohne daß der Kunde jemals einen Pfennig davon wieder gesehen hätte!

Außerdem bieten wir im Sachversicherungsbereich nur Jahresverträge an. Das besitzt den Vorteil, daß der Kunde sehr leicht umsteigen kann, wenn ein Versicherer preiswerter geworden ist, als der bisherige Versicherer. Dies ist vor allem vor dem Hintergrund der Europäischen Währungsunion wichtig. Es werden in den nächsten Jahren ausländische Gesellschaften mit besseren Konditionen auf den deutschen Markt drängen. So gibt es zum Beispiel englische, französische oder italienische Gesellschaften mit wesentlich besseren Leistungen. Bisher sprach lediglich das

Währungsrisiko dagegen. Wenn England auch noch der Währungsunion beitritt, gehört auch dieses Problem der Vergangenheit an. Ausländische Versicherungsgesellschaften legen das Geld ihrer Kunden zu einem wesentlich höheren Anteil in Aktien an. Was die Ablaufleistungen anbelangt, sind die ausländischen Gesellschaften den deutschen um Längen voraus. Doch ich möchte dieses Thema nicht nochmals aufrühren, wir haben bereits mehrfach darüber gesprochen. Aber auch innerhalb Deutschlands gibt es erhebliche Leistungsunterschiede bei den Gesellschaften. Also: Ein unabhängiger Finanzberater zu sein, bedeutet für mich, für den Kunden die Gesellschaften auszusuchen, die das interessanteste Preis-Leistungs-Verhältnis bieten und nicht diejenigen, die die höchsten Provisionen bezahlen!!

DIE VERMÖGENSWIRKSAMEN LEISTUNGEN

Seit dem 01.01.1999 können im Rahmen der vermögenswirksamen Leistungen zwei verschiedene förderungsberechtigte Anlageformen gleichzeitig genutzt werden. Nachdem die direkten Bankprodukte, wie Prämiensparen, genauso nicht mehr gefördert werden wie das Versicherungssparen, werden wie bereits gesagt nur noch folgende Anlagen staatlich gefördert:

„Bausparen" mit 10 % Arbeitnehmersparzulage (auf max. 936 DM),
„Investmentsparen" mit 20 % (auf max. 800 DM) und
„Entschuldung" mit 10 % (auf max. 936 Mark).
Wir raten oft (kommt immer auf die Situation des Kunden an) zu folgendem:
67 Mark monatlich in Investment und 78 Mark monatlich zur Entschuldung (bei wohnwirtschaftlichen Darlehen!).
Vorteile:
Monatliche Förderung aus dem Investmentbereich 13,40 DM (20 % von 67 Mark) und aus dem Entschuldungssparen 7,80 DM (10 % von 78 Mark),
dies sind schon **21,20 DM** monatlich.

Damit hat der Kunde die folgenden Vorteile ausgenutzt:
Die höchstmögliche staatliche Förderung,
Zinsersparnis durch das Entschulden und
zugleich beim Investmentsparen eine wesentlich höhere Rendite.

DAS 3-P-SPAREN

(3P kommt von 3 mal Prämie kassieren.)

Viele Banken bieten momentan das 3P-Sparen an mit maximaler Förderung von bis zu 720 Mark im Jahr. Um dies aber voll nutzen zu können, müssen Sie folgendes abschließen:

Einen Investmentfonds der Bank für   800 DM im Jahr (20 %)   = 160 DM,
einen privaten Bausparvertrag für   1.000 DM im Jahr (10 % WOP) = 100 DM,
und einen VWL-Bausparvertrag für   936 DM im Jahr (10 %)   = 94 DM.
Die Summen aus diesen Beträgen: 2.736 DM im Jahr bringen   354 DM
Zuschuß im Jahr.

Wenn Sie dies nun für beide Partner abschließen, kommen Sie auf 708 DM Zuschuß im Jahr. Dies ist auf den ersten Blick eine tolle Sache. Sie müssen sich allerdings bewußt sein, daß Sie einen Gesamtaufwand von 5.472 DM pro Jahr haben und daß davon nur 2 x 800 Mark in Sachwerte fließen. Vielmehr sollten Sie beachten, daß in dieser Vertragskonstellation insgesamt 3.872 Mark jährlich aus Ihrer Familienkasse in Bausparverträge fließen. Zu 2,5 bis 3,5 % Habenzins. Dies nur am Rande.

DIE GESETZLICHE KRANKENVERSICHERUNG

Einer unserer speziellen Know-how-Punkte besteht in diesem Sinne darin, daß wir mit Betriebskrankenkassen zusammenarbeiten. Während der Kunde bei unserer AOK momentan einen Beitragssatz von 13,8 % bezahlen muß, bieten wir dem Kunden eine Betriebskrankenkasse mit einem Betragssatz von 11,9 % an. Dies sind fast 2 % Unterschied, von denen der Arbeitnehmer und der Arbeitgeber jeweils zur Hälfte profitieren. Wenn also ein Kunde beispielsweise 5.000 Mark brutto verdient, bringt ihm allein diese Umstellung schon satte **DM 50,00** monatlich, genauso seinem Arbeitgeber. Stellt man sich jetzt vor, daß man ein Unternehmen berät, das 1.000 Beschäftigte hat, welche sich letztlich alle für unsere Betriebskrankenkasse entscheiden, so bedeutet das für das Unternehmen runde 50.000 DM Ersparnis monatlich, das sind 600.000 DM im Jahr Gewinn – für die gleichen Leistungen!

Sie erhalten auch hierbei ganz normal Ihre Versicherungskarte und alles läuft, wie Sie es gewohnt sind.

STEUERERSPARNIS

Bei jeder Auswertung ist zu prüfen, ob der Kunde einen Teil seiner Anlagen steuersparend investieren sollte. Dies kann vor allem für Kunden mit einer hohen Steuerlast empfehlenswert sein. Man muß sich jedoch darüber im Klaren sein, daß die meisten steuersparenden Kapitalanlagen auch ein gewisses Risiko mit sich bringen. Dies muß dem Berater klar sein und der Kunde muß in der Beratung auch genau darüber aufgeklärt werden, mündlich und schriftlich.

Dies muß, wie bereits mehrfach gesagt, zum Kunden passen. Am Markt bestehen grundsätzliche Fehlentscheidungen bezüglich der Steuerersparnis oft darin, daß man unter allen Umständen Steuern zu sparen versucht. 70 % der Angebote des Marktes sind jedoch, wenn nicht unseriös, so doch sehr risikobehaftet. Darum ist jedem Kunden, der mit diesen Anlagen Steuern sparen will, geraten, das Angebot möglichst genau zu prüfen und auf jeden Fall mit seinem Steuerberater zu besprechen.

IMMOBILIEN

Eine Immobilie dürfen Sie nur Kunden anbieten, die nachhaltig ein hohes zu versteuerndes Einkommen haben. Wie schon erläutert, bin ich ein Freund von Immobilien, die in der Nähe des Kunden gebaut werden, zu marktüblichen Quadratmeterpreisen, zu marktüblichen Miethöhen und mit einer mindestens 10jährigen Mietgarantie. Ich bin kein Freund von Ostimmobilien, auch nicht in steuerlicher Hinsicht. Denn die erhöhten Abschreibungssätze fehlen dem Kunden hinterher. Wer die Steuerprogression ein bißchen kennt, weiß, daß es am sinnvollsten und effektivsten ist, immer die oberste Spitze des Einkommens zu kappen. Dies bringt prozentual den höchsten Steuervorteil. Dies ist besser, als in einem oder nur wenigen Jahren das zu versteuernde Einkommen des Kunden so weit herunterzudrücken, daß er in Bereiche kommt, für die er ohnehin wenig oder gar keine Steuern mehr bezahlen bräuchte.

COMPUTERSPAREN

Ein anderer möglicher Service besteht darin, daß wir dem Kunden das *Computersparen* anbieten. Hier machen wir den Weg frei: Das heißt, beispielsweise am 28. eines jeden Monats verbleiben auf dem Girokonto nur noch 200 Mark, der Rest wird umgebucht, wird auf ein Sparkonto transferiert, wo die Zinsen höher liegen. Der springende Punkt ist: Grundsätzlich achten wir darauf, daß die Renditen für den Kunden höher als vorher sind. Beim Computersparen ist dies bereits möglich. Jedenfalls verfügt der Kunde über bessere Konditionen, als wenn er das Geld auf seinem Girokonto verkümmern lassen würde. Außerdem kann er jederzeit dieses Geld abheben.

Jede Bank bietet dies an, auch Ihre!

DIE RENTE

Ein Problem, das fast alle Menschen unmittelbar betrifft, ist das der gesetzlichen Rentenversicherung. Zur Auswertung gehört bei uns auch, daß wir den Stand der derzeitigen Ansprüche aus der gesetzlichen Rentenversicherung des Kunden eruieren. Wie ist es um seine gesetzliche Rentenversicherung bestellt? Das heißt, wir fordern auf Wunsch des Kunden (beim Inventurtermin) für den Kunden den gesetzlichen Rentenversicherungsverlauf an und stellen fest, ob *Fehlzeiten* vorhanden sind.

Ist das der Fall, so wird das sofort bei der zuständigen Versicherungsanstalt reklamiert. Manchmal stellen wir fest, daß es Buchungsfehler gegeben hat oder daß bestimmte Rentenversicherungsnachweise verlorengegangen sind. Die Gründe liegen gewöhnlich im buchhalterischen Bereich. Wenn das der Fall ist und wenn der Kunde nie nachfragt, so erhält er irgendwann einmal weniger Rente! Und das nur, weil sich ein paar Fehler eingeschlichen haben und niemand nachgesehen hat. Genau das schalten wir aus.

Ich habe im Rahmen unseres Unternehmens sogar darauf geachtet, daß ein eigenes Buch entstand, wo man alle seine Rentenversicherungsansprüche zur Not auch selbst nachprüfen kann. Es ist verständlich geschrieben und völlig unkompliziert, so daß man sich leicht informieren kann: Es trägt den provokanten Titel:

„Die sichere Rente" und bietet Ihnen in diesem Zusammenhang:

Alternativen zur Altersversorgung
Damit Sie dieses Buch zumindest einmal optisch kennenlernen können, hier die Abbildung der Titelseite.

Maximilian Rupp
Friedhelm Knie · Matthias Korff
(Hrsg.)

Die
SICHERE
RENTE

Alternativen zur
Altersversorgung

Sonderausgabe

ZUSAMMENFASSUNG

Die wichtigste Prämisse habe ich mir bis zum Schluß aufgehoben:
Mittel- bis langfristiger Kapitalaufbau gehört in Sachwerte!

Kommen wir wieder zurück zu unserer Auswertung.

Unter Zugrundelegung all dieser vorgenannten Prämissen entsteht nun ein maßgeschneidertes Finanzkonzept für den Interessenten. Das Auswertungsprogramm rechnet laufend das zukünftige Ergebnis aus und zeigt die Endergebnisse an. Der Berater hat also fortwährend die Möglichkeit, sich an das Optimum heranzutasten.

Vielleicht verstehen Sie jetzt, daß ein optimales Finanzkonzept nur dann erstellt werden kann, wenn man die Situation des Kunden im Überblick hat und außerdem die verschiedensten Angebote des Finanzmarktes miteinander verbinden kann.

Insofern machen wir eigentlich gar nichts besonderes, außer daß wir für jeden Bereich der Finanzplanung den Spezialisten heranziehen.

Absicherung gehört zu den Versicherungsgesellschaften (aber nur die Absicherungen, die der Kunde auch wirklich braucht), der Kapitalaufbau gehört in Sachwerte!

VORTEILE

Hier kommen wir nun zu einem äußerst wichtigen Thema. Liebe Kollegen, ich sage fast auf jedem Seminar folgendes:

„Wir alle, unser Know-how, unsere Unterlagen, unsere Softwareprogramme und auch unsere Produkte sind für den Kunden eigentlich völlig uninteressant! Das einzige, was ihn wirklich interessiert, sind seine Vorteile, die er für sich aus diesem Gesamten ziehen kann!"

Aus diesem Grund ist es dem Kunden völlig egal, wie toll wir sind, was wir alles können und so weiter. Es interessiert ihn in der Regel nicht! Aus diesem Grund dürfen wir bei Kundengesprächen nicht so auf den Putz hauen, sondern müssen letztendlich immer die Vorteile des Kunden in den Vordergrund stellen.

Im Auswertungsprogramm befindet sich eine sogenannte Vorteilsdatei. Hier nun klickt der Mitarbeiter die Vorteile-Themen an, die die Auswertung diesem Kunden bringen. Es geht hierbei nur um Worte, nicht um konkrete Beträge. Das hat einen tieferen Sinn. Dies kommt beim Ausdruck der gesamten Auswertung als

zweitletztes Blatt: **„Ihre Vorteile auf einen Blick".** Hier drauf stehen also nur Themen, keine konkreten Zahlen oder andere Ergebnisse.

Das letzte Blatt heißt dann: „Vergleich dieser Auswertung mit Ihren Zielen". Somit können Sie sich jetzt schon den letzten Teil der Beratung vorstellen. Noch ist es aber noch lange nicht soweit.

Nun wird die komplette Auswertung inklusive der bestehenden Situation in zweifacher Ausfertigung ausgedruckt. Wie die Reihenfolge der Auswertungsunterlagen genau aussieht, erfahren Sie im nächsten Kapitel.

EINSORTIEREN IN DIE BERATUNGSMAPPE

Eine Ausfertigung (das Original) wird mit allen Berechnungen in die speziell hierfür hergestellte „Beratungsmappe" einsortiert. Die Themenreihenfolge des Ausdrucks entspricht dem Register der Beratungsmappe, so daß die Auswertung nun problemlos in diese Mappe einsortiert werden kann. So, nun ist die Auswertung fertig und der Interessent wird nun angerufen.

VEREINBARUNG DES BERATUNGSTERMINES

Hier kommen wir nochmals zu einer sehr wichtigen Information für Sie:

Sämtliche Beratungen finden *tagsüber in unseren Büroräumen* statt.

Unsere Beratungszeiten sind 09:00 Uhr oder 14:00 Uhr.

Ich bin der Meinung, daß man sich nicht abends um 8 oder um 10 Uhr noch über die finanzielle Zukunft unterhalten sollte. Wenn der Kunde bei der Bank oder bei seinem Steuerberater einen Termin hat, dann läuft das doch auch tagsüber in deren Räumen ab, oder nicht? Warum soll das bei seinem Finanzberater anders sein?

Dies weiß der Kunde allerdings schon aus dem Vorgespräch des Inventurtermins. Er muß sich also einen halben Tag frei nehmen und zu uns ins Büro kommen. Der im Inventurtermin voraussichtlich festgelegte Termin wird nun letztendlich bestätigt.

Und damit sind wir schon beim nächsten Kapitel. Wie ich am Anfang schon kurz erklärt habe, nennen wir den zweiten Termin mit dem Kunden nicht Beratungstermin, sondern „Ergebnistermin", denn hier bekommt der Interessent sein individuelles Ergebnis präsentiert.

Wichtig ist nicht, woher der Wind weht,
allein entscheidend ist, wie wir die Segel setzen.

LUCIUS ANNAEUS SENECA
Lehrer Neros, um 0 bis 65 n. Chr.

12. DER ERGEBNISTERMIN
oder
VERSETZEN SIE SICH EINMAL IN DIE LAGE DES KUNDEN

Auf dieses Kapitel dürfen die Finanzler besonders gespannt sein.
Der Interessent kommt also nun zu uns ins Büro. Er bringt mit: seine Dokumentenmappe, die erweiterte Liste der Empfehlungen, genügend Zeit und gute Laune.

Er wird vom Sekretariat empfangen und dem Berater angekündigt. Nun startet
der eigentliche Ergebnistermin.

DER EINSTIEG

Auch hier betone ich nochmals, daß Sie sich am Anfang eines Gespräches nie
über Dinge unterhalten sollten, die Sie trennen, sondern immer über Themen, die
Sie verbinden. Also beispielsweise können Sie noch einmal kurz den Inventurtermin Revue passieren lassen. Kommen Sie schnell zur Sache und reden Sie nicht
lange um den heißen Brei. Gehen Sie davon aus, daß der Interessent gespannt ist
und jetzt wissen will, was bei der Auswertung herauskam.

IMAGEFILM

Wir haben einen Videofilm anfertigen lassen, der den genauen Ablauf unserer
Dienstleistung dokumentiert. Hieraus stammt auch das Symbol des verdrehten

Würfels. Der Interessent wird erkennen, daß er alleine dem gesamten Finanzmarkt machtlos gegenüber steht. Mit einem Mix aus Livebildern und Computeranimationen bekommt der Interessent die verwirrende Vielfalt des Finanzmarktes aufgezeigt. Er sieht die ihm bereits bekannten Zielebilder, die sich zerstückeln und auf einem verdrehten Würfel ungeordnet wiederfinden. Anschließend sieht er im Film die Dokumentenmappe, wie sich Unterlagen wie von Geisterhand sortieren und in der richtigen Rubrik ablegen und so weiter. So bekommt er insgesamt nochmals einen Überblick über unsere gesamte Dienstleistung.

Übrigens: Unsere Computer sind mit einer Videokarte ausgestattet, so daß mit einem Abspielgerät der Interessent den Film am EDV-Bildschirm anschauen kann.

Bevor der Berater nun auf die individuelle Ausarbeitung des Interessenten eingeht, werden nun zwei wichtige Themen als Basis für das gesamte Gespräch besprochen:

1. Der Unterschied zwischen Geldwerten und Sachwerten

Zuerst wird mit dem Interessent erarbeitet, welche Arten von Kapitalanlagen er kennt. Sie können sich sicher vorstellen, welche Bereiche er oft als erstes nennt.

Danach wird dem Interessenten durch Statistiken belegt, wie sich die unterschiedlichen Geldwert- und Sachwertanlagen in den letzten Jahrzehnten entwickelt haben. Welche effektiven Renditen haben diese erwirtschaftet usw.

2. Die stillen Reserven der Lebensversicherungen

Bei diesem Thema ist schon manchem Kunden das kalte Grausen gekommen. Wir haben von vielen verschiedenen Kunden Berechnungen von Ablaufleistungen, die wir mit deren Erlaubnis öffentlich verwenden dürfen. Diese Erlaubnis sowie die Berechnungen legen wir nun den Interessenten vor. Nun können Sie sich vorstellen, mit welcher Einstellung der Interessent in den Ergebnistermin geht. Denn eines ist sicher: Nicht einmal 1 % aller Interessenten haben das vorher gewußt. Und deren Berater erst recht nicht. Als Einstieg in die Beratungsmappe argumentieren wir wie folgt:

„Wenn wir beide nun die Stühle vertauschen könnten und Sie wären mein Berater, was würden Sie mir für die Zukunft empfehlen, Geld- oder Sachwerte?"

Wenn der Interessent nun antwortet: *„Sachwerte"*, fragen wir immer *„warum?"*, denn das ist die wichtigste Frage in einem Beratungsgespräch. Warum dieses Wort in einem Verkaufsgespräch so wichtig ist, werde ich Ihnen später genauer erläutern.

DIE BERATUNGSMAPPE

Doch kommen wir nun auf unsere Beratungsmappe zu sprechen. Als erstes erhält der Interessent ein Anschreiben der Geschäftsleitung, mit dem ihm die Ausbildung unserer Kollegen kurz dargelegt wird. Des weiteren findet der Kunde ein Adressenblatt mit den Adressen und den Ansprechpartnern in unserem Unternehmen. Danach geht es dann in die individuelle Auswertung und Ausarbeitung für diesen Interessenten.

Hier nun das Titelbild unserer Beratungsmappe:

Beratungsmappe

DAS INHALTSVERZEICHNIS DER BERATUNGSMAPPE

Hier nun das Inhaltsverzeichnis dieser Beratungsmappe:

1.   IHRE BESTEHENDE SITUATION
- Die Reihenfolge Ihrer Ziele
- Ihre bestehenden Verträge auf einen Blick
- Ihr Haushaltsetat auf einen Blick (bisher)
- Ihr bisheriges Ergebnis

2.   UNSER VORSCHLAG AUF EINEN BLICK
- Art der Verträge
- Die verschiedenen Gesellschaften
- Leistungsübersicht
- Berechnungen
- Erläuterungen
- Zusammenfassung

3.   IHRE ZUKÜNFTIGE FINANZSITUATION
- Ihr Haushaltsetat auf einen Blick (in Zukunft)
- Vergleich des bisherigen mit dem zukünftigen Ergebnis
- Ihre Vorteile auf einen Blick
  (Kleine Anmerkung: Dies ist das wichtigste Blatt.)
- Vergleich dieser Auswertung mit Ihren Zielen

4.   DIE GESAMTE ABWICKLUNG
- Abwicklung
- Vorgehensweise
- Beantragung
- Service-Termine
- Ihre Empfehlungen

DIE REIHENFOLGE IHRER ZIELE

Als erstes sprechen wir nochmals über die Reihenfolge der Ziele des Kunden. Dabei fragen wir, ob sich in der Zwischenzeit etwas verändert hat oder ob noch alles so ist, wie es im Inventurtermin besprochen wurde. Hier erhält der Interessent die Ziele mit farbigen Abziehbildchen in Kleinformat und seinen Vorstellungen dazu nochmals vor Augen geführt.

DIE BESTEHENDEN VERTRÄGE AUF EINEN BLICK

Dies ist nun ein sehr wichtiger Punkt. Wir erklären dem Interessenten jeden *seiner* bisherigen Verträge fachlich ganz genau. Das ist für viele Kunden sehr wichtig. Denn die wenigsten Kunden kennen ihre bestehenden Verträge genau, vielmehr glauben die meisten Kunden etwas ganz anderes zu besitzen als Sie in Wirklichkeit haben. Hier geht es also schon voll ins Eingemachte.

IHR HAUSHALTSETAT AUF EINEN BLICK (BISHER)

Zu dieser Ausrechnung ist eigentlich nicht viel zu sagen. Der Interessent sieht, wie hoch die bisherigen Einnahmen und Ausgaben sind. Ferner erkennt er, wieviel Prozent seiner Einnahmen für Verträge gebraucht werden.

Bevor wir nun zur Vorstellung unseres Vorschlages kommen, darf der Kunde noch etwas sehr Interessantes tun:

Er kreuzt auf der Aufstellung seiner bestehenden Verträge die Sachwerte an. Was glauben Sie, wird in aller Regel der Fall sein?

Richtig, er findet meistens keine! So sieht es in der Praxis eben aus. Doch ich bin sicher, daß sich das in Zukunft so langsam aber sicher ändern wird.

Können Sie sich nun das Gefühl des Interessenten vorstellen? Ich denke, Sie können es, denn Sie brauchen jetzt nur einmal in sich selbst hineinzuhören.

UNSER VORSCHLAG AUF EINEN BLICK

Jetzt kommt etwas sehr Wichtiges. Neben der fachlichen Erläuterung jedes einzelnen Produktes stellen wir jedesmal den Unterschied zwischen den Merkmalen seines bestehenden Vertrages zu denen unseres Vorschlages dar. Bei jeder Position gehen wir neben den vertragsspezifischen Daten auch auf die Chancen und Risiken dieses Produktes ein.

ART DER VERTRÄGE

Es ist kein Zufall, daß dieser Punkt so herausgehoben wird.

Wir vergleichen also keine zwei Verträge miteinander, sondern lediglich die Art, also die Eigenheiten von Vertragsarten. Das ist aus dem Grund wichtig, und Sie werden es schon bemerkt haben: Wir lassen die bestehenden Verträge völlig unangetastet. Doch auch hierzu komme ich später noch einmal genauer, um den Hintergrund klarzustellen.

ZUSAMMENFASSUNG

Hier lenken wir das Augenmerk des Interessenten auf die Summen unseres Vorschlages. Anschließend bitten wir den Interessenten, auch hierbei die Sachwerte anzukreuzen. Ich muß Ihnen auch hier nicht großartig erklären, was sich nun abspielen wird. Jetzt ist der Kunde ganz gespannt, wie es jetzt unter dem Strich für ihn aussieht.

IHR HAUSHALTSETAT AUF EINEN BLICK (IN ZUKUNFT)

Bei der Einnahmenseite kann sich der Bereich „laufende Entnahmen aus Kapitalanlagen", der Punkt „laufende Steuerrückerstattungen" sowie das Nettoeinkommen zum Beispiel aufgrund von Lohnsteuerfreibeträgen oder aufgrund der günstigeren Krankenkasse verändert haben.
Bei der Ausgabenseite kann sich nur ein Punkt verändert haben:
Die „Gesamtsumme für alle Finanzverträge" aufgrund des Finanzkonzeptes.

VERGLEICH DES BISHERIGEN MIT DEM ZUKÜNFTIGEN ERGEBNIS

Jetzt sieht der Interessent, was sich für Ihn konkret verändert hat. Ob er einen Mehr- oder Minderaufwand hat gegenüber vorher. Doch nun kommt das wichtigste Blatt:

IHRE VORTEILE AUF EINEN BLICK

Wie ich bereits erläutert habe, befinden sich auf diesem Blatt nur die Themen der Vorteile. Und jetzt aufgepaßt:
Dieses Blatt füllt der Kunde aus!
Damit Sie sich das besser vorstellen können, habe ich für Sie nachfolgend zwei Vorteilsblätter mit einigen Themenbeispielen dargestellt:

Ihre Vorteile auf einen Blick

	wenn alles bleibt wie bisher	wenn wir zusammenarbeiten	Ihre Vorteile
Altersvorsorge			
Gesamtauszahlung:			
Monatl. Zusatzrente:			
Gebäudeversicherung			
Versicherungssumme:			
Versicherungsumfang:			
Haftpflichtversicherung			
Versicherungssumme:			
Versicherungsumfang:			
Hausratversicherung			
Aquarium:			
Fahrrad:			
Überspannung:			
Versicherungssumme:			
Versicherungsumfang:			
Krankenversicherung			
Chefarztbehandlung:			
Einbett-Zimmer:			
Heilpraktiker:			
Krankenhaustagegeld:			
Zahnbehandlung:			
Zahnersatz:			
Lebensversicherung			
Familienabsicherung:			
Bei schwerer Krankheit:			
Altersvorsorge:			
Beitragsbefreiung b. BU:			
BU-Rente monatlich:			
Risiko-LV m. Rückkaufswert:			
Sondertilgung:			

Ihre Vorteile auf einen Blick

	wenn alles bleibt wie bisher	wenn wir zusammenarbeiten	Ihre Vorteile
Sachwertanlagen			
Entnahmen jährlich:	_____	_____	_____
Entnahmen monatlich:	_____	_____	_____
Bet. a. stillen Reserven:	_____	_____	_____
Einmalanlage:	_____	_____	_____
Inflationsschutz:	_____	_____	_____
Rateneinlage:	_____	_____	_____
Versicherungsumfang:	_____	_____	_____
Sparverträge			
Ablaufleistung:	_____	_____	_____
Prämie:	_____	_____	_____
Bonus:	_____	_____	_____
Rendite in %:	_____	_____	_____
Verfügbarkeit:	_____	_____	_____
Unfallversicherung			
Beitrag:	_____	_____	_____
Bergungskosten:	_____	_____	_____
Genesungsgeld:	_____	_____	_____
Grundsumme:	_____	_____	_____
Kosm. Operationen:	_____	_____	_____
Progression ab ?%:	_____	_____	_____
Rückholkosten:	_____	_____	_____
Todesfallsumme:	_____	_____	_____
Krankenhaustagegeld:	_____	_____	_____
Vollinvaliditätssumme:	_____	_____	_____
Vermögenswirksame Leistungen			
AN-Sparzulage:	_____	_____	_____
Tilgungsinstrument:	_____	_____	_____
Sachwertanlage:	_____	_____	_____
Rendite in %:	_____	_____	_____
Verfügbarkeit:	_____	_____	_____

VERGLEICH DIESER AUSWERTUNG MIT IHREN ZIELEN

So, nun schließt sich der Kreis. Jetzt geht es nur noch darum, ob unser Finanz-konzept dem Interessenten wirklich hilft, seine Ziele schneller und effektiver zu erreichen. Wenn der Interessent diese Frage für sich mit „JA" beantworten kann, wäre doch an dieser Stelle schon alles klar, nicht?

Wenn da nicht die Überraschung für den Interessenten genau so wie für Sie kommen würde. Doch das verrate ich Ihnen erst im nächsten Kapitel.

Qualität ist, wenn der Kunde zurückkommt,
nicht das Produkt.

MERCEDES-BENZ-REGEL

13. DIE GANZ ANDERE VORGEHENSWEISE
oder
DAS GEHEIMNIS

Hier möchte ich erst noch einmal zurückgehen auf die markanten Punkte dieser Dienstleistung. Ich werde Ihnen nun die Details verraten, die für den Erfolg dieser Vorgehensweise letztendlich verantwortlich sind. Dem Thema „Empfehlungen" wurde bereits ein eigenes Kapitel gewidmet. Aus diesem Grund möchte ich darauf nur noch am Rande eingehen.

DIE TERMINIERUNG

Bei der Terminierung ist wichtig, daß der Kunde weiß, daß jeder Termin nur *mit* dem Lebenspartner (so vorhanden) durchgeführt wird. Desweiteren geht es bei diesem Telefonat nur darum, das Vorgespräch ohne Unterlagen miteinander zu führen. Außerdem beschreibt uns der Interessent den Weg zu ihm nach Hause. Dies ist wichtig, um daran das Interesse des Gesprächspartners festzustellen. Aus diesem Grund gibt es die Möglichkeit, die Wegbeschreibung zum Kunden auf der Rückseite der Empfehlungskarte einzutragen.

DAS VORGESPRÄCH

Ein, so hoffe ich, überflüssiges Wort zu Beginn:
„Pünktlichkeit ist die Höflichkeit der Könige"!
Warum gehen wir ohne Unterlagen zum Kunden? Die meisten Kunden erwar-

ten uns mit einem Aktenköfferchen und einem Berg voller Glanzprospekte. Das beste Prospekt sind Sie selbst! *Sie* müssen das Vertrauen Ihres Kunden gewinnen. Sie wollen, daß der Kunde Ihnen wirklich zuhört und nicht dauernd darauf lauert, wann der Koffer denn nun geöffnet wird. Der Kunde prüft in diesen ersten Minuten messerscharf, ob Sie zu sich und zu dem, was Sie sagen, wirklich stehen.

In den meisten Verkaufsschulungen erlebt man, daß gelehrt wird, man soll sich beim Kunden umschauen nach einem Aufhänger für die Gesprächseröffnung. Ein Pokal etwa oder eine Urkunde. Ich bin genau gegenteiliger Meinung. Die Botschaft lautet: Beginnen Sie nie ein Gespräch mit Dingen, die Sie trennen, sondern mit Themen, die Sie verbinden/verbunden haben. Also Finger weg von *seinen* Sachen, das geht Sie, zumindest zu diesem Zeitpunkt, noch gar nichts an. Was also sind verbindende Themen? Richtig! Der Empfehlungsgeber und was der Kunde bereits über uns weiß. Soweit zum Vorgespräch.

DIE ZIELE

Lassen Sie dem Kunden dabei wirklich Zeit. Wer glaubt, dieses Thema sei schnell abzuhandeln, irrt gewaltig. Der Interessent muß sich seine Ziele wirklich verinnerlichen. Wie sagte schon Goethe:
„Mit unseren Wünschen leben wir heute schon im morgen".

DAS SORTIEREN DER VERTRÄGE

Ob der Interessent Ordnung hält oder alles in irgendwelchen Schubladen oder gar Schuhkartons, haben wir nicht zu kommentieren. Wichtig ist nur, daß hinterher alles in der Dokumentenmappe einsortiert ist. In die Rubrik „Empfehlungen" kommt ganz zum Schluß die Liste der Empfehlungen.

Nun zu der Rubrik 2 „Aktuelle Finanzinformationen":
Jeder Kunde erhält von uns vierteljährlich ein „Finanztelegramm", das Neuerungen auf dem Finanzmarkt erläutert sowie die jeweils aktuellen Baufinanzierungskonditionen enthält. Diese sollte der Kunde jeweils hier ablegen.

Die Rubrik 3 heißt: „Das Finanzkonzept".
Wenn der Interessent unser Kunde wurde, wird der Ausdruck nebst allen Berechnungen hier abgelegt.

DIE VERTRÄGE

Oft kommt es vor, daß der Interessent Sie über die Qualität seiner Verträge fragt oder danach, was *Sie* ihm dabei anbieten können. Hierzu folgende Grundsätze:

1. Hände weg von den Mitbewerbern!

Wenn Sie bestehende Verträge des Kunden anzweifeln oder gar den Vertreter, der ihm das verkauft hat, in die Pfanne hauen, dann blasen Sie damit Ihr eigenes Licht aus. Wenn Sie die Verträge des Kunden kritisieren, dann kritisieren Sie gleichzeitig seine frühere Entscheidung; Sie kritisieren ihn selbst. Das ist völlig falsch. Also:

Kein Kommentar zur Qualität der bestehenden Verträge!

2. Keine Beratung!

Bei Fragen nach Alternativen verweisen Sie den Kunden stets auf den Ergebnistermin. Gerade in der Anfangszeit sind motivierte Kollegen in diesem Punkt leider oft nicht zu bremsen. Warum soll denn ein Ergebnistermin stattfinden, wenn der Kunde durch den Inventurtermin schon alles weiß – oder besser noch, glaubt zu wissen. Je weniger im Inventurtermin offenbart wird, desto neugieriger ist der Kunde im Ergebnistermin.

DER HAUSHALTSETAT

Hier müssen Sie mit Fingerspitzengefühl vorgehen. Es geht uns schlichtweg überhaupt nichts an, wieviel der Kunde für welchen Bereich ausgibt. Wir haben dies nicht zu kommentieren. Was fachlich aber wichtig ist, ist das genaue und komplette Ausfüllen der einzelnen Bereiche. Vor allem ist auf die richtige Zahlungsweise genauestens zu achten.

EMPFEHLUNGEN

„Ein Inventurtermin ohne Empfehlungen ist wie Reisen ohne Ankommen".

Wenn Sie akzeptieren, daß der Kunde Sie, obwohl er sein Einverständnis im Vorgespräch gegeben hat, nicht weiterempfiehlt, dann gebe ich Ihnen hiermit Brief und Siegel: Dieser Mensch wird nie Ihr Kunde werden. Er wird aus reinem Interesse den Ergebnistermin verfolgen, er wird aber nie abschließen. Wissen Sie warum? Weil Sie jetzt erkennen, daß Sie es nicht geschafft haben, das Vertrauen dieses Kunden zu gewinnen.

Das wichtigste an diesem Thema aber ist, daß Sie erkennen, daß der Interessent Sie zu einem Zeitpunkt weiterempfiehlt, an dem er noch kein Produkt kennt. Das heißt: Der Interessent empfiehlt hier vor allem zwei Dinge: Erstens die Dienstleistung und zweitens: **SIE!** Und das ist der springende Punkt.

Nur noch mal ganz kurz:

DER ERGEBNISTERMIN

Sie haben festgestellt, daß wir dem Interessenten seine bestehenden Verträge fachlich genau erklären. Dies hat folgenden Hintergrund: Die meisten Verkäufer versuchen, die Produkte des Kunden durch den Kakao zu ziehen, um dann die eigenen als das absolute Nonplusultra darstellen zu können. Diese Schwarz-Weiß-Malerei gefällt keinem Kunden.

Was wir im Ergebnistermin letztendlich tun, ist folgendes:

(Machen Sie sich darüber bitte mal ein paar Minuten Gedanken!)

Wir lassen das Bild des Kunden unberührt an der Wand hängen und hängen lediglich unser Bild daneben. Dann kann der Kunde selbst entscheiden, welches ihm besser gefällt.

> # „Kunden ändern Ihre Meinung nicht.
> # Kunden erweitern Ihre Meinung!"

EIN BLICK HINTER DIE KULISSEN

Nachdem ich in den beiden vorherigen Kapiteln sehr genau auf die Auswertung und auf den Ergebnistermin eingegangen bin, möchte ich mit Ihnen jetzt auf unsere interne Firmenphilosophie eingehen. Ich habe in den vergangenen Kapiteln sehr viele Einzelschritte mit einer kleinen Überschrift versehen. Der Grund hierfür kommt jetzt:

Bei unserer Dienstleistung handelt es sich um viele verschiedene Einzelschritte. Bei jedem dieser Einzelschritte stellte ich mir die Frage, von *wem* diese Aufgabe erledigt werden sollte und von wem gerade nicht.

Und jetzt kommt das Besondere:

Der Mitarbeiter, der sich noch in Ausbildung befindet, wäre in der Beratung hoffnungslos überfordert. Es läuft bei uns also gerade nicht so, daß schon Neulinge auf Kunden losgelassen werden. Was aber unsere Mitarbeiter während der ersten Monate ihrer Ausbildung schon tun können, ist die Terminierung und der komplette Inventurtermin.

Als nächstes lernen sie die Eingabe der Inventur in das Auswertungsprogramm. Ich habe einen an sich kleinen Punkt mit einer Überschrift versehen: „Die Produktzusammenstellung". Denn dies ist der wichtigste und auch verantwortungsvollste Punkt überhaupt. Welche Produkte passen zu welchem Kunden!

Bei uns läuft die Ausbildung mindestens 1,5 Jahre. In dieser Zeit wird der Mitarbeiter Stück für Stück an das Geschäft herangeführt und übernimmt immer mehr Detailaufgaben. So lernt er neben den Seminaren das Geschäft in der besten Schule, die es überhaupt geben kann: in der Praxis.

Nach der Eingabe von Inventuren druckt der Mitarbeiter die bestehende Situation aus und legt sie seinem zuständigen Finanzkaufmann vor. Dieser wird dann alles Weitere erledigen. Später dann wird dieser nur noch die Produktzusammenstellung machen. Das Eingeben, Ausdrucken und das „In-den-Order-Einsortieren" kann dann auch schon der Lernende erledigen. Nur den Ergebnistermin macht der ausgebildete Finanzkaufmann dann noch selbst im Beisein des Inventurerstellers.

Jetzt wissen Sie auch, warum im Inventurtermin nur ein *voraussichtlicher* Ergebnistermin festgelegt werden kann. Denn der Berater muß den Ergebnistermin letztendlich bestätigen. Zwischen Inventurtermin und Ergebnistermin liegt in der Regel eine Woche.

Als letzte zu lernende Auswertungsaufgabe legt der auszubildende Mitarbeiter seinem Finanzkaufmann schon das fertige Finanzkonzept vor, mit seiner Vorstellung der Auswertung. Hier muß der Finanzkaufmann prüfen, ob er auch so ausgewertet hätte. So wird der Lernende Stück für Stück an das Auswerten herangeführt. Dann hat er nur noch eines zu lernen: das Sprechen des Ergebnistermins. Auch hier übernimmt der Lernende dann anfänglich nur die Erklärung der bestehenden Situation. Erst später dann wird er in der Lage sein, den kompletten Ergebnistermin durchzuführen; im Beisein des Finanzkaufmannes, der eingreifen kann, wenn etwas nicht so läuft, wie es sein sollte. Erst wenn der Mitarbeiter alle Aufgaben selbständig beherrscht, darf er letztendlich alle Tätigkeiten alleine und selbständig durchführen.

DAS AUSBILDUNGSSYSTEM

Um dies alles gewährleisten zu können, durchläuft jeder Mitarbeiter ein Ausbildungssystem, bei dem jedes Kalenderquartal durch eine theoretische und praktische Prüfung bestätigt werden *muß*. Erst dann darf der Mitarbeiter die nächsten Schritte lernen. Bei Nichtbestehen einer Prüfung verlängert sich die Ausbildung um dieses Vierteljahr, das heißt, er wiederholt das Gelernte noch mal.

Sie merken, daß dies alles ausgearbeitet und getan wurde, um jedem Kunden wirklich ein fachlich fundiertes Finanzkonzept unterbreiten zu können und daß er immer das Gefühl hat, einen Fachmann vor sich zu haben.

WAS BRINGT IHNEN DAS ALS FINANZKAUFMANN?

Ich denke, Sie wissen jetzt schon, was Ihnen dieses System bringen kann:
ZEIT!

Zeit, damit Sie sich endlich darauf konzentrieren können, was wirklich Ihre Aufgabe ist. Beratungen, Kundengespräche, Abschlüsse, Erfolg.

Sie sind als Finanzkaufmann völlig unterfordert, wenn Sie selbst telefonieren und Inventuren erstellen. Jetzt konkret: Im Laufe Ihrer Ausbildung schon verfügen Sie über so viele Empfehlungen, daß Sie selbst gar nicht mehr alle bearbeiten können. Sie brauchen Mitarbeiter, die Ihnen dabei behilflich sind. Und irgendwann sind Sie dann nur noch in Ihrem Büro und führen qualifizierte Beratungen. TÄGLICH!

Ihre Mitarbeiter sind froh, weil Sie die Beratungen durchführen und Sie fahren abends nach Hause anstatt zum nächsten Kunden. Dies klingt nicht nur logisch und gut, es funktioniert auch genau so. Denken Sie doch einmal an Ihren Alltag. Um welchen Kram haben Sie sich tagtäglich zu kümmern? Sie wissen doch selbst ganz genau, daß Sie sich um alles mögliche selbst kümmern müssen, anstatt mit Kunden zu reden. Damit ist doch keinem wirklich geholfen, weder Ihren Kunden noch Ihnen. Glauben Sie mir, ich kenne Ihren Alltag und Ihren Schreibtisch sehr gut. Ich war selbst einige Jahre Führungskraft einer großen deutschen Versicherungsgesellschaft und weiß daher, was in der Praxis abläuft. Telefonate, EDV-Probleme, Mitarbeiter-Akquise, Ziele erfüllen, Besprechungen, Schadensbearbeitungen, Schulungen, Terminbegleitungen und, und, und.

MANAGEMENT

Im übernächsten Kapitel werde ich noch viel genauer und weitreichender auf das Thema Mitarbeiter-Gewinnung, -Führung und -Ausbildung eingehen. Nur so viel sei an dieser Stelle gesagt: Wenn Sie sich nun die gesamten Tätigkeiten im einzelnen anschauen, müßten Sie eigentlich selbst schon auf die Lösung kommen.
Sie lautet folgendermaßen:

Stellen Sie sich folgende 3 Fragen:

1. *Welcher* meiner *Mitarbeiter* beherrscht *welche Aufgaben schon*?

2. *Welcher* meiner *Mitarbeiter* beherrscht *welche Aufgaben noch nicht*?

3. *Wer kann wem was beibringen*?

Wenn Sie darauf achten, dann haben Sie nach ein paar Monaten ein Netzwerk geschaffen, in dem jeder sich auf das konzentriert, was seiner Qualifikation entspricht, nicht mehr und nicht weniger!
Stellen Sie sich doch einmal vor, Sie haben 5 Mitarbeiter, die im Inventur- und Empfehlungsbereich genau wie beschrieben vorgehen, die Inventuren erstellen und auch schon auswerten können. Dann sitzen Sie jeden Tag im Büro und führen ein Beratungsgespräch nach dem anderen. Wenn Sie jetzt immer noch daran zweifeln, daß Ihr Geschäft dann richtig brummt, dann schmeißen Sie dieses Buch in den Ofen, Sie hätten leichter einen Science-Fiction-Roman gekauft!

Was glauben Sie, versetzt mich in die Lage, momentan hier an der EDV zu sitzen und dieses Buch zu schreiben? Glauben Sie, ich tue das aus Langeweile oder weil ich einfach nichts besseres zu tun habe? Wenn Sie das zuletzt Gesagte glauben, dann gebe ich Ihnen sogar recht.
Wenn Sie dieses Geschäft so tätigen, wie ich Ihnen das hier schreibe, dann werden Sie über kurz oder lang Mitarbeiter haben, die auch selbständig Beratungen durchführen können, so daß Sie sich auch in dieser Hinsicht zurückziehen können. Ich sage Ihnen, dann haben Sie es geschafft! Dann können Sie sich voll auf den Auf- und Ausbau Ihres Unternehmens konzentrieren, führen nur noch Einstellungsgespräche, Schulungen und Seminare durch. Und Sie haben die Zeit, sich auf dem Markt nach neuen innovativen Produkten umzusehen. Dann können Sie den Erfolg fast nicht mehr verhindern. Und wenn ich Ihr Augenmerk auch noch auf

etwas anderes richten darf: Sie haben auch wieder mehr Zeit für Ihre Familie.

Ihre Mitarbeiter haben Erfolg, die Auswertungen sind fachlich fundiert, die Beratungen laufen qualitativ hochwertig ab. Die Berater sind doch voll „drin", denn sie tun jeden Tag nichts anderes; so wie Sie früher.

Was aber das allerwichtigste ist:

Ihre Kunden bekommen eine Dienstleistung, wie sie sie in den allermeisten Fällen vorher noch nicht erlebt haben. Sie werden von den Produkten begeistert sein und positiv über Ihr Unternehmen reden.

Doch nun, liebe Leserin, lieber Leser, komme ich auf den wichtigsten Punkt des ganzen Buches zu sprechen. Ein Teil der Überschrift heißt: „Das Geheimnis", und das werde ich jetzt lüften. Vorher möchte ich Ihnen aber noch sagen, was es uns gebracht hat. Seit wir dies anwenden, hat sich in jedem Jahr unser Umsatz im Verhältnis zum Vorjahr um 50 % gesteigert. Ich weiß nicht, ob es viele Firmen in Deutschland gibt, die das von sich in den letzten Jahren sagen konnten. Die Mitarbeiter haben einen riesigen Motivationsschub aus Ihrem Alltag erfahren und sind erfolgreicher als je zuvor.

Ich suche mir seitdem die neuen Mitarbeiter noch genauer aus, denn es gibt so viele Leute im Finanzbereich, die regungslos stehen. Sie wissen es nur selbst nicht und Ihre Führungskraft vielleicht auch nicht. Ich will mit erfolglosen Ausredensuchern nichts zu tun haben. Soviel nur kurz dazu.

Doch kommen wir nun zu dem Punkt, der mich letztlich auch veranlaßt hat, dieses Buch zu schreiben. Nicht nur darum, daß endlich viel mehr Leute etwas über Sachwert und stille Reserven erfahren, sondern damit sich im Finanzmarkt endlich was in eine viel positivere Richtung bewegt.

Ich verrate Ihnen vorher noch etwas anderes:

Manche meiner Mitarbeiter haben mich gefragt, warum ich denn alles, was wir tun, mit diesem Buch verrate: ... *dann sind wir ja nicht mehr die Einzigen die so arbeiten.* Ich antworte dann immer: Genau das ist mein Ziel. Was könnte es schöneres für den gesamten Finanzmarkt geben, als wenn viel mehr Menschen so arbeiten würden?

Stellen Sie sich doch einmal nur vor, Ihre Hausbank hätte Mitarbeiter, die nichts anderes tun, als Inventuren im Auftrag der Bank zu erstellen. Diese würden dann vom Sekretariat eingegeben und von Fachleuten ausgewertet. Die Beratungen machen dann die Banker, die bei den Kunden am besten ankommen. Ich brauche Ihnen nicht sagen, was mit den Umsatzzahlen passieren würde, und ... den Kunden wäre auch viel mehr geholfen weil es ein ziel- und vertragsangepaßtes Finanzkonzept wäre. (Gehen wir einmal davon aus, die Bank kennt nicht nur Sachwerte, sondern bietet sie auch an.) Soviel zu dem bisher Erläuterten.

Und jetzt aufgepaßt!

DAS GEHEIMNIS

Ich sage ihnen, daß ich mit dieser Idee schon seit ungefähr 8 Jahren „schwanger" gehe. Aber ich habe mich jahrelang nicht getraut, sie wirklich in die Tat umzusetzen. Denn sie widerspricht *allen* Verkaufsregeln und den Inhalten aller Verkaufsseminare die momentan und seit Jahrzehnten abgehalten werden.

Können Sie sich noch erinnern, an welcher Stelle ich aus der Erklärung der Vorgehensweise im Ergebnistermin ausgestiegen bin?

Richtig!

„Ihre Vorteile auf einen Blick" und „Vergleich dieser Auswertung mit Ihren Zielen". Denn genau an dieser Stelle kommt jetzt das Novum. Genau an dieser Stelle wird die Erwartungshaltung des Interessenten total unterlaufen.

(Wahrscheinlich jetzt auch Ihre.)

Erinnern wir uns also mit ein paar Beispielen nochmal:

Der Interessent hat gesehen, daß er im Invaliditätsfall über eine halbe Million Mark höher abgesichert ist, daß er im Todesfall beispielsweise mit 150.000 Mark höher abgesichert ist, daß die Familie abgesichert ist, daß er vom Finanzamt 2.500 Mark zurückholen kann, daß die Ablaufleistung seiner Kapitalanlage um beispielsweise 280.000 Mark höher sein wird und, und, und.

Und das alles zu einem „Wenigeraufwand" von monatlich 88,40 DM. Also auch noch mehr Geld übrig als vorher.

WAS EINER MEINER MITARBEITER SAGTE

An dieser Stelle muß ich kurz ein Erlebnis aus einer Abendschulung erzählen. Plötzlich sagte ein Finanzkaufmann zu mir:

„Herr Rupp, gestern hatte ich einen Ergebnistermin, bei dem ich schon fast ein schlechtes Gewissen hatte, als es losging."

„Warum?" fragte ich. Er antwortete:

„Weil ich diesem Kunden nur 39 Mark im Monat einsparen konnte."

Wissen Sie, was ich mir dabei gedacht habe?

Ich habe gedacht: „Wenn das jemand Außenstehender gehört hätte, der würde uns alle für verrückt erklären. Das kann doch wohl nicht mit rechten Dingen zugehen ...".

Also, versetzen Sie sich jetzt bitte in die Lage des Kunden. Stellen Sie sich einmal vor, ich würde den Kunden folgendes fragen:

„Wenn ich Ihnen diese ganzen Vorteile schenken würde, was würden Sie dann tun?"

Was glauben Sie, wird der Kunde jetzt sagen?

Doch dann die nächste Frage:

„Wenn ich Ihnen diese gesamten Vorteile nicht nur schenken würde, sondern obendrein noch Geld, das Ihnen jeden Monat zur freien Verfügung steht, was würden Sie dann tun?"

Erst jetzt gehen wir ganz konkret auf den Unterschied seines bisherigen Ergebnisses und dem zukünftig möglichen Ergebnis ein. Hier sieht der Kunde ganz konkret, daß er nicht nur immense Vorteile für sich verbuchen kann, sondern zusätzlich finanziell entlastet wurde.

DIE ENTSCHEIDUNG / DER KAUF

Jetzt muß dem Interessenten klar werden, daß er dies jedoch nur dann realisieren kann, wenn er sich auch dafür entscheidet.

Stellen Sie sich einmal folgende Argumentation vor:

„Hilft Ihnen dieses Finanzkonzept, Ihre Ziele schneller zu erreichen?"

Der Kunde sagt: „JA"!

Ich sage: „NEIN"!

Der Kunde sagt: "WARUM?"

Ich sage: „Weil Sie es noch nicht haben!"

Nun lächelt der Kunde und sagt, daß dies schon klar wäre. Wie gesagt: Versetzen Sie sich in die Lage des Kunden! Vielleicht denkt der eine oder andere von Ihnen jetzt: „Das mache ich doch genauso!" Das mag schon sein. Aber jetzt kommt der kleine, aber alles entscheidende Unterschied:

Der Kunde sagt, daß es da nichts mehr zu überlegen gibt und daß er das Finanzkonzept, so wie es ist, haben will.

Und jetzt kommt's:

Wir antworten dann: „Freut mich sehr, daß Ihnen das Finanzkonzept gefällt. Sie dürfen es auch komplett abschließen. **Nur heute nicht!**"

Bei uns erhält zu 100 Komma null Prozent kein Kunde die Möglichkeit, am Ende des Ergebnistermins irgendetwas abzuschließen. Und wenn er noch so will! Das ist so, ob sie's nun glauben oder nicht!!

REAKTIONEN

Es gibt Interessenten, die dann fragen, *wann* es möglich ist. Wir antworten dann: „Egal, wann immer Sie wollen, nur heute nicht!"
„Und wenn ich heute nacht um 5 nach zwölf wiederkomme ... usw.

Die Kunden können es nicht fassen. Es geht aber noch weiter. Jeder Interessent bekommt die kompletten Auswertungsunterlagen nebst Berechnungen und Prospekten mit nach Hause.
Die Leute können überlegen solange Sie wollen, können reden mit wem Sie wollen und vergleichen, mit was Sie wollen.
Und jetzt noch ein wichtiger Punkt: Die Interessenten müssen von sich aus wieder auf uns zu kommen. Wir unternehmen nichts mehr, wenn der Interessent nichts mehr von sich hören läßt. Und jetzt gebe ich Ihnen eine statistische Zahl bekannt:
74,8 % aller Interessenten der Ergebnistermine kommen wieder und werden Kunden.

... UND PLÖTZLICH WIRD MENSCHLICHKEIT ZUR MARKTLÜCKE

Diesen Satz wollte ich eigentlich unbedingt als Titel dieses Buches haben. Doch mein Verleger hat mir mit allen Kräften davon abgeraten, weil er der Meinung ist, daß dies dann kein Buch ist für finanziell interessierte Kunden und für Finanzkaufleute, sondern daß man eher eine Sekte oder sowas dahinter vermuten würde. Und das will ich nun doch am allerwenigsten!

DER ERFOLG

Seit fast drei Jahren praktizieren wir nun schon diesen „Nichtabschluß", wie wir es nennen. Seit dieser Zeit ist unsere Abschlußquote gesunken, von knapp 80 % auf wie gesagt 74,8 %. Also rund 3 von 4 Personen kommen wieder auf uns zurück.

Dies ohne jeglichen Abschlußdruck! Hätten Sie das gedacht? Die Quote selbst ist gesunken, jedoch ist die Anzahl der Empfehlungen am Ende des Inventurtermins und vor allem am Ende des Ergebnistermines drastisch angestiegen. Denn stellen Sie sich einmal vor, der Interessent bekommt keine Möglichkeit, abzuschließen, glauben Sie nicht, daß er dann noch viel eher bereit ist, sich wenigstens mit seinen Empfehlungen zu bedanken? Ich glaube, daß Sie wissen, daß das funktioniert. Wohlgemerkt: Auch hierbei handelt es sich um produktunabhängige Empfehlungen, denn sie entspringen der vervollständigten Liste, die der Kunde im Inventurtermin bekommen hat und zwischenzeitlich erweitert hat. Der wichtigste Vorteil hierbei wurde jedoch folgender: Vor allem die Empfehlungen, die ausgesprochen werden, ohne daß wir dabei sind, und das sind die schönsten, sind sprunghaft angestiegen.

TECHNIK?

Nun könnte ein Neunmalkluger vermuten, daß es sich hierbei nur um die neueste Verkaufstechnik handelt. Eine neue Masche. Um den letzten ausgefuchsten Trick. Hierzu sage ich nur folgendes: Machen sie's einfach nach. Dann werden Sie sehr schnell merken, daß es nicht funktionieren wird, denn es gehört noch etwas sehr wichtiges dazu. Was es ist, werde ich Ihnen jedoch erst im letzten Kapitel verraten.

(... das ist doch auch Verkauf, oder?)

KEINE TAKTIK!

Ich bin sicher, daß man auf diese Geschichte nicht kommt, wenn man sich lediglich eine neue Taktik überlegt. Ganz im Gegenteil. Das Ergebnis dieser Überlegungen kann nur damit zusammenhängen, den Kunden irgendwie doch zu bekommen.

Dem ist aber bei unserer Dienstleistung nicht so. Ich werde Ihnen das hieb- und stichhaltig beweisen. Sie dürfen gespannt sein!

Wir wollen, daß der Kunde in aller Ruhe überlegt. Er soll sich vergegenwärtigen, was der Unterschied zwischen Geldwert und Sachwert ist. Er soll seine gegenwärtige Situation mit der möglichen zukünftigen Situation vergleichen.

Ich weiß sehr wohl, daß dies allen Verkaufsseminaren genau widerspricht in denen es heißt: „Wenn der Kunde nicht sofort unterschreibt, unterschreibt er nie mehr."

Wir beweisen Tag für Tag, daß dieser Satz nicht stimmt!

Natürlich kommt es bei uns vor, daß wir von Interessenten, die beim Abschluß des Ergebnistermins total „heiß" waren, hinterher nie mehr etwas gehört haben.

So etwas schmerzt natürlich, speziell den gestandenen Verkäufer. Aber auf der anderen Seite ist die Mehrzahl der Kunden so begeistert, daß diese Vorgehensweise uns recht gibt. Die Kunden sind wirklich zufrieden. Und sie haben nicht das Gefühl, über den Tisch gezogen zu werden. Sie wurden im Gegenteil hervorragend bedient. Und genau dieses gute Gefühl ist es, worauf es letztlich ankommt.

Die Kunden haben die Möglichkeit, sämtliche Unterlagen noch einmal anzuschauen, das Kleingedruckte zu lesen, Risikohinweise und -Belehrungen genauestens zu studieren, bevor sie eine Entscheidung treffen.

Und jetzt verrate ich Ihnen meinen Firmenslogan:

Qualität statt Druck

Ich glaube, Sie erkennen, daß dies mit Über-den-Tisch -Ziehen und dergleichen nichts zu tun haben *kann*!

Können Sie sich aber auch vorstellen, was dies für die Vorinformation der neuen Empfehlungen bedeutet?

Können Sie sich vorstellen, was dies für die Stornoquote bedeutet?

Sie können Stornos vergessen. Ein Kunde, der alles durchgelesen hat und von seiner Finanzstrategie überzeugt ist, kommt wieder auf uns zu und schließt ab. Warum soll dieser Kunde dann stornieren oder widerrufen?

Also nichts mit Abschlußdruck und so.

Nichts mit „JA-Schiene", mit Suggestivfragen, mit schnellem Notartermin und so!

Es macht einfach Spaß, auf diese Weise erfolgreich zu sein.

AUCH HIER WIEDER: ALTE HASEN

Sie können sich nicht vorstellen, wie sich die langjährigen Verkäufer gegen dieses Thema gewehrt haben. Sie waren es gewohnt, daß am Ende der Beratung der Interessent sich für das Finanzkonzept entscheidet.

Sie sprachen von Spielchen und so. Mancher sagte zu einem jungen Kollegen: „Na ‚Kleiner‘, wie ist es bei Dir gelaufen? Hast wohl wieder einen Kunden heimgeschickt, was? Ich habe heute schon wieder meine Abschlüsse getätigt. Ich mach doch diese Spielchen nicht mit", und so weiter. Ich habe wirklich manchem das Messer auf die Brust gesetzt: „Entweder so oder nicht mehr mit mir!"

DIE UMSETZUNG

Natürlich habe ich diese neue Vorgehensweise nicht „Kraft meines Amtes" von heute auf morgen von allen Mitarbeitern in die Tat umsetzen lassen. Nein, denn dies wäre sehr unklug gewesen. Zuerst habe ich diese Vorgehensweise bei Kunden selbst ausprobiert. Dies aber nicht erst zu diesem Zeitpunkt, sondern schon jahrelang vorher. Ich hatte immer Erfolg damit. Meine Kunden bestehen heute noch darauf, nur von mir beraten zu werden.

Was ich mich aber während der ganzen Zeit fragte war, ob dies auch bei einer ganzen Mannschaft so funktionieren kann. Also habe ich ganz bestimmte Mitarbeiter ausgesucht, von denen ich wußte, daß sie ohnehin eine Top-Einstellung zu ihren Kunden haben, um dies in der Praxis zu „testen". Wenn Sie es versuchen wollen, empfehle ich auch Ihnen dieses langsame Herantasten mit wenigen „Eingeweihten".

Nach dem ersten Termin kam einer meiner besten Leute schimpfend aus dem Beratungsraum. Er ist Führungskraft in unserem Unternehmen und wir kennen uns schon jahrelang. Mit einem Grinsen im Gesicht schimpfte er los, daß er die Welt nicht mehr verstehe, wie man einen Kunden heimschicken könne, der unbedingt sofort alles abschließen wolle. „Was ist, wenn der nicht mehr wiederkommt?" ... und jetzt aufgepaßt:

Ich sagte darauf folgendes:
„Wenn dein Kunde nicht mehr wiederkommt, dann ist es auch richtig so! Denn wenn er nur aus dem Grund dein Kunde geworden wäre, weil eine *momentane* Motivation ihn dazu gebracht hätte, was wäre dann gewesen? Die Gründe, die den Kunden dazu bringen, nichts mehr von sich hören zu lassen, wären doch im Falle

des Abschlusses auch gekommen. Doch was passiert dann? Der Kunde widerruft entweder oder er bleibt dabei, weil er sich nicht getraut zu kündigen oder weil er nicht als Schnellentscheider vor dir dastehen will! Willst du wirklich einen solchen Kunden an dich binden? Willst du manche Kunden, die nur aus dem Grund als Kunde bei dir bleiben, weil sie „halt mal aus einer momentanen Euphorie heraus" unterschrieben haben? Menschen, die nach dem Ergebnistermin wieder auf dich zukommen und „ja" sagen, das sind wirklich deine Kunden. Ich bin fest davon überzeugt, daß es funktionieren wird, bleib ganz ruhig."

Mein Kollege sagte mit einem verschmitzten Lächeln: „Weißt du was, ich glaube auch, daß er wiederkommt."

Und genau so kam es auch. Bereits am nächsten Morgen schickte uns der Kunde das gleiche Fax gleich dreimal zwischen sieben und acht Uhr mit dem Wortlaut:
„Sehr geehrter Herr ... , ich bin mit dem gestern besprochenen Finanzkonzept einverstanden. Bitte kontaktieren Sie mich!"
Mit freundlichen Grüßen ...

Ich möchte den Namen des Mitarbeiters aus dem Grund an dieser Stelle nicht nennen, weil sich alle Mitarbeiter um diese Umstellung verdient gemacht haben und es wäre falsch, hier jetzt jemanden herauszuheben.
Wenn er dieses Buch selbst zum erstenmal liest, wird er wissen, daß ich ihn meine und daß ich stolz auf ihn bin, denn damit hat er ein kleines Stück Firmengeschichte geschrieben.
Nach diesem Termin folgten noch viele weitere mit immer mehr Mitarbeitern, die dieses in die Tat umsetzten. Mit unterschiedlichem Erfolg. Ich begann, herauszufinden, was hierbei wichtig für das Gelingen ist und was dem Erfolg im Wege steht. Dies werde ich Ihnen im Folgenden erläutern.

DIE WENDE

Plötzlich kam die Wende: Die eingeweihten Verkäufer stellten fest, daß es doch um sie herum zu funktionieren schien. Manche alten Haudegen probierten es praktisch nur mir zuliebe aus. Das erste Mal hatten sie alle eine Heidenangst, daß der Kunde nicht mehr wiederkommen würde. Und genau das geschah. Nun wußte ich, daß ich schnellstmöglich handeln mußte. Ich mußte mit den betreffenden Personen sprechen, denn der Grund war genau diese Angst, die die Kunden verunsichert hat. Der Mund schickt die Kunden zwar heim, aber der Verstand stirbt tausend Tode. Ich sagte also zu ihnen:

„Sie müssen wirklich Vertrauen in sich und Ihre Produkte haben. Der Kunde wird zurückkommen. Stellen Sie sich vor, Ihre Kunden kommen zurück, was sagen Sie dann?" „Das wäre schon super und auch besser als bisher."

„O.k., dann machen wir jetzt einen Deal: Schicken Sie die nächsten 5 Kunden aus freiem Herzen nach dem Ergebnistermin nach Hause. Wenn keiner zurückkommt, können Sie wieder machen, was Sie wollen. Das wichtigste aber ist, daß Sie sich vor jedem Ergebnistermin die Auswertung anschauen und sich folgende Frage stellen: ‚Wenn ich in seiner Situation wäre, würde mein Finanzkonzept genauso aussehen?'"

Was glauben Sie ist passiert? Die Mitarbeiter gingen jetzt plötzlich ganz locker in das Gespräch und sagten zu den Kunden am Ende des Gesprächs: „Wissen Sie, warum wir die Kunden nicht unterschreiben lassen, obwohl sie es wollen? Weil wir es uns aufgrund der Qualität unserer Produkte leisten können. Ich weiß, daß wir irgendwann zusammenarbeiten werden. Den Zeitpunkt entscheiden Sie."

Sie können sich vorstellen, was passiert ist. Die Kunden kommen zurück. Und dann kommt die absolute Wende. Ein Mitarbeiter, der das schon mehrere Male erlebt hat, wird wirklich ruhig und schickt den Interessenten aus freiem Herzen nach Hause. Der Mitarbeiter verliert dann völlig seine Angst, daß ein Kunde nicht wiederkommen könnte. Sobald er diese Angst verloren hat, strahlt er gleichzeitig auch Ruhe aus. Er ist dann locker. Und genau das bringt letztendlich für alle Parteien den Erfolg. Er lernt, die Entscheidungen des Kunden sowie seine Überlegungen zu akzeptieren, egal wie sie ausgehen.

Und das spürt natürlich auch der Kunde. Er spürt plötzlich, daß es an ihm liegt, wenn sich etwas ändern soll. Wir haben unseren Teil getan. Jetzt ist er an der Reihe.

Ein NEIN zu diesem Finanzkonzept ist kein NEIN mehr zu uns, sondern zu seinem eigenen Finanzkonzept.

Warum erzähle ich Ihnen diesen Teil so genau?

Wenn Sie jetzt sofort versuchen dies auch in die Tat umzusetzen, dann möchte ich Sie eindringlich davor warnen. Es könnte sein, daß Ihr gesamtes Geschäft still steht. Aus diesem Grund sollten Sie zuerst ein Pilotprojekt fahren, bei dem nur wenige eingeweihte und loyale Mitarbeiter dieses System beginnen. Sie werden sehr schnell die ersten Erfolge sehen und können dann mehr Mitarbeiter hinzunehmen. Nur durch den Erfolg der Kollegen können Sie Ihre gesamte Mannschaft hinter sich stellen.

Alle gestandenen Verkäufer müssen über diese Hürde hinweg. Sobald sie den Sprung gewagt und sobald sie mehrmals den Erfolg erlebt haben, erkennen sie die Vorteile dieser Vorgehensweise.

Danach können sich selbst alte Haudegen nichts anderes mehr vorstellen. Sie wollen dann so und nicht anders verkaufen. Es ist ein Phänomen.

EMPFEHLUNGEN

Man darf nie vergessen, daß der springende Punkt hierbei die zahlreichen *Empfehlungen* sind. Bei dieser Methode stapeln sich die Empfehlungen auf dem Tisch des Verkäufers. Und genau das war zuvor das Problem!

Versuchen Sie es selbst einmal, wir laden Sie gerne ein, zu uns zu kommen, wenn Sie im Verkauf tätig sind. Sie werden ebenfalls begeistert sein, denn es funktioniert und macht richtig Spaß. Wenn Sie bisher Auto gefahren sind, dann werden Sie in Zukunft nur noch Rennen fahren. Mit folgendem Unterschied: Im Verkauf ist eine sehr langsame oder stehende Bewegung das Gefährlichste, was es gibt. Wenn Sie jedoch mit Vollgas auf der Piste sind, dann sehen alle um Sie herum einen strahlenden Fahrer am Steuer sitzen.

ACHTUNG:

Auch wenn es sich für Sie jetzt seltsam anhören mag: Bei dieser Geschwindigkeit gibt es wirklich eine Gefahr, nämlich die, daß Mitarbeiter zu schnell zu erfolgreich werden können. Für manche Menschen ist der Erfolg gefährlicher als der Mißerfolg. Das ist das einzige, was mir dann Sorgen macht. Doch ich hole diese Leute dann mit aller Härte auf den Boden der Tatsachen zurück, denn sie dürfen nie aus den Augen verlieren, wer bei dem allem das Wichtigste ist: der Kunde!

Ich habe ein Gespür dafür entwickelt, wenn ein Mitarbeiter beginnt abzuheben. Dies ist für mich so ziemlich das Ärgerlichste, was jemand in meinem Unternehmen tun kann. Hierauf reagiere ich sehr säuerlich! Wenn also jemand beginnt, mit irgendwelchen Erfolgszahlen um sich zu werfen, läuft er bei mir an eine „Eisenbahnschiene".

In meinem Büro hängt ein Spruch an der Wand, den ich Ihnen in diesem Zusammenhang auch zitieren möchte:

„Wer siegen lernt in Niederlagen, wird auch das Glück des Siegs ertragen!"
von Emanuel Geibel, deutscher Dichter, 1815–1884.

Für seine Kunden dazusein, unentwegt darauf bedacht sein, Nutzen zu bringen, zuverlässig zu seinem Wort stehen, sich für Kollegen Zeit zu nehmen, richtig erfolgreich zu sein und dennoch freundlich, sympathisch auf dem Boden bleiben; das sind die Leute, vor denen ich meinen Hut ziehe. Mit solchen Leuten können Sie die Welt bewegen! Ich darf Ihnen hier vielleicht ein anderes Beispiel aus meinem Unternehmen geben. Von einem Mitarbeiter, der erst seit zwei Jahren bei uns ist. Er hat im Jahr 1998 im Immobilienbereich alleine einen Gesamtumsatz von fast 12 Millionen Kaufpreissumme erreicht. Wenn Sie mit ihm sprechen, merken Sie dies jedoch aus keiner Silbe. Er ist vielmehr der Meinung: „Wenn andere weniger machen, ist das schade für die Kollegen, aber nicht Anlaß für mich, mir darauf etwas einzubilden."
Verstehen Sie, was ich damit sagen will:
Langfristiger und kontinuierlicher (dies ist nicht dasselbe!) Verkaufserfolg hat für mich mit zwei Voraussetzungen zu tun:
Wille und Charakter.

Zu diesem Thema werde ich in einem späteren Kapitel noch einiges sagen.
Doch kommen wir nun wieder zum weiteren Ablauf unserer Vorgehensweise für unseren Kunden zurück.

DER ENTSCHEIDUNGSTERMIN

Am Ende des Ergebnistermins erfährt der Interessent, daß er auf uns zu kommen muß, wenn er mit uns zusammen arbeiten will. Und jetzt kommt ein weiterer Knüller: Der Interessent hat nun drei Möglichkeiten:

Die 1. Entscheidungsmöglichkeit: **Keine Zusammenarbeit**
Auch in diesem Fall war die gesamte Dienstleistung für diesen Interessenten kostenlos! Also rekapitulieren wir noch einmal kurz: Der Interessent hat sich Gedanken über seine Ziele gemacht. Er hat einen hochwertigen Ordner geschenkt und einsortiert bekommen. Seine Verträge sowie der Haushaltsetat sind aufgelistet

worden. Aufgrund seiner Empfehlungen erhält er auch in Zukunft Gutscheine und kann sich im Dankeschön-Katalog etwas erarbeiten. Er bekommt aufgezeigt, welche Möglichkeiten der Markt bietet, was Geldwerte und Sachwerte sind, wie stille Reserven entstehen und bekommt eine Art private Einnahmen-/Überschußrechnung erstellt, die er mitbekommt. Er sieht ganz konkrete Produkte und lernt die Unterschiede kennen und worauf es ankommt. Dann bekommt dieser Interessent nicht die Möglichkeit, abzuschließen, sondern kann vielmehr alles mit nach Hause nehmen und nie mehr etwas von sich hören lassen. Dann war dennoch die gesamte Dienstleistung für diesen „Nicht-mehr-Interessenten" kostenlos.

Sie sehen, wir reden nicht nur von Unverbindlichkeit, sondern leben sie auch.

Die 2. Entscheidungsmöglichkeit: Der Interessent wird **„Klient"**.

Jetzt halten Sie sich fest. Dies bedeutet, daß der Interessent keinen Abschluß tätigt, aber dennoch von uns in Zukunft betreut werden will. Auch das ist bei uns möglich. So erhält der Klient dann vierteljährlich ein Finanztelegramm, wie bereits erläutert, und wird entsprechend seinem Wunsch turnusmäßig kontaktiert, zum Beispiel halbjährlich oder jährlich.

Sehen Sie, in den meisten Fällen herrscht im Finanzbereich die Unsitte: „Einmal abgeschlossen, nie mehr gesehen."

Wir sagen: „Immer wieder gesehen, selbst wenn nicht abgeschlossen!"

Manche werden jetzt sagen: „Wie soll denn das auch noch gehen?"

Ich sage Ihnen, was draußen in der Praxis läuft. Personen, die sich nicht sofort zum Kauf entschieden haben, werden nie mehr kontaktiert. Sie werden schlichtweg aus der Gedächtniskartei gestrichen, weil sie eine unangenehme Erinnerung darstellen. Und genau das ist das Problem. Diese zweite Möglichkeit, Klient zu werden, nutzen manche wenige. Doch ich glaube, Sie können sich denken, was passiert. Aufgrund der Gutscheine kommen wir ohnehin immer wieder bei ihm vorbei und der Klient wird vierteljährlich angeschrieben mit neuen Informationen. Außerdem wird er turnusmäßig kontaktiert. Es ist nur eine Frage der Zeit, bis der Klient doch noch Kunde wird. Wenn nicht, dann eben nicht.

Der Durchschnitt gibt dem gesamten System recht!

Es ist also nicht nur reine Menschenfreundlichkeit, sondern auch ganz normales unternehmerisches Denken. Der Erfolg gibt uns recht.

Wie sagte einer der besten Versicherungsverkäufer Amerikas, Frank Bettger: „Vergiß nie einen Kunden, und laß keinen Kunden dich vergessen."

Wie recht er doch hat.

Die 3. Entscheidungsmöglichkeit: Der Interessent wird **„Kunde"**.

Jetzt wissen Sie, warum ich im ganzen Buch bisher so oft das Wort „Interessent" verwendet habe. Denn erst bei der Wahl dieser dritten Möglichkeit wird der Interessent „Kunde". Was in diesem Fall läuft, müßte klar sein; es geht los.

„Die Unterschrift des Kunden ist nicht das Ende eines Gespräches, sondern der Beginn einer langjährigen Zusammenarbeit."

Der dritte Termin, der Entscheidungstermin, ist in diesem Fall lediglich eine Sache von einer halben Stunde. Jetzt werden nur noch etwaig offene Fragen abgeklärt und die Anträge unterschrieben. Der Kunde weiß, worum es geht. Er verfügt über die Information längere Zeit, so daß er weiß, wie alles funktioniert. Dieser dritte Termin findet gewöhnlich bei dem Kunden statt, natürlich kann der Kunde aber auch erneut zu uns ins Büro kommen.

EINE KLEINE ERFOLGSSTORY

Ich könnte an dieser Stelle tatsächlich zahlreiche konkrete Live-Stories einfügen, was aufgrund dieser Art der Finanzdienstleistung passiert.

Bei einer Kundin funktionierte das wie folgt: Sie durchlief erst die ganz normalen Schritte, sprich wir waren ihr empfohlen worden, sie hatte unsere komplette Vorgehensweise erlebt. Schlußendlich zeigte sie sich so begeistert, daß sie mit einer Arbeitskollegin sprach:

„So etwas kannst du dir nicht vorstellen! Ich wollte abschließen, durfte aber nicht ..."

Die Kollegin entgegnete sofort, daß das auch etwas für sie wäre. Also fand ein Inventurtermin statt. Die Empfehlungsgeberin sagte zu unserem Mitarbeiter:

„Kommen Sie bei mir vorbei, ich fahre Sie zu dieser Kollegin hin, damit Sie nicht lange suchen müssen."

Ich möchte die Story abkürzen: Diese Kundin chauffierte unseren Mitarbeiter zu ihrer Arbeitskollegin, setzte ihn dort ab, ging während des Termins einen Kaffee trinken und wartete.

Das Ende der Geschichte bestand darin, daß auch die Arbeitskollegin total begeistert war. Sie bedankte sich, weil ihr so effektiv geholfen worden war. Klar ist dies eine Bilderbuchgeschichte. Aber sie ist wirklich passiert. Heute ist die Empfehlungsgeberin eine Mitarbeiterin von uns.

Ich denke, Sie können sich jetzt viel besser vorstellen, daß wir es nicht nötig haben, mit irgendwelchen Lassomethoden neue Mitarbeiter zu gewinnen.

Wir brauchen und wollen keine Massenveranstaltungen, keine Halligalli-Abende und so weiter. Wir wachsen sehr langsam und gesund. Ich träume nicht von einem großen Unternehmen mit vielen Mitarbeitern. Ganz im Gegenteil! Ich habe lieber wenige Mitarbeiter, die sich wohlfühlen, wo man sich persönlich gut kennt und die richtig Erfolg haben, als daß ich mich mit einer theoretischen Mitarbeiterzahl brüste, die vielleicht mal in meiner EDV vorkommt.

Ich wollte nicht in die meisten Firmen schauen und einmal die Zahlen sehen, wieviele Mitarbeiter wirklich Erfolg haben. Meistens machen sich die Führungskräfte selbst etwas vor. Doch was den Bereich Mitarbeiterführung anbelangt, werde ich Ihnen auch hierbei meine Erfahrungen weitergeben. Doch vorher noch ein paar Gedanken zu unserer gesamten Dienstleistung für unsere Kunden.

So wie in jedem Samenkorn bereits die Blüte wohnt,
steckt in jedem Wunsch die Energie, diesen zu verwirklichen.

JOHANN WOLFGANG VON GOETHE
Deutscher Dichter, 1749–1832

14. WAS HAT MICH AUF DIESE IDEE GEBRACHT?

Wie ich in den ersten Kapiteln dieses Buches bereits geschrieben habe, gibt es Tausende von Verkaufsbüchern auf dieser Welt. So viele Bücher behandeln Fragetechniken, Suggestivtechniken, Verkaufstechniken, Abschlußtechniken, Techniken, Techniken, Techniken. Und letztendlich ist *Verkaufen* im herkömmlichen Sinn leider doch nichts anderes als der Vergleich von Persönlichkeitsstärke. In *jedem* Verkaufsgespräch wird abgeschlossen: Entweder verkauft der Verkäufer dem Kunden, daß er das Produkt braucht, oder der Kunde „verkauft" dem Verkäufer, daß er das Produkt *nicht* braucht. Einer von beiden schließt ab!

Alle Verkäufer und Verkaufstrainer befassen sich anscheinend nur mit einem Thema, den Kunden letztendlich zum Abschluß zu bringen.

Und genau hier liegt der Hase im Pfeffer. Die meisten Verkäufer haben sich schon so auf den Abschluß und dessen Techniken und Argumentationen versteift, daß sie gar nicht mehr in der Lage sind, sich endlich einmal darauf zu konzentrieren, was dieses ganze Zeug unnötig macht.

Viel wichtiger ist das, was vor und vor allem nach dem Abschluß geliefert wird.

Ich wiederhole an dieser Stelle noch einmal den Satz:

„An der Qualität der Betreuung erkennt man die wirkliche Intention des Verkaufsgespräches."

Wie oft wird in den Verkaufsgesprächen das Blaue vom Himmel herab gelogen, nur damit eine Unterschrift aufs Papier kommt. Und schon ist der Verkäufer auf Nimmerwiedersehen verschwunden. Ein frustrierter Kunde wird zurückgelassen, der sich den nächsten Verkäufer schon zweimal anschaut, den nächsten dann dreimal und so weiter.

Vielleicht hat der eine oder andere dieses Buch bisher mit Zweifel, Argwohn oder sogar mit Unglauben gelesen. Aber lassen Sie mich an dieser Stelle eines sagen: Das ist Ihr Problem, nicht meines!

Ich wußte, daß diese Vorgehensweise gut und menschenorientiert ist. Auch wenn sie alle Verkaufsweisheiten in Frage stellt, beziehungsweise sogar ad absurdum führt. Welches Unternehmen schickt einen Kunden, der abschließen will, nach Hause? Das Faszinierende für mich an der ganzen Sache ist, daß es auch in unserer heutigen schnellebigen Zeit noch Dinge gibt, die die bisherigen Umsatzzahlen bei weitem hinter sich lassen. Und das, obwohl viel weniger *verkauft* wird; oder vielleicht gerade deshalb ...?

FÜR ALLE NACHAHMER

Wenn Sie nun sagen: „Wenn das also so läuft, dann mache ich das eben auch", dann sage ich Ihnen, daß Sie Schiffbruch erleiden werden. Dieses System funktioniert nur ganz oder gar nicht. Es kommt darauf an, ob Sie es wirklich für Ihre Kunden tun wollen und ob Sie die richtige Einstellung zu Ihrem Beruf haben. Wenn Sie es jedoch als weitere, noch besser funktionierende Taktik ansehen, dann wird es nicht funktionieren. Ganz im Gegenteil. Die Kunden werden nicht mehr zu Ihnen zurückkommen. Sie werden keine Abschlüsse mehr tätigen. Dann werden Sie das gesamte Konzept in die Ecke schleudern und sagen, was der Rupp wohl für einen Mist verzapft hat. Für mich liegt in dieser Form der Dienstleistung die Zukunft. Ich freue mich sehr darauf.

Ich sage es noch einmal:

Wenn wir heute eine Annonce in die Zeitung bringen: „Wir kümmern uns um Ihre Finanzen", und es würden eine Million Menschen lesen, wieviele würden sich melden? Wahrscheinlich niemand. Obwohl es doch jeder bräuchte. Wenn das kein Beweis dafür ist, daß in der Finanzwelt in der Vergangenheit einiges falsch gelaufen ist, dann weiß ich nicht. Doch anstatt umzudenken, was machen die Finanzler?

Sie stellen fest, daß die Kunden noch weniger aufgeschlossen sind und gehen immer noch härter vor. Dies ist der falsche Weg, davon bin ich absolut überzeugt.

Darf ich Ihnen einmal den Beweis liefern?

1. Beispiel:
Stellen Sie sich vor, ein Verkäufer kommt in eine Bücherei und sieht zwei Bücher nebeneinander stehen. Auf dem einen steht drauf: „Die Kunst des Verkaufens", auf dem anderen steht „Die Kunst des Zuhörens". Was glauben Sie, für welches Buch er sich entscheiden wird? Er wird (wieder mal) das Verkaufsbuch nehmen und ist sich dessen nicht bewußt, daß er genau das falsche mitgenommen hat.

2. Beispiel:
Stellen Sie sich einmal vor, Sie sitzen am Samstag abend vor der Glotze und schauen die wichtigste Sendung der Woche an: Die Ziehung der Lottozahlen. Und was glauben Sie, was passiert? Sìe trauen Ihren Augen nicht ... Jawoll !!!!!!
Sie haben den absoluten Hauptgewinn getippt. Sechs Richtige mit Zusatzzahl. Im Jackpot sind 5 Millionen, die jetzt Ihnen gehören.

Was werden Sie in Ihrem Leben anders machen? Werden Sie weiter Ihrem Job als Finanzdienstleister nachgehen? Wenn ja, dann sag ich „Hallo Kollege", wenn nein, dann wissen Sie jetzt, warum Ihr Geschäft besser laufen könnte.
Übrigens: Warum spielen Sie eigentlich Lotto ...???

HÖRT ENDLICH AUF ZU VERKAUFEN

Können Sie jetzt verstehen, warum an meiner Seminartür das Schild hängt: „Hört endlich auf zu verkaufen!"
Diese verdammte Unterschriftenjagerei führt das Wort „Verkauf" in ein völlig falsches Licht. Man darf dem Glück nicht nachlaufen, man muß ihm entgegenge-hen. Je mehr Sie Ihrem Kunden hinterherrennen, umso mehr wird er sich von Ihnen entfernen. Wenn Sie jedoch eine ehrliche Dienstleistung liefern, dann werden die Kunden automatisch auf Sie aufmerksam und man spricht positiv über Sie. Und plötzlich wendet sich das Blatt.

Liebe Führungskräfte: Wenn einer Ihrer Mitarbeiter freudestrahlend zu Ihnen sagt, er habe eben terminiert und zwei Termine bekommen, dann müßten Sie eigent-lich aufhorchen. Denn es gibt einen kleinen, aber alles entscheidenden Unterschied darin, ob jemand Termine *bekommt* oder Termine *vereinbart*!
Welche Einstellung hat der Verkäufer zu seinen Kunden?

Für mich besteht Verkaufen im Wesentlichen aus zwei Begriffen:

ZUHÖREN und HELFEN

Der richtige Verkauf läuft nicht über den Verstand und über Technik und Argumentationen, sondern er funktioniert mit dem Herzen. Ich kann mir vorstellen, daß sich das für Sie vielleicht komisch anhört, aber dennoch ist es so!

Verkaufen ist für mich eine Sache des Herzens und des Charakters.

Solange Sie als Verkäufer nicht erkennen, daß Sie vor allem anderen den Nutzen Ihres Kunden im Visier haben müssen und nicht dessen Geld, werden Sie nie ein erfolgreicher Verkäufer. Das garantiere ich Ihnen. Ich will hier nicht den Eindruck erwecken, als wäre das bei allen meinen Mitarbeitern anders gewesen.

Doch wenn die Kunden und die Verkäufer wissen, daß es heute nicht um den Abschluß gehen kann, konzentrieren sich beide plötzliche auf ganz andere Dinge: Nämlich auf die bisherige Situation, die zukünftig mögliche Situation und die Vorteile. Man läßt Zahlen sprechen. Der Kunde sitzt nicht die ganze Zeit da und versucht, mit mißtrauischer oder grimmiger Miene den Verkäufer einzuschüchtern.

DAS VORGESPRÄCH

Erst jetzt bin ich in der Lage, den großen Kreis zu schließen. Ich wollte Ihnen ja bei der Erklärung des Vorgespräches noch nicht alles verraten. Bereits im Vorgespräch des Inventurtermins bekommt der Interessent gesagt, daß er im Ergebnistermin keine Gelegenheit erhält, sich sofort zu entscheiden. Dies alles erhält der Interessent bereits im Inventurtermin schriftlich bestätigt. Dieses Thema ist somit ein Hauptgrund für unsere Kunden, warum sie sich für die Inventur entscheiden.

Dennoch haben manche Kunden ihre Zweifel, ob das im Ergebnistermin auch wirklich so gehandhabt wird. Wenn Sie also zum Schluß sagen: „Ach wissen Sie was, wir brauchen uns nicht noch einmal zusammensetzen, es paßt schon so wie es ist. Ich möchte unterschreiben!", dann sagen wir „nein, heute nicht!".

Es ist sogar schon vorgekommen, daß Leute gesagt haben: „Hören Sie, entweder ich mach es heute, oder gar nicht!" Auch in diesem Fall sagen wir, und das müssen Sie mir an dieser Stelle einfach mal so abnehmen: „Na gut, dann eben nicht! Dann lassen wir eben alles beim alten! Heute können Sie auf jeden Fall nicht abschließen!"

Sie müssen erkennen, daß dieses System von der 100-Prozentigkeit geradezu lebt. Denn stellen Sie sich einmal vor, der Mitarbeiter würde antworten: „Na gut, dann machen wir es eben heute schon fertig", dann wäre doch das ganze System eine reine Farce, sonst nichts. Nur ein weiterer Verkaufsgag.

Übrigens: Ich habe bisher noch keinen Kunden gesehen, der nach dem vorher beschriebenen Gespräch nicht doch ein paar Tage später gekommen ist. Vielleicht wollen manche Kunden nur testen, ob wir es wirklich ernst meinen. Ich sage Ihnen: Wenn mancher Kunde wüßte, wie ernst wir es meinen, würde er nicht fragen. Es ist genau so, wie ich es Ihnen beschrieben habe.

EMPFEHLUNGSGUTSCHEINE

Wenn ein Kunde nichts mehr von sich hören läßt, hat er sich für uns für die erste Möglichkeit entschieden. Er wünscht keine weitere Zusammenarbeit. Und dennoch kommt der Mitarbeiter immer wieder bei ihm vorbei und bringt ihm wieder einen Empfehlungsgutschein.

Bei diesen Treffen läuft das ganze nur sehr kurz ab. Der Mitarbeiter sagt nur: „Ich freue mich, Ihnen wieder einen Gutschein bringen zu können".

Über das Finanzkonzept oder über eine Entscheidung wird nicht mehr gesprochen. Wenn der „Nicht-Kunde" nicht von sich aus auf dieses Thema noch einmal zu sprechen kommt, reden wir nicht mehr darüber. Aber ich denke, Sie können sich vorstellen, welches Gefühl diese Person hat. Er hat den ganzen Inventurtermin erlebt, den Ergebnistermin, hat alle Unterlagen bekommen und hat nichts mehr von sich hören lassen. Und jetzt kommen wir und schenken ihm einen weiteren Gutschein. Einen Gutschein hat er ja schon im Inventurtermin bekommen. Jetzt weiß er zwei Dinge: Erstens, daß es uns wirklich ernst war mit dem Thema „Nichtabschluß" und zweitens, daß eine seiner empfohlenen Personen sich für das Finanzkonzept entschieden hat.

Wenn sich ein solches Gespräch mehrmals wiederholt, wenn der Empfehlungsgeber sogar noch einen Preis von uns bekommt, vielleicht gar eine Reise mit uns, was glauben Sie, geht dann in ihm vor?

DOCH-NOCH-KUNDE

Wie gesagt halte ich es für einen schwerwiegenden Fehler, einen Menschen, der sich nicht für den Kauf entschieden hat, nicht mehr zu kontaktieren. Doch leider geschieht genau das in der Verkaufsbranche sehr häufig. Also muß ich dem Mitarbeiter einen Anlaß geben, um bei seinen Noch-nicht-Kunden immer wieder vorbeizugehen. Auch hier gibt der Erfolg uns recht. Fast die Hälfte aller Noch-nicht-Kunden wurden bisher „Doch-noch-Kunden". Also kommen wir auf eine insgesamte Quote von ca. 85 %. Diese Zahl kann nicht genau festgelegt werden, denn sie ist nicht statisch, sondern verändert sich fortwährend.

Dies soll zu diesem kleinsten aller Kapitel genügen. Entweder Sie haben jetzt schon verstanden, um was es mir geht oder ich könnte noch zwei Bücher über dieses Thema schreiben und Sie würden es immer noch nicht checken.

Insofern konnte ich mich dann doch so langsam mit dem Wort „Revolution" im Titel anfreunden, aber ich glaube, Sie erkennen, daß das eigentlich nicht meine Sprache ist.

In den letzten Kapiteln dieses Buches werde ich Ihnen noch einen tieferen Einblick in meine Verkaufsseminare geben. Ich hoffe, Sie freuen sich darauf. Denn wenn dem jetzt so ist, dann haben Sie für dieses Thema die richtige Ein-Stellung. Doch vorher werden wir noch ein Thema besprechen, was die Basis für jeglichen Erfolg in der Zusammenarbeit mit Mitarbeitern, mit Verkäufern darstellt. Von allergrößter Bedeutung hierbei ist nicht, wie Mitarbeiter geführt werden, sondern welche Einstellung und welchen Charakter haben die Leute, die Sie einstellen!

Ich lade Sie nun herzlich ein in *meine* Welt der Mitarbeitergewinnung und der Mitarbeiterführung.

Ein gescheiter Mann muß so gescheit sein,
Leute einzustellen, die viel gescheiter sind als er.

JOHN FITZGERALD KENNEDY
Amerikanischer Präsident, 1917–1963

15. DAS GEHEIMNIS ERFOLGREICHER MITARBEITERFÜHRUNG
oder
WIE WERDEN MITARBEITER ZU MITUNTERNEHMERN

Das Thema „Mitarbeiterführung" in ein einziges Kapitel packen zu wollen, ist schon ziemlich vermessen, zugegeben. Es gibt ganze Regale füllende Bücher über die verschiedensten Managementlehren. Doch auch hier geht es mir wie bei den Verkaufsbüchern. Konzentriere Dich auf Dein Gegenüber als Mensch und Du hast schon sehr viel erreicht. Mit Verlaub, ich glaube, in diesem Bereich sowie im Verkaufsbereich wird auch manchmal sehr viel Mist verzapft. Ich konzentriere mich in diesem Buch lieber auf das, was ich selbst aus Theorie und Praxis erlernt und mit Erfolg in die Tat umgesetzt habe. Die für mich markantesten Punkte habe ich somit im folgenden Kapitel zusammengefaßt.

WARUM ÜBERHAUPT MITARBEITER?

Ich denke, zunächst sollten wir uns hier einmal darüber unterhalten, ob es überhaupt Sinn macht, mit Mitarbeitern zusammenzuarbeiten. Dies möchte ich anhand eines kleinen Beispiels verdeutlichen: Stellen Sie sich vor, Sie sind im Versicherungsbereich erfolgreich tätig. Wenn Sie fachlich und persönlich in der Lage sind, sich als „freier" Finanzkaufmann selbständig zu machen, dann werden Sie es irgendwann tun. Sollten Sie fachlich fit und auch von der Persönlichkeit her in der Lage sein, Ihr eigenes Unternehmen zu gründen, und es dennoch nicht tun, dann haben Sie entweder eine absolute Spitzenposition bei Ihrer Gesellschaft oder Sie sind nicht bereit, die Verantwortung für *sich* und Ihre Kunden selbst zu übernehmen. Jetzt wird der eine oder andere sagen: Bei meiner Gesellschaft habe ich ein geregeltes Einkommen und eine gewisse Sicherheit brauche ich eben. Ich habe Familie, habe gebaut und, und, und.

Ich sage Ihnen in aller Klarheit: Wenn Sie so reden, dann nur aus dem Grund, weil Sie sich selbst besser kennen als jeder andere. Sie wissen, daß Ihre Argumentation sogar stimmt. Denn Sie kennen Ihre eigene Inkonsequenz!

Was kann es denn für eine größere Sicherheit in Ihrem beruflichen Leben geben als Sie selbst? Wenn Sie seit Jahren in diesem Metier tätig sind, dann wissen Sie selbst ganz genau, ob und wie es funktioniert.

Ich sage Ihnen folgendes: Wenn Sie dieses Geschäft im Interesse Ihrer Kunden Tag für Tag konsequent tätigen, dann **müssen** Sie Erfolg haben. Ich bin sicher, daß Sie das im Grunde selbst auch wissen. Doch warum dieses Geschwätz von Sicherheit? WEIL ES BEQUEMER IST, deshalb!

DIE SELBSTÄNDIGKEIT

Gehen wir also davon aus, Sie würden den Sprung wagen und *selbst-ständig* werden. Wenn Sie diese beiden Worte verdrehen, wissen Sie, was Selbständigkeit im eigentlichen Sinne bedeutet.

Jetzt sehen Sie sich einem Wald von Aufgaben gegenüber:

Wie firmiere ich, welche Gesellschaften und welche Produkte biete ich meinen Kunden an? Brauche ich ein Büro, wie groß sollte es sein, wo sollte es eröffnet werden? Wer erstellt mir meine EDV-Programme? Soll ich Geldwerte oder Sachwerte favorisieren? Mit welchen Ausgaben habe ich beim Druck meiner Unterlagen zu rechnen? Was kostet die komplette Büroeinrichtung? Sind meine Beratungsunterlagen eigentlich rechtlich in Ordnung (sehr wichtiger Punkt!)? Bin ich in der Lage, als Einzelkämpfer mit den Gesellschaften gescheite Sonderkonditionen auszuhandeln? Ertrinke ich nicht in lauter Bürokram, um den ich mich zu kümmern habe oder sollte ich lieber jemanden anstellen? Was kostet Innendienst, was hat man als Arbeitgeber für rechtliche Dinge zu beachten? Und, und, und.

Gehen wir weiter davon aus, Sie hätten diese Probleme allesamt gelöst und Sie wären als freier Finanzkaufmann sehr erfolgreich. So wie Sie es sich wünschen. Dann wird folgendes eintreten! Sie werden als Einzelperson im Laufe von 3 bis 4

Jahren einen Kundenstamm aufgebaut haben von ca. 300 Kunden. Und jetzt sind Sie erst recht in der Falle. Sie dürfen mir glauben, daß ich unzählige dieser Beispiele kenne. In dieser Situation haben Sie nur noch zwei Möglichkeiten:

Entweder Sie liefern eine korrekte Kundenbetreuung, dann werden Sie keine neuen Kunden mehr gewinnen können, denn Sie bräuchten das ganze Kalenderjahr, um nur jeden Kunden einmal im Jahr besuchen zu können.

Oder Sie vernachlässigen Ihre bestehenden Kunden und kümmern sich vorwiegend um den weiteren Ausbau Ihres Kundenstammes. Wohin dies langfristig führt, können Sie sich selbst vorstellen. Vielleicht haben Sie, lieber Leser, dieses Problem bereits.

Wenn Sie dieses Problem bereits haben, dann sage ich Ihnen auch, wie Sie es momentan lösen: Sie vernachlässigen Ihre bestehenden Kunden. Fragen Sie sich selbst einmal ehrlich, ob ich recht habe!

Plötzlich erkennen Sie, daß Sie Mitarbeiter brauchen, die Ihnen helfen, alles unter einen Hut zu bekommen. Und jetzt beginnen die Probleme erst richtig: Wie finde ich Mitarbeiter? Welche Qualifikation haben diese? Wie stelle ich diese Leute ein? Was bezahle ich ihnen? Ist meine EDV in der Lage, dies abzuwickeln? Wer bildet diese Mitarbeiter wie aus? Wer betreut diese Mitarbeiter?

SIE SIND IN DER KLEMME

In einer Zeit also, in der Sie sich dringend um Ihre bestehenden Kunden kümmern sollten, stellen Sie jetzt Mitarbeiter ein. Sie erhöhen Ihren Fixkostenapparat und reduzieren gleichzeitig Ihr Neugeschäft, denn Sie müssen sich jetzt um Ihre Mitarbeiter kümmern. Vielleicht klappt es beim einen oder anderen nicht so, wie Sie es sich vorstellen und der Mitarbeiter geht wieder.

Ich sage Ihnen was laufen wird:

Nach einigen Monaten haben Sie so genug davon, sich mit irgendwelchen Leuten herumzuschlagen, die Ihnen nur auf der Tasche liegen, und Sie haben ein für allemal die Nase voll vom Mitarbeiteraufbau und sagen: Ich mache es lieber wieder selbst.

Ich denke, daß Sie erkannt haben, daß ein gut funktionierendes Team nicht nur sehr viel Spaß macht, sondern für einen Auf- und Ausbau Ihres Unternehmens unerläßlich ist. Also werden wir im folgenden die einzelnen Schritte der Mitarbeiterführung nacheinander abhandeln.

DIE MITARBEITERGEWINNUNG

Bevor wir Mitarbeiter führen können, müssen wir zuerst einmal Mitarbeiter gewinnen. Wenn Sie vor allem die letzten beiden Kapitel aufmerksam gelesen haben, werden Sie erkannt haben, daß bei unserer Dienstleistung die Auswahl der Mitarbeiter von größter Bedeutung sein muß. Es kommt auf die richtige Einstellung der Mitarbeiter zu sich und zu den Kunden an. Was für mich „die richtige Einstellung" bedeutet, werden Sie im nächsten Kapitel erfahren. Bedenken Sie auch bei der Gewinnung und Qualifikation von Mitarbeitern bitte folgendes: Je mehr Sie dem Mitarbeiter zu bieten haben, im Sinne von Produktqualität und Marketingkonzepten, desto leichter werden Sie es haben, viele und qualifizierte Mitarbeiter zu bekommen. Der Bewerber spürt in Ihrem Büro, ob Ihr Geschäft läuft oder nicht! Er sieht es Ihnen an und er muß sich nur die anderen Mitarbeiter anschauen. Dann weiß er, was wirklich läuft. Erkennen Sie diesen Engelskreislauf?

Je besser Ihre Produkte, je besser Ihre Dienstleistung, desto zufriedener sind Ihre Kunden.

Je zufriedener Ihre Kunden sind, desto mehr werden Sie weiterempfohlen.

Je mehr Sie weiterempfohlen werden, desto besser sind Ihre Verkaufserfolge.

Je größer Ihre Verkaufserfolge, desto erfolgreicher und motivierter sind Ihre bestehenden Mitarbeiter (und SIE).

Je erfolgreicher Sie und Ihr gesamtes Unternehmen sind, desto leichter wird Ihnen die Mitarbeitergewinnung fallen. Denn:

Je mehr Sie den neuen Leuten zu bieten haben, desto mehr Leute werden auf Sie zukommen. Und dann haben Sie es geschafft!

Die beste Methode, Mitarbeiter zu gewinnen, ist:

„Keinen Mitarbeiter *(mehr)* zu brauchen!"

Auch bei der Mitarbeitereinstellung gilt, wie bei der Kundengewinnung, das Prinzip: Man darf dem Glück nicht hinterherlaufen, sondern man soll dem Glück entgegen gehen.

VERSCHIEDENE MÖGLICHKEITEN DER MITARBEITERGEWINNUNG

Bei der Mitarbeitergewinnung gibt es mehrere Möglichkeiten:

1. DER KUNDENSTAMM
Einer der größten Vorteile der Mitarbeitergewinnung aus dem Kundenstamm

besteht darin, daß diese Personen schon vorher vom Geschäft voll überzeugt sind, denn sie haben es „am eigenen Leib" erfahren. Bedingt nachteilig daran ist jedoch, daß es sich hierbei in der Regel um branchenfremde Menschen handelt. „Bedingt nachteilig" aus dem Grund, weil genau dies oft sogar auch ein Vorteil sein kann. Diese Personen gehen unvoreingenommen an die Sache ran und wollen das Rad nicht noch einmal neu erfinden. Wenn nun diese Menschen mit einem Kunden sprechen, hat das große Vorteile, denn wenn sie erzählen, aus welchem Grund sie diesen Beruf gewählt haben, kann sich der Kunde viel mehr mit ihnen identifizieren.

Sie wissen ja, die beste Methode im Verkauf ist das Erzählen von selbst erlebten Geschichten.

2. MITARBEITER-EMPFEHLUNGEN

Ein großes Potential der Mitarbeitergewinnung liegt in den entsprechenden Empfehlungen der Kunden. Jeder Kunde kennt eine große Zahl von Verkäufern oder Außendienstlern der unterschiedlichsten Sparten. Wenn Sie bei einem Servicetermin mit Ihrem Kunden ganz gezielt dieses Thema durchsprechen, werden Sie mindestens 10 Empfehlungen pro Kunde erhalten. Denken Sie einmal nach, in welchen Bereichen Außendienstler unterwegs sind. Wenn Sie die Augen offen halten, dann haben Sie Ihre ersten Mitarbeiterempfehlungen bereits im Inventurtermin. Woher? In jedem Versicherungsordner Ihrer Kunden stecken Visitenkarten der bestehenden Berater. Ich habe noch keinen Kunden gesehen, der etwas dagegen gehabt hat, daß wir diesen Leuten unser Geschäft vorstellen.

3. AKTIONEN/VERANSTALTUNGEN/MESSEN

Machen Sie doch einmal einen „Tag der offenen Tür". Laden Sie schriftlich Branchen-Kollegen ein und präsentieren Sie Ihr Unternehmen. Oder machen Sie einen Stand auf einer Messe. Wenn dies eine Fachmesse ist, ist der Erfolg umso größer. Nehmen Sie an Tagungen und Kongressen des Finanzbereiches teil und führen Sie Gespräche. Es nützt nichts, wenn Sie sich verkriechen und mit niemandem reden. Knüpfen Sie Kontakte, wo immer Sie sind.

4. VORTRÄGE

Besuchen Sie Fachvorträge und knüpfen Sie auch hier Kontakte. Oder halten Sie selbst Fachvorträge bei verschiedenen Institutionen. Oder holen Sie sich bekannte Redner und bieten diese Verträge im Rahmen Ihres Unternehmens verbilligt oder gar kostenlos an. Bieten Sie Seminare für die Öffentlichkeit an. Sprechen Sie mit Leuten, die ihrerseits über viele Kontakte verfügen.

5. ANNONCEN

Auch mit dieser Methode habe ich sehr gute Erfahrungen gemacht. Doch sind auch hierbei einige wichtige Regeln zu beachten:

Schalten Sie nur großflächige Annoncen (zum Beispiel DIN A5). Kleine gehen unter. Schreiben Sie nicht, wie toll Ihr Unternehmen ist, sondern darüber, welche *Vorteile* Sie dem Bewerber bieten können. Schalten Sie verschiedene Annoncen in Zeitabständen von ungefähr 2 bis 3 Monaten, dann aber zwei- bis dreimal hintereinander. Ihre Annoncen müssen einen Wiedererkennungswert haben, zum Beispiel durch das Firmenlogo, durch eine bestimmte Farbe oder ähnliches. Der wichtigste Punkt: Sagen Sie klipp und klar, um was es geht. Wenn Sie einen „Nebenjob" anbieten, kommen Sie nicht mehr vom Telefon weg, weil jemand zum Beispiel eine Putzstelle oder einen Hausmeisterjob braucht. Nennen Sie bitte keine Verdienstmöglichkeiten, die sich sowieso keiner vorstellen kann.

Wie heißt es leider oft: Mit Speck fängt man Mäuse. Dies ist jedoch bei der Mitarbeitergewinnung genau das falsche Motto.

(Im übrigen gefällt mir das ganze Motto nicht). Werben Sie also nicht mit Festgehalt, Fixum, Geschäftswagen und solchem Kram. Wollen Sie Unternehmer oder Leute, die Ihnen anschließend am Rockzipfel hängen. Wer hat *Ihnen* was geschenkt?

Abschließend hierzu möchte ich Ihnen mein Motto bezüglich der Mitarbeitergewinnung sagen:

Bieten, nicht bitten!

DIE MITARBEITEREINSTELLUNG

Erzählen Sie in Ihrer Euphorie auf keinen Fall am Telefon oder in einem Erstkontakt über Ihr Geschäft. Erklären Sie kurz, um welches Thema es geht und damit Schluß. Sie wollen doch die Person genauer kennenlernen. Ich frage zum Beispiel am Telefon immer nach dem Grund des Anrufes. Dann stelle ich zwei Möglichkeiten in Aussicht: Entweder man spricht in 5 Minuten über die Eckdaten des Geschäftes oder man macht gleich einen Termin. Sie werden sehen, daß die meisten einen Termin wollen. Dies kommt selbstverständlich jedoch sehr darauf an, wie Sie sich vorher präsentiert haben. Wenn ein Anrufer zu mir am Telefon sagt, er will zuerst genau wissen, um was es geht, dann hat er bei mir schon einige

Minuspunkte gemacht. Denn, lieber Leser, auch hier habe ich stets die Einstellung: Wer will hier was von wem? Oder: Wer von uns beiden kann wem mehr bieten?

Ich glaube, daß die Gesprächspartner dies auch spüren.

Im Vorstellungsgespräch konzentriere ich mich völlig auf die Person. Ich gehe also nicht in das Gespräch mit der Einstellung, jetzt mein Geschäft absolut motivierend rüber zu bringen, damit er ja als Mitarbeiter bei uns anfängt. Nein, ganz im Gegenteil: Ich will genau wissen, wen ich vor mir habe. Denn *ein* Mitarbeiter, der etwas taugt, ist mir viel lieber, als 10 Leute, die mich nicht zu Wort kommen lassen, eh sie die Frage nach dem Einkommen gestellt haben. Wie ich im Kapitel „Empfehlungen" schon angedeutet habe, werde ich besonders hellhörig, wenn mich ein Bewerber fragt, wie er zum ersten Kunden kommt. Wenn er bisher noch nicht in der Branche war, ist dies jedoch etwas anderes. Ich bin fest davon überzeugt, daß die größte Bedeutung eines erfolgreichen Mitarbeiteraufbaus darin liegt, die richtigen Leute auszuwählen und nicht jeden x-beliebigen auf ein Seminar einzuladen. Dies wird sonst über kurz oder lang zum Bumerang. Meine Überzeugung:

Am Niveau der Mannschaft erkennt man das Niveau der Geschäftsleitung!

Ich weiß, welche Erfolge meine Mitarbeiter bereits nach kurzer Zeit haben und bin stolz darauf. Aus diesem Grund muß sich der neue Mitarbeiter bei mir regelrecht bewerben.

DAS EINSTELLUNGSGESPRÄCH

Meine Bewerber bekommen in meinen Einstellungsgesprächen ganz klar ein bestimmtes Gefühl vermittelt, das da heißt:

„Mein Geschäft brummt! Mit Ihnen und ohne Sie! Wenn sie an unserem Erfolg teilhaben wollen, dann passen Sie auf, was Sie jetzt reden. Erzählen sie mir keinen solchen Stuß, wie erfolgreich Sie momentan sind und daß Sie jede Woche 10 neue Kunden gewinnen. Ich will Leute, die zu sich stehen und offen und ehrlich sagen, was läuft. Mir ist viel lieber, wenn mir jemand sagt, welche Probleme er momentan hat und warum sein Geschäft momentan nicht so läuft. Wissen Sie, was ich bei diesen Gesprächen sehr oft feststelle? Bei sehr vielen Leuten ist der Grund für dieses Gespräch, weil es in der bisherigen Firma menschlich nicht paßt. Dies finde ich sehr bedauerlich.

Doch manchmal liegt dies auch an folgendem:

Immer wenn es in einem Geschäft nicht läuft, kommen die menschlichen Probleme. Wenn es im Geschäft so richtig läuft, kommen die Leute immer gut miteinander aus. Bei Problemen gehen jedoch die meisten Leute den genau falschen

Weg: Sie suchen den Fehler nicht bei sich, sondern bei den Kunden, bei den Produkten, bei den Vorgesetzten, an der Jahreszeit und, und, und. Hier müssen Sie ein Gefühl dafür entwickeln, ob der Bewerber Ihnen nur dummes Zeug erzählt und die Schuld immer bei anderen sucht oder ob es plausibel ist, was er Ihnen sagt.

Und nun eine ganz wichtige Aussage als Basis für jegliches Einstellungsgespräch:
Machen Sie sich bitte vor jedem Gespräch bewußt, wer sich hier bei wem bewirbt! In einem Vorstellungsgespräch müssen Sie viel mehr zuhören als erzählen. Sie wollen doch wissen, mit wem Sie es zu tun haben, oder nicht?

WICHTIGE HINTERGRUNDINFORMATIONEN

Mit den folgenden Ausführungen will ich Ihnen ein paar Tips geben, die Ihnen dabei helfen sollen, bei der Mitarbeiterauswahl die Spreu vom Weizen zu trennen.

Hier nun ein paar Fragen, die ich grundsätzlich in jedem Vorstellungsgespräch stelle:

1. Warum sind Sie hier?
Bei diesen Antworten müssen Sie zwischen den Zeilen lesen. Ist der Bewerber neugierig, möchte er sich verändern, will er weg von einer Gesellschaft, von einer Bank oder oder oder. Achten Sie darauf, ob der Blick des Bewerbers nach vorne und in Richtung Erfolg gerichtet ist. Wenn er nur über die Mißstände der Vergangenheit beziehungsweise über seine Kollegen oder seine Vorgesetzten schimpft, können Sie ihn vergessen! Er wird auch in Ihrem Unternehmen nach ein paar Tagen schon die größten Probleme entdecken, warum es unmöglich ist, bei Ihnen Erfolg zu haben.

2. Was erwarten Sie von einem Unternehmen, bei dem Sie sich wohlfühlen könnten?
Meistens wissen die Leute hierauf spontan keine Antwort. Dies bedeutet, daß die Leute oft nur wissen, was Sie nicht wollen, aber nicht, was Sie wollen. Dann kommen die ersten Antworten. Wenn solche Dinge kommen wie:
Einen Kundenstamm, Firmenwagen, 10.000 Mark im Monat und einen zu betreuenden Mitarbeiterstamm und die Möglichkeit, nur Seminare zu sprechen, dann wissen Sie, wen sie vor sich haben.

Wenn jedoch der Bewerber mehr auf die Schiene geht, daß er ein positives Umfeld, ein Team, eine fundierte Ausbildung und die Freiheit haben will, nicht nur von einer Gesellschaft seinem Kunden Produkte anbieten zu können, dann weist das schon in eine sehr gute Richtung. Manche Bewerber sagen auch: „nichts Bestimmtes".

In diesem Fall müssen Sie wie folgt nachhaken:

3. Erwarten Sie ein Festgehalt oder Fixum?

4. Erwarten sie einen festen Kundenstamm oder Adressenmaterial?

Soviel hierzu. Nun weitere Fragen in anderen Richtungen:

5. Was war Ihr bisher höchstes Monatseinkommen?

Auch hier müssen Sie genau hinhören. Wenn der Bewerber Ihnen sagt, daß er in manchen Monaten schon mal recht gut verdient hat und sogar einmal 8.000 Mark ausbezahlt bekommen hat, dann wissen Sie, in welchen Vorstellungsbereichen der Bewerber sich befindet. Wenn Sie diesem Menschen dann sagen, daß er bei Ihnen 30.000 oder gar 50.000 Mark im Monat verdienen kann, dann wird er es Ihnen nicht glauben.

(Selbstverständlich müssen Sie auch auf das achten, was SIE sagen! Erzählen sie hier keine Ammenmärchen!)

Und nun eine ganz wichtige Frage:

6. Wie geht es Ihnen momentan finanziell?

Wenn der Bewerber diese Frage mit „sehr schlecht" beantwortet, sollten Sie eher „nein" sagen.

Viele Führungskräfte sind der Meinung, daß genau die Leute von besonderer „Qualität" sind, denn die *müssen* Erfolg haben, weil denen die Jacke brennt. Man hält diese Leute für besonders interessant. Ich bin hier genau gegenteiliger Ansicht.

Erstens sollte diese Person zuerst einmal sich selbst finanziell beraten, und zweitens sind wir hier sehr schnell im Bereich der Kundenmanipulation. Denn in erster Linie wird dieser Mitarbeiter sich selbst und nicht dem Kunden helfen wollen.

Stellen Sie sich solch einen Mitarbeiter mal im Bereich „Nicht-Abschluß" vor. Ganz abgesehen davon, daß dieser Mensch bei uns noch lange keine Ergebnistermine selbst sprechen dürfte, bin ich dennoch kaum an dieser Zusammenarbeit interessiert. „Kaum" deshalb, weil es für eine finanzielle Schieflage selbstverständlich viele Gründe geben kann. Darüber sollte man offen sprechen können. Ich glaube aber, daß in 95 % aller Fälle es keinen Sinn hat. Warum, werden Sie sich fragen. Neben den Gründen, die ich bereits ausgeführt habe, nenne ich Ihnen nun den Hauptgrund:

Es gibt kein schlimmeres Gift für den Verkaufserfolg als finanziellen Druck!

Wenn Sie das bisherige Buch genau gelesen haben, dann werden Sie auch verstehen, daß solche Leute auch in unserem Unternehmen keinen Erfolg haben würden. Denn unsere Dienstleistung kann nur funktionieren – denken Sie an das Thema „Nichtabschluß" –, wenn der Mitarbeiter ehrlich arbeitet.

GRUNDLEGENDE VORAUSSETZUNGEN

Hier nun meine grundlegende Meinung zum Thema *Mitarbeiter*:
Sie können mit Seminaren und Gesprächen bei einem Mitarbeiter sehr viel erreichen. Doch wenn zwei Dinge fehlen, beziehungsweise eines dieser beiden, dann können Sie tun und lassen, was Sie wollen, dieser Mensch wird nicht erfolgreich werden. Übrigens wird dieser Mensch auch in keinem anderen Unternehmen jemals viel erreichen. Diese zwei Grundvoraussetzungen sind meiner Erfahrung nach:

WILLE und	**CHARAKTER**

Denken Sie bei der Auswahl Ihrer Mitarbeiter stets daran, daß es sich hierbei nicht nur um eine Person handelt, die Ihnen, Ihren Kunden und Ihrem gesamten Unternehmen Nutzen bringen kann, sondern auch genau das Gegenteil. Doch das müssen dann Sie ausbaden. Jeder Mitarbeiter Ihres Unternehmens ist „Umfeld" für die anderen. Ein negativer Mitarbeiter kann Ihnen Ihren ganzen „Laden" verrückt machen.

PROBLEMDENKER und CHANCENDENKER

In einem Punkt bin ich in den letzten Jahren sehr intolerant und schnellentschlossen geworden. Hierbei habe ich mir angeeignet, nur in schwarz oder weiß zu denken.

Es gibt Menschen, die in jeder Chance das Problem sehen: Die Problemdenker. Diese Menschen erkennen Sie daran, daß jeder Satz mit den Worten „Ja, aber ..." beginnt. Ich bin sogar der festen Überzeugung, daß einige der Leser dieses Buches auch in diese Kategorie gehören. Denen will ich hier und heute zurufen:
Einem Kritiker ist noch nie ein Denkmal gesetzt worden!

Jedoch gibt es auf der anderen Seite auch Menschen, die in jedem Problem die Chance sehen. Diese Menschen beginnen ihre Sätze mit „Ja, und ...".
Auch hier sei ein Spruch gestattet:
Lieber einmal spontan daneben greifen, als tausendmal wohlüberlegt nicht zugreifen.

Diese Menschen werden in ihrem Leben auf jeden Fall mehr erreichen als die Erstgenannten. Sie haben erkannt, daß ein PRO-blem etwas positives ist. Sonst würde es ja CONTRA-blem heißen. Ohne Probleme wüßten wir nicht, was wir verbessern müssen.

Lieber Leser: Beantworten Sie sich selbst bitte einmal folgende Frage:

„Bin ich eine Person, die Probleme schafft, oder bin ich eine Person, die hilft, Probleme zu lösen."

GRUNDEINSTELLUNGEN

Eines habe ich in den vergangenen Jahren und in vielen Seminaren gelernt:
Wenn wir tausend erfolgreiche Menschen fragen, warum sie Erfolg haben, dann werden wir tausend verschiedene Antworten hören. Jeder macht seinen Erfolg auf seine Weise. Und jeder *glaubt* an sich und *sein* Erfolgsrezept.
Wenn wir jedoch tausend erfolglose Menschen fragen, warum sie keinen Erfolg haben, dann hören wir zwar auch tausend verschiedene Umschreibungen. Aber letztlich meinen alle Aussagen dasselbe Ergebnis: *„An mir liegt's nicht."*
Eltern, Erziehung, mangelnde Chancen, schlechte Marktlage und, und, und. Wenn manche Leute die gleiche Energie in ihr Geschäft investieren würden, wie sie in das Suchen von Ausreden verschwenden, hätten wir wesentlich mehr erfolgreiche Leute. Ein weiteres Problem in diesem Zusammenhang ist jedoch auch die deutsche Mentalität. Ich glaube, es gibt kein erfolgsfeindlicheres Land als das unsere. Man hat den Erfolg ja schon zu etwas Negativem gemacht, man will uns den Erfolg

vermiesen. Warum sieht sich jeder, der etwas anpackt und erfolgreich wird, sofort Neid ausgesetzt? Ich sage Ihnen warum: Jeder Erfolgreiche hält den anderen den Spiegel der Unzulänglichkeit vor. Denn wenn Sie aus eigener, bewußter Entscheidung mit dem, was Sie tun und haben zufrieden sind, dann können Sie anderen doch ohne weiteres ihren Erfolg gönnen. Aber nein, das findet man in Deutschland nur höchst selten. 80 % aller Kritik ist Neid!

Denn es werden Sprüche geprägt wie:

„Schuster, bleib bei deinen Leisten", „Es kommt nic etwas besseres nach", „Geld verdirbt den Charakter" oder „Geld macht unglücklich".

Wissen Sie, was der Hammer ist? Dies sagen genau die Leute, die jeden Freitag Lotto spielen! Sie alle wollen unglücklich und charakterlos werden!

Man muß bei sich selbst anfangen, wenn man etwas erreichen will.

Zu dem Satz „Geld verdirbt den Charakter" noch eine persönliche Anmerkung von mir:

Ich sage, daß dieser Satz nicht stimmt! Ich würde diesen Satz anders formulieren:

„Geld offenbart den wahren Charakter!" Und wenn dieser dann versaut ist, dann war er vorher schon versaut, nur hatte man keine Möglichkeit, die Sau rauszulassen.

An dieser Stelle einmal eine Randbemerkung, die wahrscheinlich manchem Leser nicht besonders gefallen wird: Wie oft hört oder liest man in den Medien darüber, daß irgendwelche Versicherungsvertreter ihre Kunden falsch beraten oder gar betrogen haben sollen. Ob dies zutrifft oder nicht, lasse ich einmal dahingestellt. Aber wie oft ist es auf der anderen Seite schon vorgekommen, daß Versicherte ihre Gesellschaften durch die Angabe falscher Tatsachen, Schadensfälle oder Gesundheitsfragen geprellt haben? Darüber redet man normalerweise nicht, aber ich glaube, auch das darf ruhig einmal erwähnt werden.

ERFOLG IST EINSTELLUNGSSACHE

Erfolg ist immer eine Sache der Einstellung; sich selbst und vor allem dem Kunden gegenüber. Fest steht, unsere Vorgehensweise im Verkauf könnte nicht praktiziert werden, wenn im Rahmen unseres Unternehmens nicht auch Mitarbeiter anders gesehen und anders geführt würden. Das heißt, diese vorgestellten Prinzipien, die auch eine gewisse Hilfsbereitschaft voraussetzen, können nur realisiert werden, wenn auch das ganze „Drumherum" stimmt. Wie also gehe ich nun bei der Ausbildung der Mitarbeiter vor? Welche Führungsrichtlinien, wie das immer so schön genannt wird, favorisiere ich?

FÜHRUNGSPRINZIPIEN

Natürlich geht bei uns die Ausbildung sehr systematisch vonstatten. Aber es ist nicht Sinn und Zweck dieses Buches, alle Schritte hier vorzustellen. Zu diesem Thema jedoch immerhin so viel:

Eine der wichtigsten Voraussetzungen für eine erfolgreiche Mitarbeiterführung besteht zunächst einmal darin, festzuhalten und festzustellen, wie der Mitarbeiter bei uns überhaupt gesehen wird.

Ist er ein Bediensteter? Ist er ein Untertan?

Natürlich nicht! Grundsätzlich ist ein Mitarbeiter bei uns eine vollständig eigenständige Persönlichkeit, bei der ich die besten Absichten voraussetze, denn:

Wenn ich einem Mitarbeiter nicht vertraue, stelle ich ihn nicht ein. Wenn ich einem Mitarbeiter vertraue, dann vertraue ich ihm! Und zwar so lange, bis er mir beweist, daß meine Einschätzung falsch war. Natürlich kommt dies auch manchmal vor. Auch damit muß man leben können. Aber diese Einstellung ist meiner Meinung nach besser, als keinem Menschen mehr über den Weg zu trauen. In diesem Sinne beispielsweise stehe ich der Abqualifizierung *Faulheit* mit einer gewissen Skepsis gegenüber. Das heißt, ich gehe zunächst einmal nicht davon aus, daß ein Mitarbeiter faul ist, oder daß er eine andere negative Eigenschaft besitzt. Ich gehe sogar soweit, daß ich sage, es gibt keine faulen Mitarbeiter, es gibt nur unfähige Führungskräfte. Dies ist zwar sehr überspitzt ausgedrückt und zweifellos nur eine relative Wahrheit, aber in vielen Bereichen kann man beobachten, daß sie stimmt.

UNTERSCHEIDUNG: SEIN UND TUN

Dies ist für mich ein außerordentlich wichtiges Thema:

Jede Führungskraft sollte meiner Meinung nach ein Gefühl für diesen Unterschied haben und ihn beherzigen. Es gilt zu unterscheiden zwischen dem, was ein Mensch *tut* und zwischen dem, was ein Mensch *ist*. Auf der einen Seite steht also die Person oder die Persönlichkeit eines Menschen. Auf der anderen Seite stehen seine Taten und seine Leistungen. Was die Person und die Persönlichkeit anbelangt, so besitzt kein Mensch auf dieser Erde das Recht, einen anderen Menschen als solchen in seinem *Sein* zu kritisieren. Niemand hat dieses Recht, hören Sie, niemand! Egal, welche Position er hat, egal welche Macht und wieviel Geld! Das heißt, es steht keinem Menschen das Recht zu, bei einem Anderen das SEIN, also seine Nationalität zu qualifizieren, seine Religion, seine Rasse, seine Herkunft, seinen Hintergrund und vieles andere mehr, zumal der einzelne daran sowieso nichts (oder wenig) ändern kann. Aussagen wie zum Beispiel: *„Ich bin von dir enttäuscht!"* zielen in die Persönlichkeit des Menschen.

Ich bin also ein Gegner von Aussagen, die da lauten:

„Das war von dir auch nicht anders zu erwarten!" oder *„Naja, für deine Verhältnisse war das ja nicht schlecht!"*

Wenn wir also jemanden kritisieren wollen/müssen, dann bitteschön nur in dem, was ein Mensch tut. Also nur die Tat. Und dies auch nur dann, wenn wir es besser können. Ansonsten haben wir gefälligst die Klappe zu halten!

Wenn man einen Menschen überhaupt kritisiert, so meine Einstellung, dann mit der Absicht, daß er sich verbessert. *Und* mit einem konkreten Hinweis, *wie* er sich verbessern könnte.

In diesem Sinne sieht man sehr schnell, daß viele Chefs den Unterschied zwischen Tun und Sein nicht verstanden haben.

Es ist also durchaus in Ordnung, einen Mitarbeiter, einen Menschen in seinem Tun zu kritisieren. Man kann ihn sogar massiv kritisieren, solange man sein *Sein* unbehelligt läßt. Ich möchte Ihnen das einmal in einem Beispiel demonstrieren. Sie könnten also zu einem Mitarbeiter sagen:

„Herr Huber, was Sie in den letzten Wochen an den Tag gelegt haben, akzeptiere ich nicht länger. Ich sage Ihnen das in aller Deutlichkeit und Klarheit. Ich schau mir das nicht mehr länger mit an. Ich möchte Ihnen auch mitteilen, warum mich das so nervt. Der Grund liegt darin, daß ich weiß, daß Sie es eigentlich besser könnten. Ich bin jemand, der bestimmte Hoffnungen hegt, was Sie angeht. Es ist mir nicht egal, was aus Ihnen in unserem Unternehmen wird. Ich glaube sogar fest daran, daß Sie einmal eine der tragenden Säulen dieses Unternehmens sein werden. Das war von Anfang an meine Hoffnung – und auch heute bin ich noch dieser Überzeugung. Aber wenn ich mir anschaue, was Sie in den letzten Wochen demonstriert haben, so paßt das überhaupt nicht in dieses Bild. Sie müssen mir jetzt einfach mitteilen, ob das so bleiben soll, dann muß ich meine Erwartung verändern. Oder Sie sagen: ,Nein, das geschah aus diesem oder jenem Grund.' Dann müssen wir darüber sprechen, woran es liegt. Sie merken, Herr Huber, daß ich Sie ganz bewußt kritisiere. Aber bedenken Sie bitte folgenden Satz: ,Wenn man aufhört, mich zu kritisieren, dann kann das nur zwei Gründe haben, entweder ich bin vollkommen oder man hat an mir kein Interesse mehr.' Herr Huber, ich bin inter-

essiert an Ihnen, aber nur dann, wenn sich schnellstmöglich wieder etwas ändert. Wie stehen Sie dazu?"

An diesem Beispiel will ich Ihnen verdeutlichen, daß Sie gleichzeitig das Tun massiv kritisieren können und die Persönlichkeit wertschätzen können. Und darauf kommt es mir an. Wie oft gehen Führungskräfte Ihren Mitarbeitern voll in das Selbstwertgefühl und wundern sich dann, wenn viele Mitarbeiter bereits längst innerlich gekündigt haben.

DIE „SEINS"- UND „TUNS"-ORIENTIERTHEIT

Im Bereich der Kommunikation ist diese Erkenntnis sehr wichtig.

Es gibt Menschen, die mehr seins-orientiert, und andere die mehr tuns-orientiert erzogen worden sind. Die Schule der Psychologie lehrt, daß es Menschen gibt, die in der Kindheit um ihrer selbst willen geliebt wurden. Man mochte sie, weil sie einfach da waren. Man drückte und kuschelte sie in der Kindheit, ohne daß dies in irgend einer Form an Anforderungen gekoppelt war: *„Ich liebe dich, weil du bist."*

Hier spricht man von der sogenannten „Seins-Orientiertheit".

Auf der anderen Seite stehen Menschen, die überwiegend tuns-orientiert erzogen worden sind. Das heißt, ihnen gegenüber wurde zum Ausdruck gebracht: *„Ich liebe dich, weil (oder wenn) du das oder das getan hast."*

Seins-orientierte Menschen, so lehrt die Psychologie, erwarten, von der Welt geliebt zu werden, ohne Großartiges geleistet zu haben. Sie erwarten, bewundert zu werden, allein aufgrund der Tatsache, weil sie da sind. Sie tun sich üblicherweise in unserer Konkurrenzwelt, in unserer Ellenbogengesellschaft schwer. Plötzlich sehen sie sich mit einer Umgebung konfrontiert, wo es um Leistung geht. Dagegen begehren sie auf. Seins-orientierte Menschen sind deshalb gegen Benotungssysteme und Wettbewerbe und lehnen sich gegen tuns-orientierte Kriterien auf.

Auf der anderen Seite stehen wie gesagt die tuns-orientierten Menschen. Sie wurden in Ihrer Kindheit so erzogen, daß immer dann ein Lob kam, wenn sie etwas geleistet hatten, sonst nicht. Diese Menschen erwarten, daß sie immer dann ein Lob erhalten, wenn sie etwas geleistet haben.

„Papa, schau mal, was ich gerade gemalt habe." „Mama, komm mal her, ich habe wieder einen Einser im Diktat." „Schau mein gutes Zeugnis an!" „Guck mal, Oma, ich kann einen Handstand!"

All das sind Dinge, die in Richtung Tuns-Orientierung zielen. Solche Menschen, so die Herren Psychologen, reagieren auch später tuns-orientiert. Sie sind von der Erziehung her auf Erfolg programmiert. Sie sind darauf getrimmt, Leistungen zu erbringen, weil sie wissen, daß sie nur dann Anerkennung erhalten. Diese Leute sind gerade für Benotungssysteme, für Wettbewerbe. Wenn diese Mitarbeiter etwas „vollbracht" haben, dann kommen sie auch und holen sich die Bestätigung, während seins-orientierte Mitarbeiter ihre Umsätze auch ohne viel „Fanfaren" abliefern. Die Tuns-Orientierten haben jedoch bei sich einen wichtigen, gefährlichen Punkt zu beachten: Sie sind motiviert und setzen Himmel und Hölle in Bewegung, etwas Besonderes zu leisten. Während der Ausführung stellen sie sich schon vor, wie sie hinterher dafür gelobt werden. Wenn die Führungskraft nun keinen Blick dafür hat, sondern es als Selbstverständlichkeit ansieht, dann bleibt das Lob aus. Und jetzt kommt's: Jetzt verliert für den Tuns-Orientierten die *gesamte* Tat ihren Sinn und Zweck. „Es war alles umsonst". Das Ergebnis der Tat selbst spielt plötzlich keine Rolle mehr. Der Mitarbeiter versinkt in Selbstmitleid und Lethargie. Also, liebe Führungskräfte, Augen auf.

DER GROSSE UNTERSCHIED

Es ist also ein fataler Fehler, alle Menschen *gleich* zu behandeln. Tatsächlich gibt es zahlreiche Managementschulen, in denen zwischen verschiedenen Führungsstilen unterschieden wird. Da gibt es den kooperativen Führungsstil, den autoritären, den unterstützenden, den kompetenzübertragenden und noch 33 andere Führungsstile. Dies alles hat mit Sicherheit seine Existenzberechtigung. Meine Erfahrung jedoch besteht darin, daß man immer den Menschen, den man gerade vor sich hat, individuell ansprechen muß. Es ist ein äußerst fataler Fehler, Menschen über einen Kamm zu scheren. Es gibt keine Raster für Verstehen. Es gibt keinen Ersatz für Verständnis.

Und einen Punkt müssen Sie als Führungskraft wissen und verstehen: Jeder Mensch braucht Anerkennung und Wertschätzung. Oder einfach nur Zuwendung, daß man sich also wenigstens mit ihm auseinandersetzt. Und genau hier machen die meisten Führungskräfte den gravierendsten Fehler.

DIE RICHTUNG DES AUGENMERKS

Beantworten Sie sich doch einmal folgende Frage: „Um welche Ihrer Mitarbeiter kümmern Sie sich am meisten? Um die, bei denen es läuft oder vielmehr um die, bei denen es nicht läuft?"

Meistens wird es so sein, daß Sie sich immer mit den „Problemkindern" auseinandersetzen, stimmt's? Und genau das ist der Fehler. Die Erfolgreichen beginnen sich plötzlich zu fragen: „Warum sitzt der Chef immer mit dem und dem Kollegen zusammen? Was machen die, was ich nicht mache? Aha, die machen keinen Umsatz. Das muß ich auch mal probieren!" Der Umsatz wird zurückgefahren und siehe da, schon steht der Chef auf der Matte.

Dies alles denkt der Erfolgreiche nicht wirklich bewußt, aber unbewußt läuft genau dies ab. Menschen sind darauf gepolt:

Lieber eine negative Zuwendung als gar keine.

Tadel oder Kritik sind ihm also immer noch lieber als überhaupt keine Aufmerksamkeit.

DAS ERFOLGSGEHEIMNIS

An dieser Stelle verrate ich Ihnen nun mein Erfolgsgeheimnis im Bereich der Mitarbeiterführung:

KONKURRENZ IM EIGENEN GESCHÄFT

Ich weiß nicht, ob Sie sich im Moment vorstellen können, wie immens wichtig dieser Satz ist. Die meisten Führungskräfte verbringen viel zu viel Zeit immer mit den gleichen Leuten. Wenn dies dann noch die eher erfolglosen Mitarbeiter sind, ist es doppelt schlimm. Die beste Methode, erfolglose Mitarbeiter anzustacheln ist es, sich um die erfolgreichen zu kümmern. Die beste Methode, die erfolgreichen noch besser zu machen ist es, den erfolgreichen andere, und zwar noch erfolgreichere daneben zu stellen! Dies ist nicht nur wichtig für den Mitarbeiteraufbau und für die Führung der bestehenden Mitarbeiter, sondern auch für die Motivation der Führungskraft selbst. Wenn Ihr Job also darin besteht, Monat für Monat den gleichen Leuten das Gleiche zu erzählen, dann wissen Sie jetzt, was Sie zu tun haben. Ihre bestehenden Mitarbeiter werden Augen machen.

Geben Sie nie einem Mitarbeiter das Gefühl, geschäftlich unersetzlich zu sein. Ein Mensch, der sich für unersetzlich hält, möge einmal auf einem Friedhof spazieren gehen. Der ist voll von Menschen, die sich für unersetzlich gehalten haben.

Lernt die Führungskraft, zwischen einzelnen Menschen zu differenzieren, weiß sie, daß jeder Mensch seine eigene Persönlichkeit hat, seine eigenen Neigungen, Vorlieben, Stärken und Nichtstärken, so ist sie bereits meilenweit jeder Führungskraft überlegen, die nicht individuell auf den Mitarbeiter eingeht.

DIE VORBILDFUNKTION

Vorbild zu sein, ist nicht nur die wirksamste Führungsmethode, nein, es ist die einzig wirksame!

Es gibt mehrere hochinteressante Untersuchungen, die beweisen, daß eine Führungskraft nur dann zur Führungspersönlichkeit taugt, wenn sie eine Vorbildfunktion ausüben kann. Es kann nicht angehen, daß der Firmenchef beispielsweise einfordert, das Licht auszumachen, wenn man den Raum verläßt, um Geld zu sparen oder daß die Mitarbeiter zwei Stunden länger arbeiten müssen, wenn es finanziell klemmt und das ohne zusätzliche Bezahlung, während der Chef selbst am nächsten Tag mit einem neuen Mercedes der S-Klasse vor das Haus fährt. Ein Chef muß immer Vorbild sein. Ein Chef muß vorleben, was er von anderen verlangt. Wenn er Kritik übt, so sollte er sie nur üben, wenn er selbst die Sache besser kann.

Kritik sollte trotzdem immer nur unter vier Augen stattfinden. Alles andere ist ein Fehler. Lob kann man vor versammelter Mannschaft aussprechen, Kritik nie.

Ausnahme: Sie kritisieren die gesamte Mannschaft. Auch das kann manchmal nötig sein. Manche Führungskräfte schauen zu lange zu, wenn Mitarbeiter unproduktiv sind. **Dulden Sie keine Unproduktivität!**

Aber bleiben wir noch einen Moment bei der Vorbildfunktion: Da in einem Unternehmen alle an einem Strang ziehen müssen, gilt es zunächst einmal, das zu leben und vorzuleben, was man von seinen eigenen Leuten verlangt. Das gilt für jede Führungskraft. Es gibt den herrlichen Satz, der da heißt:

„Wenn man die Treppe kehrt, fängt man oben an".

Wenn Mitarbeiter sich wohlfühlen, so ist nicht zuletzt der Chef und sind nicht zuletzt die Führungskräfte dafür verantwortlich. Überspitzt könnte man sagen, wenn ein Mitarbeiter ein Magengeschwür bekommt, sollte man getrost auch einmal das Verhalten des Chefs in Augenschein nehmen. Dies ist natürlich wieder nur eine relative Wahrheit. Aber der Chef und die Führungskräfte besitzen eine ungleich größere Verantwortung als der Mitarbeiter. Wer Menschen führt, muß eines beherzigen:

„Nicht die Mitarbeiter sind für Sie da, sondern Sie sind für die Mitarbeiter da!"

KOMMUNIKATION

Es gibt eine entlarvende Umfrage, die ich an dieser Stelle zitieren möchte. Sie wurde mit 100 Chefs durchgeführt. Willkürlich wurden Führungskräfte im Handwerksbereich interviewt.

Die Situation: Frühstückstisch.

Personen anwesend: *Er* und *Sie*.

Folgender Dialog findet statt:

Sie: *„Schmeckt's?"*

Er: *„Hmm!"*

Sie: *„Nun sag doch, schmeckt's?"*

Er: *„Hmm!"*

(Fünf Minuten später.)

Sie: *„Sag doch endlich, schmeckt es dir?"*

Er: *„Wenn es mir nicht schmeckt, werde ich es dir schon sagen!"*

Danach wurden die Chefs befragt, was sie von dieser Kommunikation halten. Nahezu 100 befanden dies als unmögliche Kommunikation. Doch genau die gleichen 100 Chefs bekamen in einem ganz anderen Zusammenhang später folgende Frage gestellt: „Was halten Sie von Lob am Arbeitsplatz?". Es ist fast nicht zu glauben, aber über 60 % dieser Chefs rangen sich zu folgender unglaublichen Aussage durch:

„Nicht geschimpft ist gelobt genug!"

Genau dieser Satz ist meiner Meinung nach allzu sehr verbreitet in den Chefetagen der Bundesrepublik Deutschland.

Zugegeben, auch Chefs sind Menschen, das vergißt man manchmal. Auch Chefs wurden seins- oder tuns-orientiert erzogen (meistens tuns-orientiert). Auch Chefs haben ihre Probleme. Auch Chefs hungern nach Bestätigung, ob sie's zugeben oder nicht (am meisten nicht vor sich selbst). Auch Chefs suchen das Gespräch und brauchen Anerkennung. Sie lieben es wirklich, wenn man ihnen zu verstehen gibt, daß man ohne sie nie dorthin gekommen wäre, wo man jetzt steht. Auch Chefs sind Menschen, kurz gesagt.

Aber trotz all dieser Einwände, die natürlich richtig sind und trotz dieser Tatsache, daß Chefs letztlich auch nur Menschen mit Stärken und Nicht-Stärken sind, gilt doch nach wie vor der Satz, daß Chefs eine hohe Kommunikationsfähigkeit besitzen sollten. Sie müssen mit ihren Leuten *reden*. Sie müssen Lob aussprechen können. Sie müssen Anerkennung zollen können. Sie vergeben sich nichts, wenn Sie einem Mitarbeiter mitteilen, daß er eine Sache außerordentlich gut gemacht hat. Das ist die dringlichste Voraussetzung, wenn man will, daß sich Mitarbeiter in einem Unternehmen wohlfühlen. Aber es ist nicht alles.

UNSICHERHEIT

Es gibt nichts Schlimmeres in einem Unternehmen, als eine Konkurrenzsituation, bei der ständig der eigene Arbeitsplatz auf dem Spiel steht. Heute, bei etwa 11 % Arbeitslosen in der Bundesrepublik Deutschland, ist dieses Thema besonders aktuell. Das heißt, es kann nicht angehen, daß jemand in einem Unternehmen arbeitet und ständig darum bangt, daß er seinen Arbeitsplatz verliert.

Es gibt den makaberen Satz, der da lautet:

„Schau dich in deiner Firma um nach einer Person, die dich ersetzen könnte, und wenn du sie gefunden hast, schmeiß sie raus. Nur so wirst du deinen Job behalten!"

Dieser Satz, der sehr viel weiter verbreitet ist als man denken könnte, bezeichnet die Situation, in der sich viele Arbeitnehmer heute in Betrieben befinden. Nicht nur, daß die Aufstiegsmöglichkeiten in den meisten Unternehmen sehr gering sind – im Gegensatz zu unserem Unternehmen –, viel schlimmer ist die ständige Angst um den Arbeitsplatz. Aber mit Angst kann niemand gedeihen. Wohlbefinden und Leistung sind nur möglich, wenn Menschen motiviert sind. Im Idealfall hochmotiviert. Wie aber gelingt das?

MOTIVATION

Es rankt sich heute eine regelrechte Wissenschaft darum, wie man Menschen am besten motiviert. Viele Bücher sind darüber geschrieben worden, und alle möglichen Klassifizierungsversuche wurden unternommen. Wir gehen davon aus, daß Führungskräfte ihre Mitarbeiter vor allem motivieren müssen. Hier wiederhole ich noch einmal die in den ersten Kapiteln genannten Aussagen:

Wir können andere Menschen nicht motivieren. Dieser Satz wirkt im ersten Moment unglaubwürdig, denn Sie werden sich sagen, daß Sie schon einige Schulungen veranstaltet haben, aus denen die Teilnehmer motiviert herausgegangen sind.

Es gibt heute ganz bekannte Motivationstrainer, die so eine Show abziehen, daß gleich ein paar hundert Teilnehmer danach rausfliegen wie auf Wolken. Dies ist schon richtig. Dieser vermeintliche Widerspruch ist ganz einfach zu erklären. Die Teilnehmer, die auf solche Vorträge oder in Seminar gehen, *wollen* motiviert werden und genau das ist der feine Unterschied. Mit anderen Worten: Die Teilnehmer sind motiviert, motiviert zu werden. Und genau das ist der Schlüssel. Versuchen Sie einmal, einen Menschen, der das, was Sie ihm sagen, einfach nicht haben oder tun will, zu motivieren. Sie können sich den Mund fusselig reden, es wird nichts, aber auch gar nichts passieren. Vielleicht haben Sie das schon in dem einen oder anderen Verkaufsgespräch erlebt. Sie können dann um alles in der Welt nicht verstehen, daß Ihr Gegenüber nicht „begreift", was Sie ihm sagen wollen.

Sie müssen erkennen, daß das Problem bei Ihnen selbst liegt. Und hier nun ein etwas spaßiger, aber umso bedeutenderer Satz:

Der Wurm muß dem Fisch schmecken und nicht dem Angler!

Sie müssen zuerst dieses Gesetz erkennen und für sich annehmen, bevor Sie im Verkauf oder in der Mitarbeiterführung langfristig Erfolg haben können.

Also: Wir können andere Menschen nicht motivieren, etwas zu tun, was sie selbst nicht wollen. Vielleicht gibt Ihnen dieser Satz eine Erklärung für manches in der Vergangenheit.

Menschen tun etwas aus ihren eigenen Gründen oder sie tun es überhaupt nicht!

Um Erfolg zu haben, brauchen wir immer Menschen: Kunden, Empfehlungsgeber, Mitarbeiter, Kontakte, Freunde, Gesellschaften, Produktanbieter und so weiter.

Menschen helfen uns entweder freiwillig oder gar nicht. So, meine lieben Führungskräfte, und jetzt aufgepaßt: Ich wiederhole in diesem Zusammenhang noch einmal den bereits kurz angesprochenen Zusammenhang von Motivation und Manipulation. Motivation und Manipulation liegen sehr eng beieinander. Doch es gibt einen kleinen, aber alles entscheidenden Unterschied:

Der Manipulierende benutzt sein Gegenüber lediglich, um seine eigenen Ziele zu erreichen.

Der Motivierende hilft seinem Gegenüber, *dessen* Ziele zu erreichen, um *dadurch* die eigenen zu erreichen! Wenn also ein Kunde nicht die Euphorie entwickelt, die Sie eigentlich erwartet haben, dann kann das daran liegen, daß Sie Ihre eigenen Ziele verfolgt haben. Was aber meistens vorkommt ist, daß Sie *die* Ziele verfolgt haben, von denen Sie *glauben*, daß der Kunde sie ebenfalls haben dürfte. Es kann jedoch sein, daß der Kunde insgeheim völlig andere Ziele hat, als Sie sich je vorstellen können. Nun können Sie argumentieren wie Sie wollen. Der Kunde wird Ihr Produkt „einfach nicht verstehen". Eine Bemerkung am Rande: Wissen Sie jetzt, warum bei uns der Kunde das Blatt „Ihre Vorteile auf einen Blick" selbst ausfüllt??

Doch zum Thema „Verkauf" komme ich im letzten Kapitel noch genauer. Sie dürfen gespannt sein.

Warum gehe ich an dieser Stelle plötzlich auf den Bereich „Verkauf" ein, obwohl das Kapitel doch „Mitarbeiterführung" heißt?

Wenn Sie in den vorherigen Zeilen etwas Grundlegendes erkannt haben, können Sie diese Frage mit Sicherheit sofort beantworten.

Nochmal: Menschen helfen uns aus ihren eigenen Gründen oder gar nicht. Ob dies nun Kunden sind oder Mitarbeiter. Beleuchten wir nun in diesem Kapitel „Mitarbeiterführung" den Bereich Motivation einmal genauer.

WAS BEDEUTET MOTIVATION?

Im Wort „Motivation" steckt das Wort „Motiv". Dieses Wort kommt vom lateinischen „movere", was übersetzt „bewegen" heißt. (Sie kennen auch den englischen Infinitiv „to move".) „Motio" bedeutet Bewegung.

Ein Motiv ist also nichts anderes als ein *Beweggrund*. Und was glauben Sie, von wem dieser Grund, sich zu bewegen, stets kommen muß? Na klar. Vom Mitarbeiter selbst und nicht von Ihnen! Einen *Beweggrund* könnte man auch als sogenanntes *unbefriedigtes Bedürfnis* bezeichnen. Was ist nun das Ziel? Dieses unbefriedigte Bedürfnis zu befriedigen. Klingt doch logisch, oder?

Wenn also nun ein Mensch ein Bedürfnis hat, das heißt, ein Ziel vor Augen hat, das er erreichen will, dann nimmt er ein Verhalten an, von dem *er* glaubt, daß es ihn zu seinem Ziel führt oder zumindest diesem näherbringt. Diese Kette sieht nun folgendermaßen aus:

Lieber Leser, stellen Sie sich einmal vor, ein Mensch hat ein sehr deutliches Motiv, nämlich das Motiv „Hunger". Was ist nun sein Ziel? Überlegen Sie scharf, ob Ihre erste, spontane Antwort richtig ist. Lassen Sie sich ruhig ein paar Sekunden Zeit dafür. Lesen Sie also noch nicht weiter!

Nein, Sie sollen noch nicht weiter lesen!

Immer noch nicht!

Hören Sie endlich auf zu lesen und machen Sie sich zuerst Gedanken!

Es ist doch immer dasselbe! Haben auch Sie dauernd weitergelesen?
Ein Motiv von Menschen ist zum Beispiel, alles wissen zu wollen, Neugierde also.

Doch zurück zu meiner Frage:
Was also ist das Ziel?
Nein, es ist eben nicht „essen".
Das ist das Verhalten. Das Ziel heißt anders, nämlich „SATT SEIN"! (Auch nicht „satt werden". Das kommt davon, wenn man keine Geduld hat, genauer nachzudenken ...)

ENTSCHEIDEND SIND DIE ZIELE DES MITARBEITERS

Nun stellen Sie sich einmal vor, Ihr Mitarbeiter hat das Ziel:
„Soviel Geld wie möglich mit sowenig Aufwand wie unbedingt nötig".
Auch das kann ein Ziel sein. Oder:
„Nur keine Verantwortung übernehmen, denn dann bist du der Depp, wenn etwas nicht funktioniert hat (Angst vor Fehlern)."
Und jetzt kommen Sie und versuchen, mit Ihren Zielvorstellungen diesen Mitarbeiter zu „motivieren". Sie können sich schon vorstellen, was passiert. Ein Satz mit „x". So, und nun gehen Sie mit Ihrer ganzen Kompetenz an diese Sache ran und sagen diesem Mitarbeiter, was er *zu tun hat*.

VERHALTENSÄNDERUNG

Nun passiert folgendes: Sie schieben nun „Ihr Verhalten" zwischen *sein* Motiv und *sein* Ziel.

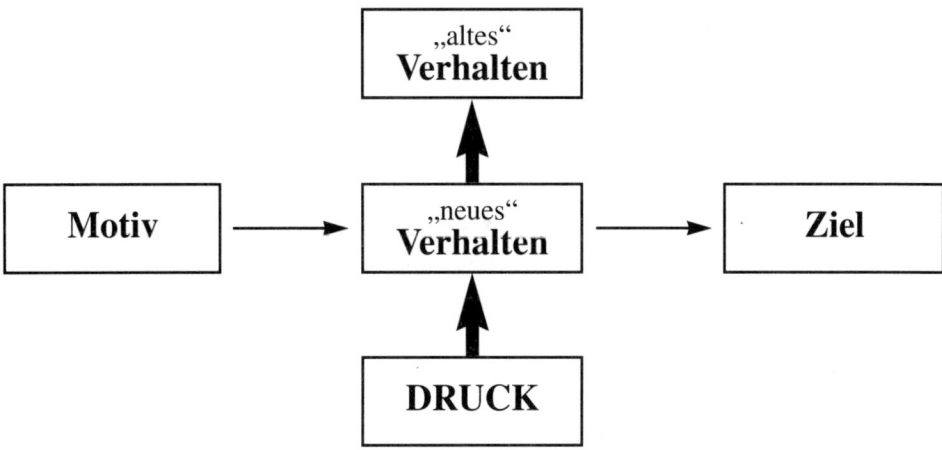

Und jetzt verändert der Mitarbeiter das (sein) Verhalten. Aber was glauben Sie, wie lange? Ich werde es Ihnen sagen: Genauso lange, wie Sie genau hinschauen und kontrollieren! Denn in Wirklichkeit will dieser Mitarbeiter dieses Verhalten nicht. Manchmal weiß er es selbst nicht. Vielleicht kennen Sie Leute, die sich den ganzen Tag im Geschäft rumdrücken und auf den Feierabend warten. (Oder die Leute, die man Robinson nennt; „Warten auf Freitag"). Zuhause können sie dann stundenlang vor dem PC sitzen und im Internet surfen oder ein sehr akkurater Schriftführer beim Sportverein sein und, und, und. Und plötzlich wird Faulheit relativ. Vielleicht können Sie meinen eingangs erwähnten Satz, der zugegebenermaßen etwas überspitzt ist, besser verstehen: „Es gibt keine schlechten Mitarbeiter. Es gibt nur schlechte Führungskräfte. Auch ich habe Mitarbeiter, bei denen ich festgestellt habe, daß sie einfach nicht die geborenen Außendienstler sind, aber intelligent und zielstrebig. Es gibt viele organisatorische Aufgaben in einem Unternehmen, die nicht unbedingt von den Verkäufern selbst zu erledigen sind. Organisation von Schulungen, von Besprechungen, von Büroabläufen und, und, und. Oder die Leute sind EDV-technisch fit. Ich habe schon manchen Mitarbeiter in anderen Bereichen plötzlich voll aufblühen sehen. Wenn Sie jedoch Mitarbeiter haben, denen Sie keine adäquate Aufgabe geben können, dann müssen Sie sich von diesen Leuten trennen. Sie tun allen Beteiligten keinen Gefallen, wenn Sie einfach weiter motivieren und versuchen zu helfen.

Doch kommen wir nun zu unserem Beispiel zurück.

Die Kunst des Führens von Mitarbeitern liegt hier darin, daß Sie bei jedem Mitarbeiter den „Klingelknopf" finden müssen. Sie müssen um alles in der Welt herausfinden, was dieser Mitarbeiter wirklich will. Was sind *seine* Ziele. Wenn nun in Ihrem Geschäft die Möglichkeit besteht, diese Ziele zu realisieren, dann müssen Sie dem Mitarbeiter dies auch sagen!

KONKRETE SCHRITTE

Also, fassen wir nun die konkreten Schritte zusammen:

1. Was sind die Wünsche Ihres Gegenübers?
2. Diese Wünsche als Ziel definieren.
3. Mit welchem Verhalten innerhalb Ihres Unternehmens kann der Mitarbeiter dieses Ziel erreichen? Also wie, wodurch, bis wann, in welcher Form genau?
4. Einen genauen Aktionsplan gemeinsam mit dem Mitarbeiter erstellen.
   Was sind die ersten Schritte, was kommt als nächstes und so weiter.
5. Umsetzung dieser Aktionen.

Wenn der Mitarbeiter sein Verhalten nur für kurze Zeit ändert, was wissen Sie dann? Richtig, es war nicht sein wirkliches Ziel.

Wir können nicht jeden Mitarbeiter erfolgreich machen, aber es ist viel wichtiger und richtiger, den Hebel am *Ziel* anzusetzen statt dauernd am *Verhalten*.

Zusammenfassend also lautet die Regel:

*„**Zeige** einem Menschen, was **er** haben will und er wird Himmel und Hölle in Bewegung setzen, um es zu bekommen."*

Wenn Sie das geschafft haben, wird Ihr Mitarbeiter von sich aus ein anderes Verhalten an den Tag legen. Ist doch logisch, denn er verfolgt nun ein anderes Ziel.

Dies alles ist jedoch nur dann möglich, wenn es um *Ziele* geht, für die es sich auch lohnt, zu kämpfen. Es muß sich um *Ziele* handeln, die nicht nur dem Chef dienen, sondern diese *Ziele* müssen dem Mitarbeiter persönlich etwas bringen. Es müssen die *Ziele* des Mitarbeiters sein. Und jetzt kommt der Hammer: Wenn der Mitarbeiter bei sich selbst gesehen hat, wie und daß dieses funktioniert, dann findet auch bei ihm ein Umdenken bezüglich der Ziele seiner Kunden statt und er wird fortan seinen Kunden dabei helfen, deren Ziele zu erreichen. Wenn man dies entdeckt, so resultiert daraus auf einmal eine Verhaltensänderung, die atemberaubend ist.

Speziell wenn solche Mitarbeiter sehen, daß sie die *Ziele*, die sie sich anfänglich gesteckt haben, tatsächlich erreichen konnten, ja nach kürzester Zeit erreichen konnten, beginnen sie aufzublühen. Plötzlich stecken sie sich sogar sehr viel höhere Ziele. Unversehens beginnen sie, an sich zu *glauben*. Und hiermit sind wir bei einem enorm wichtigen Punkt angelangt. In dem Moment, wo ein Mensch an sich glaubt, wo er Selbstvertrauen gewinnt, kann er tatsächlich Berge versetzen.

MEINE TOCHTER

Meine mittlere Tochter mit dem Namen Alica ist gerade acht Jahre alt. Wenn dieses Buch erscheint, wird sie neun Jahre zählen.

Vor drei Jahren befand sich die Familie Rupp – Monsieur und Madame plus drei Töchter – im Urlaub. Wir waren davon überzeugt, daß Alica in diesem Sommer das Schwimmen lernen würde und ich wollte ihr dabei helfen. Also ging ich mit ihr ins Wasser. Mit Schwimmflügeln an den Ärmchen ging sie nun mit mir in den Pool. Ich hielt sie am Bauch fest und erklärte ihr die Bewegungen.

Alica aber hatte furchtbare Angst. Sie hatte ständig Furcht, daß ich sie loslassen könnte. Deswegen hielt sie sich immer wieder an mir fest, aber wenn man sich mit den Händen festhält, kann man nicht schwimmen lernen. Wie auch immer, es wurde nichts daraus. Wir wiederholten diese Versuche an mehreren Tagen, aber es änderte sich nichts.

Eines Nachmittags kam unsere älteste Tochter Julia zu uns und rief:
„Papa, Mama, kommt schnell, Alica schwimmt im Erwachsenen-Becken."
Zuerst waren wir erschrocken, doch die freundliche Miene von Julia beruhigte uns schnell wieder. Wir spurteten also alle zum Pool. Und was stellten wir fest?

Alica schwamm quietschend und überglücklich zwischen den Erwachsenen umher. Zwar noch mit den Schwimmärmelchen, aber immerhin in den tieferen Bereichen des Pools. Am Abend sprach ich dann mit meiner Frau darüber. Sie kennt das Thema „Motiv-Verhalten-Ziel" auch. Sie klärte mich über des Rätsels Lösung auf: Sie erzählte mir, daß sie am Tag zuvor draußen am Meer vor dem Hotelgelände mit Alica spazierengegangen sei. Dort habe sie viele Surfer gesehen, die über die Wellen glitten. Alica hätte auf einmal ganz beiläufig gesagt:
„Mama, ich möchte morgen auch surfen."
Ohne sich viel dabei zu denken sagte meine Frau ganz nebenbei:
„Du kannst doch noch nicht einmal schwimmen, Alica ..."
Das Ergebnis habe ich bereits vorausgeschickt. Am nächsten Tag also schwamm Alica fröhlich und lachte vor Vergnügen – sie konnte aus ihrer Sicht schwimmen! Was gelaufen war, wurde meiner Frau erst klar, als Alica aus dem Pool stieg und

zu ihr lief mit den Worten: *„So Mama, und jetzt lerne ich surfen!"*

Überflüssig zu sagen, daß Alica heute wie ein Fisch im Wasser schwimmt. Um den wichtigen Punkt noch einmal zu fokussieren: die Eigendynamik war der Ausgangspunkt gewesen. Alica hatte ein *Ziel*.

JULIA

Ein ganz anderes Beispiel wurde mir von meiner ältesten Tochter Julia vorgeführt. Vorausschicken muß ich, daß sie schon seit ihrem vierten Lebensjahr Klavierunterricht bekommen hatte – bei einem etwas älteren, strengen Herrn. Durch ihn hatte sie hauptsächlich mit der Klassik Bekanntschaft gemacht. Wenn sie einmal ihre Klavierhausaufgaben nicht absolviert hatte und wenn etwas nicht so funktionierte, war sie richtig demotiviert. Als sie acht Jahre alt war, sagte meine Frau eines Abends mit nachdenklicher Miene zu mir, daß Julia sich entschlossen habe, mit dem Klavierspielen aufzuhören. Darauf führte ich mit Julia ein Gespräch. Auch mir teilte sie ihren Entschluß mit. Ich fand es wirklich sehr schade, denn sie spielte schon relativ gut.

Auch in meinem Leben spielt Musik eine wichtige Rolle. Ich finde, daß Musik etwas Wunderbares ist und würde aus diesem Grund nie irgend jemanden zwingen, Musik zu machen. Das hat die Musik nicht verdient. Entweder man spielt gerne oder es hat keinen Sinn! Für Zwang oder Müssen wurde die Musik nicht erschaffen. Dies sagte ich auch zu Julia. Ich stellte ihr jedoch in Aussicht, mich nach einem Musiklehrer umzuschauen, der auch modernere Musik miteinfließen läßt. Ich gab ihr abschließend einen Tag Zeit, ihren Entschluß noch einmal zu überdenken und mir dann ihre Entscheidung mitzuteilen. Ich sagte ihr aber schon bei diesem Gespräch, daß ich auf jeden Fall ihren Entschluß akzeptieren würde, wie immer er auch ausfallen möge.

Am nächsten Abend kam Julia zu mir und offenbarte mir ihre Entscheidung: *„Ich höre auf!"*, sagte sie. Ich akzeptierte ihre Entscheidung.

Nun begannen meine Frau und ich im Hintergrund tätig zu werden: Wir hörten uns in der nahegelegenen Musikschule nach einem jungen Klavierlehrer um, der auch im Pop-Bereich aktiv war.

Es gibt heute, nebenbei bemerkt, Kassetten mit moderner Pop-Musik, Swing und Rock and Roll und entsprechende Klaviernoten dazu. Bei den Aufnahmen fehlt nur noch das Klavier, das man mit diesen Noten dann dazu spielen kann. Eine tolle Geschichte! Solche Kassetten-Noten-Sets besorgte ich.

Doch das Wichtigste kommt jetzt: Wir setzten alle Hebel in Bewegung, um

Karten zu bekommen für ein Klavierkonzert von Justus Frantz. Hierbei handelte es sich um ein Klassikkonzert im Kultur- und Kongreßzentrum Weingarten. Wir besorgten drei Karten. Julia durfte mit ... Sie war hin und weg von diesem Konzert. Mit großen Augen saß sie neben mir und strahlte über das ganze Gesicht. Am nächsten Tag teilte ich ihr mit, daß ich mit einem jungen Klavierlehrer gesprochen habe und der auch zu uns nach Hause käme, um sie zu unterrichten, wenn sie wolle. *„Ich überleg's mir nochmal"*, sagte sie. Ein paar Tage später kam sie dann mit dem Vorschlag, den Lehrer mal kennenzulernen. *„Mal sehen, was der drauf hat ..."*.

Kurz darauf kam der Klavierlehrer vorbei und gab ihr eine Klavierstunde.

Ich glaube, Sie wissen, wie die Geschichte weitergegangen ist. Seitdem spielt Julia wieder Klavier – aber voller Freude. Dies ist schon fast fünf Jahre her, der Klavierlehrer kommt auch heute noch jede Woche zu uns und Julia spielt schon richtig gut. Ist es wirklich immer notwendig, Kinder zu etwas zu zwingen, wenn sie etwas nicht wollen? Viele Führungskräfte und Chefs führen ihre Mitarbeiter genauso, wie sie es am eigenen Leib in ihrer Kindheit erfahren haben. Doch dies ist ein weites Feld, das uns zu weit vom Thema wegbringen würde.

EIN ANDERES BEISPIEL

Viele Menschen sind mit ihrem Gewicht nicht zufrieden. Die meisten derer möchten gerne abnehmen. Ganz schlimm wird es, wenn diese Leute schon einmal von der Programmierung des Unterbewußtseins gehört haben. Denn dann lautet das Programm: ABNEHMEN!

Was also passiert nun? Diese Menschen nehmen dauernd ab.

Nur, sie müssen zwischendurch wieder das vorherige Gewicht erreichen, denn sonst hätten sie nichts mehr abzunehmen. Sie können ja nicht abnehmen, bis nichts mehr da ist. Also abnehmen, zunehmen, abnehmen, zunehmen und so weiter. Das Ziel ist „ABNEHMEN" und nicht ein bestimmtes Zielgewicht oder eine kleinere Kleidergröße oder ein bestimmtes klares Bild des Aussehens oder der Figur. Darin liegt der Knackpunkt. Manche Menschen brauchen aber auch insgeheim diese Körperfülle, um etwas darzustellen oder um einer Meinung oder Aussage mehr „Gewicht" zu verleihen. **Das, was in Wirklichkeit unser Ziel ist, werden wir erreichen!**

DIE GRUNDLEGENDE MOTIVATION

Es gibt zahlreiche Psychologen, die sich mehr oder minder erfolgreich darin versucht haben, die grundlegenden Motivationen des Menschen herauszufinden. In diesem Zusammenhang ist es interessant, festzuhalten, daß einige Neunmalkluge glauben, in der Finanzdienstleistungsbranche seien die Leute am besten mit *Geld* zu motivieren.

Ich bin jedoch völlig anderer Ansicht. Es ist zwar richtig, daß man auch gutes Geld verdienen will, alles andere wäre geheuchelt. Aber ich habe festgestellt, daß Geld der schlechteste Motivationsfaktor überhaupt ist. Und das ist auch gut so. Denn wieviele Menschen wechseln den Job von einem höheren zu einem geringeren Einkommen, weil es ihnen vorher einfach nicht mehr gefallen hat. Wenn sich ein Mensch in einem Umfeld richtig wohlfühlt und als Mensch geschätzt und geachtet wird, dann bleibt dieser Mitarbeiter. Wenn nun noch die Randbedingungen passen, dann stimmt die Sache und man arbeitet über viele Jahre miteinander. In meinem Unternehmen sind einige, die schon von Anfang an dabei sind und auch Kolleginnen und Kollegen, mit denen ich schon vor Gründung unserer Firma vor 11 Jahren zusammengearbeitet haben. Ich denke, 14 Jahre freundschaftliche und vertrauensvolle Zusammenarbeit sprechen für sich.

Es gibt wichtigere „Motivationsfaktoren" als Geld!

ANREIZE SCHAFFEN

Wenn Sie einem Mitarbeiter beispielsweise einen bestimmten Umsatz vorgeben und ihm als Belohnung eine Videokamera oder einen Fernseher in Aussicht stellen oder auch eine schöne Reise – was macht dann dieser Mitarbeiter? Nun, er legt los und kämpft. Er engagiert sich.

Tatsache ist nun, daß sich dieser Mitarbeiter bei seinem enormen Einsatz den Fernseher oder die Videokamera fünfmal hätte kaufen könnte – oder auch die Reise. Es geht also überhaupt nicht um den Wert des Objektes oder die Schönheit der Reise. Es geht darum, daß man etwas erreicht hat. Es geht darum, gemeinsam mit Freunden eine Reise zu unternehmen, am Strand zu liegen oder an einer Poolbar zu sitzen. Man kann seinen Freunden erzählen, daß man es geschafft hat. Man kann seinem Lebenspartner, seinen Kindern damit eine Freude bereiten und, und, und. Jeder hat seine eigenen Gründe. Liebe Führungskräfte, Anerkennung und Wertschätzung der Persönlichkeit, Lob vor anderen, Kritik nur der Leistung und nur unter vier Augen – dies alles sind für mich wichtige Grundregeln im Umgang mit Mitarbeitern.

Wissen Sie was, ich verrate Ihnen hier mal etwas. Es ist bei uns oft der Fall, daß wir bei mehrtägigen Seminaren abends in einem Restaurant oder in einer Hotelkegelbahn sitzen und plötzlich kommen Mitarbeiter, die nicht auf dem Seminar sind, einfach dazu und verbringen den Abend mit uns. Das hat keiner vorgeschrieben oder sonst was. Ich denke dann immer bei mir, ob dies wohl in vielen Firmen der Fall ist, daß man den Chef und Kollegen am Samstag abend auch noch sehen will. Dics soll nun als Basis genügen. Wenn Sie diese Einstellung zu Ihren Mitarbeitern haben, dann können Sie Ihren Leuten in Zukunft nicht nur einen Job, sondern auch eine berufliche Heimat bieten. Es liegt immer an der Geschäftsleitung. Doch kommen wir nun zur konkreten Einarbeitung neuer Mitarbeiter.

DIE RICHTIGE EINARBEITUNG: DER 6-STUFEN-PLAN

Bei der Einarbeitung neuer Mitarbeiter bzw. bei der Einführung neuer Tätigkeiten sollten Sie nach einem 6-Stufen-Plan vorgehen. Dieser sieht wie folgt aus:

1. Der Kontext
Wie Sie vielleicht bemerkt haben, habe ich Ihnen bei der Erklärung unserer Vorgehensweise als erstes den sogenannten „Kontext" geliefert. Können Sie sich erinnern? Was bedeutet dies im einzelnen?

Nun, „Kontext" bedeutet Zusammenhang. Der wichtigste Punkt in der Anfangsphase ist, daß Sie Ihrem neuen Mitarbeiter nicht nur erklären, was er jetzt zu tun hat, sondern Sie müssen ihm *zuerst* einen Überblick über das gesamte Geschäft vermitteln. Daraus entsteht etwas sehr Wesentliches. Der Mitarbeiter weiß dadurch nicht nur, *was* er zu tun hat, sondern vor allem auch *WARUM!* Hier ist es also wichtig, den Mitarbeiter in den ersten Tagen nach Möglichkeit gleich mal durch alle Abteilungen zu führen. Dadurch bekommt jede, auf den ersten Blick auch noch so stupide Tätigkeit ihren Sinn. Der Mitarbeiter muß wissen, daß das Rädchen, das er dreht, zwar noch klein, aber nicht weniger bedeutend ist.

2. Wie ist die einzelne Aufgabe zu erledigen?
Nun ist es wichtig, dem Mitarbeiter die ersten Schritte genau zu erklären und ...

3. Vorbild
... vor allem vorzumachen.
Also auch hier ganz wichtig: Führen durch Vorbild!

4. Nachmachen

Nun unternimmt der Mitarbeiter unter Aufsicht die ersten Schritte. Dies ist nun eine sehr wichtige Phase. Wenn Fehler vorkommen, müssen diese sofort besprochen werden. In der Anfangsphase ist es wichtig, sofortige Korrekturen vorzunehmen. Was aber, wenn der Mitarbeiter es richtig macht? Das, liebe Führungskräfte ist ein Punkt, der am meisten unterschätzt wird.

5. Bestätigung

Gerade in der Einarbeitungszeit ist es besonders wichtig, die Neulinge bei ihren ersten eigenen Schritten sofort zu bestätigen. Jede Anerkennung und Wertschätzung gibt dem neuen Mitarbeiter Kraft. Was aber noch viel wichtiger ist: Der Mitarbeiter gewinnt daraus den Glauben an sich. Den Glauben also, daß er es schaffen kann.

6. Üben

Damit aus dem Gelernten Routine wird, muß es der neue Mitarbeiter immer wieder üben, bevor die nächste Aufgabe dran kommt. Wenn Sie zu schnell neue Tätigkeiten hinzupacken, ist dies vergleichbar mit einem Regal. Sie können immer noch mehr Waren vorne dazu schieben. Doch irgendwann ist das Brett voll. Mit allem weiteren, was dazu kommt, fällt hinten eines runter. Das kann nicht Sinn der Sache sein.

Mit diesem 6-Stufen-Plan wird eine Aufgabe nach der anderen geschult. Nachdem der Mitarbeiter das gesamte Geschäft beherrscht, wird er abschließend in die Feinheiten und Hintergründe eingewiesen. Diese würden ihn während der Ausbildung überfordern. Sie wissen jetzt, warum ich bei der Erklärung unserer Dienstleistung genau so vorgegangen bin.

DIE 4 STUFEN DES LERNENS

Das Ganze möchte ich Ihnen nochmals aus einer anderen Perspektive näherbringen: Mit den „4 Stufen des Lernens"!

1. Stufe: „Unbewußt unwissend"
Das heißt, wir wissen nicht, was wir nicht wissen. Und jetzt kommen wir in diese Materie, wir besuchen ein Seminar, erleben in der Praxis verschiedene Termine ...

Jetzt wechseln wir in die zweite Stufe.

2. Stufe: „Bewußt unwissend"
Erst jetzt erkennen wir so langsam, was es da alles zu lernen und zu wissen gibt. Wir stehen vor einer riesigen Wand. Diese Stufe wird von Führungskräften oft unterschätzt. Der größte Fehler, den Führungskräfte hier machen ist, daß sie zuviel voraussetzen!

3. Stufe: „Bewußt wissend"
Nach dem Lernen einzelner Aufgaben wissen wir, wie etwas zu tun ist. Wir fühlen uns schon relativ sicher.

4. Stufe   „Unbewußt wissend"
Dies ist nur durch das Üben zu erreichen. Wir sind uns dessen gar nicht mehr bewußt, was wir schon alles wissen und machen viele Dinge intuitiv richtig. Dieses vertieft sich dann in der täglichen Praxis.

Also stellen Sie sich nun noch einmal unsere Vorgehensweise vor. Ein Finanz-kaufmann, dessen Mitarbeiter unentwegt bei Inventurterminen unterwegs sind, tut jeden Tag nichts anderes, als Ergebnistermine zu sprechen. Verstehen Sie jetzt den tieferen Sinn von „unbewußt wissend"?

DIE TRAURIGE „PRAXIS"

Wie sieht es jedoch in vielen Unternehmen in der Praxis aus? Dem neuen Mitarbeiter wird nur in kurzen, unklaren Sätzen etwas hingeworfen und er soll dann selbst zurechtkommen. Er weiß nicht genau, was er zu tun hat, und vor allem weiß er nicht, warum dies notwendig ist. Er bekommt jetzt richtig psychischen Streß, denn gerade in der Anfangsphase will er ja nichts falsch machen, um nicht sofort als Versager dazustehen. Also wurschtelt er sich auf Gutdünken durch und – wie soll es auch anders sein – macht Fehler. Und nun kommt die Führungskraft und macht ihn zur Sau. So eine Führungskraft dürfte sich meiner Meinung nach nicht Führungskraft nennen. Denn diese Person hat vielleicht das beste Fachwissen und die größte Erfahrung der ganzen Firma; aber wie man mit Menschen umgeht, davon hat diese Person überhaupt keine Ahnung. Diese Person würde im Leben nie zugeben, daß sie selbst der Urheber dieser Fehlerkette war. Sprechen Sie einen Vorarbeiter bei einer Firma doch mal genau darauf an. Sie werden wahrscheinlich Ihr blaues Wunder erleben.

Untersuchen wir doch einmal in diesem Zusammenhang die Frage, warum dies so oft, viel zu oft im Alltag vorkommt. Einer der größten Fehler, den Führungskräfte unbewußt oder sogar bewußt machen, ist, daß sie Angst haben, Mitarbeiter könnten genau so gut oder noch besser werden, als sie selbst. Das sind keine Führungskräfte, sondern die Bremser der Nation. In den chinesischen Kampfsportarten sagt man:

„Das größte Kompliment, das ein Schüler seinem Lehrer machen kann ist, daß er ihn irgendwann besiegt."

Schauen Sie sich in diesem Zusammenhang noch einmal die Überschrift dieses Kapitels an. Dies ist die richtige Mentalität. Wie viele Chefs haben die größten Probleme bei den Themen Einweisungen und Delegieren. Warum? Weil sie heimlich in der Hoffnung leben, daß die Mitarbeiter Fehler machen. Dann kann der Chef wieder brüllend durch die Hallen poltern und aller Welt verkünden: „Nur was man selber macht, ist richtig gemacht." Das ist für mich keine Führungskraft, sondern in Wirklichkeit ein ganz armer Wicht. Er braucht sich nicht wundern, wenn ihm andauernd die Leute davonlaufen. Was sind das für Leute, die es brauchen, daß die gesamte Belegschaft stramm steht und in Ehrfurcht erstarrt, wenn der Chef den Raum betritt. Oder die sich daran ergötzen, daß der Mitarbeiter vor ihrem Schreibtisch zitternd in Richtung Kreislaufkollaps unterwegs ist. Wie gehen diese Leute wohl mit ihrer Familie um?

EINE FÜHRUNGSKRAFT MUSS FÜHREN

Ich möchte nicht, daß hier nun der Eindruck entsteht, ich wäre dafür, das alles immer ach so menschlich, weich und locker abläuft. Keineswegs. Eine Führungskraft muß führen und den Leuten klipp und klar sagen, was wie zu tun ist und warum. Außerdem ist es wichtig, daß die Führungskraft ihre konkreten Erwartungen klar zum Ausdruck bringt. Doch jetzt kommt der feine Unterschied. Die Führungskraft darf diese Forderung nicht kraft ihres Amtes stellen, sondern sie muß den Mitarbeitern sagen, was es den Mitarbeitern *selbst* bringt, wenn sie es tun! Hierbei verweise ich wiederum auf das Thema „Ziele der Mitarbeiter".

FÜHRUNGSMETHODEN

Im Wesentlichen unterscheide ich in der Einarbeitungszeit zwischen zwei Führungsmethoden: das unterstützende und das direktive Führen.

In der Anfangszeit muß der Mitarbeiter direktiv geführt werden. Er muß, wie in den vorangegangenen Ausführungen verdeutlicht, ganz klare Anweisungen erhalten. Sie werden feststellen, daß der Mitarbeiter auch dankbar dafür ist. Bei allen Teiltätigkeiten, die der Mitarbeiter nach dem 6-Stufen-Plan bereits vermittelt bekommen hat, können Sie langsam auf das unterstützende Führen übergehen. Je mehr der Mitarbeiter alleine kann, umso mehr müssen Sie auf das unterstützende Führen übergehen. Ansonsten kann der Mitarbeiter nicht verstehen, warum Sie ihm immer noch in aller Klarheit Anweisungen geben, die er selbst schon längst kennt.

Doch um dies noch weiter vertiefen und verdeutlichen zu können, müssen wir jetzt ein weiteres Thema einschieben:

FÄHIGKEIT UND BEREITSCHAFT

Fragen Sie sich bei jedem Ihrer Mitarbeiter, wie es um dessen fachliche Fähigkeiten und die Bereitschaft, sich für die Firma einzusetzen, bestellt ist.

1. Hohe Bereitschaft – keine oder eher geringe (berufsbezogene) Fähigkeit.
Neue Mitarbeiter haben in der Regel diese Konstellation. Hier muß direktiv geführt werden und zwar nach dem vorgenannten 6-Stufen-Plan.

2. Hohe Fähigkeit – geringe Bereitschaft
Bei diesem Mitarbeiter ist irgend etwas passiert. Sie müssen in einem Gespräch herausfinden, was es ist. Der Grund muß nicht unbedingt im Unternehmen oder in der Tätigkeit zu finden sein. Es können auch private oder ganz persönliche Gründe sein. Genau hier ist es so wichtig, daß Sie ein Verhältnis gegenseitigen Vertrauens zu Ihren Mitarbeitern haben. Wenn es am Unternehmen liegt, dann muß gemeinsam eine Lösung gefunden werden. Wenn es jedoch an Ihnen liegt, dann kann es durchaus auch mal der Fall sein, daß Sie einen Untergebenen mal um Verzeihung bitten müssen. Sie werden sehen, daß Ihr Bild und der Respekt Ihrer Mitarbeiter nicht darunter leiden wird.

Außerdem kann dieser zweite Fall ein klassisches Beispiel dafür sein, bei diesem Mitarbeiter bezüglich dem Thema „Ziele" den Klingelknopf zu suchen.

3. Geringe Bereitschaft – geringe Fähigkeit
Selbstverständlich kommt es vor allem bei dieser Konstellation darauf an, wie lange der Mitarbeiter schon in Ihrem Unternehmen ist. Wenn es sich um einen Neu-

ling handelt, dann müssen Sie mit den vorgenannten Schritten die Bereitschaft anzünden.

„Wünsche sind Vorboten von Fähigkeiten!"

Wenn es sich aber um einen Mitarbeiter handelt, der vielleicht schon ein Jahr oder mehr im Unternehmen ist, dann gehe ich davon aus, daß Sie die oben genannten Schritte schon mehrfach versucht haben. In diesem Fall sage auch ich: Schluß jetzt. Dieser Mitarbeiter kann Ihren ganzen Laden durcheinanderbringen. Werfen Sie ihn schnellstmöglich raus.

4. Hohe Bereitschaft – hohe Fähigkeit
Hier kommen wir nun zu einem wichtigen und weiteren Führungsstil:
dem kompetenzübertragenden Führungsstil. Diesen Mitarbeiter müssen Sie in die Führungsmannschaft holen. Er darf nicht nur Verantwortung, sondern er muß auch Kompetenz übertragen bekommen. Wenn Sie diesen Mitarbeiter nicht wachsen lassen, dann wird er über kurz oder lang gehen und Ihnen in Ihrer eigenen Stadt Konkurrenz machen.

Das also hierbei ein eher kollegiales Verhältnis gefragt ist, und daß dieser Mitarbeiter auch entsprechend entlohnt werden muß, versteht sich hoffentlich von selbst.

DAS DELEGIEREN

„Wer bereit ist zu delegieren, der muß bereit sein, anfängliche Fehler in Kauf zu nehmen."
Dies ist ein wichtiger Satz, den viele Führungskräfte annehmen sollten. Viele Menschen, gerade im Finanzdienstleistungsbereich, kümmern sich um Dinge, die Sie nicht selbst zu tun haben. Doch Ihnen bleibt nichts anderes übrig, weil Sie nicht über den Tellerrand hinausblicken. Sie sind in einem kleinkarierten Denken verhaftet. Ich werde es Ihnen beweisen. Stellen Sie sich einmal vor, Sie hätten nichts mehr zu tun mit Kundenakquise, nichts mehr mit Berechnungen, Datenverwaltungen, Schadensbearbeitungen und so weiter, sondern nur noch mit dem Führen von Verkaufsgesprächen. Wären Sie dann nicht wesentlich erfolgreicher, als wenn Sie sich um alles kümmern müssen? Und nun müssen Sie nur noch die Frage beant-

worten, ob Sie dann finanziell in der Lage wären, einen Innendienst zu beschäftigen. Wenn Sie dies bejahen können, dann werden Sie hoffentlich erkennen, daß sich hier der Kreis schließt. Wenn Sie sich jetzt fragen, wie das funktionieren soll, daß man sich nur noch auf Beratungsgespräche konzentrieren kann und dennoch keine Kundenakquise mehr macht, dann empfehle ich Ihnen, nochmals bei beim 9. Kapitel anzufangen.

WIE DELEGIERT MAN RICHTIG?

Im wesentlichen habe ich Ihnen diese Punkte schon bei der Einweisung von Mitarbeitern anhand des 6-Stufen-Planes beschrieben. Doch spezifisch zum Thema Delegieren seien hier noch ein paar Besonderheiten genannt:
Wenn Sie delegieren, müssen Sie sich folgende Fragen stellen:

1. Welche **Aufgaben** sind zu erledigen?
Hier sollten Sie eine Liste der Aufgaben machen, die täglich in Ihrem Bereich anfallen. Dann sollten Sie jede Aufgabe dahingehend untersuchen, ob sie wirklich nur von Ihnen selbst zu erledigt werden kann oder ob jemand anderes (momentan egal wer) sie Ihnen abnehmen könnte. Beispiel: Kundenservice-Termine, Schadensmeldungen und so weiter. Seien Sie ehrlich zu sich selbst. Wie oft tun Sie Dinge, die auch jemand anderer für Sie tun könnte, nur möchten Sie diese Tätigkeiten lieber selbst behalten, weil sie Ihnen Spaß machen. Und außerdem geben Ihnen diese Tätigkeiten das Alibi vor sich selbst, die wichtigen Dinge jetzt, gerade, momentan einfach nicht erledigen zu können. Wenn Sie also etwas verändern wollen, müssen Sie zuerst bei sich und Ihrer ehrlichen, inneren Bereitschaft beginnen!

2. **An wen** kann **welche** Aufgabe delegiert werden?
Wenn Sie jetzt sagen, daß Sie doch ganz allein sind, dann müssen Sie sich fragen, ob das so bleiben soll. Weiter müssen Sie sich fragen, ob Sie mit der Zeit, die Ihnen beispielsweise eine Sekretärin bringen kann, soviel mehr verdienen können, daß sich diese Dame letztendlich selbst bezahlt. Wenn Sie diese Frage mit Nein beantworten, dann empfehle ich Ihnen, gleich zum nächsten Kapitel zu springen. Das Thema Mitarbeiteraufbau beziehungsweise Mitarbeiterführung ist für Sie vergeudete Zeit.
Mein Grundsatz heißt:
Führungskräfte müssen in Lösungen denken, und nicht Probleme wälzen!
Was sonst zeichnet eine gute Führungskraft aus?

Gehen wir also jetzt davon aus, daß Sie Mitarbeiter mit unterschiedlichen Qualifikationen haben. Dann müssen Sie bei jeder aufgeschriebenen Tätigkeit kritisch überlegen, welcher Mitarbeiter in der Lage ist oder in die Lage versetzt werden kann, diese Tätigkeit auszuführen. Dann folgt der nächste wichtige Schritt.

3. **Wer** muß **welchem Mitarbeiter welche Aufgabe** beibringen?

Auch hier werden Sie bei kritischer Betrachtung sehr schnell feststellen, daß nicht Sie allein alles tun müssen. Doch bevor Sie Mitarbeiter anweisen, andere zu instruieren, müssen Sie diesen Mitarbeitern zuerst einmal beibringen, wie man richtig einweist. Und dazu müssen Sie es zuerst selbst beherrschen.

DAS RICHTIGE DELEGIEREN

Wenn Sie eine Aufgabe delegieren, muß die Tätigkeit so genau wie möglich im Kontext und im Detail beschrieben werden. Ich möchte jedoch auf diese Dinge nicht noch einmal eingehen. Um was es mir viel mehr geht ist folgendes:

Geben Sie dem Mitarbeiter die Gewißheit, daß Sie für Fragen oder Probleme jederzeit zu sprechen sind und daß Sie nicht sofort das Nonplusultra erwarten. Denn wenn Sie dies nicht tun, machen Sie dem Mitarbeiter einen riesen Streß. Er will Sie nicht enttäuschen, auf der anderen Seite aber kennt er die Aufgabe nicht so genau. In der Folge wurschtelt er vor sich hin und macht aufkommende Probleme nur noch schlimmer. Erst wenn das Kind in den Brunnen gefallen ist, wird der Mitarbeiter mit hängenden Schultern zu Ihnen kommen. Haben Sie für Mitarbeiter, an die Sie erst vor kurzem Aufgaben delegiert haben, stets eine offene Tür.

Wenn die Aufgabe dann jedoch richtig und korrekt erfüllt wurde, dürfen Sie nicht mit Lob sparen. Ermuntern Sie den Mitarbeiter und geben Sie ihm damit den Glauben an sich. Nur loslassen sollten Sie ihn in dieser Phase noch nicht. Erst wenn Sie wissen, daß der Mitarbeiter sein Metier jetzt beherrscht, können Sie ihm das sagen und ihm diesen Bereich übergeben. Sie werden einen Mitarbeiter vor sich sehen, der strahlt und den Job mit Stolz und Freude ausübt.

DIE MULTIPLIKATION

Sie müssen eines erkennen. Sie können langfristig nur dadurch wirklich erfolgreich werden, indem Sie sich, Ihre Zeit, Ihr Können und Ihr Wissen *multiplizieren*. Es gibt keinen auf dieser Welt, der überdurchschnittlich Erfolg hat und nicht das Prinzip der Multiplikation verstanden hat. Denken Sie einmal an große Konzernchefs. Alle haben einen riesigen Stab von Mitarbeitern, bei denen der Chef nicht mehr genau weiß, was wer genau macht. Dafür hat er Führungskräfte, die dafür zuständig sind, daß der Laden läuft. In diesem Zusammenhang fällt mir gerade ein witziger Satz ein:

„Wer glaubt, daß ein Abteilungsleiter eine Abteilung leitet, der kann genausogut glauben, daß cin Zitronenfalter Zitronen faltet."

Nun gut, gehen wir einmal davon aus, daß die Firmenleitung die richtigen Leute an der richten Stelle eingesetzt hat und sie auch richtig bezahlt.

Oder denken Sie einmal an solche Namen wie Michael Jackson oder Bill Gates. Glauben Sie, daß diese Leute durch etwas anderes als durch die Multiplikation derartige Erfolge errungen haben? Was würde die Musik von Michael Jackson ihm bringen, wenn sich niemand dafür interessieren würde? Oder wo wäre Bill Gates, wenn der Name „Microsoft" völlig unbekannt wäre? Millionen Menschen kaufen bei Millionen Verkaufsstellen deren Produkte.

Übrigens: Wußten Sie, daß momentan alle sechs Stunden rund um die Uhr irgendwo auf der Welt ein McDonalds-Restaurant eröffnet wird? Glauben Sie allen Ernstes, daß dies nur von einer Person zu bewältigen wäre? Nein, wir brauchen Leute, die fähig sind und die Bereitschaft haben, Verantwortung zu übernehmen. Aber dann müssen auch die Führungskräfte bereit sein, zu delegieren und nicht nur Aufgaben, sondern auch Kompetenz zu übertragen. Nur dadurch werden aus Mitarbeitern Unternehmer. Zu diesem Punkt komme ich jedoch als weiteres Highlight am Ende dieses Kapitels.

DIE INNERE KÜNDIGUNG

Es gibt Untersuchungen, die beweisen, daß in einigen Firmen bereits über 70 % aller Mitarbeiter innerlich gekündigt haben! Hierbei handelt es sich tatsächlich bereits um einen Fachausdruck aus dem Personalwesen: *die innere Kündigung*. Was soll damit zum Ausdruck gebracht werden? Nun, der Mitarbeiter ist so sauer auf den Chef oder auf eine Führungskraft oder auf das gesamte Unternehmen – differenziert wird schon gar nicht mehr –, daß die einzige Sorge darin besteht, wie man abends am schnellsten nach Hause kommt. Mit den Produkten, mit dem Unternehmen, mit der Geschäftsleitung identifiziert sich der Mitarbeiter längst nicht mehr. Man hat es aufgegeben. Das Ergebnis ist zum Beispiel, daß die Anzahl der „Krankheitstage" zunimmt. Nicht mehr Mitarbeiter und Führungskräfte kommunizieren offen miteinander, sondern Mitarbeiter und Mitarbeiter reden heimlich miteinander. Wie diese Gespräche aussehen, können Sie sich wahrscheinlich vorstellen: „positiv und motivierend ..." Diese *innere Kündigung* kann zum Tod eines Unternehmens führen. Denn auch neue Mitarbeiter werden schnellstmöglich durch die alten instruiert. Wenn alles läuft, das Geschäft brummt und die Mitarbeiter haben alle Hände voll zu tun, dann gibt es plötzlich auch unter den Mitarbeitern keine Probleme mehr. Probleme tauchen immer dann auf, wenn's nicht so läuft. „An mir liegt's nicht!"

NUR DER ERFOLG VERBINDET!

Hier nun eine ganz wichtige Aussage von mir: Nur der Erfolg verbindet langfristig. Alles andere muß über kurz oder lang zur Trennung führen. Sie können Ihre Mitarbeiter ein paar Monate, ja vielleicht sogar Jahre „durchmotivieren". Doch letztendlich ist es nur der Erfolg in der Praxis, der den Laden auf Dauer zusammenhält. Aus diesem Grund, liebe Führungskräfte, ist es so existentiell wichtig, daß Sie sich immer nach vorne orientieren und ein Gefühl dafür haben, ob auch Ihre Mitarbeiter sich auf das Geschäft konzentrieren. Und sollten einmal „Grabenkämpfe" unter den Mitarbeitern losgehen, ist es besonders wichtig, daß Sie sich aufs Geschäft konzentrieren und nicht auch noch mitmischen! Meine Botschaft lautet in diesem Zusammenhang:
„Neige dich zu den Gefallenen, aber leg' dich nicht dazu!"
Ich wünsche mir, daß Sie jetzt besser verstehen können, warum ich in einem früheren Kapitel den Satz geprägt habe:
„Viel wichtiger, als die Mitarbeiter zu motivieren, ist es, sie vor Demotivation zu bewahren." *Nur* der Erfolg verbindet.

MENSCHEN SIND KEINE MASCHINEN

Es ist eine der grundlegendsten Erkenntnisse im Bereich der Führung von Menschen, daß nicht jeder für jeden Job geeignet ist. Nicht jeder sollte deshalb den Beruf des Verkäufers erlernen bzw. ausüben. Ich bin zwar der festen Überzeugung, daß fast jeder verkaufen kann, wenn er endlich aufhört, zu verkaufen, sondern beginnt zu helfen. Doch bei manchen Leuten könnte man den Satz vermuten: „Die Botschaft höre ich wohl, allein mir fehlt der Glaube." Wesentlich für den Verkauf ist das Selbstwertgefühl eines Menschen sowie seine Kommunikationsfähigkeit. Aber es gilt zu differenzieren: Der richtige Mann muß am richtigen Platz eingesetzt werden. Das ist sehr wichtig. Es gibt Menschen, auch bei uns, die sehr fakten- und zahlenorientiert denken. Diese Mitarbeiter beschäftigen sich sehr gerne mit dem Thema *Auswertung* und leisten hier eine hervorragende Arbeit. Sie sind im Innendienst am besten aufgehoben. Ist ein Mensch aber sehr aufgeschlossen und kontaktfreudig, dann ist er zweifellos im Außendienst besser eingesetzt. Man kann hier, auch was den Kundenservice anbelangt, sehr intelligent vorgehen. Hat man also so einen Zahlen-Daten-Kunden, so kann man ihm auch einen Zahlen-Daten-Mitarbeiter zur Verfügung stellen, der die Beratung durchführt. Ein solcher Kunde ist sehr viel mehr daran interessiert, daß wirklich fundamentiert argumentiert wird. Er liebt Gesetzestexte, genaue Belege und exakte Zahlen. Umgekehrt gibt es begeisterungsfähige Menschen, die gar nicht so sehr ins Detail eindringen wollen und die nicht so sehr nach den Gründen fragen, sondern die nur an einem schnellen Ergebnis interessiert sind. Diesem Typus Kunde weist man natürlich auch einen anderen Typus Mitarbeiter im Ergebnistermin zu. In diesem Sinne muß man innerhalb eines Unternehmens auch mit ein wenig Intelligenz und Einfühlungsvermögen arbeiten.

Wenn ein Mensch in seinem Beruf seine individuelle Stärken einsetzen kann, hört er plötzlich auf, das Geschäft zu arbeiten und beginnt, das Geschäft zu *leben*. Sie können mit allen Produkten und mit ein paar Mitarbeitern immer kurzfristigen Strohfeuererfolg haben. Doch die Zeit trennt die Spreu vom Weizen. Wenn ein Unternehmen schon viele Jahre erfolgreich am Markt tätig ist, dann ist das sicherlich kein Zufall mehr, sondern das Ergebnis einer guten Mitarbeiterführung und Kommunikation. Wenn nun die Produktpalette auch noch paßt, sind die Weichen für die nächsten Jahre beziehungsweise Jahrzehnte auch noch richtig gestellt.

POSITIVES DENKEN

Hier kommen wir zu einem für Sie wahrscheinlich überraschenden Thema: Dem positiven Denken.

Nun ein Satz, über den Sie sich wundern werden: Ich halte nichts von positivem Denken, sondern ich halte alles von positivem **Handeln**. Was bedeutet Motivation denn letztlich? Warum gehen Mitarbeiter motiviert aus einer Schulung raus? Weil sie in dieser Zeit durch positive Bilder und positive Gedanken motiviert wurden. Doch, mal ehrlich, was hat sich wirklich während dieser Zeit verändert? Nichts, aber auch rein gar nichts.

Wenn der Mitarbeiter hingegen heute schon mehrere erfolgreiche Kundengespräche erlebt hat, ist er motiviert ohne Ende. Diese Motivation hält, denn Sie entspringt aus real Erlebtem und nicht aus Phantasien. Sorgen Sie dafür, daß Ihre Mitarbeiter viel leichter Erfolg haben können, daß sie vor Demotivation bewahrt werden und vor allem, daß sie das Geschäft TUN. Denn dann müssen Sie nicht jeden Tag mit der Motivationsspritze durch Ihre Krankenstation rennen und alle wieder aufputschen. Denn mit diesem Zeug machen Sie Ihre Mitarbeiter „spritzenabhängig". Denken Sie einmal darüber nach. Doch nun mehr zum Thema „positives Denken". Um hier noch ein wenig konkreter zu werden: Ich halte nichts vom NUR positiv Denken. Klar ist Chancendenken gleichzeitig auch positives Denken. Aber aus bloßem Denken ist noch nie etwas entstanden. In Tausenden von Büchern, die die Industriewelt überschwemmen, geben die Autoren Tips, wie man positiv denkt oder wie man sich positiv programmiert. Warum haben denn in der heutigen Zeit die Sekten einen solchen Zulauf? Warum sind manche Glaubensorganisationen heute in der Lage, sich so richtig in die Wirtschaftsunternehmen hinein zu wuchern? Die Leute haben zu viel Zeit zum Denken und dabei in der Praxis zu wenig Erfolg beziehungsweise Erfüllung. Sie haben plötzlich die größten Probleme aller Menschen und aller Zeiten. Dies wird dann von irgendwelchen Seelendoktoren und Motivatoren ausgenutzt, um die Leute regelrecht besoffen zu reden. Erwachsene kommen aus Terminen und Seminaren und haben sich für ein paar Stunden, vielleicht sogar ein paar Tage ein positives Gefühl geholt. Doch dann fallen sie in ein umso tieferes Loch. Anstatt endlich was anzupacken! Glauben Sie, die alten Unternehmer, die Weltunternehmen aus dem Boden gestampft haben oder die Weltmeere überquert haben, haben viel vom positiven Denken gehört? Ich sage: Nein! Denken Sie an Christoph Kolumbus. Glauben Sie, daß der Bücher über positive Programmierung gelesen hat? Von Murphy, Freitag, Dale Carnegie und Kollegen? Nein, er hatte ein großes Ziel und hat Himmel und Hölle in Bewegung gesetzt, endlich das Geld und die Genehmigung zu bekommen, einen neuen Seeweg westwärts nach Indien zu finden. Es setzt doch kein normal denkender Mensch sogar sein Leben aufs Spiel, wenn er nicht felsenfest davon überzeugt wäre, daß er es schaffen kann. Hier sei Ihnen ein Buch empfohlen von Angelika Hoefler mit dem Titel: „Sorge Dich nicht, **schwebe**!" oder das Buch von Günter Scheich „Positives Denken macht krank!" Hören Sie auf, so viel nachzudenken, sondern tun Sie endlich was! Hören Sie auf, andauernd Ihre Mitarbeiter zu motivieren und mit ihnen die tollsten Entspannungsübungen zu machen, sondern verhelfen Sie Ihren Mitarbeitern in der Praxis ganz konkret zu Erfolg, indem Sie zum Beispiel Listen mit Kontaktmöglichkeiten und konkreten Aktionsplänen mit ihnen erstellen.

Warum haben die „positiven" Bücher so einen Erfolg? Warum kaufen die Leute diese Dinger in Massen? Weil sie erfolgreicher werden wollen? Ich sage ganz klar, NEIN! Wissen Sie, warum? Weil die Leute sich mit diesen Büchern besäuseln können wie mit Alkohol. „Ahaaaaa, jetzt weiß ich also, hicks, was ich tun müßte, hicks, um erfolgreich zu sein. Tra la la."

Die Leute lesen diese Bücher nicht, um mehr Erfolg zu bekommen, sondern um mit **weniger Aufwand mehr zu bekommen**; vor allem ein gutes Gefühl. Stellen Sie sich doch einmal zwei Buchtitel vor.

Der eine heißt: „Auch im Wörterbuch kommt ‚A' wie Arbeit vor ‚E' wie Erfolg" und der zweite Titel heißt: „Wie Sie mit positivem Denken erfolgreich werden". Was glauben Sie, welches Buch mehr verkauft werden wird?

Wenn man einen Drachen steigen lassen will, muß man am Anfang losrennen, damit der Drache nach oben kommt. Wenn der Drache dann oben im ewigen Wind ist, brauchen Sie nur noch die Schnur festzuhalten, damit er nicht abstürzt.

Also: Weniger reden, sondern mehr tun! Ich sage Ihnen: Sie können es (oder sich) drehen und wenden wie Sie wollen. Es liegt an Ihnen und an Ihrem Tun, ob etwas entsteht. Aus positivem Handeln entsteht Erfolg. Aus Erfolg entsteht Selbstvertrauen und der Glaube an die eigenen Fähigkeiten. Aus diesem Glauben wird feste Überzeugung. Aus der festen Überzeugung, etwas zu können, entwickeln sich Ideen, wie das Geschäft noch besser funktionieren kann und diese werden gewohnheitsmäßig auch umgesetzt. Dazugehörend ein weiteres kleines Thema:

SEMINARLEITER

Vielleicht hier einmal eine kleine Lektion für alle Seminarleiter. Ich möchte Ihnen auch hier meine Erfahrungen aus den Sprecherschulungen weitergeben, die ich halte. Jeder Trainer durchläuft während seiner Berufspraxis folgende Stufen, und zwar der Reihe nach von unten nach oben:

1. Stufe:
„Nur nicht einbrechen!"
Dieser Sprecher hat noch sehr mit sich zu kämpfen. Er ist nervös und steht mit zitternden Knien vor seiner Zuhörerschaft. Er ist verkrampft und dauernd dabei, sich selbst zu beobachten um zu überprüfen, wie er wohl gerade auf andere wirkt. Ein kleiner Windhauch aus der Teilnehmerschaft haut ihn aus den Schuhen.

2. Stufe:
„Na, bin ich nicht gut!"
Meiner Meinung nach befinden sich auf dieser Stufe sehr viele Trainer. Sie reden den ganzen Tag und haben nur ein Ziel: Sie wollen, daß alle Teilnehmer sie

gut finden, von ihnen begeistert sind. Wenn Sie einmal Trainer genau nach diesem Gesichtspunkt beobachten, werden Sie sehr viele dieser Leute erkennen. Am Abend nach solch einem Seminar gehen die Leute nach draußen mit Lachtränen-überströmtem Gesicht. Wenn Sie die dann fragen, welches Thema eigentlich dran war, schauen Sie wahrscheinlich in verdutzte Gesichter. Bei diesen Trainern handelt es sich nicht um Leute, die anderen etwas beibringen wollen, sondern um Leute, die sich in erster Linie selbst befriedigen wollen.

3. Stufe:
„Wissensvermittlung"
Diese Trainer sind den ganzen Tag damit beschäftigt, nach Wegen und Beispielen zu suchen, damit ihre Zuhörerschaft den Inhalt des Gesagten auch wirklich aufnehmen. Nach dem Motto: „Es ist mir völlig egal, ob ihr mich nun gut oder weniger gut findet. Ich habe nur ein Ziel: Ich will, daß der Inhalt des Seminares rüberkommt".

Solche Seminarleiter sind ein Lichtblick für alle Teilnehmer. Diese werden andauernd zur Diskussion aufgefordert und arbeiten gemeinsam mit dem Trainer Lösungen aus.

Die 4. und die für mich höchste Stufe:
„UMSETZUNG"
Bei diesen Trainern bleibt kein Teilnehmer den ganzen Tag auf dem Stuhl sitzen. Es wird nicht nur diskutiert, sondern aus der Zuhörerschaft werden Lösungen erarbeitet. Der Trainer ist mehr Moderator als Seminarleiter. Der Trainer weiß, daß eine Lösung aus der Gruppe viel mehr Gewicht hat, als alles, was er vorschlagen kann.

Dieser Trainer hat nur eines im Sinn: Es ist mir egal, ob ihr mich gut findet und wieviel von dem, was ich euch erzähle rüberkommt. Ich will, daß der Inhalt oder zumindest soviel wie möglich davon, nach dem Seminar in die Tat umgesetzt wird.

Zusammenfassend hier also eine Botschaft an alle Seminarleiter:
„In der Umsetzung durch die Teilnehmer lebt ein Seminar weiter. Ansonsten war es nichts als bloße Luft!"

MISSERFOLGE

Eines der markantesten Unterscheidungsmerkmale zwischen erfolgreichen und erfolglosen Menschen liegt darin, wie die beiden mit Mißerfolgen umgehen. Auch hier ein schöner Satz:

„Die Größe eines Menschen erkennt man an der Größe des Problems, an dem er scheitert."

Mißerfolge sind dazu da, selbstkritisch aus ihnen zu lernen und es beim nächsten Mal besser zu machen.

Wenn Sie einmal ehrlich darüber nachdenken, was Sie in Ihrem Leben am meisten weitergebracht hat: die Erfolge oder die Mißerfolge, dann wissen Sie sehr schnell, um was es geht. Erfolg und Mißerfolg sind siamesische Zwillinge. Sie gehören untrennbar zusammen. Es kann keinen Erfolg ohne Mißerfolg geben. Wenn Sie und Ihre Mitarbeiter das erkannt haben, beginnen Sie, nicht nur über Erfolge zu sprechen, sondern auch Mißerfolge gemeinsam zu analysieren und Lösungen daraus zu erarbeiten. Dadurch verliert der Mißerfolg seine demotivierende Energie. Die Fragen lauten also immer:

„Was habe ich getan?"

„Was habe ich unterlassen?"

„Was kann ich besser machen?"

Ein letztes Mal: Nur durch die Tat, durch das Tun, entsteht der positive Glaube und das Selbstvertrauen.

Nicht derjenige ist ein guter Verkäufer, der gut verkaufen kann, sondern der, der von sich glaubt, daß er gut verkaufen kann.

KLAMMERÄFFCHEN

Dies dürfte das für Sie interessanteste und nutzenbringendste Thema dieses Kapitels werden. Also, bitteschön, aufgepaßt!

Als Klammeräffchen bezeichne ich die vielen kleinen oder größeren Sorgen und Probleme der Mitarbeiter.

Nun kommt ein Mitarbeiter zu Ihnen ins Büro und hat ein Problem, das er Ihnen vorträgt. Während er Ihnen die Hand reicht (stellen Sie sich das bitte so vor) krabbelt nun das Klammeräffchen über diese Brücke zu Ihnen herüber. Jetzt haben Sie ein Problem mehr und der Mitarbeiter eines weniger. Er sitzt da, schildert Ihnen das Problem und wartet jetzt auf die Lösung. Und was passiert jetzt?

Jetzt macht die Führungskraft sich breit, plustert sich auf, geht in eine tiefere Stimmlage und posaunt los: „Also, mein Sohn, alles kein Problem. Das funktioniert so ...“

Liebe Führungskräfte. Dies ist mit Sicherheit die größte Lernaufgabe für Sie. Es ist so reizvoll, sich zu profilieren und sein ganzes Wissen über dem Mitarbeiter auszuschütten. Der Mitarbeiter sitzt dann völlig beeindruckt vor Ihnen als wären Sie der liebe Gott persönlich. Zugegeben, das tut gut, doch ist es auch richtig? Die Beantwortung dieser Frage werden wir nun erarbeiten.

Doch vorher möchte ich Ihnen noch einmal diesen wichtigen Satz zu bedenken geben: „Jeder Mensch trägt die Lösung seiner Probleme mit sich herum“!

Wenn es um klar fachliche Fragen geht, die der Mitarbeiter nicht beantworten kann, dann müssen Sie ihm die Antwort geben, das ist klar. Doch wenn es um Probleme im Bereich der Tätigkeit beim Kunden oder in der Auswertung geht, dann müssen Sie dieses Thema unbedingt anwenden. Es fällt am Anfang sehr schwer, ich weiß wovon ich spreche, das dürfen Sie mir glauben. Denn an diesem Thema kaue auch ich immer noch am meisten. Jetzt also ins Detail:

Wenn ein Mitarbeiter mit einem Problem zu Ihnen kommt, dann müssen Sie ihm drei Probleme zurückgeben anstatt seines zu lösen. Was heißt das nun konkret?

Auf die Frage nach einer Lösung müssen Sie den Mitarbeiter bitten, selbst zuerst einmal drei mögliche Lösungsansätze auszuarbeiten, damit gemeinsam darüber gesprochen werden kann, welcher wohl am erfolgversprechendsten ist.

Den Hintergrund werde ich Ihnen jetzt verdeutlichen. Es gibt nun insgesamt vier verschiedene Varianten:

Der Mitarbeiter sagt Ihnen sein Problem und

1. Sie geben ihm die Lösung und sie funktioniert!

Was glauben Sie, wird dieser Mitarbeiter in Zukunft tun? Richtig, er wird alle seine Klammeräffchen zu Ihnen bringen und nur noch vor Ihrer Türe sitzen. Sie kommen zu nichts mehr und machen obendrein Ihren ganzen Laden von sich abhängig. Vielleicht brauchen Sie genau das, dann machen Sie eben weiter so. Der Mitarbeiter hat im Laufe der Zeit für alle seine Probleme spontan nur noch eine Lösung parat: „CHEF“.

2. Sie geben ihm die Lösung und sie funktioniert nicht!

Was wird der Mitarbeiter nun sagen? „Nicht einmal der Chef weiß, wie's funktioniert". Er wird inaktiv und total verunsichert, denn er geht davon aus, daß er alles genau so gemacht hat, wie Sie es ihm erklärt haben. Daß vielleicht aber in der Praxis ein Detail anders gelaufen ist oder eine geringfügig andere Ausgangssituation herrschte, bedenkt dieser Mitarbeiter nicht. Was aber am schlimmsten ist: Ab sofort wird er alles, was Sie ihm persönlich oder auf Schulungen sagen, in Frage stellen. Letztendlich wird er Sie für seinen Mißerfolg verantwortlich machen.

Das Ganze läuft schleichend und manchmal, ohne daß Sie etwas merken. Sie registrieren gar nicht, daß der Mitarbeiter andauernd mit einem Problem zu Ihnen kommt. Sie geben dauernd Lösungen und der Mitarbeiter sorgt schon fast dafür, daß diese nicht funktionieren. Somit hat er einen Sündenbock für seinen Mißerfolg gefunden und hat endlich ein Alibi. Und wissen Sie, was das Witzige an der Geschichte ist? Eigentlich hat der Mitarbeiter sogar noch recht! Sie sind wirklich schuld daran!

Gut gemeint ist nicht immer gut getan. Eine Mutter, die ihre Kinder vor allen Gefahren beschützt aus lauter Angst, daß etwas passieren könnte, hat genau dadurch dafür gesorgt, daß das Kind bei der ersten wirklichen Gefahr plötzlich völlig ratlos dasteht.

3. Der Mitarbeiter nimmt seine eigene Lösung und sie funktioniert nicht!

Sprechen Sie mit dem Mitarbeiter vorher über die Lösungen, die Sie ihn erarbeiten ließen. Wenn Sie merken, daß er von einer bestimmten Sache überzeugt ist, dann sollten Sie ihn gewähren lassen. Eines ist sicher: Der Mitarbeiter wird in die Umsetzung seiner Ideen viel mehr Energie investieren als in Ihre. Er will es ja sich und Ihnen beweisen. Wenn nun diese Lösung nicht funktioniert, kann er immer noch zu Ihnen kommen und Sie werden mit **Fragen** mit ihm analysieren, warum es nicht geklappt hat. Auch in diesem Gespräch ist es wichtig, daß der Mitarbeiter selbst das Problem erkennt und eine geeignete Strategie hierfür erarbeitet.

4. Der Mitarbeiter nimmt seine eigene Lösung und sie funktioniert!

Spüren Sie, welche Kraft in dieser Methode steckt? Der Mitarbeiter wird freudestrahlend zu Ihnen kommen und Ihnen seinen Erfolg präsentieren. Nun ist es wichtig, daß Sie ihn in seiner Umsetzung bestätigen und anerkennen. Selbst wenn Sie feststellen, daß man vielleicht das eine oder andere noch verbessern hätte können. Und wenn Sie sich die Zunge abbeißen, lassen Sie ihm seinen Erfolg und reden nicht neunmalklug daher.

Sollten Sie irgendwann einmal als Teilnehmer in einem meiner Seminare sitzen, dann dürfen Sie genau darauf achten. Es macht mir einen riesigen Spaß, Fragen der Teilnehmer zu spiegeln:

Teilnehmer: „Herr Rupp, was glauben Sie, kann es denn nicht vorkommen, daß ein Kunde dann so oder so reagiert?"

Ich: „Was glauben Sie selbst?"

Teilnehmer: „Also ich glaube, daß ..."

Ich, an die anderen Teilnehmer gewandt: „Was würden sie zu der Lösung von Herrn ... sagen?" Und so weiter.

Sie werden verblüfft sein, wie oft und vor allem wie schnell die Teilnehmer Ihre eigene Frage richtig beantworten. Doch warum haben sie dann gefragt? Was glauben Sie nun, lieber Leser?

Richtig: Weil Sie von anderen Stellen ein Feedback für ihre Lösung haben wollen; eine Korrektur oder Bestätigung. Wenn die Leute immer wieder eine Bestätigung in ihren Lösungen erhalten, werden sie stärker! Ist das für Sie plausibel?

Wenn Sie sich diese Methode zu eigen machen, dann werden aus Ihren Mitarbeitern Menschen, die in Lösungen denken und auf ihren eigenen Beinen stehen können. Was aber der Hammer an der ganzen Sache für die Zukunft sein wird, ist folgendes: Wenn der Mitarbeiter dadurch irgendwann ins Management kommt müssen Sie ihn einmal beiseite nehmen und ihm bewußt machen, wie Sie ihn, ohne daß er es sofort verstanden hat, zum Erfolg geführt haben. Nämlich dadurch, daß Sie ihn seine Probleme, mit kleinen Leitplanken ihrerseits, selbst lösen ließen.

Wenn der Mitarbeiter das verstanden hat, dann wird auch er seine Leute genauso führen und Sie haben in ein paar Jahren ein Unternehmen mit wirklich selbständigen Leuten. Ich glaube, daß man einen Spitzenchef daran erkennt, daß sein Laden läuft und keiner eigentlich so richtig merkt, daß er da ist.

Ein richtiger Chef stellt seine Leute aufs Podest und freut sich an deren Erfolgen. Dies ist doch viel wichtiger.

Ich habe mir diesbezüglich schon vor Jahren ein Bild eingebaut und das möchte ich Ihnen heute verraten:

Ich stelle mir immer wieder vor, daß ich irgendwann einmal als alter Mann in einem großen Raum mit vielen Leuten sitzen werde. Auf der Bühne steht eine Führungskraft und erzählt den Leuten irgendetwas über unser Geschäft.

Ein junger Mann sitzt neben mir. Im Laufe des Vortrages lehnt er sich zu mir rüber und fragt mich ganz leise: „Wie lange sind Sie schon dabei ...?"

Dann weiß ich, daß ich meine Sache wirklich gut gemacht habe, erst dann.

Dies ist meiner Meinung nach ein sehr wichtiges Thema im Bereich Mitarbeiterführung. Helfen Sie Ihrem Mitarbeiter, wenn nötig, mit Fragen auf die richtige

Lösung zu kommen. Er muß immer das Gefühl haben, es letztlich doch alleine geschafft zu haben. Das ist wichtig. Wenn Sie in der Zukunft Führungskräfte haben wollen, die in Lösungen denken, dann müssen Sie von Anfang an dafür sorgen, daß Ihre Leute das Erarbeiten von Lösungen lernen. Sie werden eines sehr schnell feststellen. Ihre Mitarbeiter haben die Lösung eigentlich schon vorher gekannt und auch mitgebracht.

Zum Abschluß: Wenn Sie die Lösung des Mitarbeiters mit den Worten bestätigen: „Ich hätte mich auch dafür entschieden", dann haben Sie die Verantwortung. Also kann der einzige Kommentar zu seiner (guten) Lösung sein:

„O.k., versuchen sie's, es klingt vielversprechend."

Machen Sie aus Mitarbeitern selbstdenkende Unternehmer. Wie dies bei uns letztlich umgesetzt wird und was der hauptsächliche Sinn dieser Führungsmethode ist, erläutere ich Ihnen im letzten Abschnitt dieses Kapitels. Doch kommen wir vorher noch auf die Umsetzung aller vorgenannten Führungsregeln in unserem Unternehmen während der Ausbildung eines Mitarbeiters zu sprechen.

DIESE ERKENNTNISSE UMGESETZT
IN UNSEREM UNTERNEHMEN

In der Anfangszeit erhält ein neuer Mitarbeiter zuerst Einblick in das gesamte Unternehmen. Er kümmert sich zuerst um den gesamten Inventurbereich, ist aber schon von Anfang an bei allen weiteren Terminen dabei. Er sieht, wie und daß das Geschäft funktioniert. Vor allem aber gibt es bei uns einen wichtigen Begriff:

Siebzehnuhrdreißig! Oder in Zahlen: 17:30 Uhr. Dies ist die Terminierungszeit. Da sind die Mitarbeiter im Büro und legen ihre Termine fest.

Der Mitarbeiter wird in jede Tätigkeit des Inventurtermines genau eingewiesen. Das kann beispielsweise so aussehen, daß der Betreuer am Anfang den kompletten Inventurtermin selbst durchführt und der neue Mitarbeiter nur zuschaut.

Beim nächsten Termin macht der Neue dann schon das Besprechen der Ziele und das Ausfüllen des Haushaltsetatbogens. Beim nächsten dann auch das Vorgespräch, das Sortieren der Unterlagen in die Dokumentenmappe und beim nächsten Gespräch auch noch die Empfehlungsphase. Erst ganz zum Schluß übergibt der Betreuer auch noch das Auflisten der Vertragsdaten, denn dies ist die Tätigkeit, die am meisten Fachwissen erfordert. Kurzum: Der Betreuer hat somit die Möglichkeit, sich langsam „davonzuschleichen". So verhält es sich mit allen Teilaufgaben. Also nochmal die Tätigkeitsbereiche in Kürze in ihrer Lehrreihenfolge:

1. Der Inventurtermin

2. Die Eingabe der Inventurdaten in das Programm „INVA"

3. Ausdruck der bestehenden Situation

4. Eingabe der Auswertung

5. Produktzusammenstellung
(Hier erkennen Sie nun, daß die zeitliche Reihenfolge beim Kunden von der zeitlichen Reihenfolge dessen, was ein Mitarbeiter nacheinander lernt und dann selbst tun darf, abweicht. Selbstverständlich würde der Punkt 5 eigentlich zwischen 3 und 4 gehören. Jedoch ist diese Tätigkeit die letzte, die der Mitarbeiter lernt und ausüben darf. Erst danach lernt der Mitarbeiter das Sprechen eines Ergebnistermines.)

5. Der Ergebnistermin

6. Der Entscheidungstermin

7. Kundenservice

8. Mitarbeiterführung

AUSBILDUNGSDOKUMENTE

Der Mitarbeiter hat bereits während seiner eigenen Ausbildung die Möglichkeit, seinerseits bereits mit neuen Mitarbeitern zusammenzuarbeiten. Jedoch nur in den Bereichen, die er bereits beherrscht. So durchläuft jeder Mitarbeiter bei uns ein ganz klar vorgegebenes Ausbildungssystem, bei dem die Seminare aufeinander aufbauen und aufeinander abgestimmt sind. Dieses System ist in Ausbildungsdokumenten in einem kleinen DIN-A5-Ordner vorgegeben. Die Teilnehmer lassen sich vom jeweiligen Sprecher die Teilnahme an den Seminaren durch die Unterschrift bestätigen. Erst wenn alle für eine Prüfung vorausgesetzten Seminare besucht worden sind, wird der Teilnehmer zur Prüfung zugelassen. Erst mit Bestehen dieser Prüfung ist der Mitarbeiter berechtigt, das nächste Tätigkeitsgebiet in Angriff zu nehmen. Wurde die Prüfung nicht bestanden, verlängert sich die gesamte

Ausbildung durch diese „Ehrenrunde" um ein Quartal.

Alle Prüfungen bestehen aus einem schriftlichen, einem theoretischen und einem praktischen Teil. Der Mitarbeiter muß also in der Praxis sein Wissen und Können unter Beweis stellen. Erst wenn alle finanzfachspezifischen Prüfungen bestanden wurden, zieht der Mitarbeiter sich mehr aus dem Inventurbereich zurück und geht seinerseits mehr in die Mitarbeiterbetreuung. Und jetzt das wichtigste: Der Mitarbeiter bildet seine Mitarbeiter genau so aus, wie er selbst ausgebildet wurde, denn er kennt nichts anderes. Und so funktioniert das ganze Geschäft.

VOM MITARBEITER ZUM UNTERNEHMER

Hier komme ich nun auf die Quintessenz unserer innerbetrieblichen Ziele.

In den letzten elf Jahren hat sich die *IVP Rupp GmbH* zu einer Firmengruppe entwickelt. Insgesamt sechs Firmen sind als **interne** Dienstleistungsfirmen in den unterschiedlichsten Bereichen ins Leben gerufen worden, die heute letztlich nur ein gemeinsames Ziel haben: Firmen, die im Finanzberatungsbereich tätig sind, den nötigen Background zu liefern, so daß das Rad nicht jedesmal neu erfunden werden muß. Folgende Dienstleistungen werden von diesen sechs Unternehmen im einzelnen angeboten:

1. Die Produktauswahl am Finanzmarkt

Hier werden laufend die verschiedenen Angebote des Finanzmarktes selektiert und geprüft. Der Markt unterliegt andauernden Veränderungen. Dies zu beobachten erfordert Zeit. Wenn sich nun ein interessantes Produkt herauskristallisiert, werden mit den entsprechenden Anbietern Verhandlungen aufgenommen. Durch die Firmenkonstellation ist der Verhandlungsführer in einer sehr guten Position, denn er kann Umsatzgrößen vorweisen, die eine einzelne Person nie und nimmer würde erreichen können. Dies führt zu Sonderkonditionen für den Kunden und für den Mitarbeiter. Somit ist jedem gedient.

Vorteil: Ziel dieses Bereiches ist es, daß wir unseren Partnergesellschaften Produkt- und Provisionskonditionen anbieten können, die sie direkt von den Gesellschaften aufgrund ihrer kleinen Größe nicht erreicht hätten.

2. Die Gewinnung von neuen Mitarbeitern

Hier werden die Mitarbeitervor- und Einstellungsgespräche durchgeführt. Hier erfolgt die Mitarbeiterauswahl und die Einstellung.

Vorteil: Neue Mitarbeiter werden den in diesem Gebiet tätigen Partnergesellschaften zugewiesen und unterstellt.

3. Die Ausbildung der Mitarbeiter

Unser eigenes Schulungsunternehmen bildet alle Mitarbeiter gleich aus, egal aus welcher Partnergesellschaft diese Mitarbeiter stammen. So werden auch die Ausbildungsstufen überwacht und die Prüfungen abgenommen. Die zuständige GmbH wird über die Ergebnisse informiert. Außerdem werden hier sämtliche Inventur- und Beratungsmaterialien in Auftrag gegeben und an die Gesellschaften geliefert.

Vorteil: Man braucht sich nicht alleine um die fachliche Ausbildung seiner Mitarbeiter kümmern. Die Unterlagen befinden sich immer auf dem aktuellen Stand und werden in wesentlich größeren Stückzahlen angefertigt, was natürlich die Einzelstückpreise erheblich senkt.

4. Lieferung von Hardware- und Softwarelösungen

Unser EDV-Unternehmen liefert, wie bereits geschildert, alle für unser Beratungssystem relevanten Softwareprogramme. Auch die Wartung von Hard- und Software erfolgt zentral.

Vorteil: Den Partnergesellschaften werden alle notwendigen EDV-Programme zur Verfügung gestellt. Die Mitarbeiter-, Kunden- und Vertragsverwaltung erfolgt in der Partnergesellschaft. Die Provisionsabrechnungen werden zentral für jede Partnergesellschaft und jeden Mitarbeiter erstellt und per ISDN in die jeweiligen Server der Partnergesellschaften überspielt. Dadurch ist weniger Innendienst notwendig.

5. Unsere Servicekarte

Alle Partnergesellschaften können ihren Kunden eine Servicekarte anbieten, die verschiedene Dienstleistungen enthält, wie zum Beispiel bargeldloses Bezahlen, Telefonieren, günstiger Einkaufen durch Preisvergleiche und, und, und.

Vorteil: Kunden genießen Vorteile. Empfehlungen, weitere Kunden, Kontakte sind das Ergebnis.

6. Alles rund um die Immobilie

Den guten Schluß bildet unser Immobilienservice-Unternehmen. Ständig werden Marktsituationen und Baufinanzierungskonditionen miteinander verglichen. Mit Bauunternehmen wird verhandelt, Top-Objekte werden ausgewählt.

Vorteil: Eine zentrale Anlaufstelle für alle Fragen rund um die Immobilie. Reservierungen, Finanzierungsabklärungen und Abwicklungen werden zentral unterstützt beziehungsweise durchgeführt.

Diese 6 Unternehmen wurden letztendlich dafür gegründet, Unternehmen, die im Finanzbereich tätig sind, diese verschiedenen Dienstleistungen zur Verfügung zu stellen.

WIE WIRD MAN PARTNERGESELLSCHAFT?

Ich bin absolut sicher, daß Sie sich diese Frage bereits gestellt haben. Aus diesem Grund habe ich sie auch hier aufgeführt. Umso mehr wird Sie die Antwort überraschen. Wir sind heute ein Unternehmen, **aus dem** mittlerweile 8 Partnergesellschaften hervorgegangen sind. Haben Sie den wichtigen Punkt erkannt? Alle Partnergesellschaften sind aus unseren Unternehmen hervorgegangen. Also keine bestehenden Firmen von außen. Wir sind keine Einkaufsgemeinschaft oder irgend ein öffentlicher Maklerverbund, dem Sie sich anschließen könnten. Dieses ganze System wurde für unsere eigenen Mitarbeiter geschaffen. Bei uns hat *jeder* Mitarbeiter nach der fachlichen und auch persönlichen Qualifikation die Möglichkeit, aus seiner bisherigen Firma auszuscheren und seine eigene Firma zu gründen. Mit eigenem Büro, eigenen Mitarbeitern (die er mitnimmt), unter eigenem Logo und Namen.
Wir wollen keine Firma von außen in unserer Unternehmensgruppe, denn das würde unser System im Laufe der Zeit verwässern.
Ich träume wie bereits gesagt nicht von einem großen Unternehmen mit mehreren tausend Mitarbeitern. Nein, ganz im Gegenteil. Ich möchte ein kleines Unternehmen haben, bei dem es den Mitarbeitern und den Kunden gefällt. Größe kann zur Gefahr werden. Ich will meinen Kunden und meinen Mitarbeitern eine vernünftige und nutzenbringende Dienstleistung anbieten. Damit kommt der Erfolg automatisch, und es paßt für alle Beteiligten. So einfach ist das.
Dieses Buch soll Ihnen, als Privatperson, manche Anregungen und Tips geben, Ihre eigene Finanzsituation zu verbessern, und Ihnen, lieber Kollege, soll es helfen, vielleicht das eine oder andere in *Ihrem* Unternehmen zu verbessern. Wenn alles schon optimal ist, können Sie dieses Buch ja hinterher wieder vergessen.
Ich werde Ihnen nun Einblicke in die für mich wichtigsten Erkenntnisse aus meinen „Verkaufs"-Seminaren geben. Wenn Sie alles lassen wie bisher, werden Sie doch aus diesem Kapitel die meisten Punkte nutzen können. Insofern dürfen Sie sich jetzt auf ein sehr motivierendes Kapitel freuen.

Der Preis für Größe ist Verantwortung.

WINSTON CHURCHILL
Britischer Staatsmann, 1874–1965

16. DIE RICHTIGE EINSTELLUNG ...

In diesem Kapitel geht es darum, was wir in unserem Unternehmen unter dem Begriff „Verkauf" verstehen.

DAS U-V-W-DREIECK

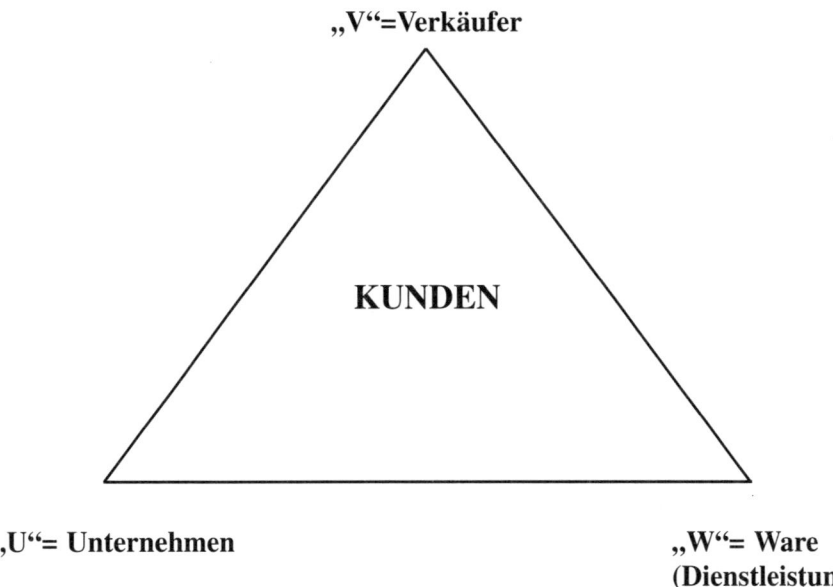

DAS UNTERNEHMEN

Hierbei geht es um die Erstellung und Gewährleistung der betrieblichen Organisation. Hierzu gehören:

- Laufende Marktbeobachtung, Marktanpassung, Zukunftsprognosen,

- Produktauswahl, Kombinationen von Produkten unterschiedlicher Anbieter,

- EDV-technische Lösungen entsprechend den Anforderungen im Unternehmen,

- Darstellung nach außen, Marketingkonzepte, Präsentation,

- Festlegung des organisatorischen Ablaufs des Innendienstes,
Hierzu gehören Antragseingang, -kontrolle, -weiterleitung, Überwachung der Bestätigungen, Prüfung der Gesellschaftsunterlagen, Prüfung der Abrechnungen, Überwachung von Rückfragen, Provisionsabrechnungen, Buchhaltung, Überwachung der Betreuungstermine,

- Ausarbeitung der kundenorientierten Dienstleistung,

- Organisation und Durchführung der Mitarbeitergewinnung,

- Organisation und Durchführung der Mitarbeiterausbildung, Seminarorganisation

- Überwachung der ordnungsgemäßen Kundenbetreuung

- Erstellung von Aktivitäts- und Umsatzstatistiken

Grundlage eines jeglichen Funktionierens eines Unternehmens ist ein reibungsloser Ablauf dieser genannten Organisationspunkte. Ohne diese Gewährleistung kann ein reibungsloses Zusammenspiel von Innen- und Außendienst nicht funktionieren. Übrigens: Ich bin fest davon überzeugt, daß viele Unternehmen die langfristigen Anforderungen an die elektronischen Datenverarbeitungs- und Kommunikationssysteme völlig unterschätzen. Nachgedacht, erweitert und verändert wird zumeist erst, wenn ein akutes Problem bereits im Hausflur steht. Vorher wird vor allem in kleinen und mittelständischen Betrieben nach dem Motto „Augen zu und durch" gehandelt. Die Fähigkeit und Flexibilität, sich auf die Anforderungen des modernen Marktes einzustellen, wird zukünftig mehr denn je ein entscheidender Faktor werden. Die Konkurrenz schläft nicht. In einer Zeit, in der wir in Bruchteilen von Sekunden Daten rund um den Erdball jagen können, verdoppelt sich das Wissen der Menschheit in wesentlich kürzeren Abständen als je zuvor. Nicht nur das Senden von Daten, sondern, für viele vorrangig, das Empfangen von Informationen, gewinnt rapide an Bedeutung. So werden in Zukunft zunehmend per Internet Verträge mit in- und ausländischen Anbietern abgeschlossen werden. Gerade jüngere Menschen nutzen zunehmend dieses Medium, um Geschäfte der verschiedensten Kategorien zu tätigen. Hier werden Preisvergleiche durchgeführt, Bestellungen getätigt, Zahlungsvorgänge ausgeführt und überwacht. Bankgeschäfte werden zunehmend elektronisch abgewickelt. Auch der Kauf und Verkauf von Wertpapieren erfolgt vermehrt über den elektronischen Datentransfer. Aus diesem Bereich kennen Sie beispielsweise auch den Begriff „XETRA-DAX". (Den Begriff „DAX" kennen Sie bereits aus der Produkterklärung: „Deutscher Aktien-Index". Die Abkürzung „XETRA" bedeutet: Exchange Electronic Trading, es handelt sich hierbei um den Index des elektronischen Wertpapierhandels.)

Durch diese verschiedenen Möglichkeiten verändert sich der Markt in einer potenziert ansteigenden Geschwindigkeit.

Und genau vor diesem Hintergrund sind zwei Dinge von größter Bedeutung:
1. Marktübersicht und Anpassung und
2. der Service am Kunden.

Wer sich um den ersten Faktor nicht oder zuwenig kümmert, verschenkt wesentliche Marktvorteile. Oft merkt man dies erst, wenn es schon zu spät ist. Ein derartiges „Kopf-in-den-Sand-Stecken" kann über kurz oder lang existenzgefährdend werden.

Gerade im Bereich des zweiten Faktors wird die Zukunft die Spreu vom Weizen trennen. Der persönliche Service am Kunden wird ein entscheidender Faktor. Ein Kunde, der sich gut aufgehoben fühlt, der sich auf seinen Berater verlassen kann und weiß, daß der Berater zu dem steht, was er verspricht, wird umgekehrt auch zu diesem Berater stehen. Wer die Kundenbetreuung vernachlässigt, um Geld zu sparen, könnte genausogut die Uhr anhalten, um Zeit zu sparen. Aus diesem Grund werde ich zum Abschluß des Buches auf diesen Punkt noch einmal ganz besonders zu sprechen kommen.

Kommen wird nun zum zweiten Punkt unseres Dreiecks:

DIE WARE

In unserer Branche meine ich damit zum ersten die Finanzprodukte, die dem Kunden angeboten werden. Zum zweiten jedoch ist untrennbar mit der Ware verbunden, *wie* diese Ware angeboten wird. Und dies wird leider viel zu oft völlig unterschätzt oder gar mißachtet. Der Koch in der Küche kann das köstlichste Essen zaubern. Wenn der Ober im Restaurant keine Ahnung hat, wie man mit Menschen umgeht, oder wenn das Besteck nicht sauber ist und, und, und, dann wird der Gast nicht wiederkommen. Die Ware gehört untrennbar mit der Dienstleistung zusammen. Stellen Sie sich ein Autohaus vor, das qualitativ sehr hochwertige Autos verkauft. Wenn der Verkauf oder der Service oder nur die Dame am Telefon dem Kunden ein schlechtes Gefühl verschaffen, gehen im Extremfall die Verkaufszahlen nach unten. Ein Autohaus kann die freundlichsten, zuvorkommendsten und zuverlässigsten Leute haben; wenn die Autos nichts taugen, wird auch hier nicht viel Geschäft zu machen sein. Also nochmal: Die Ware und die Dienstleistung für den Kunden gehören untrennbar zusammen.

Doch bleiben wir einmal bei den Produkten. Der erste Aspekt bei der Auswahl eines Produktes ist die Marktfähigkeit oder die Marktakzeptanz. Sie können mit aller Freundlichkeit und Fachkompetenz die hochwertigsten Einstiegsluken für Weltraumfahrzeuge anbieten, Sie werden mit einem Geschäft in Ihrer Innenstadt höchstwahrscheinlich kein Geschäft machen.

Da sich die Märkte dauernd verändern, müssen sich auch die Produkte anpassen. Also müssen Sie in unserer Branche die Möglichkeiten haben, auf diese Veränderungen zu reagieren, oder etwa nicht? (Ja, schon, aber ...)

Die Marktfähigkeit eines Produktes hängt zum einen von dessen Qualität ab. Zum anderen jedoch ist die Fähigkeit des Produktes, dem Kunden wirklichen Nutzen zu bringen, von entscheidender Bedeutung. Haben Sie schon einmal etwas gekauft, das hinterher nicht das gehalten hat, was beim Verkauf versprochen wurde? Welches Gefühl hatten Sie dabei? Immer wenn Sie das Produkt anschauen, bereuen Sie den Kauf und werfen es schließlich weg.

Oder aber haben Sie schon einmal ein Produkt gekauft, an dem Sie viele Jahre Ihre Freude gehabt haben? Immer wieder werden Sie durch dieses Produkt in Ihrem Kaufentschluß bestätigt und haben ein gutes Gefühl dabei. Wenn Sie nun jemand nach diesen beiden Produkten gefragt hat, wie haben Sie dann im Einzelfall reagiert? So verbreitet sich eine negative Meinung, aber auch eine positive. Wenn Sie also darauf aus sind, dem Kunden nur etwas zu verkaufen, damit etwas verkauft ist, dann wird das mit absoluter Sicherheit irgendwann zum Bumerang. Wenn Sie jedoch ein Produkt verkaufen, mit dem der Kunde noch nach Jahren seine Freude haben soll, dann haben Sie den Grundstein für langfristigen Verkaufserfolg gelegt. Verkäufer müssen in die Zukunft schauen können und Produkte verkaufen, die morgen das halten, was heute versprochen wird.

Und nun zum dritten Punkt des Dreiecks und zum wesentlichen Punkt dieses Kapitels:

DER VERKÄUFER

Gehen wir doch einmal davon aus, daß die Organisation eines Unternehmens gewährleistet ist und auch die Ware sowie die Dienstleistung in Ordnung sind. Und dennoch gibt es in jeder Branche, ja sogar in jedem Unternehmen Leute, die wesentlich mehr Erfolg und höhere Verkaufszahlen aufweisen als ihre Kollegen.

Also: bei gleichem Unternehmen, gleicher Ware, gleichen Preisen und genau gleichen Marktbedingungen. Hieran erkennen Sie, daß der wichtigste aller Faktoren in diesem Spiel der Mensch ist. Also die Persönlichkeit des Verkäufers. Der Wille und Charakter des Verkäufers und vor allem seine Einstellung zu Kunden. Und hier sind wir jetzt am Kern dieses Themas angelangt.

VERKÄUFER UND KUNDEN SIND MENSCHEN

Wenn wir die Bedürfnisse unserer Mitmenschen beachten und helfen, diese zu befriedigen, werden wir mehr Erfolg haben. Egal wo auf der Welt und egal was wir verkaufen. Verkäufer aus allen Ecken der Welt pflegen gerne zu sagen: „Meine Lage ist anders, meine Produkte sind anders und vor allem ist die Mentalität meiner Kunden anders. Das mag teilweise sogar stimmen. Aber im großen und ganzen gibt es verblüffend viele Ähnlichkeiten bei Menschen und ihren Wünschen. Wenn Sie einen kleinen Mann im Ohr haben, der Ihnen unentwegt zuflüstert: „Bei dir ist das anders, das gilt nicht für dich", dann sollten Sie mit diesem kleinen Mann einmal folgende Übung machen:

1. Strecken Sie drei Finger der rechten Hand aus.

2. Nennen Sie die erste Blume, die Ihnen in den Sinn kommt.

3. Denken Sie an ein bestimmtes Möbelstück.

4. Denken Sie sich eine bestimmte Farbe aus.

5. Denken Sie an ein bestimmtes Werkzeug

6. Denken Sie an ein Musikinstrument

7. Denken Sie sich eine Zahl zwischen 1 und 10 aus.

Zu 1.: 96 zu 4, daß Sie Daumen, Zeigefinger und Mittelfinger ausgestreckt haben.

Zu 2.: Mit 50 %iger Wahrscheinlichkeit haben Sie an eine Rose gedacht.

Zu 3.: Die Chancen stehen eins zu drei, daß Sie an einen Stuhl gedacht haben.

Zu 4.: Zu 60 % haben Sie an „rot" gedacht.

Zu 5.: Zu 70 % haben Sie an einen „Hammer" gedacht.

Zu 6.: Zu 75 % haben Sie an eine „Geige" oder eine „Trompete" gedacht. Wenn nicht, ist es wahrscheinlich, daß Sie selbst ein anderes Instrument spielen.

Zu 7.: Die Chancen stehen 1 zu 4, daß Sie die Zahl 7 gewählt haben.

Der Sinn dieser Übung besteht darin, folgendes klarzustellen:

Es gibt viele Ähnlichkeiten in unseren Gewohnheiten und Denkweisen.
Wenn es bei uns Verkäufern viele Ähnlichkeiten in Gewohnheiten und Denkweisen gibt, bei wem wird dies dann mit gleicher Wahrscheinlichkeit ebenfalls so sein?
Bei unseren Kunden!
Die Grundlage für Ihren beruflichen und persönlichen Erfolg als Verkäufer ist Ihre Einstellung. Die richtige Einstellung wem oder was gegenüber? Diese Frage werde ich in diesem Themenkomplex beantworten.

1. DIE RICHTIGE EINSTELLUNG SICH SELBST GEGENÜBER

DAS RICHTIGE SELBSTBILD
Viele Menschen machen sich den ganzen Tag Gedanken darüber, was andere wohl von Ihnen halten. Doch ich denke, daß es viel wichtiger ist, sich einmal Gedanken darüber zu machen, was wir selbst von uns denken.

Ist das Selbstbild zu groß, hauen wir andauernd auf den Putz. Unser Umfeld spiegelt uns dies unmißverständlich durch eine gewisse Reserviertheit. Nun gehen wir davon aus, daß wir noch mehr auf uns aufmerksam machen müssen und erreichen immer mehr das Gegenteil.

Ein Mensch, dessen Selbstbild zu klein ist, könnte man auch als schüchtern bezeichnen. Allen Schüchternen unter Ihnen möchte ich an dieser Stelle mal etwas zum Bedenken geben: Ein schüchterner Mensch kann nicht dumm sein!

Meistens haben die Dümmsten die größte Klappe und reden frei nach dem Motto:

„Wie kann ich wissen, was ich denke, bevor ich höre, was ich sage!"

Noch einmal: POSITIVES DENKEN!

Nur positives Denken kann sehr frustrierend sein und werden. Manche Menschen glauben, daß sie nur positiv Denken müssen und schon erledigt sich alles wie von selbst. Nur mit positivem Denken können Sie überhaupt nichts erreichen. Das positive Denken hilft Ihnen, das, was Sie tun, besser und effektiver zu tun, als mit negativem Denken. Sie könnten noch so positiv denken, Sie würden den Boxweltmeister nicht schlagen. Wenn Sie mit ihm vor zigtausend Fernsehzuschauern und vor Publikum dann in den Ring steigen, werden Sie im wahrsten Sinne des Wortes ihr blaues Wunder erleben. Oder stellen Sie sich vor, Sie müßten sich einer Blinddarmoperation unterziehen und der Arzt im Operationssaal würde Ihnen mit einem strahlenden Lächeln und mit sehr zuversichtlicher Miene erklären, daß Sie „seine erste Blinddarmoperation" sind. Nun stellen Sie sich vor, er würde genau dasselbe mit verlegener und betretener Miene sagen.

Professionelles Tun gepaart mit positivem Denken und Zuversicht bilden die Grundlage für Ihren Erfolg. Positives Denken ist eine optimistische *Hoffnung*, daß Sie Berge versetzen können.

Positiver Glaube ist das *Wissen*, daß Sie Berge versetzen können.

Die wichtigste Voraussetzung also für Ihren Erfolg ist

IHR positiver Glaube an sich selbst.

Es gibt Gründe zu glauben, Sie könnten Berge versetzen. Das heißt, Sie erhalten mit diesem Buch nicht einfach nur Behauptungen, Sie würden in Zukunft noch um das vielfache mehr Erfolg im Verkauf haben als bisher, sondern Sie erhalten auch hierfür die notwendigen Spielregeln und das konkrete Verfahren. Das meiste davon haben wir bereits besprochen.

Doch ob Sie nun unsere Dienstleistung kopieren und unsere Produkte dem Kunden anbieten würden, ist für Ihren Erfolg wenig ausschlaggebend. Jeder macht seinen Erfolg auf seine Weise. Sie können mit dem besten System keinen Erfolg haben, wenn Sie nicht daran glauben. Sie können mit dem schlechtesten System großen Erfolg haben, wenn Sie davon überzeugt sind. Ich denke, hierbei werden Sie mir nicht widersprechen. Man kann Unterlagen und eine Vorgehensweise kopieren, doch nie eine Ideologie.

Hierbei kommt es mir vor allem darauf an, ob das, was Sie anbieten und tun, dem Kunden wirklich hilft und auf Dauer Nutzen bringt. Genau dem sind die bisherigen Kapitel gewidmet worden. Und ab jetzt geht's nur noch um Sie. Was nützen Ihnen die tollsten Produkte, das schönste Marketingkonzept und eine Vielzahl von Mitarbeitern, wenn Sie glauben, daß alles von alleine geht und dies alles nur als Mittel ansehen, selbst weniger oder nichts mehr tun zu müssen. Sie werden über kurz oder lang Schiffbruch erleiden, wenn Sie nicht selbst mit Leib und Seele dahinterstehen. Sie müssen es umsetzen, selbst tun! Nur durch ständiges Anwenden und andauernde Praxis werden Sie die theoretischen Hilfen und Erfahrung anderer Menschen in Einklang bekommen mit Ihren eigenen Erfahrungen und ihrer Praxis.

Sie werden Ihre Erfolge finden.
Und hieraus entsteht Ihr positives WISSEN!!

WAS IST AUSSCHLAGGEBEND FÜR IHRE EINSTELLUNG?
Das psychologische Gesetz von Ursache und Wirkung.
Was in Ihr Denken aufgenommen worden ist, bestimmt, was Sie sind und wie Sie sind. Indem Sie ändern, was in Ihr Denken aufgenommen wird, können Sie ändern, was Sie sind und wie Sie sind! Wahrscheinlich erwarten Sie vom Leben auch die Dinge, die alle anderen Menschen von ihm erwarten: Gesundheit, Reichtum, Sicherheit, Freunde, Seelenruhe, Zufriedenheit, Glück und Wohlstand.

Haben Sie diese Dinge nicht, oder noch nicht in dem Ausmaß wie Sie es sich wünschen, gibt es dafür nur zwei Möglichkeiten:

Entweder Sie sind noch zu jung und hatten noch zu wenig Gelegenheit, dies alles zu realisieren.

ODER:

Ihr bisheriges Verhalten führt Sie nicht zu den gewünschten Ergebnissen. **Doch bevor Sie Ihr Verhalten ändern können, müssen Sie zuerst Ihr Denken verändern. Aber: Sie verändern am schnellsten und wirksamsten Ihr Denken, wenn Sie etwas in Richtung Erfolg unternehmen! Sie brauchen keine Bücher, sondern konkrete Erfolge. Sie brauchen Erlebnisse, Beweise.**

1. Machen Sie sich schriftlich klar, welches wirklich Ihre Ziele sind.
2. Halten Sie Ausschau nach allem, was Sie Ihren Zielen näher bringen kann.
3. Sprechen Sie mit positiven und erfolgreichen Kollegen.
6. Besuchen Sie Seminare.

Was aber das wichtigste ist: Die beste Methode, um erfolgreich zu sein oder ein Tief zu überwinden ist: AKTION!

„Ihre Geschäfte gehen nicht ‚da draußen' wirklich gut oder schlecht."

„Ihre Geschäfte gehen in Ihrem eigenen Denken gut oder schlecht und Sie handeln entsprechend."

„Rezessionen beginnen und enden in den Köpfen derer, die daran glauben."

Wenn Sie wirklich vorhaben, sich eine Karriere als erfolgreicher Verkäufer aufzubauen, müssen Sie zuerst daran gehen, sich ein positives Bild von sich selbst zu machen.

VERKAUF IM ENTSCHEIDUNGSTERMIN

Wohlgemerkt: Bei den kommenden Ausführungen handelt es sich bei uns um den Entscheidungstermin. Sie müssen sich also vor Augen halten, daß schon Tage vorher der Ergebnistermin gelaufen ist, der Interessent alle Unterlagen mit nach Hause genommen hat und sich alles reiflich überlegen konnte. Und dennoch gibt es auch bei uns Entscheidungstermine, vor denen der Kunde angerufen hat und um diesen Termin gebeten hat ... und es wird kein Abschluß getätigt. Vielleicht fällt es Ihnen schwer, dies zu glauben. Sie werden sich sagen: Wenn der Kunde nicht will, warum ruft er dann überhaupt an? Und hier geht es Ihnen genau wie mir. Auch hierüber habe ich mir Gedanken gemacht und bin durch Beobachtung der „Verkäufer" zu folgendem Ergebnis gekommen. Dieses Problem ist nicht nur in unserem Unternehmen teilweise vorhanden, sondern ist vielmehr bei sehr vielen Verkäufern in den unterschiedlichsten Branchen anzutreffen.

Wir kommen nun zu einer sehr wichtigen Erkenntnis, die ich in den letzten Jahren gemacht habe. Viele Verkäufer sind völlig auf das „JA" des Kunden programmiert. Sie haben als einziges Ziel den Abschluß, also das „JA" des Kunden. Und jetzt aufgepaßt: Aus diesem Grund bekommen Sie im – im wahrsten Sinne des Wortes – entscheidenden Moment Angst. Nämlich die Angst vor dem „NEIN".

„JA" bedeutet absoluten Erfolg, „NEIN" bedeutet, versagt zu haben.

Wenn es stimmt, daß Verkauf letztlich nichts anderes bedeutet, als ein Übertragen von Gefühlen, dann überträgt sich genau hier das Gefühl „Angst".

Wir müssen uns darüber klar werden, daß die meisten Verkäufer nur aus dem Grund wenig oder gar keinen Erfolg haben, weil Sie feige sind. Sie reden und reden und reden, getrauen sich aber einfach nicht, die entscheidende Frage zu stellen, weil Sie Angst haben, abgewiesen zu werden.

DIE ABSCHLUSSFRAGE

Einer der erfolgreichsten Verkäufer Amerikas, Chris Hagerty, sagt:

63 % aller Verkaufsgespräche enden, ohne eine konkrete Anstrengung des Verkäufers, das Geschäft abzuschließen. Der Verkäufer, der selbst das *ganze* Gespräch bestreitet, hofft während dessen verzweifelt darauf, daß der Kunde endlich das Verkaufsgespräch unterbricht und sagt, „gut, ich kaufe".

Auf diese Weise umgeht er das Risiko, sein Selbstwertgefühl aufs Spiel zu setzen, indem er den direkten Abschluß sucht und mit einer genauso direkten Absage rechnen muß. Hier nun ein Satz, der schon bei vielen meiner Mitarbeiter Welten bewegt hat:

Der Weg ist da, wo die Angst ist!!!!!!!

SIND SIE BESUCHER ODER VERKÄUFER?

Es gibt sehr viele Verkäufer, die reden und erzählen, während es eigentlich schon lange nichts mehr zu erzählen gibt. Schon lange hätte die konkrete Abschlußfrage gestellt werden sollen. Es kommt dann vor, daß der Kunde von sich aus vorprescht und Ihnen entgegenschmettert:

„Sie wollen mir doch nicht am Ende heute noch etwas verkaufen?"

Der Verkäufer reagiert an dieser Stelle auch noch mit: „Nee, nein, sicher nicht."

Der Kunde hat gespürt, daß er es mit einem sehr schwachen Verkäufer zu tun hat und somit die Situation selbst in die Hand genommen und die Sache entschieden.

Dies sind keine Verkäufer, sondern Besucher oder Erzähler.
Verstecken Sie sich nicht hinter dem Wort Berater.

Letztendlich erhalten Sie Ihre Provision und der Klient Ihre Produkte nur, wenn Sie nicht nur beraten, sondern auch verkaufen können.

Wenn Sie also ein Top-Verkäufer werden wollen, dann müssen Sie an sich und an Ihrer Einstellung zu sich arbeiten. Besuchen Sie Seminare und unterhalten Sie sich mit erfolgreichen Menschen. Doch wie oft haben Sie sich schon dabei ertappt, wie Sie im Innersten genau wußten, was Sie tun sollten, doch Sie haben es einfach nicht getan. Sie haben sich aufgrund Ihres Gefühls entschieden, es nicht zu tun.

In Ihrer Gefühlswelt haben Sie nachgeschaut, was es Ihnen sagt. Und es sagt Ihnen, es lieber nicht zu tun, weil ...

Es könnte schief gehen.

Es bringt Ihnen keinen Vorteil.

Es ist mit Konsequenz verbunden.

Es ist mit Arbeit verbunden.

Es könnte das Selbstwertgefühl schmälern und, und, und.

Es ist kein Zufall, was Ihnen Ihre Gefühlswelt sagt, wenn es um eine Entscheidung geht, ob und was Sie tun sollten.

Aus diesem Grund müssen Sie sich unentwegt vorstellen, welche Vorteile Ihr Kunde mit Ihren Produkten haben wird, damit bei Entscheidungen auch positive Antworten aus Ihrem Denken kommen können. Gehen Sie aus diesem Grund vor jedem Entscheidungstermin (also nicht Ergebnistermin, es geht hier um die Entscheidung) das Blatt „Ihre Vorteile auf einen Blick“, das der Kunde ausgefüllt hat und das Sie sich kopiert haben, durch. Wenn der Kunde alles verstanden hat, sich durch Ihre Hilfe seiner Vorteile bewußt ist, von sich aus wieder auf Sie zukommt und dennoch nicht Ja sagt, kann es nur noch zwei Gründe haben:

1. Der Kunde hat ein Ihnen bisher unbekanntes Problem. Hier geht es also um eine sogenannte Bedingung. Hier können Sie argumentieren und Vorteile herausstellen soviel Sie wollen. Der Kunde wird nicht abschließen. Hierin liegt die hauptsächliche Aufgabe des Verkäufers:

Herauszufinden, warum ein Kunde kaufen will, aber *auch* herauszufinden, warum ein Kunde nicht kaufen will oder kann!

2. Der Kunde ist nicht bereit, den Verkäufer zu kaufen.

Dieser zweite Grund kommt wesentlich öfter vor als der erste. Woran dies liegen kann, wird in fast allen Kapiteln dieses Buches besprochen:

Zu wenig Fachwissen, zuviel reden, kein Einfühlungsvermögen, kein wirkliches Interesse am Kunden, Unhöflichkeit, billige Manipulationsversuche und, und, und.

Doch der hauptsächliche Grund bei diesem Thema liegt viel tiefer. Denn die vorgenannten Begriffe sind nur die Wirkung, die Ursache liegt beim Verkäufer in einem Bereich, dessen sich die meisten selbst nicht bewußt sind:

In ihrem Selbstbild! Welches Bild hat der Verkäufer von sich? Und jetzt aufgepaßt:

„Das Bild, das ein Verkäufer von sich hat, übt einen unmittelbaren Einfluß auf seine Verkaufserfolge aus."

Was aber noch wichtiger ist:

„Andere Menschen sehen in uns das, was wir selbst in uns sehen!"

Polieren Sie Ihr Selbstbild auf, und Ihre Leistungen als Verkäufer werden sich steigern. Andere Menschen können Ihnen nur ein Gefühl der Unterlegenheit geben, wenn Sie es selbst zulassen. Es geht hier nicht um die Einstellung, ‚ICH BIN DER GRÖSSTE‘, sondern darum, daß Sie sich (endlich) akzeptieren, wie Sie sind. Mit allen Stärken und Nicht-Stärken.

PERSÖNLICHKEITSSEMINARE

Persönlichkeitsseminare gibt es wie Sand am Meer. Man spricht von Persönlichkeitsentwicklung und -Entfaltung. Auch zu den meisten dieser Seminare habe ich eine geteilte Meinung. Wenn diese Seminare wirklich darauf ausgerichtet sind, was die oben genannten Titel beschreiben, ist es für mich o.k.. Denn wir können nur etwas „entwickeln" (wie ein Bonbon) oder „entfalten" (wie ein Papier), was vorher schon da war. Persönlichkeitsbildung heißt für mich:

Werde der, der du in Wirklichkeit bist. Dies beginnt bei mir genau an dem Punkt, daß ein Mensch sich erstmal so akzeptiert, wie er ist! Bevor das nicht der Fall ist, haben wir keine Plattform, auf der eine Erweiterung stattfinden kann. Solange ein Mensch nur die Dinge an sich sieht, die er gerne verbessern würde, ist er mit sich unzufrieden. Dies senkt sein Sebstwertgefühl, also sein Selbstbild. Sich selbst so zu akzeptieren wie man ist, sollte jedoch nicht das Ende der Geschichte, sondern der Anfang sein. Nur durch dieses Akzeptieren bekommen wir mehr innere Ruhe. Dies wirkt sofort auf unser Umfeld, denn: Wenn wir uns selbst nicht akzeptieren, kann unser Umfeld uns erst recht nicht akzeptieren. Umgekehrt funktioniert dies jedoch genauso. Durch die Selbstakzeptanz bekommen wir auch eine positivere Resonanz, was wiederum unser Selbstwertgefühl steigert. Damit ist der Grundstein für mehr Selbstsicherheit und innere Ruhe gelegt.

DIE MERKMALE DES PROFESSIONELLEN VERKÄUFERS!!!!

Der professionelle Verkäufer hat in erster Linie ganz klar erkannt, daß es die Logik ist, die die Leute zum Denken bringt, daß es aber die *Gefühle* sind, die die Menschen zum Handeln bringen.

Wenn er seine gesamte Logik in ein Verkaufsgespräch steckt, wird er bald den gebildetsten Kunden vor sich haben, doch dieser wird ein paar Straßen weitergehen und von jemand anderem etwas kaufen. Es gibt einen Unterschied zwischen Verkaufen und Ausbilden!

Kunden glauben viel eher, was sie sehen. Um das Produkt verstehen zu können, muß es der Kunde „mit eigenen Augen" gesehen haben. Dies gibt ihm den Glauben, daß etwas so ist, wie es ist. Das bedeutet aber noch lange nicht, daß er es auch besitzen will. Er muß dazu das gute Gefühl haben. Aus diesem Grund achtet der Kunde ganz genau auf die Stimme des Verkäufers.

Hieraus kann er unmißverständlich feststellen, ob der Verkäufer auch von dem, was er sagt, selbst voll überzeugt ist.

Wenn einem Verkäufer die Vorteile und Fakten, die sein tolles Produkt bieten, so wichtig sind, daß er sehr schnell darüber hinweg redet und dem Kunden bei keinem Punkt die Zeit gibt, dieses Gehörte auch zu verinnerlichen, wie soll dann der Kunde die Möglichkeit haben, sich mit einem guten Gefühl dafür zu entscheiden?

Eine Studie über verschiedene Verkäufer hat ergeben, daß es nicht auf die Verkaufsfähigkeit ankommt, ob ein Verkäufer Spitzenleistungen oder nur mäßige Leistungen erbringt.

Die folgenden Faktoren sind wesentlich wichtiger und ausschlaggebender:
Professionelle Spitzenleute sind komplette, ausgewogene Menschen, integer und fachlich beschlagen, beharrlich bemüht, Nutzen zu bringen und Probleme des Kunden zu lösen.

WAS KENNZEICHNET EINEN PROFESSIONELLEN VERKÄUFER?

- Der profihafte Verkäufer versteht sich als Bindeglied zwischen dem Kunden und dem Unternehmen.
- Er ist sich seiner Verantwortung bewußt, daß er, egal was er in beruflicher oder privater Hinsicht unternimmt, das gesamte Unternehmen repräsentiert.
- Er geht freundlich mit dem Innendienstpersonal um.
- Er weiß, was er kann und hat es somit nicht notwendig, dieses auch zu zeigen.
- Er ist teamfähig, indem er sich nicht hinter den anderen versteckt, sondern sich für seine Kollegen mit verantwortlich fühlt.

- Er kommuniziert verständlich und verständnisvoll.
- Der Profi gibt im Verkaufsgespräch dem Kunden durch seine Persönlichkeit die Sicherheit, zur richtigen Entscheidung zu gelangen.
- Er weiß über seine Produkte Bescheid und beherrscht sein Handwerk.
- Er kennt die wichtigste Regel des Verkaufs:

> **„Das wichtigste ist, herauszufinden,**
> **was der Kunde wirklich will,**
> **und ihm dann zu helfen, es zu bekommen."**

- Der Profi ist auf seinem Gebiet kompetent und leistet Qualitätsarbeit.

WEITERBILDUNG

Der Verkäufer muß sich ständig weiterbilden. Stillstand bedeutet Rückschritt. Ein Verkäufer, der sich auf seinen Lorbeeren ausruht, ist vielleicht kurzfristig ein Verkäufer, nie und nimmer jedoch ein Profi. Aus diesem Grund braucht jeder Profi seine eigene Bibliothek, die er laufend ergänzt. Er weiß, daß die besten Bücher nichts nützen, wenn Sie nur in seinem Schrank stehen. Er ergänzt laufend sein Wissen mit neuen Methoden und Verfahren. Er sieht die Investitionen in Bücher, Kassetten und Weiterbildungsseminare in der richtigen Perspektive.

Oft habe ich schon Teilnehmern ein bestimmtes Buch empfohlen und hörte dann in den Pausen von manchen Leuten: „Ich habe dieses Buch schon seit vielen Jahren, habe aber noch nie einen Blick reingeworfen."

Wie oft ist Ihnen schon ein Geschäft entglitten, und nur kurze Zeit später stolperten Sie über die entsprechenden Informationen, die alles verändern hätten können.

Übrigens:

Ich gratuliere Ihnen, daß Sie die Kosten, die Zeit und die Mühe nicht gescheut haben, sich dieses Buch nicht nur zu besorgen, sondern es auch zu lesen.

2. DIE RICHTIGE EINSTELLUNG ZU IHREM KÖRPER UND ZU IHRER GESUNDHEIT

Der wichtigste Bestandteil des Verkaufsvorganges ist der Verkäufer selbst. Psychologen behaupten, daß Sie während eines zweistündigen Verkaufsgespräches und während eines einstündigen Vortrages genausoviel Energie verbrauchen, wie ein Schwerarbeiter in 10 Stunden körperlicher Arbeit.

Sie müssen also für ein 4stündiges Beratungsgespräch absolut topfit sein. Sie müssen sich unentwegt auf Ihren Kunden konzentrieren und sich in seine Lage versetzen. Außerdem müssen Sie im letzten Gespräch am Abend noch genauso begeistert und fit sein wie im ersten Gespräch am Morgen. Sie sind es auch diesem Kunden schuldig.

„Nichts kann Sie besser auf den morgigen Tag vorbereiten als heutiger Erfolg!"

KÖRPERLICHE BETÄTIGUNG UND GENÜGEND SCHLAF

Sie müssen sich durch Selbstorganisation in die Lage versetzen, daß, wenn Sie arbeiten, Sie mit 100%iger Energie arbeiten. Und wenn Sie nicht arbeiten, tun Sie etwas für sich, Ihren Körper und Ihre Gesundheit. Mit richtigem Zeitmanagement werden Sie viel mehr Zeit haben, sich um Ihre Freizeit und Ihre körperliche Fitneß zu kümmern. Dies bringt Ihnen wiederum in Ihrem Berufsleben viel mehr Energie und Durchschlagskraft. Die Ergebnisse werden sich innerhalb kürzester Zeit um das mehrfache steigern, und dennoch haben Sie mehr Zeit für sich als bisher.

Es gibt ein Merkmal, das die meisten Verkäufer und Manager gemeinsam haben: Sie vernachlässigen Ihren Körper und auch Ihre Familie.

Sie brauchen jedoch diese Zeit, um in einem ausgeglichenen und erfolgreichen Leben auch für Ihre Kunden da zu sein. Wenn Sie sich nur auf Ihre Arbeit konzentrieren, dann werden Sie irgendwann feststellen, daß Ihre Kraft nachläßt. Oder daß zuhause der Haussegen schief hängt. Dann möchte ich Sie mal in einem Kundengespräch sehen. Dies könnte der Anfang eines Absturzes werden. Sie müssen rechtzeitig beginnen, an sich und Ihr Privatleben zu denken und sich dafür Zeit zu nehmen. An den ersten beiden Seiten dieses Buches werden Sie erkannt haben, daß ich auch hier genau weiß, wovon ich spreche. Denn auch ich habe Familie.

DIE DREI SÄULEN

Ihre Persönlichkeit ruht auf drei Säulen:
1. Beruf
2. Familie
3. Persönliches

Zu 1.: Hier geht es um Ihre beruflichen Ziele, Ihre Sorgen, Ihre Aufgaben, Ihre Verantwortung und meist um einen Großteil Ihrer zu investierenden Zeit.

Zu 2.: Ihre Familie hat, ob Sie es nun glauben oder nicht, auch eigene Gedanken, Erlebnisse, ein eigenes Umfeld und, und, und. Während Sie in Ihrem Beruf vielleicht in Anerkennung und Erfolg schwelgen können, ist dies bei Ihrem Lebenspartner nicht automatisch auch der Fall. Ihre Kinder sind vielleicht in der Schule, mit Kameraden, einem Umfeld, das Sie vielleicht nie zu Gesicht bekommen. Oder es läuft in der Ausbildung Ihrer Kinder nicht so, wie Sie es sich eigentlich vorgestellt haben.

Zu 3.: Hier geht es nur um Sie ganz persönlich. Oscar Wilde hat einmal gesagt: „Eine der schwierigsten Tätigkeiten überhaupt ist die, einmal wirklich gar nichts zu tun."
Nehmen Sie sich Zeit für sich? Für Sport, für richtiges Essen, für Entspannung, zum Lesen, für die Natur, für das Singen eines Vogels, für die Schönheit einer Blume? Oder sind Sie so schnell auf Ihrer Autobahn unterwegs, daß Sie von alledem nichts mehr mitbekommen?

Stellen Sie sich nun bitte eine Plattform vor, die drei Beine hat; nämlich diese besagten drei Säulen. Wenn Sie es zulassen, daß nur eine Säule schneller wächst, als die anderen beiden, dann wird genau diese höhere Säule Ihre Plattform irgendwann aus dem Gleichgewicht bringen und Sie „stürzen" ab. Auch wenn Sie sich nur auf zwei Säulen konzentrieren, wird die vernachlässigte Säule das Ganze zum Kippen bringen.

Wie gesagt konzentrieren sich die meisten Verkäufer und Karrieremenschen hauptsächlich auf ihren beruflichen Erfolg. Sie wundern sich dann, wenn Sie plötzlich mit 45 Jahren einen Herzinfarkt bekommen.

Wenn Sie sich nur auf sich selbst und nur auf Ihre Gesundheit konzentrieren, wird Ihre Familie rebellieren und im Beruf werden Sie auch keine großartigen Dinge erreichen. Wenn in Ihrem Denken nur berufliche und dazwischen beispielsweise noch sportliche Interessen verfolgt werden, brauchen Sie sich nicht zu wundern, wenn sich Ihr Lebenspartner nach jemandem sehnt, der aufmerksamer ist und mehr Interesse an seiner Person hat als Sie.

Nur wenn Sie darauf achten, daß Ihre Plattform weitgehend eben steht (Schwankungen gibt es immer mal), *nur dann* sind Sie langfristig in der Lage, auch in beruflicher Hinsicht als Verkäufer Ihre Ziele zu erreichen.

„STIMMUNG" KOMMT VON „STIMME"

Warum die Art, wie Sie sprechen, einen besonders starken Einfluß auf die Beziehung zum Kunden haben kann:

Jeder Mensch zeigt beim Sprechen Schwächen und Stärken. Die Schwächen können unter Umständen dazu führen, daß die Gesprächspartner nicht gerne zuhören oder daß sie Schwierigkeiten haben, zuzuhören. Dann besteht die Gefahr, daß sie abschalten, also nicht verstehen, was ihnen gesagt wird. Das kommt sehr viel häufiger vor, als wir annehmen.

Das Sprechen setzt sich aus drei Teilbereichen zusammen:

1. Die Stimme

2. Die Sprache

3. Die Persönlichkeit

Das Zusammenwirken dieser drei Teilbereiche ergeben das Sprechen.

Zu 1. Die individuelle körperliche Ausstattung sorgt dafür, daß jeder Mensch eine nur ihm eigene Stimme hat.

Zu 2. Die individuelle Art zu denken und zu fühlen sowie die Erziehung und Ausbildung sorgen dafür, daß jeder Mensch seinen ihm eigenen Wort- und Sprachschatz hat.

Zu 3. Die Seele, der Geist und der Körper des Menschen bringen nur ihm eigene, individuelle Bewegungen und persönliche Ausstrahlung hervor.

Die Art zu sprechen kann durch das „sich selbst hören" und durch das Hinzufügen neuer Worte und Begriffe verändert werden. Als sehr hilfreich erachte ich hierbei das Aufnehmen der eigenen Stimme auf Kassetten oder Videos. Sie können private Videofilme machen von Vorträgen oder Beratungsgesprächen.

Wenn Sie wollen, daß man Ihnen zuhört, müssen Sie so sprechen, daß man Ihnen gerne zuhört. Sie müssen so sprechen, daß es angenehm ist, Ihnen zuzuhören.

Falsch wäre es jedoch, wenn Sie sich in einem Gespräch mit Ihrem Kunden „verbiegen" würden. Sie wissen, daß das wichtigste eines Beratungsgespräches ist, daß Sie sich auf Ihren Kunden, das was er sagt, und vor allem das, was er meint, konzentrieren. Wenn Sie sich nun noch darauf konzentrieren müssen, was Sie sprechen, wie Sie sprechen, wie Ihre Gestik, Mimik und Körperhaltung ist, dann verlieren Sie das wichtigste überhaupt, nämlich Ihren Kunden und seine Bedürfnisse, aus den Augen. Das wäre das Falscheste, was Sie überhaupt tun können.

WELCHE MÖGLICHKEITEN GIBT ES NUN, SO VIEL WIE MÖGLICH RICHTIG ZU MACHEN?

Wenn Sie während des gesamten Gespräches nur die Bedürfnisse und Sorgen Ihres Kunden im Auge haben, wenn Sie unentwegt damit beschäftigt sind, für den Kunden Lösungen zu suchen und wenn Sie ihm zuhören, dann stimmt schon sehr vieles und Sie werden erfolgreicher sein.

Wenn Sie Ihre Tätigkeit als Berater und Verkäufer jedoch optimieren wollen, dann sollten Sie an sich arbeiten; und zwar **bevor** Sie zum Kunden kommen. Also in Ihrem stillen Kämmerlein, in Schulungen, in Übungsgesprächen.

Lesen Sie soviel wie möglich, machen Sie sich zu dem Gelesenen Bilder und nehmen Sie einen Kassettenrecorder zur Hand und sprechen Sie verschiedene Szenen auf Band. Hier noch ein sehr hilfreicher Tip:

Versuchen Sie es einmal mit einem Kinderbuch. Sprechen Sie das Gelesene auf Band und sorgen Sie für sehr viel Spannung. Versuchen Sie, die Atmosphäre dessen, was Sie lesen, mit Ihrer Stimme und ihrer Ausdrucksweise zu repräsentieren. Wenn Sie Kinder haben, können Sie dies in der schönsten Form überhaupt üben. Lesen Sie Ihren Kindern Geschichten vor, möglichst ohne Bilder. Versuchen Sie nun selbst, mit Spannung, Freude, Trauer, Neugierde, langsamem Sprechen, schnellerem Sprechen und so weiter die Geschichten lebendig werden zu lassen. Beschreiben Sie mit eigenen Bildern das Aussehen der Situation. Sie regen dadurch Ihre eigene, aber auch die Phantasie Ihrer Kinder an. In diesem Zusammenhang bin ich zum Beispiel ein Fan der Schriftstellerin Astrid Lindgren oder von Ottfried Preussler, Christine Nöstlinger oder von Paul Maar. Weitere Möglichkeiten zum Üben:

Nehmen Sie ein komplettes Kundengespräch mit Ihrem Kollegen oder mit Ihrem

Lebenspartner auf Band auf. Hören Sie es hinterher genau an und stellen Sie sich ganz objektiv die Frage:

Würde ich von mir etwas abkaufen?

Sie müssen sich immer dabei vorstellen, daß Sie so Ihr Kunde hört.

3. DIE RICHTIGE EINSTELLUNG ZU IHRER ZEIT

Es gibt vier Gründe, warum die meisten Verkäufer ihre Zeit nicht oder zuwenig effektiv nutzen:

1. Die Unbekümmertheit und mangelnde Erfahrung im Umgang mit der Zeit.

2. Der Mangel an Energie, weswegen der Verkäufer zu spät aufsteht und zu früh wieder aufhört und dazwischen nur mit halber Kraft fährt.
   Zwischen Aufstehen und Zubettgehen befindet sich ein zufälliges „Durch-den-Tag-Gleiten". Man arbeitet nicht, sondern wird gearbeitet.
   Was gerade ansteht wird, wenn es gerade in den Kram paßt, erledigt.

3. Ein gewisser Widerwille, bedingt durch mangelndes Selbstvertrauen, ein schlechtes Selbstbild und allzu negatives Denken.

4. Gar keine oder eine unklare Zielsetzung, was an diesem Tag zu erledigen ist und was dieser Tag bringen muß.

Die meisten Probleme im Umgang mit der Zeit liegen in schlechten Angewohnheiten und in ungenügender Zielstrebigkeit. Ein professioneller Verkäufer versteht es, auch professionell mit seiner Zeit umzugehen. Wer seine Zeit nicht managen kann, kann gar nichts managen. Sie müssen die Einstellung bekommen:

Nicht meine täglichen Erledigungen halten mich von Kundengesprächen ab, sondern diese Gespräche ziehen viele tägliche Erledigungen nach sich. Nur durch Gespräche mit Kunden läuft Ihr Geschäft, durch sonst nichts. Also konzentrieren Sie sich vor allem auf die Tätigkeiten, die **unmittelbar** mit Kunden zu tun haben. Es gibt ein ganz einfaches Mittel, herauszufinden, um welche Tätigkeiten es hierbei geht: Überlegen Sie bei allem, was Sie planen und tun, ob diese Tätigkeit Sie ganz konkret Ihren Zielen näher bringt und ob diese Tätigkeit nur von Ihnen selbst zu erledigen ist. Wenn Sie beide Fragen mit Ja beantworten können, wissen Sie sehr schnell, was Priorität hat. Viele machen den Fehler, daß Sie sich zuerst auf allen Schreibkram stürzen und alles mögliche erledigen. Wenn dann noch Zeit bleibt, kümmert man sich auch noch um Kunden. Dies ist völlig falsch. Konzentrieren Sie sich wie gesagt zuerst auf Gespräche mit Ihren Kunden. Manchmal verschiebt sich ein Termin kurzfristig oder fällt ganz aus. Diese Zeit können Sie dann nutzen, um Schreibkram zu erledigen. Außerdem empfehle ich Ihnen den Freitagvormittag. Was es damit auf sich hat, erkläre ich Ihnen im nächsten Thema.

Eine weitere Möglichkeit, mit Ihrer Zeit Ihren Umsatz zu steigern, besteht in folgendem:

Legen Sie viermal im Jahr eine sogenannte „Turbowoche" ein.

Informieren Sie Ihre Kollegen und Ihre Familie davon, daß Sie in dieser Woche nur eines in Ihrem Denken haben: **Kundengespräche**.

Machen Sie in dieser Woche nur Kundengespräche, so viel wie nur irgend möglich. Zum Beispiel pro Tag mindestens drei, vormittags, nachmittags und abends (ausnahmsweise und nur in der Turbowoche sollten Sie auch abends Beratungen durchführen).

Nehmen Sie in dieser Woche an keiner Besprechung und an keiner Schulung teil.

Treffen Sie die Vorbereitungen (zum Beispiel Auswertungen) für diese Woche schon vorher. Überlassen Sie nichts dem Zufall. Diese Woche muß peinlich genau geplant und auch konsequent durchgeführt werden. Achten Sie darauf, daß, wenn ein Gespräch ausfällt, Sie sofort ein anderes Verkaufsgespräch in diese Zeit hineinnehmen.

Machen Sie nach einer solchen „Superwoche" mit Ihrer Familie Urlaub, und bedanken Sie sich bei sich selbst und Ihrer Familie mit dieser Woche.

Wenn Sie Ihr Leben um 10 Jahre verlängern wollen und wenn Sie den größten Luxus, den wir im Leben gewinnen können, nämlich Zeit zu haben, genießen möchten, dann bestimmen Sie jede Woche einen Tag zur Selbstorganisation.

Dadurch gewinnen Sie die nötige Zeit um nachzudenken, zu planen und um Ihre Aufgaben so zu erledigen, daß Sie die Gewißheit haben, Sie so gut wie möglich erfüllt zu haben.

Das Geheimnis, sich von Unruhe und Hast zu befreien, liegt nicht in der höheren und längeren Arbeitsleistung, sondern in der richtigen Planung der Arbeitsstunden.

4. DIE RICHTIGE EINSTELLUNG ZU IHRER SELBSTORGANISATION

Es ist besser, viereinhalb Tage in der Woche nach einem festen Plan zu arbeiten, als die ganze Woche herumzurennen und nicht vorwärts zu kommen. Aus verschiedener Literatur und vor allem aus der Praxis habe ich ein Selbstorganisa-
tionssystem entwickelt. Dieses System wird jedem, der es annimmt und durchführt,
mit absoluter Sicherheit zu einem bisher noch nie dagewesenen Erfolg in persönlicher und beruflicher Hinsicht verhelfen, ich verspreche es Ihnen!

Ich bin sicher, daß nur wenige „Verkäufer" nicht verkaufen können. Mißerfolge
rühren meist daher, daß es uns an Selbstführung und Selbstdisziplin fehlt.

„Zeige mir einen erfolgreichen Verkäufer, und ich zeige dir einen fleißigen Verkäufer!"

Hiervon bin ich felsenfest überzeugt. Wenn in einem Unternehmen manche Verkäufer zwei oder dreimal so viel Umsatz machen wie andere, dann liegt es mit
Sicherheit vorrangig daran, daß diese erfolgreichen Verkäufer ihre Aktivitäten genau planen *und* einhalten.

DER ORGANISATIONSTAG

In unserem Unternehmen ist der Freitagvormittag ausschließlich der Statistik-
besprechung und der Organisation der nächsten Woche vorbehalten. Zu dieser
Besprechung bringen die Mitarbeiter die Berichte der Aktivitäten der vergangenen
Woche mit. Diese Listen werden ausgewertet und mit Hilfe dieser Auswertung wird
die Planung der nächsten Woche vorgenommen. Somit wird ein Wochenplan erstellt.

ERFOLG IST KEIN ZUFALL

Dieser Satz stimmt. Ich werde Sie nun mit einem Wort vertraut machen, das
vielen meiner Mitarbeiter zum absoluten Durchbruch verhalf. Das Wort heißt:

QUOTE

Errechnen Sie sich bitte doch einmal Ihre Erfolgsquote. Wie funktioniert das,
werden Sie sich jetzt fragen. Ich werde Ihnen dies erklären:

Hier nun der erste Schritt.

1. Setzen Sie sich zuerst ein Ziel!

Überlegen Sie, was Sie konkret erreichen wollen. Hierzu ein Tip: Wenn Sie sich als Ziel ein bestimmtes Einkommen oder ein neues Auto oder dergleichen setzen, wird dies nicht so erfolgbringend sein, wie wenn Sie zum Beispiel das Ziel haben, in jedem Monat mindestens 10 neuen und 5 bestehenden Kunden mit Rat und Tat wirklich geholfen zu haben. Hier noch eine kleine Randbemerkung:

Setzen Sie vor Ihre Zielsetzung bitte immer das Wort „mindestens". Wenn Sie dieses Wort weglassen, ist dieses Ziel für Ihr Unterbewußtsein das Höchstmaß, also der „Deckel". Mit dem Wort „mindestens" wird das Ziel zum Mindestmaß, also zum Boden. Das ist wichtig für das Erreichen.

Nachdem Sie sich als Endpunkt ein klares, realistisch erreichbares Ziel gesetzt haben, müssen Sie jetzt ganz an den Anfang gehen. Dies funktioniert bei uns zum Beispiel wie folgt:

Sie rechnen auf der linken Seite des Blattes von oben nach unten und gehen bei jeder Frage immer von der Zahl 10 aus.

Folgende Fragen müssen von jedem Mitarbeiter individuell beantwortet werden:
1. Aus 10 Kontakten entstehen wieviele Termine?
   (Beispiel „7")
2. Aus 10 Terminen entstehen wieviele Vorgespräche?
   (Beispiel „9")
3. Aus 10 Vorgesprächen werden wieviele Inventuren?
   (Beispiel „8")
4. Aus 10 Inventuren werden wieviele Ergebnistermine?
   (Beispiel „9,5")
5. Aus 10 Ergebnisterminen werden wieviele Entscheidungstermine?
   (Beispiel „8")
6. Aus 10 Entscheidungsterminen resultieren wieviele Kunden?
   (Beispiel „9,5")

Also haben Sie Ihre persönliche Erfolgsquote festgelegt.

Und nun müssen Sie auf der rechten Seite des Blattes ganz unten Ihr ursprüngliches Ziel eintragen. Beispiel: 10 neue zufriedene Kunden. Beginnen Sie also auch bei der folgenden Aufstellung unten und arbeiten Sie sich Schritt für Schritt nach oben.

6. Um 19,22 Termine zu vereinbaren brauche ich 27,45 Kontakte.
   Berechnung: 19,22 : 7 x 10 = 27,45

5. Um 17,30 Vorgespräche zu führen brauche ich 19,22 Termine.
   Berechnung: 17,30 : 9 x 10 = 19,22

4. Um 13,84 Inventuren zu erstellen brauche ich 17,30 Vorgespräche.
   Berechnung: 13,84 : 8 x 10 = 17,30

3. Um 13,15 Ergebnistermine zu führen brauche ich 13,84 Inventuren.
   Berechnung: 13,15 : 9,5 x 10 = 13,84

2. Um 10,52 Entscheidungstermine zu führen brauche ich 13,15 Ergebnistermine.
   Berechnung: 10,52 : 8 x 10 = 13,15

1. Um 10 Kunden zu gewinnen brauche ich 10,52 Entscheidungstermine.
   Berechnung: 10 : 9,5 x 10 = 10,52

Sie sehen jetzt also, daß Sie in einem Monat einfach rund 28 Personen kontaktieren müssen um mit **Sicherheit** 10 neue Kunden zu gewinnen. Wenn Sie einmal Ihre bisherigen Zahlen Revue passieren lassen, werden Sie feststellen, daß dies auch bei Ihnen so ist. Erfolg ist keine Glückssache, sondern ganz einfach und klar planbar und somit machbar. Motiviert Sie dieser Gedanke nicht? Wenn Sie diese Berechnung mit Ihren Mitarbeitern immer wieder durchführen, werden Sie feststellen, daß dies die Leute ruhiger, gelassener und sicherer macht. Erfolg ist keine Glückssache, sondern das Ergebnis von kontinuierlichem, seriösem, fachlich fundiertem und vor allem menschlichen Tun!

ERFOLG HAT DREI BUCHSTABEN: T U N
Verkäufer wissen, daß nicht jeder Interessent Kunde wird. Doch die meisten Verkäufer denken folgendes: Ich weiß schon, daß nicht jeder abschließt ..., aber bitte der Nächste.
Wenn wir uns so sehr auf den Erfolg im nächsten Gespräch versteifen, verlieren wir die Interessen des Kunden und auch unsere persönliche Quote aus den Augen.
Arbeiten Sie einfach den ganzen Monat für Ihre Kunden und Sie werden feststellen: Am Ende des Monats stimmen auch Ihre Zahlen. Erfolg ist das Resultat von TUN, von nichts anderem. Doch die meisten konzentrieren sich so sehr auf den Erfolg, den Sie sich aus dem einen, nämlich nächsten Gespräch versprechen, daß Sie aufhören, in Quote zu denken und dadurch sich verkrampfen und demotiviert werden.
Um auf das oben aufgeführte Beispiel zurückzukommen:
Sie müssen statistisch genau 2,745 Menschen kontaktieren, um einen Kunden

sicher zu gewinnen. So einfach ist das. Sie werden feststellen, daß dies auch bei Ihnen so ist. Das Geschäft, der Markt, die Produkte und so weiter, all dies funktioniert. Das weiß nicht nur ich, das wissen auch Sie. Wenn also etwas nicht funktioniert, ist es die Folge von keiner oder von unzulänglicher Planung und Zielsetzung. Es liegt also immer an der Person des Verkäufers.

Diese Erkenntnis soll Ihnen eine Grundlage dafür sein, mit dem im folgenden beschriebenen System auch Ihren Erfolg klar und realistisch zu planen und zu realisieren. Freuen Sie sich darauf, denn es funktioniert mit absoluter Sicherheit auch bei Ihnen (wenn Sie es wirklich wollen).

DIE AKTIVITÄTENCHECKLISTE

Die meisten Verkäufer machen den größten Fehler damit, daß Sie gar keine Statistik führen. Doch diejenigen, die Wochenberichte führen, machen meistens den Fehler dadurch, daß Sie diese Berichte nicht auswerten.

Diese Leute kommen mir vor wie ein Pilot, der sich im Nachtflug auf sein Gefühl anstatt auf seine Navigationsinstrumente verläßt und plötzlich feststellt, daß er sich über dem Meer befindet und zu wenig Benzin für den Rückflug hat.

In unserer EDV befindet sich ein hauseigenes „Aktivitäten"-Programm. Hiermit wird wöchentlich eine Liste ausgedruckt mit allen Aktivitäten eines Mitarbeiters. Beispiele:

Inventurtermine, Inventurterminbegleitungen, Auswertungen, Ergebnistermine, Entscheidungstermine, Servicetermine sowie die Anzahl der jeweiligen Empfehlungen. Diese Liste wird wöchentlich erweitert. Sie können sich beim Ausdruck entscheiden, welche vergangene Zeitspanne Sie sehen wollen; eine Woche, einen Monat, mehrere Monate oder jede andere Dauer. Desweiteren berechnet das Programm für die gewünschte Zeitspanne bei allen Tätigkeiten die Summe und die Durchschnittszahlen für die einzelnen Bereiche: Wieviele Empfehlungen insgesamt und durchschnittlich pro Termin, wieviele Vorgespräche ergaben Inventuren und so weiter. Auch können Umsatzstatistiken erstellt werden. Auch hier mit Summen und Durchschnittsberechnungen für jeden x-beliebigen Zeitraum. Hieran kann auch sehr schnell erkannt werden, ob eventuell ein Mitarbeiter ein „Lieblingsprodukt" hat, das er gerne anbietet. Hier muß schnellstmöglich gehandelt werden, denn der Kunde soll weitestgehend (völlige Übereinstimmung ist nicht möglich) das gleiche Finanzkonzept erhalten, egal wer seine Inventur ausgewertet hat. Dies ist im Interesse der Kunden und für die Führung von Mitarbeitern sehr wichtig.

Somit hat der Mitarbeiter und dessen Führungskraft alle bisherigen Aktivitäten im Überblick. Hieraus kann jeder Mitarbeiter sehr schnell seine eigene Erfolgsquote aus den einzelnen Tätigkeiten erkennen. Dies hat folgende Vorteile:

1. Es versetzt den Mitarbeiter in die Lage, die oben aufgeführte Quotenberechnung exakt durchzuführen. Er weiß somit ganz genau, was er zu tun hat, um seine Ziele zu erreichen.

2. Die Führungskraft sieht sehr schnell, in welchem(n) Bereich(en) der Mitarbeiter Schwachstellen hat und kann gezielt darauf eingehen. Somit können die einzelnen Erfolgsquoten in den verschiedenen Tätigkeitsbereichen des Mitarbeiters verbessert werden.

3. Der Mitarbeiter kann aufgrund der vergangenen Zahlen feststellen, in welchen Bereichen er seine zukünftigen Aktivitäten verstärken muß.

4. Die Führungskraft erkennt, welcher Mitarbeiter in welchen Bereichen stark und wer in welchem Bereich noch Schwachstellen hat. Diese Stärken des einen können die Schwächen des anderen ausgleichen, wenn man diese beiden Mitarbeiter zusammenarbeiten läßt.

DER WOCHENPLAN
Aus dieser Statistik ergibt sich der Wochenplan aus Eigenaktivitäten und Betreuungsaufgaben.

Eine Führungskraft, die sich am Ende eines Monats darüber wundert, daß entweder viel oder zuwenig Umsatz gelaufen ist, ist keine Führungskraft, sondern ein Blindflieger. Hier ein Satz, den ich allen Kaufleuten ans Herz legen will:

Die Hoffnung ist der Tod des Kaufmanns.

Ein Unternehmer muß dafür sorgen, daß der Laden läuft. Ansonsten ist er kein Unternehmer, sondern ein Unterlasser. Wir können aus den Zahlen der Vergangenheit sehr schnell erkennen, wo die Probleme liegen und müssen entsprechend reagieren. Diese Zahlen nicht zu erfassen oder nicht zu eruieren ist das falscheste, was Sie als Verkäufer oder als Führungskraft tun können.

Wenn jeder Mitarbeiter mit dieser Statistik geführt wird, er selbst seine eigenen Stärken und Schwachstellen erkennt und er über viele Empfehlungen verfügt, dann muß der Laden laufen, oder etwa nicht? Nochmal: Erfolg ist keine Glückssache! Ob Sie nun Verkäufer oder Führungskraft sind: Es liegt absolut und immer an Ihnen!

Können Sie sich erinnern: Ich bin im Thema Mitarbeiterführung schon fast soweit gegangen zu sagen: Es gibt keine schlechten Mitarbeiter, es gibt nur schlechte Führungskräfte. Vielleicht können Sie dies jetzt besser verstehen.

Wenn ein Mensch den Willen hat, etwas zu bewegen, erfolgreich zu sein, dann *muß* er mit diesem System Erfolg haben! Wenn er aber weder Fähigkeit noch die Bereitschaft hat, etwas zu tun, dann kann kein System auf dieser Welt etwas ändern. Doch ich weiß, daß diese Fälle sehr selten sind.

Wissen Sie, was der mit Abstand häufigste Grund für Mißerfolg bei Verkäufern ist?

Die Inkonsequenz! Oder nennen wir es: „der innere Schweinehund". Ein Verkäufer, der wenig oder gar keinen Erfolg hat, weiß, wenn er ehrlich zu sich selbst ist, daß ich recht habe. Um also dieses Thema bewältigen zu können, müssen wir gemeinsam mit dem Mitarbeiter systematisch am Aufbau seines Erfolges arbeiten. Hierbei kommt der Anfangszeit die größte Bedeutung zu. Denn wenn der Mitarbeiter einmal erkannt hat, was ihm selbst diese Statistik bringt, kann er sich die Arbeit ohne statistische Zahlen, Wochenpläne und deren Auswertungen nicht mehr vorstellen.

Immer, wenn Sie in ein Tief fallen, nehmen Sie sich Ihre Statistik zur Hand. Sie werden dann sehr schnell erkennen, was Sie in Ihren erfolgreichen Zeiten getan haben und was Sie momentan nicht tun. Dann wissen Sie auch, was Sie verändern müssen, damit das Geschäft wieder läuft.

Es ist wirklich so einfach!!

Eine der gebräuchlichsten Ausreden, die Verkäufer für das Nichtführen von Berichten vorbringen, heißt: Ich habe keine Zeit!

Ich denke dieser Aussage brauche ich nichts mehr hinzuzufügen.

DER FREITAG VORMITTAG

Nehmen Sie sich immer am Freitag vormittag Zeit für Ihre Statistik. Dieser Vormittag sieht wie folgt aus:

1. Alle fehlenden Zahlen der vergangenen Woche in den Wochenplan eintragen. Summen überprüfen.
   Prüfen Sie sich selbst, ob Sie Ihre Planung für diese Woche wirklich eingehalten haben. (Soll-Ist-Vergleich)

Die Analyse von Wochenberichten
1. Wieviele Termine wurden vereinbart?
2. Wieviele Vorgespräche wurden durchgeführt?
3. Wieviele Inventuren wurden erstellt?
4. * Wieviele Empfehlungen erhalten?
5. Wieviele Auswertungen wurden bearbeitet?
6. Wieviele Ergebnistermine wurden durchgeführt?
7. * Wieviele Empfehlungen hieraus erhalten?
8. Wieviele Entscheidungstermine durchgeführt?
9. Welche Ergebnisse wurden hieraus erzielt?
10. * Wieviele Empfehlungen hieraus erhalten?
11. Wieviele Servicetermine durchgeführt?
12. * Wieviele Empfehlungen hieraus erhalten?
13. Wie war die Quote dieser Woche?
* Haben Sie etwas festgestellt?

2. Stellen Sie den Plan für die nächste Woche auf.

3. Bereiten Sie sich auf jedes einzelne Gespräch mit Ihren Kunden vor.
Ob telefonisch oder persönlich spielt keine Rolle.
Denken Sie immer an die Interessen Ihrer Kunden.
Was bringt Ihre Kunden zum Handeln, was wollen Ihre Kunden erreichen?

4. Beantworten Sie alle Korrespondenzen und erledigen Sie alle während der Woche angefallenen Büroarbeiten.
Viele Bürotätigkeiten haben wirklich Zeit bis am Freitag. Ihre Kunden sind wichtiger! Versuchen Sie es, Sie werden sich wundern!

5. Vereinbaren Sie die Termine für nächste Woche. (Mindestens 7 Kontakte!)

DAS ABLAGESYSTEM

Legen Sie sich ein Argumentationsdossier an! Legen Sie sich einen Ordner an, auf dem „Argumentationshilfen" steht. Sammeln Sie die besten Argumentationen der Praxis in diesem Ordner. Selbst wenn Sie diese nie mehr anschauen. Allein durch das Sammeln manifestieren sich diese Argumente in Ihrem Wissen.

Legen Sie in diesem Ordner mehrere Rubriken an, nach Produkten und nach Einwänden sortiert.

Immer wenn von Ihrem Gegenüber zu einem Produkt oder zum Abschluß ein neuer Einwand kommt, halten Sie diesen in diesem Ordner fest und besprechen Sie mit Kollegen oder Ihrer Führungskraft mögliche Argumentationen zu diesem Einwand.

So entsteht mit der Zeit ein richtiges Nachschlagewerk für Argumentationen. Wenn Sie nun ein Beratungsgespräch vorbereiten, schauen Sie in diesen Ordner und bereiten Sie Ihre Argumentation besonders in den Produkten vor, die Sie heute verkaufen werden.

5. DIE RICHTIGE EINSTELLUNG ZU IHREM BERUF ALS VERKÄUFER.

Dies ist wiederum ein sehr wichtiges Thema.

„Verkaufen ist die bestbezahlte harte und die am schlechtesten bezahlte leichte Arbeit der Welt."

Der Beruf des Verkäufers bietet dem, der sich ihm mit Leib und Seele verschreibt, eine höchst interessante, befriedigende und anspruchsvolle Laufbahn. Es gibt viele Verkäufer, die von Ihrem Produkt und von der Firma, die Sie vertreten, absolut überzeugt und begeistert sind. Doch sind sich die meisten nicht dessen bewußt, daß dennoch auf die Dauer gesehen der größte Faktor für den beruflichen und persönlichen Erfolg ist, daß man auch verkaufen kann. Denn ohne Verkaufserfolge leidet sehr schnell das o. g. Selbstbild und die Überzeugung von den Produkten und von dem Unternehmen, das man vertritt. Seien Sie stolz auf Ihren Beruf als Verkäufer.

Der Beruf des Verkäufers ist der sicherste und auch bestbezahlte Beruf, den es gibt.
Wenn Sie nun denken, daß der Verkäufer doch eigentlich nur auf Provisionsbasis tätig ist, wie soll er dann der sicherste Beruf sein?

Das ist so, denn alle Berufe dieser Welt basieren letztlich auf einer Provisionsbasis. Denken Sie einmal an eine Sekretärin oder einen Bauingenieur oder einen Architekten oder an einen Friseur. Alle könnten ohne Umsatz nicht leben. Alle würden innerhalb kürzester Zeit ihren Arbeitsplatz verlieren, wenn kein Umsatz getätigt würde bzw. nichts geleistet werden würde. In vielen Fällen jedoch sind Berufe vom Umsatz der Verkäufer abhängig. Ein Bauunternehmer hätte nichts zu tun, wenn nicht er selbst oder seine Verkäufer Häuser verkaufen würden. Er bräuchte keinen Architekten usw. Das heißt, daß doch der am allerehesten das Werkzeug für den beruflichen Erfolg in seinen Händen hält, der verkaufen kann. Denn er ist nicht auf den Erfolg anderer angewiesen, sondern hat die Möglichkeiten seines Erfolges selbst in der Hand. In Wirtschaftsrezessionen werden sehr viele ehrliche, arbeitsame, strebsame und produktive Menschen arbeitslos:

Lehrer, Polizeibeamte, Piloten, Stewardessen, Sekretärinnen, Facharbeiter, Handwerker, Rechtsanwälte, Straßenkehrer und sogar Ärzte.

Kennen Sie auch nur einen einzigen ehrlichen, strebsamen gewissenhaften und erfolgreichen Verkäufer, der seinen Job verloren hat?

Wenn ein Verkäufer, der aus Gründen, die er nicht zu verantworten hat (z. B. seine Firma macht Konkurs) seinen Job verliert, dann hat er sofort ein paar Häuser weiter wieder eine Stellung als Verkäufer.

Beim Verkaufen ist es wie in keinem anderen Beruf, egal, ob Sie weiblich oder männlich, alt oder jung, groß oder klein sind oder welche Hautfarbe Sie haben. **Der erfolgreiche Verkäufer wird immer Arbeit haben. Er muß nur verstanden haben, was Verkauf wirklich bedeutet.**

VERKÄUFER GEHEN NICHT „IN RENTE"

Außerdem arbeiten die Menschen in keinem Beruf so lange wie in dem des Verkäufers. Sie können diesen Beruf praktisch bis an ihr Lebensende ausüben, wenn Sie wollen.

In einer sogenannten Rezession sagt der Verkäufer: Ich mache diese Rezession nicht mit, ich nutze die Situation, daß alle anderen Verkäufer mehr von Rezession sprechen und weniger arbeiten. So bleiben für mich viel mehr Kunden. Hoffentlich dauert die Rezession noch recht lange an.

„VERKÄUFER" IST DER WICHTIGSTE UND EDELSTE BERUF

Sie haben den sichersten aller Berufe und können Ihr Einkommen selbst bestimmen. Der Lebensstandard in den Industrieländern ist nur aus dem Grund so hoch, weil in einem Staat, in dem die freie Marktwirtschaft herrscht, die Verkäufer das Herz und die Seele des Systems sind.

„Wenn der Verkäufer Geschäfte macht, drehen sich die Räder der Wirtschaft."

Verkäufer schaffen Arbeitsplätze und freie Stellen und die Industrie und den Wohlstand. Der Berufsstand des Verkäufers hat die niedrigste Scheidungsrate und die absolut niedrigste Selbstmordrate aller Berufsstände. Als Verkäufer haben Sie das Privileg, einem der edelsten Berufe anzugehören.

Sie werden jetzt berechtigtermaßen fragen:

„Warum hat dann der Beruf des Verkäufers einen solch schlechten Ruf?"

Die Antwort hierauf ist interessant. Ich bin sicher, daß Sie schon oft mit richtigen Verkäufern zu tun hatten. Zum Beispiel bei einem Autokauf oder beim Kauf von Kleidungsstücken. Er ist ehrlich, charmant, witzig, zuverlässig und geht auf Ihre Wünsche ein. Es macht richtig Spaß, von solchen Könnern etwas verkauft zu bekommen. Diese Leute raten Ihnen auch mal von etwas ab und beraten Sie ehrlich. Sie haben ein gutes Gefühl dabei und vertrauen diesen Verkäufern. Diese Leute sind verkäuferisch, in meinem Verständnis von Verkauf, so gut, daß Sie sich wohlfühlen und gar nicht an das Themas „Verkauf" denken. Erst bei „Verkäufern", bei denen Sie genau spüren, daß es hierbei nicht um Sie und Ihre Bedürfnisse geht, sondern lediglich um den Abschluß, bekommen Sie ein ungutes Gefühl. Und plötzlich reden wir davon, daß uns jemand etwas „verkaufen" wollte. Wenn Sie sich selbst in diesem Zusammenhang immer wieder dabei ertappen, zu prüfen, ob Sie etwas verkauft bekommen, dann verschlechtert dies zunehmend auch Ihr Verhältnis zum Thema „Verkauf". Aus diesen Gründen wird unter dem Begriff „Verkauf" eigentlich oft genau das verstanden, was mit dem wahren Verkauf etwa genau so viel zu tun hat, wie das Hüpfen mit dem Fliegen.

LEUTE, DIE SICH VERKÄUFER NENNEN

Die meisten Menschen sind leider mit Verkäufern konfrontiert, die mehr verkaufen als sie liefern. Diese Leute sind nach meinem Verständnis eigentlich keine Verkäufer. Der Verkaufsprofi von heute rennt nicht mehr Umsatzzahlen und Umsatzvorgaben hinterher, sondern versetzt sich in die Lage des Klienten und fühlt sich in dessen Lage ein. Er überlegt, was er selbst in der Lage dieses Kunden tun würde.

Wenn es ein Verkäufer schafft, absolut integer und loyal mit seinen Kunden umzugehen, wird er mit Sicherheit im Laufe seines Lebens ein Kundenimperium aufbauen, das ihm in jedem Jahr zu noch mehr Erfolg und Umsatz verhelfen wird.

Es gibt keine größere Sicherheit auf dieser Welt, als ein Kundenstamm, der zufrieden ist, dem Verkäufer vertraut und den Verkäufer laufend weiterempfiehlt.

Andersherum gesehen ist es die größte Torheit, die es im Berufsleben gibt, einen Kundenstamm zu haben und diesen nicht verantwortungsbewußt und hilfsbereit zu betreuen. Man ist nicht umgeben von einem Kundenstamm, sondern von Menschen, die einem vertrauen und die alle ihr eigenes Schicksal und ihre eigenen Bedürfnisse haben. Doch alle diese Menschen haben ein Bedürfnis gemeinsam. Sie alle möchten berechtigtermaßen die Wertschätzung der Persönlichkeit und Anerkennung.

In den letzten Jahren hat sich in der BRD eine Unart eingeschlichen. In den meisten Firmenleitungen sitzen nicht mehr die alten Verkäufer, die das Gras wachsen hören, weil sie mit ihrem verkäuferischen Talent dieses Unternehmen aufgebaut haben.

Vielmehr sitzen in den Chefetagen nur noch umsatzorientierte Direktoren, die Unterlagen für den Verkauf entwerfen, von denen sie glauben, daß sie erfolgbringend sein müßten. Die Zeit wird kommen, in der wieder die Verkäufer in den obersten Etagen zu finden sind. Zumindest aber werden die Verkäufer an der Front wieder zu Rate gezogen, wenn es darum geht, neue Marketingwege zu erschließen.

6. DIE RICHTIGE EINSTELLUNG ZU IHREN KUNDEN

Jetzt kommt das wichtigste Thema dieses Kapitels.

Wie sehen Sie die Person, die Ihnen gegenübersteht oder sitzt?

Ist es eine Person, die Ihnen ein schnelles Geschäft und leicht verdientes Geld einbringt, oder ist es eine Person mit einem Problem, zu dessen Lösung Sie etwas beitragen können/müssen? Nehmen Sie Rücksicht auf Ihr Gegenüber oder sind Sie nur darauf bedacht, etwas zu verkaufen und die Ernte für sich selbst einzufahren?

Sie müssen sich als Sachverwalter der Kundeninteressen fühlen und den Nutzen Ihrer Kunden im Auge haben.

> **„Sorgen Sie dafür, daß Ihr Kunde Gewinn macht, und Ihr Kunde wird dafür sorgen, daß Sie Gewinn machen."**

So einfach ist das.

Verkäufe werden nicht erredet, sondern erschwiegen. Also ist das wirkliche Zuhören in Kundengesprächen das wichtigste überhaupt. Zuhören müssen Sie in jedem Fall, sonst können Sie nicht erfolgreich beraten.

Aber, der Kunde muß auch merken, daß Sie ihm zuhören.

Das ist sehr wichtig, denn fast jeder Mensch findet das wichtig, was er sagt und findet den, der ihm zuhört, sympathisch. Er fühlt sich ernst genommen.

DIE UNZUFRIEDENHEIT VON KUNDEN

Eine Umfrage hat ergeben, daß sich die Kunden über hauptsächlich drei Unarten der Verkäufer beklagten. Was glauben Sie, welche Punkte diese Umfrage ergaben?

1. Rücksichtslosigkeit

2. Unfähigkeit

3. Gleichgültigkeit

Bei zweien dieser Vorwürfe handelt es sich um Probleme der zwischenmensch-lichen Beziehung, beim ersten und dritten Punkt. Wobei der zweite Punkte oft auch als Resultat der anderen beiden verstanden werden kann.

Es ist von absoluter Wichtigkeit, daß jeder Verkäufer den Wert jedes Menschen, mit dem er es zu tun hat, erkennt und respektiert.

Schlichte Höflichkeit und Rücksichtnahme bringen Sie Ihrem Ziel näher, als es jede Verkaufstaktik bewirken könnte.

Wie sehen Sie Ihre Beziehungen zu Ihren Kunden?

Betrachten Sie sich als Freund, als jemand, der dem anderen wirklich helfen und raten kann, der sich um die Interessen des Kunden wirklich kümmert und be-müht?

Glauben Sie daran, daß der am meisten gewinnt, der anderen dient und Nutzen bringt?

EIN KLEINER TEST

Stellen Sie sich einmal vor, Sie würden heute im Lotto gewinnen – über eine Million.

Ihr Chef würde zu Ihnen sagen: „Da Sie ja nun über genügend Geld verfügen, werden wir ab sofort bei ihnen keine Provision mehr ausbezahlen, sondern die Pro-vision für Ihre Abschlüsse Ihren Kunden auszahlen."

Was würden Sie tun?

PROVISIONEN

Der Kunde weiß sehr wohl, daß der Verkäufer auch seine Provision an einem abgeschlossenen Geschäft hat. Dies ist auch kein Problem für den Kunden. Er akzeptiert dies voll und ganz. Nur verlangt er auch von diesem Verkäufer, daß er für diese Provision etwas arbeitet, und daß er ihm, dem Kunden, bei seiner Problemlösung aufrichtig behilflich ist.

Der Kunde erwartet von einem Verkäufer, daß er vertrauenswürdig ist, Fragen ohne Umschweife beantwortet und ihn fachmännisch berät.

Eine charakteristische Eigenschaft des Top-Verkäufers ist seine Bereitschaft, auch die Nachteile eines Produktes zu erläutern.

Für den Kunden ist derjenige Verkäufer erfolgreicher als der andere, der sich mit Begeisterung und Interesse der Lösung seiner Probleme widmet. Ein Verkäufer, der Beziehungen aufbauen und wertvolle Dienste in Form von Ratschlägen, Informationen oder Meinungen vermitteln kann, gilt bei den Kunden einmütig als Top-Verkäufer. Beherzigen Sie, was die Kunden über Top-Verkäufer zu sagen haben, und die Chancen, daß Sie auch einmal zu diesen Top-Verkäufern gehören, steigen gewaltig.

Die Chefin einer amerikanischen Kaufhauskette sagte einmal:

„Ich stelle nicht Leute ein und sage ihnen dann, daß sie freundlich sein müssen, sondern ich stelle freundliche Leute ein."

7. DIE RICHTIGE EINSTELLUNG ZU IHREM UNTERNEHMEN

Das Unternehmen und Sie.

Wäre es nicht sehr vorteilhaft, wenn Sie das Unternehmen, in dem Sie arbeiten werden, zuerst ein Jahr lang genauestens beobachten könnten? Sie würden während dieser Testphase schon ein ansehnliches Gehalt bekommen. Sie könnten Ihr Augenmerk richten auf die Produkte, die Vorgehensweise, wie das Unternehmen und somit dessen Verkäufer am Markt agieren und ankommen. Sie würden das Marketingkonzept durchleuchten, die Schulungen besuchen und viele persönliche Gespräche mit der Geschäftsleitung führen.

Sie könnten jedoch auch die zweite Möglichkeit wählen.

Sie könnten sich auch auf Ihr Gefühl verlassen, nach dem ersten Eindruck entscheiden und auf Provisionsbasis anfangen.

Welche Möglichkeit halten Sie für die bessere, welche wäre Ihnen lieber?

Mancher von Ihnen wird sich mit der ersten Möglichkeit angefreundet haben. Doch genau hier ist **Ihr** Problem!

Sie **sind die Sicherheit, die Sie brauchen!**

Wer denn sonst? Sie könnten 100 Unternehmen auf diese Weise durchchecken, wären 120 Jahre alt und hätten dennoch in dieser Zeit nicht besonders viel erreicht.

Machen Sie sich doch einmal den folgenden Begriff zu eigen:

MEIN UNTERNEHMEN

Ein erfolgreicher, zuverlässiger und ehrlicher Verkäufer weiß, daß gerade er in seiner Position den größten Einfluß auf die Entwicklung des Unternehmens hat.

Es gab in der Geschichte schon sehr viele sogenannte Traumkarrieren, bei denen ein Mitarbeiter durch sämtliche Hierarchiestufen eines Unternehmens geklettert ist, bis er oder sie schließlich Direktor dieses Unternehmens wurde.

Ein Mitarbeiter, der stets in dem Bewußtsein lebt, seinen Mitmenschen, ob es nun Kunden oder Mitarbeiter sind, Nutzen zu bringen, wird in jedem Fall erfolgreich arbeiten und leben.

Sie müssen sich in Ihrem Unternehmen ständig die Frage stellen:

Bin ich in meinem Unternehmen eine Person, die Probleme schafft, oder bin ich eine Person, die hilft, Probleme zu lösen?

Bin ich eine Person, die Nutzen bringt?

Wer nicht ständig in dem Bewußtsein lebt, Nutzen bringen zu wollen, hat in dem Beruf des Verkäufers sowieso nichts verloren.

Denn der Beruf des Verkäufers ist es, Nutzen zu bringen.

Wer innerhalb des Unternehmens nicht darauf bedacht ist, seinen Teil zum Gelingen des Gesamten beizutragen, wird auch als Verkäufer niemals Erfolg haben.

MACHEN SIE SICH IN IHREM UNTERNEHMEN UNENTBEHRLICH.

Scherzaussage: Feiern Sie solange krank, wie Sie ihr Chef entbehren kann. Aber nicht solange, daß er merkt, **daß** er Sie entbehren kann.

Jeder Mensch ist an sich entbehrlich, das ist sicher. Jedoch gibt es Menschen, die eine größere Leere hinterlassen als andere. Es bedarf mehr Anstrengung, um deren Verlust zu überwinden und zu kompensieren. Je größer die Verantwortung ist, die Sie in einem Unternehmen tragen, je mehr Sie zum Erreichen des Firmenziels beitragen, umso unentbehrlicher machen Sie sich, desto sicherer ist Ihr Arbeitsplatz. Wie oft wird argumentiert, daß in einem Unternehmen in schwierigen Zeiten nach Alters- oder fachlichen Kriterien entlassen wird. Dem stimme ich nicht zu. Dies ist allenfalls in sehr großen Unternehmen der Fall. Meistens behält man die Leute, die dazu beitragen (nicht: „beitragen *können*"), das Unternehmen wieder nach vorne zu bringen.

Ich sage Ihnen, was wirklich läuft:

Es gibt Leute, die bereit sind, zuzupacken, Verantwortung zu übernehmen und die zum Gelingen eines jeglichen Vorhabens beitragen. Sie machen keinen großen Wind um ihre Taten, sondern sie tun es einfach.

Auf der anderen Seite gibt es Leute, die 365 Tage im Jahr nichts anderes zu tun haben, als sich darüber Gedanken zu machen, was sie gerne hätten; aber nicht einen Tag Gedanken darüber, was sie dafür TUN müssen. Geschweige es dann auch noch zu tun. Es sind aber genau die Leute, die an den anderen kein gutes Haar lassen. Wie heißt es doch so schön:

„Der Neider sieht immer nur das Blumenbeet, nie den Spaten".

Wenn ich mir überlege, was mancher Leser wohl denkt, wenn er in diesem Buch den Satz liest: „Erfolg ist keine Glückssache", dann kommt mir manchmal das kalte Grausen.

IHR VERHÄLTNIS ZU DEM BEGRIFF „VERKAUF"

Es gibt Menschen, die unentwegt damit beschäftigt sind, zu überprüfen, ob sie nicht momentan irgend etwas „verkauft" bekommen. Eine gewisse gesunde Skepsis ist immer angebracht. Wenn Sie jedoch überprüfen, ob Ihnen etwas verkauft wird, sollten Sie sich immer fragen:

Kann ich meinen Nutzen aus diesem „Kauf" ziehen? Wenn ja, welchen?

Wenn nein, werde ich mich einfach nicht für den Kauf entscheiden.

Wenn Sie jedoch andauernd damit beschäftigt sind zu überprüfen, ob Sie gerade etwas „verkauft" bekommen, dann denken Sie einmal über folgendes nach:

Eine riesige Gefahr besteht darin, daß, wenn Sie selbst in dem Beruf des Verkäufers tätig sind, Sie das Wort „verkaufen" sehr schnell zu einem negativen Begriff werden lassen. Ab diesem Moment werden Ihre Verkaufserfolge rapide fallen, denn Sie übertragen dieses Überprüfen auf Ihre Kunden. Mit Sicherheit können Sie jeden Kunden verstehen, der jedes Ihrer Worte skeptisch überprüft.

Wenn es Ihnen aus mangelnder Überzeugung nicht möglich ist, voll hinter Ihrem Unternehmen und dessen Vorgehensweise zu stehen, dann sollten Sie in Ihrem eigenen Interesse und vor allem im Interesse Ihrer Kunden das Unternehmen wechseln.

Sollten Sie sich jedoch auch in anderen Unternehmen immer wieder dabei ertappen, zu prüfen, ob Ihnen etwas verkauft wird, so sollten Sie auch den Beruf des Verkäufers verlassen. Sie werden mit absoluter Sicherheit keinen Erfolg haben.

Es geht nicht darum, absolut unkritisch alles anzunehmen, was einem gesagt wird. Bedenken Sie bitte immer den Unterschied zwischen Manipulation und Motivation.

Ein guter Verkäufer muß eine positive und optimistische Grundeinstellung haben.

Vor allem aber muß er eine positive und vertrauende Grundeinstellung zu Menschen haben. Letztendlich entscheiden immer Sie selbst über Ihre Erfolge und Mißerfolge.

Sind Ihre Gedanken gegenüber Ihrem eigenen Unternehmen positiv, agieren Sie gegenüber Kunden, Kollegen und Vorgesetzten positiv. Sie können sicher sein, daß von allen diesen Personen positive Reaktionen zurückkommen.

Umgekehrt genauso. Ein Gedanke zum Abschluß dieses Themas:

Man muß erst ein guter Mitarbeiter gewesen sein, bevor man eine gute Führungskraft werden kann. Soviel zu Ihrer Einstellung Ihrer Firma gegenüber.

8. DIE RICHTIGE EINSTELLUNG ZU IHRER DIENSTLEISTUNG UND ZU IHREN PRODUKTEN

Die wichtigste Grundlage für Ihren Verkaufserfolg ist die absolute Überzeugung von Ihrer Dienstleistung und von Ihren Produkten.
Überprüfen Sie Ihre Vorgehensweise. Ihre persönliche Vorgehensweise in Ihrem Berufsalltag sollte auf folgenden Grundsteinen aufgebaut sein:

● Sie verfügen über ein marktfähiges Produkt oder
  eine marktfähige Dienstleistung (oder vielleicht über beides).

● Sie verfügen über die notwendigen Fachkenntnisse.

● Sie haben ein sinnvolles und realistisches Ziel.

● Sie haben den Willen zur Spitzenleistung.

● Sie bieten maximalen Kundennutzen.

● Sie haben Selbstvertrauen und sind eine Persönlichkeit.

● Sie planen Ihre Erfolge und managen Ihre Zeit.

● Sie konzentrieren sich auf das Wesentliche.

● Verkäufe werden nicht erredet, sondern erschwiegen.

DIE RICHTIGE ÜBERZEUGUNG VON IHREN PRODUKTEN

Wenn Sie nicht davon überzeugt sind, daß Ihr Kunde einen großen Fehler macht, wenn er das Produkt nicht kauft, dann verkaufen Sie das falsche Produkt!

Verkaufen ist im Grunde genommen ein Übertragen von Gefühlen auf den Gesprächspartner. Sie übertragen jedes Gefühl auf Ihren Gesprächspartner. Mut, Angst, Zuversicht, Überzeugung, Begeisterung, fachliche Unsicherheit, Zweifel, und, und, und.

Um aber ein positives Gefühl übertragen zu können, muß man es selbst empfinden.

Wenn Sie einen Kunden überreden wollen, etwas zu tun, was Sie selber noch nie getan haben, wird er es spüren.

Sie müssen also sozusagen Ihrer Produktpalette regelrecht „VERFALLEN" sein. Ob ich von unseren Produkten und unserer Dienstleistung überzeugt bin, brauche ich Ihnen nach diesem Buch wohl nicht mehr erklären. Ich bin vielmehr der festen Überzeugung, daß es keinen Menschen gibt, für den unsere Dienstleistung nicht interessant ist. Warum, habe ich Ihnen ausführlich erklärt.

Wie oft machen gerade junge Mitarbeiter, die neu in einem Unternehmen anfangen, die besten Abschlüsse? Sie sind felsenfest davon überzeugt, ein Kunde beginge den größten Fehler seines Lebens, wenn er nicht sofort etwas kaufen und davon profitieren würde.

> # „Wenn Sie überzeugen wollen, müssen Sie überzeugt sein."

Ihre Kunden lassen sich durch Ihren Stolz auf, und Ihren Glauben an Ihr Produkt viel eher überzeugen als durch irgendwelche anderen Beweise für die Qualität Ihrer Produkte. Man muß einfach an seine Sache glauben. Meiner Meinung nach bedeutet Ehrlichkeit, daß wir so felsenfest und inbrünstig an das glauben, was wir verkaufen, daß wir nicht verstehen können, warum andere Leute es nicht kaufen wollen.

WER GESCHÄFTE ABSCHLIESSEN WILL, BESITZT SELBST, WAS ER VERKAUFT!!!!

Verkaufen Sie nur Produkte, die Sie selbst besitzen oder kaufen würden.
(Sie können ja nicht 1.000 Autos oder 1.000 Immobilien kaufen.)

Sie sollten aber nicht nur an Ihre Produkte, sondern auch an Ihr Unternehmen glauben und ihm gegenüber absolut loyal sein. Ihre Tüchtigkeit wird auch durch Ihre Einstellung zur Firma und zur Geschäftsleitung beeinflußt werden. Es gehört durchaus dazu, daß Sie überall und jederzeit auf Ihre Firma und auf Ihren guten Ruf hinweisen. Wer hat schon Vertrauen in einen Menschen, der ständig übel über seine Frau, seine Stadt, seine Firma oder deren Mitarbeiter redet? Glauben Sie an Ihr Produkt und an Ihre Firma. Übertragen Sie diesen Glauben auf Ihre Kunden, und Sie werden nicht nur mehr, sondern auch leichter verkaufen, und Ihre Kunden werden Ihnen neue Kunden bringen.

So werden Sie eine erfolgreiche Karriere aufbauen.

Wie wichtig die Überzeugung von den eigenen Produkten ist, habe ich am Anfang schon einmal erläutert. Wenn Sie Ihre eigenen Produkte noch nicht besitzen, dann wechseln Sie die Produktpalette oder die Firma. Irgend etwas stimmt nicht! Sie werden mit anderen Produkten wesentlich mehr Erfolg haben. Horchen Sie in sich hinein, und fragen Sie sich, was Sie wirklich wollen, anstatt weiterhin Ihren Kunden dummes Zeug von Dingen zu erzählen, von denen Sie nicht wirklich überzeugt sind.

Ein Mann mit einer neuen Idee ist ein Narr,
so lange, bis die Idee sich durchgesetzt hat.

MARK TWAIN
Amerikanischer Schriftsteller, 1835–1920

17. ... UND PLÖTZLICH WIRD MENSCHLICHKEIT ZUR MARKTLÜCKE

Wir sind nun beim letzten Kapitel angelangt. Letztendlich ist dieses Kapitel und somit auch das Thema „Nicht-Abschluß" der eigentliche Grund für das Entstehen dieses Buches. Durch verschiedene Beiträge in anderen Fachbüchern kam der Verleger auf mich zu und fragte mich, was wir eigentlich tun. Der Inhalt meiner Erzählungen faszinierte ihn so sehr, daß er mich bat, dieses Buch zu schreiben.

Zunächst zu meiner grundsätzlichen Philosophie, die ich in relativer Ausführlichkeit darlegen will, weil ohne sie unser gesamtes Finanzkonzept und unsere ganze Vorgehensweise nicht wirklich zu verstehen ist. Ich wiederhole an dieser Stelle noch einmal den für mich wichtigsten Satz im Bereich der Kundenbetreuung:

„An der Qualität der Kundenbetreuung erkennt man die wirkliche Intention, also die wirkliche Absicht des Verkäufers im Verkaufsgespräch."

SERVICE, DER SCHLÜSSEL ZUR LAUFBAHN ALS VERKÄUFER

„Man muß nicht nur die Bestellung aufnehmen, sondern man muß auch liefern."
Wenn Sie ein Geschäft abgeschlossen haben, dann dürfen Sie am Steuer des Wagens Platz nehmen. Wenn Sie jedoch die Augen von der Straße (dem Kunden) und den Fuß vom Gaspedal (dem Service) nehmen, wird die Konkurrenz mit der Idee werben, sie sei der bessere Fahrer und könne mehr Gas geben als Sie. Oft bittet der Kunde dann den Konkurrenten ans Steuer und schmeißt Sie aus dem Wagen.

Doch leider stellt der Kunde dann oft sehr schnell fest, daß er hiermit auch keinen besseren Fahrer erwischt hat. Somit findet der Kunde mit der Zeit plötzlich immer mehr sich selbst am Steuer.

Stellen Sie sich einmal vor, der Kunde hätte einen anderen ans Steuer gesetzt und festgestellt, daß dieser ein noch schlechterer Fahrer (Betreuer) ist als Sie.

Glauben Sie, er kommt zu Ihnen zurück und sagt, der Kollege war noch schlechter als Sie, übernehmen Sie bitte wieder das Steuer?

Das ist mit Sicherheit der größte Faktor, warum so viele Ehen in die Brüche gehen. Vor dem eigentlichen „Abschluß" zeigen wir uns von der besten Seite.

Wir sind zuvorkommend, hilfsbereit, einfühlsam, freundlich und versprechen alles Positive. Kurz gesagt: Wenn alle Eheleute das liefern würden, was sie beim Abschluß verkauft haben, würde es sehr viel weniger unzufriedene „Kunden" und damit „Stornierungen" geben.

Ein kleiner Witz:

Fragt ein Ehemann seinen Freund:

„Wann ist eigentlich der richtige Moment, meiner Frau zu sagen, daß ich Sie liebe?"

Antwort: „Bevor es ein anderer tut."

BRINGEN SIE SICH IMMER WIEDER IN ERINNERUNG

Der Profi weiß, daß er nicht Karriere machen kann, wenn er einem Kunden nur einmal etwas verkauft. Er weiß, daß er den Kunden auch nach dem ersten Abschluß weiter bedienen und betreuen muß.

Er liefert sogar mehr, als der Kunde bestellt hat.

Dies finde ich einen kleinen, aber sehr wichtigen Satz. Machen Sie sich bitte einmal kurz darüber Gedanken. Wer zusieht, wie sein Kundenstamm nicht aufgebaut wird, sondern immer mehr abbröckelt, der ist alles andere als ein Profi.

Es soll sogar Verkäufer geben, die den Wald vor lauter Bäumen nicht sehen. Diese sitzen auf einem riesigen Kundenstamm und machen sich nur Gedanken darüber, wie sie wohl zum nächsten Neukunden gelangen könnten und vergessen dabei, daß mit jedem Tag ein oder mehrere Kunden sich von ihm abwenden. Dies ist ein Fehler, der nicht mehr gutzumachen ist, denn:

Wenn ein Kunde einmal sein Vertrauen in den Verkäufer verloren hat, ist es schier unmöglich, dieses wieder zu erlangen.

„Einer der größten Fehler ist es, zu glauben, daß einem ein Kunde sicher ist."

Wie oft gehen wir davon aus, daß unsere engsten Freunde und Bekannte als

Kunden nicht so gut betreut werden müssen wie andere. Dies ist ein Irrtum. Denn genau den Personen sind wir schuldig, daß wir das uns entgegengebrachte Vertrauen ständig rechtfertigen.

Ein Verkäufer, der einen Kundenstamm hat, der ihm vertraut und hinter ihm steht, hat die beste Kapitalanlage der Welt gewählt und den sichersten Beruf aller Zeiten.

ALLE GELEGENHEITEN ZUM KUNDENBESUCH NUTZEN

Wann haben Sie zum letzten Mal Kontakt mit Ihrem Kunden gehabt, um ihm zu zeigen, daß Sie zu seinen Diensten stehen, daß Sie ihn schätzen, um ihn darauf aufmerksam zu machen, daß ihre Produktlinie erweitert worden ist oder daß Ihr Produkt neue Anwendungsmöglichkeiten hat. Kunden müssen immer wieder daran erinnert werden, daß es Sie gibt und daß Sie bereit sind, deren Probleme zu lösen!

Nutzen Sie also jede Neuigkeit in Ihrem Unternehmen oder in Ihrer Produktpalette um Ihre bestehenden Kunden immer wieder aufzusuchen. Vielleicht haben Sie auch aus diesem Buch einige Dinge gelernt, die Sie Ihren bestehenden Kunden sofort zeigen wollen. Nutzen Sie die Gelegenheit für Ihren Erfolg.

KONTINUITÄT

Bringen Sie sich in einem ganz bestimmten Zeitabstand immer wieder ins Bewußtsein des Kunden. Zum Beispiel durch eine Geburtstagskarte, fachliche Informationen oder, am besten: durch einen persönlichen Besuch. Schicken Sie Empfehlungsgutscheine nie mit der Post. Das ist nicht rationelles Arbeiten, sondern Dummheit. Alle Gelegenheiten, mit Kunden ins Gespräch zu kommen, sind wichtiger als alle anderen Tätigkeiten, die auf Ihrem Schreibtisch herumliegen.

Rufen Sie doch einfach mal Ihren Lebenspartner an. Er oder sie wird Sie fragen, was der Grund des Anrufes ist. Wenn Sie dann sagen, daß Sie gar keinen bestimmten Grund hatten, wird sich Ihr Lebenspartner um so mehr freuen.

Dies ist bei Ihren Kunden genauso. Gehen Sie doch einfach mal unangemeldet bei Ihrem Kunden vorbei und sagen Sie, daß Sie gerade in der Gegend waren und sich erkundigen wollen, wie es ihm geht.

Schicken Sie allen Kunden eine Geburtstags- und eine Weihnachtskarte. Bringen Sie sich mit einer Firmenzeitung in monatlicher oder wenigstens vierteljährlicher Ausgabe immer wieder ins Bewußtsein.

IMMER EINEN POSITIVEN EINDRUCK HINTERLASSEN

Ich halte diesen Punkt wieder für sehr wichtig.
Fragen Sie sich nach jedem Kundengespräch:
„Habe ich einen guten, positiven Eindruck hinterlassen? Wie fest ist diese Beziehung? Werden sich diese Kunden wirklich an dieses Gespräch mit einem guten Gefühl erinnern? Sitze ich wirklich fest im Sattel, weil ich diese Kunden sehr gut bedient habe oder habe ich den Verkauf sonstigen guten Beziehungen zu verdanken? Was bedeutet dieser Punkt nun genau:

Sie sollten kein Gespräch beenden, ohne einen positiven Eindruck hinterlassen zu haben. Egal, was in diesem Gespräch gelaufen ist.

Für wie viele Verkäufer ist der Kunde nur Mittel zum Zweck. Denen sollte man das Verkaufen verbieten können. Man erkennt dies daran, daß sie sehr ungehalten werden, sobald sie merken, daß „hier nichts läuft". Ist das nicht furchtbar? Hier hat der Kunde mit Sicherheit die richtige Entscheidung getroffen.

BEI JEDEM GESPRÄCH ÜBER EMPFEHLUNGEN REDEN

Wie wir schon besprochen haben, werden die meisten Gespräche mit Kunden leider beendet, ohne daß der Verkäufer nach Empfehlungen gefragt hat.

Die besten Empfehlungen sind die, nach denen Sie nicht fragen mußten. Oder die Empfehlungen, die ausgesprochen werden, ohne daß Sie dabei waren.

Stellen Sie sich einmal vor, Sie haben bei einem Kunden acht Empfehlungen erhalten. Dieser Empfehlungsgeber selbst hat sich dann im letzten Termin nicht für die Zusammenarbeit entschieden. Dennoch haben sich aus der Kette, die sich durch die Empfehlungen nacheinander ergibt, vielleicht Hunderte von Abschlüssen ergeben. Für Ihre Zukunft ist jede einzelne Empfehlung dieses Kunden um ein vielfaches bedeutender, als daß Sie bei diesem Kunden selbst abschließen.

Was ist also die Quintessenz aus diesen Themen: Für den Kunden müssen Sie seine Vorteile verwirklichen und für sich die Empfehlungen des Kunden dafür. Nicht der Abschluß ist entscheidend, sondern die Empfehlungen.

KUNDEN GEHEN VERLOREN

Dr. Anthony J. Allessandra, Autor des Buches „Non-Manipulative Selling" berichtet in einem Artikel im Dezember 1982 folgendes:

1. 68 % der Kunden gehen verloren, weil die Angestellten der Firma, die etwas zu verkaufen hat, Gleichgültigkeit und offensichtlichen Mangel an Interesse an den Tag legen.

2. 14 % der Kunden kommen nicht wieder, weil ihre Beschwerden nicht erledigt wurden.

3. 9 % wandern ab, weil Sie anderswo billiger einkaufen können.

4. 5 % kaufen bei Freunden oder Verwandten.

5. 3 % ziehen um.

6. 1 % geht durch Todesfälle verloren.

Normalerweise sollte der jährliche Kundenwechsel nicht mehr als 18 % betragen. Zahlen, die darüber hinaus gehen, geben Anlaß zur Besorgnis.

Abgesehen von den Todesfällen (1 %) und den Umzügen (3 %) ließe sich ein guter Teil der anderen 14 % („anderswo billiger" und „Freunde und Verwandte") durch Verkaufsaktivitäten und Verkaufsstrategien retten.

Die übrigen 82 %, die wegen Gleichgültigkeit, mangelndem Interesse und unbefriedigt erledigter Beschwerden verloren gehen, lassen sich mit Hilfe guter zwischenmenschlicher Beziehung retten.

Im folgenden zitiere ich nun einen Artikel aus einem Buch von Zig Ziglar: „Der totale Verkaufserfolg". Dieses Thema hat mich regelrecht angesprungen, denn in ein paar Zeilen ist hier die gesamte Welt des (Falsch-)Verkaufens dargestellt.

Der Aufsatz:

„Ich bin Ihr Kunde, der niemals zurückkommt."

Ich bin ein netter Kunde. Alle Kaufleute kennen mich. Ich bin der Kunde, der sich nie beklagt, ganz egal, wie ich auch bedient werde.

Wenn ich ein Geschäft betrete, um etwas zu kaufen, spiele ich mich nicht auf. Ich versuche, Rücksicht auf andere Personen zu nehmen. Wenn ich an eine hochnäsige Verkäuferin gerate, die sich schnippisch benimmt, weil ich mehrere Artikel anschauen möchte, bevor ich mich entschließe, bleibe ich so höflich, wie es nur geht. Ich glaube, Unhöflichkeit ist keine Antwort auf ein solches Benehmen.

Ich begehre nie auf, beschwere mich nie und kritisiere nie, und es würde mir nicht im Traum einfallen, eine Szene zu machen, wie ich das schon bei anderen Leuten in der Öffentlichkeit erlebt habe, nein, ich bin ein netter Kunde, der nie zurückkommt.

Auf diese Weise räche ich mich dafür, daß ich mißbraucht werde und nehme, was sie mir anbieten, weil ich weiß, daß ich nie zurückkommen werde. So kann ich zwar meinen Gefühlen nicht unmittelbar Luft verschaffen, aber auf lange Sicht schenkt mir das viel mehr Befriedigung, als wenn ich explodieren würde.

Im Grunde genommen kann ein so netter Kunde wie ich zusammen mit den anderen, die genau so sind wie ich, ein Geschäft ruinieren. Und es gibt viele nette Leute wie mich. Wenn man es bunt genug mit uns treibt, gehen wir in ein anderes Geschäft, wo man nette Kunden zu schätzen weiß.

Wer zuletzt lacht, lacht am besten, sagt man. Und ich lache, wenn ich sehe, wie Sie sich werbenderweise abmühen, mich zurückzugewinnen, wo Sie mich doch mit ein paar netten Worten und mit einem freundlichen Lächeln gar nie verloren hätten.

Vielleicht haben Sie ihr Geschäft in einer anderen Stadt, und vielleicht befinden Sie sich in einer anderen Situation. Aber wenn Ihre Geschäfte schlecht gehen, stehen die Chancen gut, daß es sich herumspricht, wenn Sie ihre Einstellung geändert haben, und dann wird aus mir, dem netten Kunden, der nie zurückkommt, der nette Kunde, der immer wieder kommt – und obendrein seine Freunde mitbringt.

(Anonymus)

Können Sie verstehen, warum ich Ihnen diesen Aufsatz nicht vorenthalten wollte? Ich finde dieses Zitat so wichtig, daß Sie es sich jeden Tag vergegenwärtigen sollten. Schreiben Sie diesen Aufsatz ab und geben Sie ihn jedem Ihrer Mitarbeiter. Hier ist alles gesagt, was zum Thema Service wichtig ist.

Verlierer rechnen damit, verlorene Kunden zu ersetzen. Sieger hingegen wollen ihre Kunden behalten und neue dazugewinnen, um bessere und größere Geschäfte zu machen.

HÖRT ENDLICH AUF ZU „VERKAUFEN"!

Ich denke, Sie wissen jetzt, insbesondere nach dem vorangegangenen Kapitel, welche Art von Verkaufen ich mit diesem Satz meine. Verkaufen besteht für mich wie bereits gesagt nur aus zwei Worten: „Zuhören" und „Helfen".

Wenn der Verkäufer nur diesen einzigen Ratschlag beherzigt, wird sich seine Erfolgsquote im Verkauf tatsächlich drastisch steigern. Natürlich hat das zur Folge, daß man auf diese Art und Weise auch so manche Lebensgeschichte zu hören bekommt. Es hat weiter zur Folge, daß man dadurch anderen hilft. Und es hat zur Folge, daß der „Verkauf" manchmal etwas mehr Zeit in Anspruch nimmt. Aber es hat auch zur Folge, daß der Kunde Ihnen vertrauen wird, daß er sich wohl fühlt.

Mir geht es hier nicht mehr um fachliche oder finanztechnische Dinge, sondern um die ehrlichen Absichten, die Sie in Ihren Gesprächen mit Ihren Kunden haben.

EINE KLEINE GESCHICHTE

Erlauben Sie mir, daß ich Ihnen hierzu eine kleine Geschichte erzähle, die vor ca. 3 Jahren wirklich passiert ist. Eines Tages hielt ich ein Seminar ab, wo auch draußen an der Tür zu dem Seminarraum der Spruch angebracht war:

„Hört endlich auf zu verkaufen!"

Ich sprach also den ganzen Tag mit den Teilnehmern darüber, wie wichtig es ist, einem anderen Menschen einen Nutzen zu bringen. Daß es wichtig ist, *zuerst* einen Nutzen zu bringen. Daß Dienen vor Verdienen kommt. Daß man sich etwas verdienen muß. Daß, so man Geld verdienen will, es auch ver-dienen muß. Ich predigte also, wenn Sie so wollen, meine Erfolgsprinzipien den Mitarbeitern –, und alle saßen mit leuchtenden Augen vor mir. Ich weiß nicht, ob Sie sich eine solche Atmosphäre vorstellen können. Phasenweise geht es hierbei gar nicht mehr um das Thema Verkauf direkt, sondern vielmehr darum, wie heutzutage Menschen miteinander umgehen. Wer sich für wen eigentlich noch Zeit nimmt, wer wem noch zuhört.

Nach dem Seminar ging die gesamte Mannschaft noch in die Hotelhalle. Wir tranken etwas und besprachen noch einige Dinge ungezwungen in größerer Runde. Es war eine Runde von etwa 20 Leuten.

Der springende Punkt ist nun, daß ich mir eine bestimmte Angewohnheit zu eigen gemacht habe: Wenn ich mich in einer Gruppe befinde, gleichgültig, ob wir uns in einer Gaststätte befinden, in einem Hotel oder wo auch immer, bin ich der letzte, der sich hinsetzt. Diese Verhaltensweise ist mir einfach in Fleisch und Blut übergegangen. Ich schaue erst einmal, ob jeder einen Platz hat, oder ob wir vielleicht noch ein paar Tische zusammenrücken sollten. Ich fühle mich sonst einfach nicht wohl. Vielleicht geht es Ihnen hier genauso.

An diesem Abend beschloß ich nun, absichtlich einmal anders vorzugehen. Ich entschied, zunächst einmal *nichts* zu unternehmen. So war ich naturgemäß gespannt, was passieren würde.

Nun, es passierte folgendes: Zuerst kam der größte Teil der Gruppe und setzte sich. Später kamen noch zehn weitere Teilnehmer zu unserem Kreis hinzu, die wir bereits in der Hotelhalle saßen. Ich stellte fest, daß fast alle Teilnehmer – bis auf eine Ausnahme, die als Führungskraft bei uns tätig ist – sich *nicht* darum kümmerten, was mit den zehn Neuankömmlingen geschah. Niemand kümmerte sich also darum, ob sich die zehn Nachzügler auf bequeme Art zu uns setzen konnten. Ob noch Stühle herangezogen werden mußten? Ob man vielleicht einen größeren Kreis bilden sollte? Und so weiter. Es störte die Teilnehmer, die bereits saßen, nicht im geringsten, was um sie herum passierte. Sie blieben einfach sitzen. Sie waren in ein Gespräch vertieft oder hatten einfach keinen Blick dafür, ob sie momentan helfen könnten. Schließlich stand die Führungskraft auf und fragte: *„Darf ich Ihnen helfen?"*

Und plötzlich schaute man in der Runde auf und half den Neuankömmlingen, so daß sich alle hinsetzen konnten. Ein paar Minuten später kam noch eine Gruppe von einem Parallelseminar. Es war ein kleines Seminar mit ganz neuen Kollegen. Wiederum beobachtete ich ganz genau. Raten Sie einmal, was passierte.

Das gleiche Spiel wiederholte sich. Wiederum reagierte zuerst niemand. Ich aber saß wie erschlagen da. Sie können sich nicht vorstellen, was in mir vorging. Ich sagte wirklich leise vor mich hin: ***„Das ist es!"***

Ich erkannte plötzlich, was Verkauf im ganz kleinen wirklich bedeutet: Die Augen, die Ohren, das Gefühl dafür zu haben, ob und wie man jemandem gerade Nutzen bringen kann. Können Sie das auch verstehen?

Danach dachte ich mir aber auch noch etwas anderes:

„Was bist Du nur für ein Versager als Seminarleiter. Wie war das noch?

‚In der Umsetzung durch die Teilnehmer lebt ein Seminar weiter'!?! Du erzählst den ganzen Tag über ‚Nutzen bringen', alle schauen Dich an und nicken und was passiert? NICHTS!"

Haben Sie, liebe Leserin, lieber Leser sich wirklich schon einmal ganz ehrlich vor sich selbst darüber Gedanken gemacht, was Nutzen bringen wirklich bedeutet? Wieviele Verkaufsseminare werden abgehalten, drei Tage werden den Teilnehmern irgendwelche Strategien und Techniken reingehämmert. Und zum Schluß hat man nur noch lauter Verkäufer vor sich sitzen. Aber sind es auch noch Menschen geblieben? GENAU DARUM GEHT ES MIR HIER!

Jeder muß bei sich anfangen. Bei seiner eigenen Einstellung Menschen gegenüber. Wenn für uns die Menschen eine Gefahr darstellen, und es gibt genug Menschen, die Angst vor Menschen haben, dann können wir in der Zusammenarbeit mit anderen doch gar keinen Erfolg haben! Das ist ein Ding der Unmöglichkeit. Wenn ich schlecht über Kunden rede, brauche ich mich nicht zu wundern, wenn ich keinen Erfolg habe. Wieviele Verkäufer sprechen schlecht über Personen, die sich nicht für den Abschluß entschieden haben. Ich sage, es war gut so. Der Verkäufer hat das Vertrauen von seinen Kunden einfach nicht verdient. Verkauf ist eine Herzens- und Charaktersache! Ich bin fest davon überzeugt, daß gute Verkäufer auch privat einen großen Freundeskreis haben und beliebt sind. Ein „Verkäufer", der sich in der Freizeit verkriecht und nur vor der Glotze sitzt, *kann* keine positive Einstellung zu Menschen haben beziehungsweise entwickeln. Wie soll der dann Erfolg im Verkauf haben. Gute Verkäufer sind bei Ihren Kunden gern gesehen, denn es ist angenehm, mit ihnen zusammenzusein. Sie versprühen stets eine Aura von Zuversicht und guter Laune.

DER IWAHANG-VIRUS

Ich realisierte an diesem Abend, daß die meisten Menschen in unserer Gesellschaft an dem sogenannten IWAHANG-VIRUS leiden. Tatsächlich verbreitet er sich vor allem in den letzten Jahren immer mehr. Immer mehr Menschen werden angesteckt. Und je mehr Menschen angesteckt sind, umso schneller verbreitet sich dieser Virus. Es gibt gegen diesen Virus jedoch ein Serum. Doch werden wir zuerst einmal die Frage beantworten: Worum handelt es sich bei dem IWAHANG-Virus?

Nun, IWAHANG sind die Anfangsbuchstaben des Satzes:
ICH WILL ALLES HABEN, ABER NICHTS GEBEN.

Genau dieser Virus verbreitet sich momentan in Windeseile in unserer gesamten Gesellschaft. Wie das Serum heißt, wissen Sie sicher schon.

Es gibt „witzige" Sätze, die da lauten:
„Wenn jeder an sich denkt, ist an jeden gedacht."
Oder:
„Alle Menschen denken nur an sich, der einzige, der an mich denkt, bin ich."

Haben Sie auch schon einmal einen dieser Sätze gehört? An solchen Sätzen erkennt man eine immer größer werdende Abkapselung und Individualisierung des einzelnen. In den Großstädten verhält es sich heute so, daß Menschen manchmal jahrelang Tür an Tür leben, ohne sich zu kennen und ohne je ein Wort miteinander gewechselt zu haben. Diese Entwicklung setzt sich momentan dramatisch fort.

Das Modewort lautet hierfür: Ellenbogengesellschaft. Jeder möchte den anderen benutzen, um einen Vorteil für sich persönlich herauszuschinden.

Was nun diesen IWAHANG-Virus (*ich will alles haben, aber nichts geben*) angeht, so verhält es sich oft folgendermaßen: Sobald eine Person immer mehr mit sich selbst beschäftigt ist, mit ihrem eigenen Nutzen, wird sie immer einsamer. In der Folge entsteht ein Domino-Effekt. Das heißt, wenn jeder nur an sich denkt, erlebt er im Gegenzug Reserviertheit; ein Teufelskreis entsteht. Die Folge ist interessant.

ENTBINDUNG

Sie werden sich fragen, was kommt denn jetzt. Also aufgepaßt. Sie alle kennen das Wort Entbindung. Der wörtliche, also eigentliche Akt der Entbindung ist die Trennung der Nabelschnur. Dadurch wird die Verbindung von Mutter und Baby getrennt; also entbunden. Dieses Wort ist als Vorbau für das kommende Beispiel notwendig.

Wenn wir jemandem etwas geben oder jemandem helfen, so begehen die meisten Menschen nun den Fehler, daß sie dafür eine Gegenleistung oder zumindest ein Dankeschön erwarten. So lange ich nun *diese Erwartungshaltung* habe, bewege ich mich vielleicht in einer völligen Täuschung; denn mein Gegenüber, dem ich geholfen habe, denkt eventuell nicht im Traum daran, sich bei mir zu bedanken. Für ihn war es vielleicht selbstverständlich oder er hat gar nicht registriert, welche Anstrengung mich diese Hilfe gekostet hat. Vielleicht hat er auch nur keine Lust, sich bei mir zu bedanken, weil er es als Selbstverständlichkeit ansieht. Solange ich das alles aber nicht weiß, erwarte ich ein Dankeschön oder irgendeine Gegenleistung. Gehe ich aber davon aus, lebe ich in einer Täuschung. Ich nehme an, daß sich diese Person irgendwann **erkennt**-lich zeigen wird. Aber die andere Person denkt wie gesagt vielleicht nicht daran. Eines Tages gibt mir diese Person dann verbal oder nonverbal zu verstehen, daß sie nicht im geringsten daran denkt, sich bei mir zu bedanken oder eine Gegenleistung zu bringen. In diesem Augenblick, da ich dies realisiere, werde ich logischerweise von dieser Täuschung getrennt; ich werde ent-täuscht.

Im Ernstfall eine große Enttäuschung.

Das heißt, diese Enttäuschung ist eine normale menschliche Reaktion darauf, daß mir nicht Dank gesagt wurde. Und hierin liegt einer der Gründe, warum wir immer egoistischer und intoleranter werden. Man ist so enttäuscht von der Menschheit im allgemeinen und speziellen, daß man sich schließlich immer mehr in seine eigenen vier Wände verkriecht.

ERWARTUNG

Spüren Sie, daß das Wort „Enttäuschung" in direktem Zusammenhang mit dem Wort „Erwartung" steht? Ich sage Ihnen jetzt meine Überzeugung und meinen Wunsch für die Zukunft an Sie persönlich: Wenn Sie jemandem helfen wollen, dann tun Sie es! Tun Sie es, ohne irgendwelche Gegenleistungen zu erwarten. Menschlichkeit kennt keine Bedingung! Mir geht es hierbei nicht darum, daß ich hier daherrede wie ein Pfarrer. Ganz im Gegenteil: Wenn Sie diese Grundeinstellung haben, werden Sie erfolgreich, in allen Lebensbereichen und so auch im Verkauf. Durchschnittlich werden Sie mehr Bestätigung und Erfolg (zurück)erhalten als jeder, der den vorherigen Aussagen mit einem verächtlichen Lächeln begegnet.

KOKONISIERUNG

Die vorher beschriebene Entwicklung läßt sich im Moment auch im Berufsleben beobachten. Man spricht hier von der sogenannten *Kokonisierung*, einer Vokabel, die auf das Wort *Kokon* zurückzuführen ist, womit man eine Raupe bezeichnet, die sich sozusagen in ihr „Schneckenhaus" zurückzieht.

Im Lexikon steht unter „Kokon": Schutzgespinst von Raupen zum Schutz vor Insekten. Interessantes Wortspiel, finde ich.

Kokonisierung könnte man auch mit *Abkapselung* übersetzen. Die „Raupe" ist (nur) noch in ihrem Haus zu finden. Ein äußeres Anzeichen für diese Kokonisierung ist der Umstand, daß immer mehr Arbeitsplätze nach Hause verlegt werden. Menschen arbeiten also zunehmend an Bildschirmen, an der EDV, im eigenen Wohnzimmer. Hier findet aber keine Kommunikation statt. Es findet kein Austausch statt. Es findet im Gegenteil eine Abkapselung statt. Man zieht sich immer mehr in die eigenen vier Wände zurück.

Lassen Sie mich dieses Bild aber auch noch bildlich abschließen:

Wenn Raupen ihr „Haus" endlich verlassen, verwandeln sie sich in wunderschöne Schmetterlinge ...

DIE FAMILIE

Früher sprach man nicht nur davon, sondern es gab ihn wirklich: den Familienkreis. Man muß sich dies bildlich vorstellen: Den Kreis der Familie! Ich bin davon überzeugt, daß dieses Wort mittlerweile größtenteils seine Existenzberechtigung verloren hat. Aus diesem Familienkreis ist inzwischen ein Familien-Halbkreis geworden. Auf der einen Seite sitzen zwei, drei Leute, auf der anderen Seite das Fernsehgerät. Hier prasselt Tag für Tag ein unvorstellbarer Schrott, erlauben Sie diesen Ausdruck, auf die Nation nieder. Fernsehnachrichten und Presse werden als *Wahrheit* angenommen, was sie oft aber nicht sind. Es handelt sich dabei schlichtweg um das größte Manipulationsinstrument der Neuzeit. Von klein auf werden Kinder mit Gewalt konfrontiert. Menschenleben zählen nichts mehr. Haben Sie schon einmal mitgezählt, wieviele Menschen im Laufe eines Fernsehabends auf dem Bildschirm ihr Leben verlieren?

Das heißt, die Leute werden systematisch durch das Fernsehen an Gewalt und Entwürdigung gewöhnt. Von Kind auf wird eine Person in diese „Medienwirklichkeit", wie der Fachausdruck dafür lautet, eingeführt. Das heißt, es findet hier eine Entwicklung statt, die höchst bedenklich ist. Warum? Nun, die Kinder von heute sind die Eltern von morgen. Wie diese dann wiederum ihre Kinder erziehen werden, ist unschwer zu erraten. Viele Menschen in meinem Alter haben noch eine Kindheit erlebt, in der es noch keine Fernsehgeräte gab. Wer in den sechziger Jahren schon einen Fernseher hatte, war etwas Besonderes. Der Begriff Internet und viele andere waren einfach noch nicht geläufig. Wohin diese Entwicklung geht, wissen wir alle momentan noch nicht. Aber ich glaube, daß sie nicht unbedingt in die Richtung zu mehr Menschlichkeit geht. Deswegen ist meine feste Überzeugung, daß die Konzentration auf mehr Menschlichkeit immer wichtiger wird.

MENSCHLICHKEIT

Der Wunsch nach einem guten Gespräch, nach Anerkennung, nach Wertschätzung und nach Bestätigung ist in uns allen präsent. Es ist genau das, was wir alle suchen. Andernfalls vereinsamt der Mensch immer mehr. Und das bringt wiederum mit sich, daß ein Rückkopplungseffekt einsetzt. Das heißt, ein Mensch, der nichts bekommt, ist auch nicht mehr bereit oder in der Lage, zu geben. Dies ist zwar menschlich verständlich, dennoch aber völlig falsch.

SELBSTERKENNTNIS

Es gibt die wunderbare Geschichte eines Menschen, der als Kind beschloß, die Welt zu verändern. Als dieses Kind aber zu einem Mann geworden war, stellte dieser Mensch fest, daß er nichts erreicht hatte. Der Mann sagte nun zu sich selbst: *„Jetzt habe ich nur noch die Zeit, die Leute zu verändern, die ich kenne."*

Als der Mensch schließlich ein Greis war, stellte er fest, daß er wiederum nichts erreicht hatte. Nun sagte er sich:

„Jetzt habe ich nur noch die Zeit, mich zu ändern."

Und schon nach wenigen Tagen stellte dieser Mensch fest, daß er – wenn er bei sich angefangen hätte – die Welt verändert hätte.

DER ERSTE EINDRUCK

Das Thema *Menschlichkeit* ist umfangreicher, als man auf den ersten Blick glauben könnte. Lassen Sie mich dies ein wenig ausführen. Stellen wir uns vor, wir befänden uns alle im Top-Management verschiedener großer Unternehmen. Nun findet eines Tages eine Management-Tagung statt, irgendwo im Ausland in einem 5-Sterne-Hotel. Wir kommen abends um 23 Uhr an – und natürlich ist niemand mehr da, der uns hilft, die Koffer aus unserem Auto zu tragen. Also schleppen wir die Koffer selbst aus dem Wagen. Wir gehen die Eingangstreppe hoch in Richtung der Hoteltür. Bei dieser Tür handelt es sich um eine Doppel-Flügeltür. Plötzlich huscht ein junger Mann, der gerade in das Hotel geht, an uns vorbei, streift ganz kurz unseren Koffer, macht die Flügeltür auf und läßt uns die Tür vor der Nase wieder zufallen. So schnell wie er gekommen war ist er auch wieder verschwunden.

Was wäre unser erster Eindruck? Wie wäre Ihr erster Eindruck?

Nun man braucht das Beispiel nicht weiter auszuführen. Jeder würde sagen, hierbei handelt es sich um einen Flegel oder um einen ungehobelten Zeitgenossen.

Stellen wir uns weiter vor, wir würden dann in das Hotel hineingehen, einchecken, hoch auf unser Zimmer gehen und uns ein bißchen frisch machen.

Nehmen wir nun an, wir wollten noch einen kleinen Drink in der Bar zu uns nehmen. Also fahren wir wieder ins Erdgeschoß hinunter, kommen aus dem Aufzug heraus – und begegnen wiederum diesem jungen Mann. Er stützt sich mit dem Ellenbogen auf der Rezeptionstheke auf, spricht mit der Dame hinter der Theke und raucht lässig eine Zigarette. Dabei fällt ihm plötzlich die Asche auf die Theke. Wie wäre unser erneutes Urteil? Machen Sie sich bitte kurz Gedanken über Ihren Eindruck.

Nun, könnte es sein, daß Ihnen das Wort „typisch" eingefallen ist?

Dieses Wort ist in diesem Zusammenhang enorm wichtig.

Stellen wir uns nun vor, wir gingen runter in die Bar und würden uns dort an die Theke setzen –, und dieser gleiche junge Mann würde auch kommen und neben uns Platz nehmen. Wie würden Sie reagieren?

Würden Sie jetzt entweder aufstehen und das Weite suchen oder mehr oder weniger uninteressiert in Ihr Glas schauen?

Oder würden Sie ein Gespräch mit ihm beginnen?

Würden Sie ihn vielleicht auf sein Benehmen ansprechen und auf bestimmte Benimmregeln hinweisen?

Man spricht selten mit fremden Menschen, speziell nicht, wenn sie einem unsympathisch sind.

Nun spulen wir den ganzen Film wie im Kino zurück und betrachten eine zweite Variante:

Wir kommen also wieder mit unseren Koffern auf das Hotel zu, gehen die Treppe hoch, ein junger Mann geht an uns vorbei und sagt freundlich lächelnd:

„Guten Abend, darf ich Ihnen behilflich sein?" Dabei hält er uns die Tür auf. Wir entgegnen: „Nein, danke, es geht schon."

Wir gehen in das Hotel, der junge Mann verabschiedet sich mit einem kleinen Lächeln und verschwindet. Wie ist Ihr erster Eindruck?

Wieder gehen wir hoch auf unser Zimmer, machen uns frisch, kommen mit dem Fahrstuhl wieder herunter, gehen an die Rezeption – und sehen genau den gleichen jungen Mann mit dem Ellenbogen auf der Rezeptionstheke. Auch jetzt raucht er eine Zigarette, wobei ihm die Asche herunterfällt.

Wie wäre nun Ihr Urteil? Wie würden Sie jetzt reagieren?

Ich sage Ihnen, wie die meisten Menschen reagieren würden: Sie würden dem jungen Mann in der zweiten Variante unter Umständen sogar einen Aschenbecher suchen! Auf jeden Fall würden Sie denken:

„Das kann jedem einmal passieren!", stimmt's? Ging es Ihnen genauso?

Spinnen wir die Story weiter: Wir sitzen wieder an der Bar, der junge Mann kommt und setzt sich zu uns. Nun wären wir viel eher bereit, mit ihm ein Gespräch zu führen ...

Was will ich Ihnen mit diesem Beispiel sagen?

Wir Menschen bestätigen uns unseren ersten Eindruck immer wieder, weil wir nicht bereit sind, genauer und länger hinzusehen. Ein Mensch, der uns im ersten

Moment unsympathisch war, muß alles mögliche versuchen, um bei uns wieder ein bißchen mehr auf die positive Seite zu gelangen.

Dagegen hat ein Mensch, der uns vom ersten Moment an sympathisch war, bei uns richtig „Kredit". Er kann sich alles mögliche erlauben, bevor wir anfangen, unser Bild zu korrigieren.

Kann es denn nicht sein, daß dieser junge Mann im ersten Beispiel direkt von einem Unfall kommt und dringend ans Telefon muß, um Hilfe zu holen?

Kann es nicht sein, daß seine Freundin gerade mit ihm Schluß gemacht hat und er total in Gedanken war? Doch er hat keinen günstigen Moment gewählt, in unser Leben zu treten. Denken Sie bitte einmal darüber nach. Vor allem wenn Sie im Verkauf tätig sind, ist dieses Beispiel für Sie sehr wichtig.

Genau hier ist nämlich das Problem im Umgang mit Menschen. Es gibt keinen einzigen Menschen, der nur gut ist. Es gibt keinen einzigen Menschen, der nur schlecht ist. In unserem ersten Beispiel werden wir es auch nie erfahren, weil wir mit ihm nie ein Gespräch führen werden. Nun kommt jedoch eine Aussage, die ich am Anfang dieses Kapitels gemacht habe, wieder zum Tragen: Wenn wir beginnen, uns für Menschen *wirklich zu interessieren* und ihnen *wirklich zuhören*, so sind wir die berühmte Nasenlänge voraus.

Ich sage: Wer im Verkauf diese innere Bereitschaft nicht hat, wird nie erfahren, was der wirkliche Verkauf letztendlich bedeutet.

Weiter sage ich: Wer erwartet, daß man für ihn Verständnis aufbringt, der muß auch für andere Verständnis aufbringen *wollen*. Aus diesem Grund sage ich auch in meinen Seminaren:

„Wer diese eben genannten Prinzipien nicht nachvollziehen kann, hat im Verkauf nichts verloren."

Es ist dies ein unglaublich harter Satz, aber es steckt eine Menge praktischer Erfahrung dahinter. Wenn man im Verkauf Erfolg haben will, muß man zunächst einmal lernen, sich für *andere* wirklich zu interessieren.

DIE GLOBALE ENTWICKLUNG

Wenn man den Zustand dieses Planeten offenen Auges betrachtet, so erkennt man sehr schnell, daß es an vielen Ecken und Enden Probleme gibt. Es gibt einige große Trends, die regelrecht bedrohlich sind. Weltweit wird heute etwa elektronisch mit immer riesigeren Summen von Kapital in völlig verantwortungsloser Weise herumgespielt. Weiter ist der Trend zu beobachten, daß Menschen zunehmend entlassen werden, weil man angeblich ein Unternehmen rentabel führen muß. Der Mensch wird immer unwichtiger. Der Mensch wird zum Teil sogar ausgebeutet. Letztlich geht es vielfach nur noch um den Profit.

Denkt man diese Entwicklung einmal theoretisch zu Ende, so könnte man ironisch kommentieren, daß man am Schluß alle Güter, die man sich nur vorstellen kann, im Überfluß kaufen kann, da sie von Robotern hergestellt wurden –, aber es existiert schlußendlich kein einziger Mensch mehr, der das Geld besitzt, sie zu bezahlen. Deswegen ist es um so wichtiger, eine ganz neue Vision in den Raum zu stellen. Es ist wichtig, wieder Ideale zu formulieren. Zugegeben: Diese können von allen Seiten angegriffen werden. Aber Ideale oder echte Alternativen sind das einzige, was die Welt ein Stückchen verändern und verbessern kann.

MEINE LIEBLINGSGESCHICHTE

Es gibt in diesem Zusammenhang eine wunderschöne Anekdote, die ich Ihnen nicht vorenthalten will.

Eines Tages kommt ein Mann zum Bürgermeister einer Stadt und teilt ihm mit, daß er aus beruflichen Gründen erwägt, in seine Stadt umzuziehen. Also fragt er den Bürgermeister, was für Menschen denn in dieser seiner Stadt wohnen.

Nun antwortet ihm der Bürgermeister, jedoch mit einer Gegenfrage:

„Was für Menschen wohnen denn in der Stadt, aus der Sie kommen?"

Der Mann antwortet daraufhin, daß das genau der Grund wäre, warum es ihm so leichtfiele, wegzuziehen, denn dort herrsche nur Mißgunst und Neid. Keiner rede mit dem anderen, jeder gehe seine eigenen Wege, kurz es herrsche eine ganz schlechte Stimmung.

„Und deshalb, Herr Bürgermeister", beschließt er seine Rede, *„gedenke ich umzuziehen."*

Der kluge Bürgermeister antwortet ihm ohne langes Nachsinnen:

„Werter Herr, ich rate Ihnen, nicht umzuziehen, denn genau diese gleichen Menschen wohnen auch bei uns."

Am nächsten Tag kommt zu demselben Bürgermeister ein anderer Mann und fragt ihn ebenfalls, ob ein Umzug in seine Stadt empfehlenswert wäre.

Es passiert dasselbe. Der Bürgermeister antwortet wieder mit der Gegenfrage:

„Welche Menschen wohnen in der Stadt, aus der Sie kommen?"

Diesmal entgegnet der Mann jedoch:

„Das ist ja gerade der Grund, warum ich Sie frage, denn ich ziehe sehr ungern von dieser Stadt weg. Es befinden sich lauter nette Leute dort, man spricht miteinander, man trifft sich am Sonntag, redet miteinander und hilft sich untereinander bei Problemen. So kennt man sich auch persönlich sehr gut."

Der Bürgermeister antwortet mit einem Lächeln:

„Dann sind Sie bei uns goldrichtig, denn genau solche Menschen leben auch in unserer Stadt!"

Sie verstehen sicherlich dieses Gleichnis! Man muß sich immer vor Augen halten, daß die *eigene Einstellung* das Leben zu einem ungeheuren Ausmaß beeinflußt. Ist man mit seinem Leben nicht zufrieden, so hat man zwei Möglichkeiten: Man kann entweder an sich selbst etwas ändern oder man kann sich Gedanken darüber machen, warum angeblich die anderen „daran schuld" sind. Warum es sich bei den anderen um negative Persönlichkeiten handelt. Aber damit befindet man sich natürlich auf der Verliererstraße.

Ein Mensch muß sich zunächst einmal der Tatsache bewußt werden, daß er mit solchen Gedanken, mit Neid, mit Mißgunst, mit abwertenden Gedanken nicht den anderen schadet, sondern in erster Linie *sich selbst.*

Man muß in diesem Zusammenhang einmal klipp und klar sagen: Die Gedanken, die wir aussenden, die Einstellungen die wir haben, reflektieren auf uns persönlich zurück. Dies gilt für „positiv" genauso wie für „negativ". Wenn Sie also das Gefühl haben, daß nicht unbedingt viele wohlwollende Menschen um Sie herum leben, dann sollten Sie jetzt einmal bei sich nachschauen. Wenn Sie viele Freunde haben, dann liegt es auch an Ihnen und nicht an jemand anderem. Zu diesem Punkt können Menschen viel leichter JA sagen als zum ersten. Doch es ist in beiden Bereichen dasselbe.

Wenn man in der Finanzdienstleistungsbranche Geld verdienen will, so ist daran nichts verkehrtes. Es ist sogar sehr viel ehrlicher, diesen Gedanken auszusprechen, als nur ein grinsendes Gesicht zu zeigen, das dann flugs als Freundlichkeit uminterpretiert wird. Natürlich wollen wir alle Geld verdienen. Daran ist auch nichts Verwerfliches, speziell wenn Ihre Produkte hervorragend oder weitaus besser als in anderen Unternehmen sind. Wenn dem Kunden die Wahlfreiheit gelassen wird, wenn der Kunde hervorragend bedient wird, wenn er sich rundherum wohl fühlt. Wenn also die Rahmenbedingungen stimmen.

VERÄNDERUNGEN

Was das Thema *Hilfe* anbelangt, so besteht eine andere Fallgrube darin, immer wieder auf andere zu verweisen. Das heißt, es gibt heute durchaus viele Möglichkeiten, Nutzen zu bringen – nicht nur in der Finanzdienstleistungsbranche. Viele Zeitgenossen stellen sich aber großspurig hin und meinen:

„Das sollte bitte schön doch jemand anderes tun."

So höre ich beispielsweise immer wieder von Mitarbeitern:

„Der Herr Rupp hat doch wieder ein neues Buch geschrieben. Wäre es nicht eine fabelhafte Idee, wenn er mal in einer Fernsehsendung auftreten würde? Er sollte doch einmal in der Öffentlichkeit sagen, daß ...!"

Ich sage dann immer: *„Wo machen Sie Ihre eigene Fernsehsendung mit nur einem oder zwei Zuschauern?"*

Gute Freunde erkennt man nicht am Reden, sondern am Tun.

Wir sind alle selbst für unser Leben verantwortlich. Wenn wir nicht einmal die Verantwortung für unser eigenes Leben übernehmen können oder wollen, wie sollen wir dann Erfolg haben in einer Branche, in der wir die Verantwortung in einem bestimmten Bereich für unsere Kunden mit übernehmen müssen? Die meisten erfolgreichen Unternehmer stammen aus einer armen Familie. Sie haben früh gelernt, für sich und andere die Verantwortung zu übernehmen. Sie haben vielleicht festgestellt, daß Sie bis jetzt wenig über mich selbst erfahren haben. Dies möchte ich an dieser Stelle und in diesem Zusammenhang tun.

MEIN HINTERGRUND

Ich stamme aus einer Familie mit neun Kindern. Ich bin in sehr ärmlichen Verhältnissen aufgewachsen. Ich war das jüngste Kind. Von meinem fünften bis zum zwölften Lebensjahr, also 7 Jahre, war ich aufgrund eines Hüftleidens in verschiedenen Krankenhäusern, Kliniken und Sanatorien.

Übrigens: In dieser Zeit habe ich gelernt, wie wenig gottesfürchtig manche Ordensschwestern sein können. Näheres möchte ich ihnen an dieser Stelle ersparen. Glauben Sie mir, es ist besser so.

Nach der Krankenhauszeit war ich dann in einem Körperbehindertenheim. Daneben besuchte ich die Realschule. Ich absolvierte in 5 Jahren 10 Schuljahre und machte mit 17 Jahren die mittlere Reife. Kurzum: Heute bin ich Ausbilder in mehreren kaufmännischen Berufen, werde von vielen Gesellschaften immer wieder als Seminarleiter beauftragt und meine Lieblingstätigkeit ist der positive Umgang mit Menschen.

Es ist nicht die Erfahrung, nicht die Erziehung, nicht die Eltern oder die Schule, die unser zukünftiges Leben bestimmen. Zugegeben: Wir sind das Produkt unserer Vergangenheit, also unseres bisherigen Lebens. Aber es hat meiner Meinung nach keinen Sinn, andauernd in dieser Vergangenheit herumzustochern, um irgendwelche Erklärungen für unsere Depressionen oder ähnliches zu finden. In dieser Hinsicht widerspreche ich auch vielen Theorien von Psychologen. Mich interessieren auch keine „früheren Leben", sondern ich bin für mich und für meine Zukunft selbst verantwortlich. Das ist meine Überzeugung. Und dies habe ich bereits in frühester Kindheit erfahren.

Was ich aber erfahren durfte im Laufe der letzten Jahre war, daß sich manche Leute in meinem Umfeld mit zunehmendem Erfolg meinerseits immer mehr von mir abgewandt haben. Im Laufe der letzten Jahre habe ich folgende Erkenntnis gewonnen:

Die Leute verzeihen dir alles; nur nicht den Erfolg.

DER BESTE VERKÄUFER DER WELT

Wissen Sie jetzt, was für mich „der beste Verkäufer der Welt" ist?

Ich glaube, Sie wissen es. Es ist eine Kraft, die in und aus Ihrem Herzen wirkt. In diesem Zusammenhang möchte ich Ihnen nun noch ein Buch allerwärmstens ans Herz legen, das mich außerordentlich beeindruckt hat. Ob es Ihnen auch so geht, weiß ich nicht. Auf meinen Verkaufsseminaren **schenke** ich jedem Teilnehmer dieses Buch. Das Buch heißt: *„Der beste Verkäufer der Welt"* von dem Schriftsteller Og Mandino. Wenn Sie es lesen, werden Sie von diesem Buch mit Sicherheit genauso überrascht sein. Og Mandino spricht mir aus der Seele. Jeder Kollege im Finanzbereich, ob Gebietsdirektor, Vertriebsbeauftragter, Banker oder Vorstand, dem ich dieses Buch bisher geschenkt habe, hat mich danach angerufen und war tief beeindruckt. Doch die Anrufe, die ich nach Monaten und Jahren durch diese Menschen bekommen habe, waren für mich noch motivierender.

Glauben Sie mir, ich weiß, daß manche Dinge in den vergangenen Seiten für Sie vielleicht zu schmalzig geklungen haben, aber ich kann Ihnen nicht anders „rüberbringen", was dieses Thema für mich bedeutet.

DIE ANWENDUNG

Es ist also höchst bemerkenswert, wie wichtig die *eigene Einstellung* im Verkauf ist. Wer dieses Prinzip der *Menschlichkeit* nicht praktiziert, wird im Verkauf auf Dauer wenig Erfolg haben. Der Kunde spürt, ohne daß Sie auch nur ein einziges Wort gesagt haben, Ihre Einstellung zu Menschen. Wenn Sie dagegen die Maxime verfolgen: *Menschlichkeit kennt keine Bedingung*, so spürt das der Kunde ebenfalls und Sie werden ihn gewinnen, weil Sie es verdienen.

Jetzt kommt der eine oder andere und sagt: „Hey, das gefällt mir. Wenn das mit der „Menschlichkeit-und-so" besser funktioniert, als das bisherige, dann mach ich das eben auch so."

Spüren Sie, wie mächtig dieses Thema ist? Entweder Sie machen es so, weil Sie so sind, oder Sie werden keinen Erfolg haben! Mit Sicherheit nicht! Tatsächlich wird in den meisten Firmen doch genau das Gegenteil praktiziert. Hier lehrt man die Verkäufer genau das Gegenteil: Taktik, Technik und nochmals Taktik. Genau weg vom Menschen. Daher wurde das Thema „Verkaufen" durch die vielen Bücher und Trainer so versaut. Verkaufen kann traumhaft schön sein, wenn wir wieder zu den Wurzeln des Verkaufens zurückkehren.

Ich wiederhole: Wir bieten die Inventurerstellung *kostenlos* an. Der Kunde erhält die Dokumentenmappe geschenkt. Wir sortieren seine Unterlagen, wir werten seine Situation aus und vergleichen mit unseren Möglichkeiten. Wir stellen im Ergebnistermin die bisherige Situation der zukünftig möglichen Situation gegenüber. Und selbst jetzt erhält der Kunde keine Möglichkeit, abzuschließen. Und selbst wenn der Kunde sich danach „nur" für das Thema „Klient" entscheidet, wird er auch hier in der Zukunft weiterhin und kostenlos betreut. Rein wirtschaftlich gesehen *kann* doch für uns bei diesem Kunden kein Vorteil bestanden haben. Ganz im Gegenteil. Wir haben in diesem Fall effektiv richtig draufbezahlt. Und trotzdem machen wir es so. Und ich glaube, Sie wissen jetzt, warum. Es kommt auf das Große und Ganze an! Der Erfolg gibt dem ganzen System recht! Können Sie das von sich auch behaupten?

Wenn fast 75 % aller Kunden nach dem Ergebnistermin wieder auf uns zukommen, nachdem sie genug Zeit hatten, sich völlig frei zu entscheiden, so ist das doch kein Zufall mehr. Doch ich wiederhole nochmal an dieser Stelle: Machen Sie das nur nach, wenn Sie auch wirklich etwas zu bieten haben, denn sonst machen Sie kein Geschäft mehr. Und Sie werden sagen, daß ich Ihnen das Geschäft ruiniert habe. Denn wenn Sie mit Ihren Produkten Angst haben müssen, daß der Kunde mit irgend jemandem darüber spricht oder mit anderen Produkten vergleicht, dann wäre es in Ihrem Interesse besser, den Kunden gleich abzuschließen.

Mich motiviert diese ganze Geschichte ohne Ende, denn ich bin davon überzeugt, daß in der wirklich helfenden und kundenorientierten Dienstleistung die Zukunft liegt. Und wenn immer mehr Leute diese Vorgehensweise favorisieren, spricht sich das irgendwann herum. Dann werden die Verkäufer irgendwann gezwungen, wieder eine andere Richtung einzuschlagen. Nur kommt es dann besonders darauf an, welche Produktqualität dann angeboten wird. Absolut drucklos zu verkaufen macht richtig Spaß. Ihnen und Ihren Kunden. Versuchen Sie es, Sie werden es sehr schnell feststellen.

ZUM SCHLUSS

So, liebe Leserin, lieber Leser, damit sind wir am Ende dieses Buches angelangt. Ich hoffe sehr, daß es Ihnen Spaß gemacht hat. Weiter hoffe ich, daß der fachliche Teil nicht zu trocken, sondern vielmehr motivierend für Sie war.

Zum Schluß noch eine Weisheit, die ich als die für mich wichtigste in meinem Leben ausgesucht habe:

Gott gebe mir die Gelassenheit,
Dinge hinzunehmen, die ich nicht ändern kann,
den Mut, Dinge zu ändern, die ich ändern kann,
und die Weisheit, das eine vom anderen zu unterscheiden.

Friedrich C. Oetinger, bedeutender deutscher Philosoph und Theologe, 1702–1782

Mein Wunsch ist es, daß dieses Buch ein kleiner Beitrag sein kann für mehr Transparenz und Offenheit im Finanzmarkt, für menschlichere Vorgehensweisen im Verkauf, vor allem in der Finanzberatungsbranche und, was für mich der wichtigste Punkt ist:

Ein Beitrag für *Ihren* Erfolg.

Vielen Dank für Ihre Mühen und Ihre Aufmerksamkeit beim Lesen dieses Buches und vor allem viel Erfolg bei der Umsetzung.

Für Ihre Zukunft wünsche ich Ihnen viel Glück, denn:

„GLÜCK kommt aus dem Wortstamm GELINGEN."

Ihr Maximilian Rupp

AUSWAHL LIEFERBARER FFF-BÜCHER

TITEL	ISBN-Nummer	DM

DIE SICHERE RENTE ISBN 3-932474-12-0 88,–
Alternativen zur Altersversorgung
Friedhelm Knie · Matthias Korff, Hardcover, 320 Seiten

DIE WÄHRUNGSUNION ISBN 3-932474-11-2 78,–
Wie Sie die Europäische Währungsunion unmittelbar
zu Ihrem finanziellen Vorteil ummünzen können
Joachim K. Bredow · Richard R. Folg, Hardcover, 344 Seiten, 2. Auflage

Mehr ZINSEN für Ihr GELD ISBN 3-932474-17-1 88,–
Sachwert contra Geldwert
Josef A. Geyer · Peter Rausch, Hardcover, Sommer 1999

Auf der Suche nach SPITZENPRODUKTEN ISBN 3-932474-09-0 88,–
in der Finanzdienstleistungsbranche
Innovative Top-Produkte · Bewährte Rendite-Produkte
Joachim K. Bredow · Richard R. Folg, Hardcover, 360 Seiten

DAS IMMOBILIEN-SCHNÄPPCHEN ISBN 3-932474-05-8 78,–
Sehr preiswert und hochprofessionell Immobilien einkaufen
So bauen Sie sich *wirklich* ein Vermögen auf
Unverzichtsbar für Immobilien-Einkäufer · Gutverdiener · Immobilien-Makler ·
Bauträger · Bauunternehmen · Bauherren · Käufer von Eigentumswohnungen,
Grundstücken, Gewerbe-Immobilien und Rendite-Immobilien
Friedhelm Knie · Eric Körzinger, Hardcover, 416 Seiten

Handbuch für Finanzdienstleister ISBN 3-932474-08-2 78,–
Wie Sie jede Frage Ihres Kunden mit konkreten Zahlen
und Grafiken sofort beantworten können
Formblätter, Kopiervorlagen, Nachschlagewerk
Dr. Werner Esser, Spiralbindung, A 4, 226 Seiten, 2. Auflage
aktualisiert für 1999

Arbeits-Handbuch für Immobilienmakler ISBN 3-932474-06-6 78,–
(Fast) alles, was ein Immobilienmakler bei seiner täglichen Arbeit dringend braucht.
Dr. Werner Esser, Spiralbindung, A 4, 180 Seiten

Bestellanschrift:
Fachverlag für Finanzen und Immobilien
Black & Decker-Straße 18 · 65510 Idstein
Tel.: 0 61 26 / 99 03 85 · Fax: 0 61 26 / 99 03 88

AUSWAHL LIEFERBARER FFF-BÜCHER

TITEL	ISBN-Nummer	DM
Steuerspar- und Geldanlageberater für Ärzte Sicher und seriös Steuern sparen · Intelligentes Finanzmanagement · Echte Alternativen Dieter Hemmerich · Lothar Ochsendorf · Joachim G. Schütz Hardcover, 280 Seiten	ISBN 3-932474-13-9	88,–
Das große Buch rund um das Ein- und Zweifamilienhaus Wie Sie Ihr eigenes Haus von Grund auf richtig planen Wie Sie Baukosten einsparen können Welcher modernsten Techniken Sie sich bedienen können Roman Bragi · Hans-Peter Karl, Hardcover, 266 Seiten, 2. Auflage	ISBN 3-9804257-3-8	48,–
Die besten Methoden, neue Kunden zu finden Heinz Fischer, Hardcover, 256 Seiten, 2. Auflage	ISBN 3-932474-07-4	78,–
DIE EMPFEHLUNG Wie Finanzdienstleister durch professionelle Empfehlungsnahme ihren Verkaufserfolg um 300 % steigern können Gerhard Ziegler · Wilfried Koch, Hardcover, 248 Seiten	ISBN 3-932474-10-4	78,–
Wie Profis Immobilien verkaufen Welche 100 % funktionierende Methode im Immobilienverkauf existiert Wie Sie als Newcomer den Einstieg ins Immobiliengeschäft schaffen Was die Verkaufsgeheimnisse von Spitzenverkäufern sind Eric Körzinger · Richard R. Folg, farbiger Schutzumschlag, 171 Seiten	ISBN 3-9804257-2-X	78,–
VERKAUFS-GENIES **... in der Finanzdienstleistungs-Branche** Axel J. Bertling · Gerhard Ziegler, Hardcover, 288 Seiten	ISBN 3-932474-04-X	78,–
Geheimnisse des erfolgreichen VERTRIEBSAUFBAUS Welche praxiserprobten Methoden existieren, um neue Mitarbeiter zu gewinnen Wie Sie durch Power-Coaching Mitarbeiter in kürzester Zeit zum Spitzenerfolg führen Welche Führungstechniken enormes Wachstum garantieren Gerhard Ziegler · Horst L. Büttner, Hardcover, 288 Seiten	ISBN 3-932474-00-7	78,–
Immobilien in den neuen Bundesländern Welche Standorte die besten Perspektiven bieten Wo Sie jetzt und in Zukunft die höchsten Gewinne erzielen Hartmut Bulwien · Norbert Moormann, farbiger Schutzumschlag, 336 Seiten	ISBN 3-9804257-4-6	78,–

Bestellanschrift:
Fachverlag für Finanzen und Immobilien
Black & Decker-Straße 18 · 65510 Idstein
Tel.: 0 61 26/99 03 85 · Fax: 0 61 26/99 03 88

Maximilian Rupp

Joachim K. Bredow · Richard R. Folg

DIE WÄHRUNGS-UNION

**Wie Sie die Europäische Währungsunion unmittelbar
zu Ihrem finanziellen Vorteil ummünzen können**

Sonderausgabe